国家社科基金
后期资助项目

地方政府创新的动因及其作用机制研究

The Drivers and Mechanisms for
Local Government Innovation

翁列恩　著

中国社会科学出版社

图书在版编目（CIP）数据

地方政府创新的动因及其作用机制研究/翁列恩著.—北京：中国社会科学出版社，2019.4
ISBN 978-7-5203-4511-8

Ⅰ.①地… Ⅱ.①翁… Ⅲ.①地方政府—行政管理—创新管理—研究—中国 Ⅳ.①D625

中国版本图书馆CIP数据核字（2019）第105006号

出 版 人	赵剑英
责任编辑	喻　苗
责任校对	胡新芳
责任印制	王　超

出　　版	中国社会科学出版社
社　　址	北京鼓楼西大街甲158号
邮　　编	100720
网　　址	http://www.csspw.cn
发 行 部	010-84083685
门 市 部	010-84029450
经　　销	新华书店及其他书店
印　　刷	北京君升印刷有限公司
装　　订	廊坊市广阳区广增装订厂
版　　次	2019年4月第1版
印　　次	2019年4月第1次印刷
开　　本	710×1000　1/16
印　　张	19.5
插　　页	2
字　　数	350千字
定　　价	99.00元

凡购买中国社会科学出版社图书，如有质量问题请与本社营销中心联系调换
电话：010-84083683
版权所有　侵权必究

国家社科基金后期资助项目
出版说明

后期资助项目是国家社科基金设立的一类重要项目，旨在鼓励广大社科研究者潜心治学，支持基础研究多出优秀成果。它是经过严格评审，从接近完成的科研成果中遴选立项的。为扩大后期资助项目的影响，更好地推动学术发展，促进成果转化，全国哲学社会科学工作办公室按照"统一设计、统一标识、统一版式、形成系列"的总体要求，组织出版国家社科基金后期资助项目成果。

全国哲学社会科学工作办公室

序　一

正如 Pollit 和 Bouckaert（2000）所说，公共部门在过去几十年间一直围绕着"创新"的主题开展角逐。从20世纪末期到近十几年来全球化和互联网+技术的迅猛发展，社会的高度复杂性、持续变化的需求、全球本土化、管理碎片化、文化融合等诸多问题（Giddens，2000）不仅对公共部门形成了严峻挑战，也大大激发了公众对公共治理创新的期望。如何构建更安全的社会，提高医疗、健康、环境、教育等公共服务质量，更好地维护社会公平正义价值，这些外部诉求迫切要求政府部门及其传统行政管理方式进行及时更新与调整。与此同时，政府组织内部也面临着灵活性、回应性、碎片化管理等与行政效率、公共责任相关的压力。政府创新作为现代政府回应内外部危机的重要变革措施，不仅致力于解决公共治理领域的问题，与此同时也塑造了公共部门的创新文化与创新理念，推动了现代政府治理能力不断提升。在这方面，发达国家以英、美、加拿大等国为典型，政府创新理论与实践都取得了较好的进展，也为中国政府创新发展提供了很多有益经验借鉴。

改革开放以来，我国加快了现代化建设的进程，目前正处于全面建成小康社会决胜阶段和中国特色社会主义进入新时代的关键时期。在这关键时期，一方面我国经济社会发展取得了显著成就，社会主义市场经济体制也更加完善；但与此同时，在可持续发展、生态环境、效率与公平等领域也显现出很多社会矛盾。随着人民生活水平的提高，公民对政府提供的公共产品与公共服务的数量和质量的要求显著提高，进一步改变政府运行管理机制与转变政府职能，构建公共服务型政府和提升公共服务满意度，这些都成为新时代政府创新的重要目标，也直接考验着政府治理能力。可以说，改革开放以来我国在经济、政治、社会领域取得的瞩目成就，正是持续的政府改革创新发挥了关键作用。尤其是中国地方政府创新，作为切合公民需要的公共服务的直接提供者，作为及时有效回应公众需求和联结公众的纽带，地方政府成为了当前政府创新的主要实践基地。党的十八大以来，随着中央"放管服"改革的推进，地方政府在创新监管、优化服务等方面更是积极探索了各种管理创新方式，极大地提升了地方治理绩效、优化了营商环境、改善了公共服务质量、提升了人民满意度。而这些地方政府改革创新的背后，其深层次的问题便是地方政府为何积极努力推出管理创新，其动力何在？深入分析地方政府创新的动因是探究地方政府创新持续性、有效性的基础，也关系到地方政府治理能力现代化的发展。

地方政府治理能力现代化是国家治理体系和国家治理能力现代化的重要内容，而推动地方政府治理能力现代化发展的重要路径正是创新。党的十八届第五次全体会议中提出要实现"十三五"时期发展目标，必须牢固树立并切实贯彻创新、协调、绿色、开放、共享的发展理念。其中，创新发展理念居于首要位置。五大发展理念对我国现行政治经济体制改革有着深远的指导意义，而创新的重要意义更是不言而喻。党的十九大报告也指出，我们要加快建设创新型国家，创新是引领发展的第一动力。公共治理领域的创新相对其他领域的创新有着极为关键的引领价值。构建创新型政府是新时代运用创新管理方式和创新管理思维解决各种社会矛盾、满足公众需求和推动经济社会可持续发展的现实需求，也体现了政府治理能力现代化的发展要求。

近十几年来，我国各个层级政府创新呈现出蓬勃发展的趋势。其中，以创新数量多、创新类型多样、创新领域广的地方政府创新备受关注。地方政府的创新实践为中国现阶段政府管理体制改革积累了丰富的经验，很多创新正在全国范围内扩散，推动了中国公共管理理论和实践的发展。然而，当前我国地方政府创新的持续力和扩散性还有待进一步加强，影响地方政府创新持续发展的最关键问题就是"地方政府创新动力"。如何激发地方政府这一特殊创新主体的创新？如何保护地方政府创新？如何推动地方政府创新的持续发展？这些问题的核心正是在于建立和完善地方政府创新的动力机制。该书致力于地方政府创新动因这一核心问题，在中国当前发展背景与条件下研究地方政府创新的动因，探索建立地方政府创新的动力作用机制，这不仅是现阶段保护和推动地方政府创新实践发展的现实需要，也有助于完善丰富新时代的政府创新理论和行政管理体制改革理论。本书作者关注地方政府创新及其动因已有相当长一段时间，承担了杭州市上城区"政府管理与公共服务标准化"创新经验总结研究课题，深入调研了浙江省地方政府创新案例，对地方政府创新动因进行了一定的探索。本书系统梳理了国内外地方政府创新及其动因研究方面的理论，对美国、加拿大和中国的地方政府创新案例文本进行了较为细致地比较分析，并以地方政府创新较为典型的浙江省为研究对象,开展了地方政府创新动因的实证研究,又从地方政府创新动力机制角度对如何推进地方政府创新进行了政策建议探讨。该书综合理论研究、实证分析和规范分析,丰富充实了地方政府创新动因研究,也希望此书的出版能对新时代政府治理创新理论与实践进展有所裨益。

是为序。

鲍 静

2019年5月

序　二

　　这本书是作者多年来认真研究、不断思考、持续努力的心血结晶，反映的是作者从学习、探索、到成熟精进的学术成长过程。作者综述了地方政府研究的文献，收集了获奖的国、内外地方政府创新的典型案例，并进行归类、描述、和分析，也特别以我国地方政府创新层出不穷的标杆省浙江的创新环境和创新案例为观察重点，进行了实证研究。目标在于更好地了解和懂得创新，推动创新。

　　早在2006年1月，在20世纪第一次全国科学技术大会上，当时的国家主席胡锦涛同志提出要在十五年的时间内使我国进入创新型国家的行列。这一号召抓住了时代的脉搏，给我们提出了高层次的挑战，要求智慧的中国人民在这科技和社会创新不断涌现的历史时期，迅速跨入先进国家的行列，成为引领世界潮流的中坚。

　　在许多有关创新的定义中，被广泛认可的是在熊彼特定义基础上扩展而来的定义，即：将新的思路、新的理念和新的技术运用到实践之中，创造新的产品、新的工艺流程、新的组织结构和方法、新的人际关系、开拓新市场、提供新服务，以达到增加价值、提高人类生活水平和质量的目的。这一对创新的诠释，关注的不仅仅是纯科学意义上的"概念创新"，而是特别注重"应用创新"和组织创新，注重新思路、理念、技术和管理方法带来的社会价值增值。这也是科学技术组织化、社会化和人性化的一个必然结果，也把创新提升到了提高国家公共管理水平的高度。从这个意义上来说，创新至少有三个层次的思考。第一，科学技术的发展和进步本身就是一个不断创新的过程。科学史学家库恩在他著名的《科学革命的结构》一书中回顾了人类历史上许多重大的科学突破，提出了范式的转换即理论概念的创新，而不是简单的科学研究成果的积累，是重大科学科技创新和科技进步的唯一途径。人类从托勒密的地心说到哥白尼的日心说的认识转换，从牛顿的经典力学到爱因斯坦的量子力学的思维飞跃，从以计算机主机为核心到以网络为主体的数字电子技术革命，都给经济和社会的发展带来了不可估量的影响。第二，创新的目的是提高企业或国家的竞争力。20世纪80年代中期，经济的不景气使美国的先进分子有了国家竞争能力受到挑战的危机感，当时美国的"总统工业竞争能力委员会"也开始对西方传统上根深蒂固的、认为私营企业可以自动解决一切创新问题的信念开始产生怀疑，要求国家实验开发研究机构介入有商业价值的科学技术的开发，使传统上对商业利益漠不关心的国家实验室开始与工业界合作，注重科技转换和科技成果的商业价值。从不干预到为了商业竞争力而实施干预这样一个转变，很清楚地表明了美国决策层对科学技术作为重要的生产能力、科学技术的发展和使用需要国家的干预这两个核心的问题所取得的新认识。哈佛教授波特从80年代开始的"国家竞争能力"的研究和论著，对使用"创新"来提高国家竞争力的思路起到了推波助澜的作用。第三，创新的目的是解决发展中不断出现的社会矛盾，寻求和谐社会和可持续性发展。科学技术的发展给现代社会带来了巨大的生产力。根据美国2004年的统计数据，他们从事农林渔牧业的人口只占总人口数的0.7%，第二产业的人口为22.7%，第三产业的人口占76.3%。就是说，美国国内人口对食物的需要只要有少于百分之一的人来生产就能满足，对其它生活资料的需要只要百分之二十左右的人员就能满足。从传统的需求理论来看，除了对第一和第二产业的生产环节运转提供必要服务的少数第三产业的工作人员，剩下的人大多是理论上的多余人口。也就是说，在现代科技的条件下，人们的基本需要得到满足早就应该不是问题。但是，就是在美国这样高度发达的国家，"朱门酒肉臭、路有冻死骨"的社会问题也没有得到很好的解决。社会产出的分配和再分配、创造就业机会，提升人类生活质量，解决社会矛盾，建设和谐社会，维护可持续性发展，都是现代社会必须面对的重要课题，是现代国家治理的重大挑战。人工智能技术的出现，将不可避免地出现大规模的就业替代，新的产业、社会分配、社会管理政策必然要出现。所以说，创新不但是科学技术问题、国家竞争力问题，更是现代文明社会的公共管理问题。

地方政府是中央政府的行政臂膀，公共管理的排头兵。在发达国家，地方政府的支出一般占公共财政支出的80%，是国际民生的中流砥柱。在中国，地方政府处于改革发展的前沿阵地，直接面对人民提供公共服务的要求，不创新难以获得人民的支持，不创新举步维艰。20世纪以来，特别是进入21世纪后，我国各个层级政府创新呈现出蓬勃发展的发展趋势，为中国现阶段政府管理体制改革积累了丰富的经验。创新数量多、创新类型多、创新领域广范的地方政府备受关注，让我们思考这些地方政府的创新何以能？原因和动力何在？

80年代美国哈佛大学肯尼迪政府管理学院开展的地方政府创新评估，以新颖性（Novelty）、有效性（Effectiveness）、重要性（Significance）、可转移性（Transferability）为评估标准，其目的就是鼓励地方政府创新，重塑公民对政府的信心。加拿大公共管理研究中心也于90年代初设立了管理创新奖，以全国性的奖励方式鼓励了地方政府创新发展。世界上很多其它国家也竞相效仿，推动地方改革。中国的有识之士也与哈佛大学合作，展开了中国地方政府创新奖的评估工作。本研究以这些工作为起点，选取了获奖的案例进行分析，并重点研究了地方政府创新奖率最高的省份——浙江省的各级地方政府为实证研究对象，即采用了量化的方法（如结构方程模型等）对地方政府创新动力因素进行分析，得出了45个地方政府创新动力因素；也进行了实地考察和深度访谈，对这些因素进行验证和解释。作者发现，领导者的价值观和事业心是地方政府创新的先决条件；社会环境变化和技术变革驱动是政府创新的诱因；职位晋升、上级支持、组织的职责的要求、以和对声誉的追求是创新动因；组织文化是创新的保障。各地地方政府创新的经验告诉我们，要增强地方政府创新，必须重视培养创新型领导，搭建地方政府创新平台，提供创新激励，建立创新的组织文化。研究还在创新经验和国家治理体系和治理能力现代化理论的基础上，提出了提高地方政府可持续性创新的政策建议。

本书最难能可贵的是在地方政府创新的研究中，关注了地方政府的组织学习。组织学习是60年代美国麻省理工学院的教授阿基里斯等首先提出，后由彼得圣吉和马奎特等人推广实施的组织改造方法。在所有的创新中，最困难的创新是人的理念，特别是领导人的理念的创新，过去的经验惯性和形成的组织文化，即是组织稳定的基础，又是组织创新的滞阻。帮助管理者不断学习，深入学习，突破单循环的鸟笼子里的学习方式，打破传统和惯性思维，从新的高度和更广阔的视野看问题、进行系统思考，是学习的难点，也是彼得圣吉所说的第五项修炼（System Thinking）。必须建立自我超越（Personal Mastery，第一项修炼），改善心智模式（Improving Mental Models，第二项修炼），建立共同愿景（Building Shared Vision，第三项修炼），团队学习（Team Learning，第四项修炼）的基础之上。在大发展、大变革的时代，百舸争流，不进则退，沉舟侧畔千帆过，病树前面万树春。中国的地方政府，在改革开放的过程中勇于探索，冲在改革开放的前线；在新时代解决我国发展不充分、不平衡的主要社会矛盾，给人民带来获得感和幸福感的新征程中，也一定能够继续破冰，再立新功。

作为书稿前一阶段的博士论文指导教师，我十分欣慰地看到书稿的修改出版。这是作者学术成长过程中的一个里程碑。这一研究工作，是推动地方政府创新的一股思想清泉，汇入地方政府创新的滚滚洪流，为国家治理的现代化、中华文明的再崛起，增添一份靓丽的浪花，给关注地方政府改革和创新的读者，提供一份有益的借鉴。希望作者在这一道路上，继续精进，为推动中国公共管理现代化水平的宏伟事业，继续添砖加瓦。

蓝志勇
2019年5月

目　　录

第一章　导论 …………………………………………………………（1）
　第一节　政府创新：公共治理的新议题 …………………………（1）
　第二节　地方政府创新动因的提出 ………………………………（6）
　第三节　国内外研究述评 …………………………………………（8）
　第四节　研究思路与方法 …………………………………………（38）

第二章　地方政府创新：分析视角与理论综述 ………………（42）
　第一节　地方政府创新的概念界定 ………………………………（43）
　第二节　地方政府创新的理论渊源 ………………………………（62）

第三章　国外地方政府创新的演进与动因分析 ………………（78）
　第一节　国外地方政府创新的实践演进 …………………………（78）
　第二节　对美国地方政府创新动因的考察
　　　　　——基于"Ford-KSG"的分析 ……………………………（96）
　第三节　对加拿大地方政府创新的考察 …………………………（110）
　第四节　国外地方政府创新及其动因对我国的启示 ……………（115）

第四章　中国地方政府创新演进与动因分析
　　　　　——基于地方政府创新奖的文本分析 …………………（119）
　第一节　中国地方政府创新的社会条件 …………………………（119）
　第二节　中国地方政府创新的演变路径 …………………………（123）
　第三节　区域地方政府创新的差异分析 …………………………（137）

第五章　地方政府创新动因的考察与测度：以浙江省为例 …（145）
　第一节　浙江省地方政府创新的背景分析 ………………………（146）
　第二节　浙江省地方政府创新的历史发展 ………………………（153）

第三节　研究设计与样本选择 …………………………… (158)
　　第四节　基于结构方程模型的测量分析 ………………… (168)

第六章　地方政府创新动因的案例研究：分析与验证 ……… (191)
　　第一节　浙江省地方政府创新动因的典型个案 ………… (191)
　　第二节　四川省地方政府创新动因的典型个案 ………… (204)
　　第三节　其他区域地方政府创新动因的个案分析 ……… (210)

第七章　地方政府创新的动力机制 ……………………………… (217)
　　第一节　地方政府创新的动力机制概述 ………………… (218)
　　第二节　地方政府管理者学习创新的动力机制 ………… (222)
　　第三节　地方政府组织的创新推动机制 ………………… (224)
　　第四节　地方政府组织对冲突的响应机制 ……………… (226)
　　第五节　地方政府的组织文化学习机制 ………………… (228)
　　第六节　地方政府创新的公众参与机制 ………………… (230)

第八章　推动地方政府创新的基本思路与政策建议 ………… (233)
　　第一节　推动地方政府创新的基本思路 ………………… (234)
　　第二节　推动地方政府创新的政策建议 ………………… (250)
　　第三节　总结与展望 ……………………………………… (259)

附录1　"中国地方政府创新的动因研究"调研问卷 ………… (264)

附录2　2017年度杭州市市直单位首批创新创优目标 ……… (270)

参考文献 ………………………………………………………… (275)

后　记 …………………………………………………………… (295)

第一章 导论

第一节 政府创新：公共治理的新议题

纵观人类历史，正是不断的创新与变革推动了人类的文明进步与发展。创新是时代的主旋律。作为现代经济社会的主要管理者，现代政府承担着公共治理机构的角色与职责，伴随行政体制改革的深入发展，政府创新逐渐成为现代政府进行公共治理的重要议题。无论是出于问题挑战还是主动回应，政府创新作为现代政府解决治理过程中出现的新问题、新事物而采取的一种治理手段与工具已获得共识。尽管从本源意义上去谈"创新"的时候，或许政府总处于不断创新变化的状态中。然而从公共治理角度看，政府创新总体上兴起于20世纪70年代末的新公共管理运动。

一 政府创新的缘起

自20世纪60年代中期以来，人们对政府的不信任指数不断增加。有数据显示，美国相信"政府工作人员大量浪费税款"的人数已从1964年的47%上升到了1991年的75%。[1] 与之相应的是，传统行政模型的弊端也日渐显现出来。在变迁环境中，传统行政模型因体制僵化无法处理变化中的事务而备受批判。[2] 为应对政府"信任危机"，满足公众的公共服务需求，提高政府的合法性，以政府职能转变、行政机构改革和公共治理工具创新为核心的行政改革与转型在70年代末以后成为主流。与以往的行政改革不同，70年代末兴起的行政改革其核心焦点在于运用政府治理创新工

---

[1] 詹姆斯·W. 菲斯勒、唐纳德·F. 凯特尔：《行政过程的政治——公共行政学新论》，陈振明、朱芳芳译，中国人民大学出版社2002年版，第27页。
[2] Andrew Massy, *Managing the Public Sector: A Comparative Analysis of the United Kingdom and the United States*, Edward Elgar Publishing Limited, 1993, p.62.

具提高治理机构的绩效水平和治理能力。正如 James W. Fesler，Donald F. Kettl（1996）所说，如果确实存在对政府的"信任危机"，那么它的根源不一定在于"大政府"。随着现代经济社会发展，公众对公共产品与公共服务的需求呈显著上升趋势，这无疑会使政府规模趋向于庞大。政府的"信任危机"不一定来自对"大政府"的担忧，而是公共服务供给效率与政府治理能力的问题。围绕这一核心问题，从70年代至今，世界各国行政改革都普遍采用了政府创新工具改进公共治理绩效，力求提高公共治理能力。政府创新也因此被置于公共治理议题的范畴之内。

20世纪70年代末，英美等发达国家普遍面临着政府财政危机、公民信任危机、政府合法性、官僚制危机等诸多问题的压力，改革传统行政官僚体制的呼声愈来愈烈。一方面，政府部门以提供公共产品与公共服务为主要职责，在现代社会中发挥着重要作用。威尔逊（1887）提出的"行政学之研究"（The Study of Administration），从政治行政两分的角度开启了学者对层级化结构、任务专业化、目标导向明确的官僚机构的专门研究。1948年，美国行政学家德怀特·沃尔多在《行政国家：美国行政学的政治理论研究》一书中提出了"行政国家"（The Administrative State）的概念。行政国家实质上指的是"二战"后政府职能扩张的现象，"不仅是一种国家公共权力现象，也是一种公共事务管理现象"①，代表了现代政府的主要管理形态与职责功能。而另一方面，现代社会经济发展和公民需求多样化发展，公众对政府及其提供的公共产品和公共服务的要求显著增加。于是，职能不断扩张的政府机构在缩减政府规模、提高行政效率、改进公共服务质量、履行官僚责任和提升公民信任度方面直接面临着创新变革的挑战。如何创新公共服务供给方式，如何提高政府部门工作效率，如何提高公民的满意度，要解答这些问题意味着政府可能需要新的思维、新的方式去改变原有的治理方式。这就为政府创新提出了现实需求，而实质上政府创新也以一种新型的公共治理机制成为现代政府的一项职责。因此，无论是外部的压力和公众需求，还是行政领导者的推动以及政府组织本身的变革需要，政府创新已是当前政府管理的一项重要职责。

20世纪80年代治理理论的兴起，其强调政府、社会、公民之间不同利益关系的协调和共同发挥作用，以善治和信任为基础的合作治理拓展了公共管理改革新视角。治理理论不仅关注各个领域协同治理的创新，还关注文化、组织变革等动态发展所导致的动态治理。Galaz（2008）就认为，

---

① 张国庆：《公共行政学》，北京大学出版社2007年版，第14页。

不同的治理模式会相互影响，取决于其适用的能力（Adaptive Capacity of Governance Systems）。① 治理的动态性与适用能力则反映了政府变革创新的行为与绩效。有学者还提出了"动态治理框架"②，认为治理的绩效和能力需要以适应性的政策来实现，通过"持续适应环境变化的政策来达到对当前和未来情况的适宜性和有效性"。善治的制度安排体现了政府能力，在全球化、信息化的变迁环境中要有效地实施政府管理政策、提供优质高效的公共服务和提升政府能力就需要政府进行适应性、动态性的治理创新。从这个意义上说，政府创新是公共治理的必要条件，强调合作性、适用性和有效性的政府创新有助于实现以善治为理念的公共管理发展。从治理理论角度看，政府创新就是公共治理框架的一个重要组成部分。通过政府创新改变公共服务供给方式或公共治理机制，实现政府、公民、社会三者关系协调的善治，从而决定了政府的治理绩效与治理能力。

20世纪90年代以后，经济全球化带来了更严峻的竞争与挑战。如何在变革世界中生存并赢得竞争力成为世界各国政府的核心任务。加拿大学者加里斯·摩根（Gareth Morgan，1988）在《驾御变革的浪潮：开发动荡时代的管理潜能》中指出，一个想要在变革世界中生存的组织，必须十分清醒地意识到自己最亟待提高的能力就是感知环境潜在变量的能力，这种能力是组织管理能力的构成部分，要提升组织管理能力则需要把组织锻造成学习的、灵活的、以团队合作为基础的组织形式，最大限度地释放组织成员的创新能量。③ 在变革环境中，组织及其成员的创新能力决定了其能否以创新方法适应变革环境的变化，也决定了组织的未来发展。政府组织在经济社会中扮演着主要角色，也承担着重要的创新责任，甚至是全社会创新的引领者。其能否创新、是否善于创新、创新的程度、创新方法的选择不仅是衡量政府治理能力的标准，也是行政管理体制改革的主要内容。韩国

---

① Andea Duit Victor Galaz, "Governance and Complexity—Emerging Issues for Governance Theory, Governance: An International Journal of Policy", *Administration*, *and Institutions*, Vol. 21, No. 3, July 2008, pp. 311 – 335.

② 动态治理框架是在动态治理的基础上提出来的。所谓动态治理指的是政府能够持续调整它的公共政策和项目以及改变政策的制定和实施方式，以实现国家的长远利益。动态治理框架的提出主要依据新加坡公共机构既有行政效率又有政策创新的经验，是"文化 + 能力 = 变革"的一个系统集合。换言之，动态治理的主要构成要素即是创新的文化、领导人的能力及适应性的政策。参见梁文松、曾玉凤《动态治理：新加坡政府的经验》，中信出版社2010年版，第7—9页。

③ [加] 加里斯·摩根：《驾御变革的浪潮：开发动荡时代的管理潜能》，刘霞、孙晓莉译，中国人民大学出版社2002年版，第3页。

学者 Hahn-Been Lee（1970）就指出"行政改革就是努力安排好管理要素以达到经过深思熟虑的政策目标，这是一个连续并且无处不在的过程。这时候，行政改革的核心是创新，即在政策和管理过程中注入拥有新的想法和新的人员的新的工作组合以及关系网络"[①]。因此，政府创新既是实现行政管理体制改革和提高政府治理能力的工具，也是在全球化条件下通过治理的动态性、适应性和创新性来实现经济社会可持续发展的重要路径。

进入 21 世纪后，政府管理环境发生了根本性变化，对政府创新的观念和技术方法产生了重大影响。近十几年来，互联网＋技术、大数据平台、人工智能、智慧城市的兴起与发展极大地转变了传统政府管理理念与管理方式，公共治理机制也发生了相应变化。政府创新尤其是地方政府创新以前所未有的态势迅速发展起来。在信息化、全球化、智慧化的新时期，如何通过政府创新来实现公共行政责任和提高公共治理绩效，维持政府的持续增长力并提升公民对政府的信任度也成为信息时代公共治理的重要议题。

二 中国政府创新的语境

改革开放以来，中国经济社会发展取得了举世瞩目的成就，经济结构转型和优化取得了显著发展成效。根据 2016 年国民经济和社会发展统计公报数据显示，2016 年度我国全年国内生产总值达到 744127 亿元，比上年增长 6.7%，全年人均国内生产总值 53980 元，全年国民总收入 742352 亿元，比上年增长 6.9%，户籍人口城镇化率达到 41.2%，全国居民可支配收入也由 2012 年的 16510 元增加至 2016 年的 23821 元。[②] 我国现已正式进入了人均 GDP 超过 5000 美元的关键时期，但这也意味着资源与环境可持续发展压力增大，对应着人口、资源、环境、效率、公平等诸多社会矛盾，区域间、城乡之间以及群体间发展不平衡的问题仍十分突出。根据 2016 年统计公报数据，我国城镇居民人均可支配收入 33616 元，农村居民人均可支配收入为 12363 元，城镇居民收入是农村居民收入的 2.719 倍。2017 年，党的十九大报告中就指出，当前我国发展不平衡不充分的一些突出问题尚未解决，发展质量和效益还不好，创新能力不够强，生态环境保护任重道远，民生领域还有不少短板，国家治理体系和治理能力有待加强。随着中国特色社会

---

① Hahn-Been Lee, "An Application of Innovation Theory to the Strategy of Administrative Reform in Developing Countries", *Policy Sciences*, No. 1, 1970, pp. 177 – 189.
② 数据来源：《中华人民共和国 2016 年国民经济和社会发展统计公报》，2017 年 2 月 28 日，国家统计局网站（http://www.stats.gov.cn/tjsj/zxfb/201702/t20170228_1467424.html）。

主义进入新时代，我国社会主要矛盾已经转化为人民日益增长的美好生活需要和不平衡不充分发展之间的矛盾。如何提高公共治理能力，实现经济社会的可持续发展，这不仅是当前公共管理面临的核心问题，也是国家治理体系和治理能力现代化发展的要求，更关系到国家社会的长治久安。

我国政府于1992年编制了《中国21世纪人口、资源、环境与发展白皮书》，首次将可持续发展战略纳入我国经济和社会发展的长远规划。1997年，中共十五大把可持续发展战略确定为我国"现代化建设中必须实施"的战略，将社会、生态和经济可持续发展纳入现代化建设的进程。2002年，中共十六大提出了全面建设小康社会的奋斗目标。要建设全面小康社会和解决社会日益突出的矛盾，政府就要扮演好两种角色：一是继续推进市场化改革，实现经济增长方式由政府主导型向市场主导型的转变；二是强化政府在公共服务中的主体地位，加快建设公共服务型政府。① 随着政府公共服务职能的明确化和服务型政府目标的建立，我国政府在治理改革和政府创新中逐渐偏重于公共服务的内容，② 由此推动了公共服务领域的管理创新。2007年，中共十七大提出在新的发展阶段继续全面建设小康社会，在科学发展观指引下，全面协调可持续，按照"增强发展协调性、扩大社会主义民主、加强文化建设、发展社会事业和建设生态文明"的要求，确保到2020年实现全面建成小康社会的奋斗目标。2012年，中共十八大进一步提出了全面建成小康社会和全面深化改革开放的目标，要重视"发展平衡性、协调性、可持续性"，认为全面建成小康社会需要构建系统完备、科学规范、运行有效的制度体系。其中特别提到深化行政体制改革和创新行政管理方式的重要性。

2013年11月，党的十八届三中全会提出"全面深化改革的总目标是完善和发展中国特色社会主义制度，推进国家治理体系和治理能力现代化"。作为一种全新的政治概念，国家治理体系和治理能力现代化在理论和实践上明确了治理改革的方向，这不仅是政治理论创新，也对现阶段公共部门的治理机制创新和治理能力提升提出了更高要求。学者胡鞍钢（2014）指出，"国家治理现代化本质上是降低国家治理成本，提高货架现代化收益，而这必须依靠国家制度的现代化……我们可以这样认为，没有制度创新就没有国家治理现代化，而治理现代化的进程反映了制度创新"③。就政府部

---

① 迟福林：《全面理解"服务型政府"的基本含义》，《人民论坛》2006年第3期。
② 俞可平：《国家治理评估——中国与世界》，中央编译出版社2009年版，第11页。
③ 胡鞍钢：《中国国家治理现代化的特征与方向》，《国家行政学院学报》2014年第3期。

门而言，要实现政府的治理能力现代化就需要以创新的管理思维、创新的机制设计来推动。十八大以来，"创新"更是成为政治、经济、社会等诸多领域的关键词。在党的十八届五中全会上，习近平总书记论述了"创新、协调、绿色、开放、共享"五大发展理念，强调运用五大发展理念推动社会进步发展。这其中，首当其冲的是"创新发展"理念。

  2017年，党的十九大报告提出了决胜全面建成小康社会，开启全面建设社会主义现代化国家征程。为实现这一目标，不仅要不断推进理论创新、实践创新、制度创新以及其他方面的创新，还要贯彻新发展理念，深化机构和行政体制改革，建设人民满意的服务型政府。十九大报告突出强调了各个领域的创新对提升国家治理体系和治理能力现代化水平的重要性，在"新时代中国特色社会主义思想和基本方略"中提出，要坚持新发展理念，必须坚定不移贯彻创新、协调、绿色、开放、共享的发展理念。创新是一项整体性的机制。作为公共治理结构中的主要机构，政府如何运用创新机制、如何实现创新管理、如何提高效率与公共服务质量，这些都对政府创新的实践提出了现实挑战。

  近十几年来，中国政府创新实践呈现出非常活跃的态势，相关的政府创新研究也进入了学术界研究范围。政府创新的蓬勃发展不仅有助于推动我国政府职能转变和行政管理体制改革，也是实现政府治理现代化的重要路径。

第二节 地方政府创新动因的提出

  在政府创新实践中，地方政府（Local government）以其独特的地位和创新的活跃性成为学术界的重要研究对象。一直以来，地方政府都以直接的公共服务提供者和公民政治素质训练场所的角色在政府创新中扮演着创新的主要角色和行为者。[①] 纵观20世纪80年代以来公共管理理论和实践的发展，地方政府创新不仅是政府管理改革的内容，也直接影响着地方政府职能的转变和功能定位，对于推进政府管理体制改革和实现社会发展具有积极意义。

  地方政府创新泛指除中央层级以外的政府创新，是从创新主体角度进行的一个区分。80年代中期以来，地方政府创新迅速发展起来。我国地方

[①] 参见万鹏飞《地方政府与地方治理译丛总序》，北京大学出版社2005年版。

政府创新的蓬勃发展则始于 90 年代末。从总体看，地方政府创新的发展态势突出表现在三个方面：

第一，发达国家新公共管理运动改革推动了"政府再造"，而其中政府再造工具的创新大都来自地方政府。① 以国内外普遍开展的政府创新奖评选活动"美国政府创新奖"和"中国地方政府创新奖"为例，地方政府创新的获奖项目在数量、比例上占据绝对优势。这说明了当前地方政府创新活跃性的特点，也说明地方政府创新是研究分析政府创新的重点所在。

第二，地方政府甘于冒着创新风险（包括政治风险和经济风险），探索解决地方政府治理困境和寻求地方经济社会发展的新思路和新方法。这些地方政府创新工具都对传统政府管理体制以及科层官僚制结构构成了挑战，这也意味着地方政府创新试图打破传统科层官僚体制的壁垒。

第三，地方政府创新经历了一个活跃期以后，近年来呈现动力不足的状态。一方面地方政府创新奖项目申请具有逐年减少的趋势，另一方面地方政府创新区域间不平衡的态势也更为明显。

地方政府创新在实践层面的发展，由此带来了根本性的核心问题：为何地方政府会成为政府创新的第一推动集团？在创新主体的层级纷繁多样的情况下，地方政府积极发起创新的动力何在？如何进一步推动地方政府创新，提高其动力？

研究我国现阶段地方政府创新的动因及其作用机制，其意义主要在于以下四个方面：

首先，深入研究地方政府创新深层次的动因，能够进一步理解地方政府在管理创新与推动变革方面扮演的角色。地方政府创新促进了地方政府职能转变，研究地方政府创新的动因有助于掌握地方政府职能转变的原因、路径和方向，以便了解在新时期地方政府职能转变和地方政府治理变革的重点。

其次，分析地方政府创新的动因及其作用机制，能深入理解地方政府改革的行为逻辑。和传统意义上地方政府行为僵化、不敢创新的逻辑相反，地方政府甘冒创新风险而采取创新策略其背后一定有形成创新的行为逻辑，该逻辑能更好地解释地方政府改革与发展变迁的过程。

再次，研究地方政府创新的动因及其作用机制是新时期推动地方政府创新和保护地方政府创新的持续力的需要。地方政府创新已然构成了当前行政体制改革的重要内容，也是推进行政体制改革的要义所在。因此，要

---

① 美国政府再造创新工具主要来自州政府和地方政府。

建立鼓励发起、推动地方政府创新的机制，这就有赖于深入探究地方政府创新的动力来源和作用机制，从动因角度探索推动、保护、开发地方政府创新和维持地方政府创新持续力的机制设计，这也是行政管理体制改革发展的现实需要。

最后，研究地方政府创新的动因及其作用机制有助于推动地方政府治理能力现代化。地方政府创新在何种动力机制作用下能发起提升治理能力的创新？何种地方政府创新有助于提高地方政府治理能力？解答这些问题就需要深入分析地方政府创新的动因，明确地方政府创新的导向，探索在国家治理体系和治理能力现代化的背景下推动地方政府创新的关键性要素。这不仅是现阶段中国开发、培育和保护地方政府创新的需要，也是推动未来中国政府治理改革的需要。

第三节　国内外研究述评

一　国外关于地方政府创新动因的研究现状

公共部门创新是一个较为晚近的研究议题，但对"创新"的研究起步较早，在社会学、经济学、管理学、传播学等学科领域都有诸多文献。20世纪60年代学术界开启了初期对行政管理领域创新的思考，但总体而言，公共管理学科对创新一直不够重视。这种忽视通常是由公共管理的学生和实践者的"快速解决特殊技术问题"的观念造成的。[1] 随着70年代末80年代初新公共管理运动的兴起，英国、美国、加拿大等发达国家80年代中期以后开展政府创新奖评选，"公共部门创新"或"政府管理创新"的概念进入了学术界视野。Mark Moore，Jean Harley（2008）基于一般创新和公共部门创新的差异性，丰富了"政府管理创新"[2] 的概念。从国外政

---

[1] Hahn-Been Lee, "An Application of Innovation Theory to the Strategy of Administrative Reform in Developing Countries", *Policy Sciences*, No. 1, 1970, pp. 177 – 189.

[2] Mark Moore，Jean Harley 将创新与政府创新进行了区分，认为一般的创新（尤其是私营部门）更关注的是如何通过产品和流程的创新以改善组织发展境况，公共部门创新作为一类"特殊的创新"旨在通过跨部门决策、财政以及公共产品供给等系统的重新整合以促进社会发展。他们认为目前为止关于政府治理的文献主要集中于社会协调机制，而不是把重点放在创新上。因此，需要对政府管理创新进行全面系统的边界界定。参见 Mark Moore, Jean Harley, "Innovation in Governance", *Public Management Review*, Vol. 10, No. 3, 2008, pp. 3 – 20.

府创新实践及其研究进展看，关于地方政府创新动因的研究一直是政府创新与治理变革领域的重点，取得了较为丰硕的研究成果，也提供了不同的研究视角与研究方法，其主要研究内容如下：

(一) 政府创新的"整体主义"研究

在公共管理领域，政府创新可以被界定为政府为实现特殊政策目标的政策过程。尽管政府创新这一概念首先来源于企业组织创新的界定，但不能忽视的是企业组织创新与政府管理创新的差异性。政府创新，从创新观念的形成、创新政策的制定到创新结果的衡量，都具有公共治理自身的特性，即符合科层官僚制结构和公共治理的属性。一方面，从科层官僚制角度看，传统科层制所设定的结构与规制具有"决策集中化"的特点。尽管这或许也是科层制的缺陷所在，传统科层制在面临外部环境变化与需求时，通常显得比较刚性，这在政府应急管理系统中尤为明显。[①] 但趋向集中的决策体制恰恰说明政府创新政策的出台也会倾向"整体性"或"集中性"。另一方面，从治理的角度看，政府创新包含着整体性的互动，并非政府部门独立的行动策略。Kooiman（2003）把治理定义为"整体的互动，在其中包括了公共和私人的行动者的参与，其目的在于解决社会问题或者创造社会机会；把握这些作为治理互动的背景的机构，以及为所有这些活动建立一个规范的基础"。与企业组织创新不同，作为公共治理机构的政府在发起创新时，它有能力运用它的权力来召集其他部门的行动者，并有能力同时协调和集中它们的活动，可能会在社会生产系统治理中扮演引发创新的重要角色（Mark Moore，Jean Harley，2008）。基于官僚制的结构特点和公共治理的特性，政府创新的发起、采纳与运行是政府内部结构化运作和与公民社会互动的结果，表明政府创新具有系统性和整体性的特征。与此同时，政府创新的"整体主义"也表明政府创新并非是单一来源，而是系统内部、系统外部各项因素相互作用的整体性结果。

Sandford Borins 是较早研究政府创新的学者，他通过美国和加拿大地方政府创新奖获奖项目比较研究，得出地方政府创新具有"整体性"特征的结论（Borins，1998）。早期政府创新"整体性"主要是指发起政府创新时应注意政府组织内部之间以及内外部之间的整体合作，管理创新是一项系统性、多领域的政策安排。2001年，Borins 完善了政府创新"整体主义"的研究，他从全球化范围内政府创新的视角提出公共管理创新很少只

---

① 童星：《从科层制管理走向网络型治理——社会治理创新的关键路径》，《学术月刊》2015年第4期。

涉及单一部门或个体,原因是:(1)许多好的想法在来源上是跨学科或跨功能的;(2)无论创新的起源如何,它们都不可避免地将涟漪和影响传送到其他组织单位。创新的传递过程以及原始创新的行为可能会改变其他组织创新的需求,继而产生新的创新。① 因此,公共管理创新的发起不能从单一政府部门入手考虑。不仅要研究多重知识结合共享的影响,也要研究组织间合作对创新采纳的影响。Borins 还进一步指出政府创新的"整体主义"既包括了政府创新产生的来源和过程是整体性的,也包括了政府创新结果的"整体性",即政府创新不应仅仅对某一方有利,却损害了另一方的利益。

政府创新的"整体主义"研究重点考察的是政府创新的来源与发生过程,其中知识共享与结构重组、部门间合作、创新的学习扩散是形成政府创新的重要因素。同时,在发起政府创新时应从系统整体角度分析创新可能带来的结果,说明创新结果(创新绩效)对发起和采纳创新有一定影响,这对地方政府创新动因及其作用机制的研究具有启发性价值。

(二)组织学习发展的创新路径研究

早在 20 世纪 60 年代,Rogers 在研究创新的扩散时就指出了创新形成和扩散过程中学习创新的演变轨迹。80 年代末,工商管理理论界和实践人员开始讨论"学习型组织"(Learning Organization)。Ray Stata(1988)提出了一个观点,"组织及其人员学习的步伐是组织持续性竞争优势的来源"。1990 年,美国学者彼得·圣吉在《第五项修炼》中正式提出了学习型组织的概念,此后学习型组织建设也在实践方面流行起来。正如 Lapointe(1998)所说,"我们的环境正在变得越来越复杂,更加相互依赖,发展更加快速,更加不稳定以及更加不可预见。为应付环境变化的复杂性,组织需要获得更强大的适应能力。而这项能力则是通过持续的学习与创新而获得的"②。学习型组织理论在"变革组织"(Transformation Organization)的情境下,结合了组织理论和决策理论,从知识共享、运用学习激发创新的角度探讨组织创新的动因。随着学习型组织和变革管理理论的发展,公共管理学界将学习型组织理论引入公共部门,发现公共部门学习路径正是其创新的动力来源所在。Michael Barzelay,Anne Sofie Jacobsen

---

① Sandford Borins, "Public Management Innovation: Toward a Global Perspective", *American Review of Public Administration*, Vol. 31, No. 1, 2001, pp. 5 – 21.

② Gérard Fillion, Vivi Koffi, Booto Ekionea, "Peter Senge's Learning Organization: A Critical View and The Addition of Some Concepts to Actualize Theory and Practice", *Journal of Organizational Culture, Communications and Conflict*, Vol. 19, No. 3, 2015, pp. 73 – 101.

指出，组织发展是一个不断学习变革的过程，且具有与过去知识相关联的"路径依赖特征"。他们也称之为"制度性的过程性"（Institutional Processual），公共政策未来的发展取决于管理人员、资金、知识技能、程序信息和技术的传递。① 凭借制度性的传递过程，能创新公共政策并推动组织发展。当然，他们认为组织学习发展理论不能完全真实地解释公共部门创新，但结合"社会互动理论"能较为全面地解释公共部门创新的动因及形成机制。

组织学习发展理论对地方政府创新动因研究的另一个重要学术贡献是关注变革环境中具有学习和创新能力的领导者。比如在学习型组织中什么样类型的人最有可能成为领导？变革型的领导在学习能力方面的特征是什么？20世纪90年代的组织学习发展理论较早地关注到学习型、创新型、变革型领导对组织学习、创新扩散的影响。进入21世纪后，公共管理学术界进一步研究发现地方政府创新的发起人通常是有学习和改革精神的管理者。原因是大量地方政府创新并非原发型创新，而是学习型创新或复制型创新。学习与复制创新的过程一方面需要政府部门之间、组织内外部的相互学习、知识共享与合作创新，另一方面还需要富有学习创新能力的管理者引领创新，推动创新的形成并予以扩散。

（三）政府创新的"战略规划"推动

基于公共管理学视角，政府创新构成了行政体制改革的核心，是公共政策和行政管理过程中"注入拥有新的想法和新的人员的新的工作组合以及关系网络"。但政府创新本身"并不是一个自动的过程，它需要战略促进它在公共组织中运用以及普及"。② 这就提出了作为一项公共政策或一次行政改革的政府创新的形成原因与推动机制，即要在带有明确目的的战略规划引导下发起与推动政府创新。特别是地方政府，地方政府的战略规划推动受到诸多因素的限制，比如法律制度的框架、地方政府的资源等。Adam，Grydehj 指出，地方政府可以利用创新的治理实践来扩大其管辖能力，从而促进地方经济发展。然而，这种创新的经济发展政策的实施会存在法律和制度上的障碍与挑战。要推动地方政府创新治理，地方政府管理

---

① Michael Barzelay, Anne Sofie Jacobsen, "Theorizing Implementation of Public Management Policy Reforms: A Case Study of Strategic Planning and Programming in the European Commission", *Governance: An International Journal of Policy, Administration, and Institutions*, Vol. 22, No. 2, April 2009, pp. 319 – 334.

② Hahn-Been Lee, "An Application of Innovation Theory to the Strategy of Administrative Reform in Developing Countries", *Policy Sciences*, No. 1, 1970, pp. 177 – 189.

者应建立战略规划，全面重新评估地方政府职能和结构的合法性标准。[①]

从新公共管理运动之后，公共部门借鉴工商管理技术实行管理创新成为普遍流行的做法。其中便包括引入战略管理、绩效管理、标杆管理、流程再造等工具。地方政府引入和采用"战略规划"的观念也日渐清晰起来。Frances Stokes Berry 从战略规划的角度对美国州政府在何种条件下会采取战略规划推动公共管理创新进行了实证研究，[②] 分别从机构资源、机构领导者的任职周期、机构目标、区域扩散等要素角度提出研究假设，并利用事件史分析法（Event History Analysis，EHA）进行分析，最后得出结论，当满足以下四个条件时，州政府发起和采纳创新的可能性会显著增加：（1）机构领导者任职周期的早期；（2）雄厚健康的财政资源；（3）政府部门与私人部门紧密结合的程度；（4）大量的相邻州已采用战略规划。

政府创新的"战略规划"推动视角建立了从战略管理这一工商管理技术方法出发分析地方政府创新动因的路径，对于全面考察地方政府创新的来源与战略目标导向具有重要理论价值。

（四）地方政府创新动因的"要素分析"

现有关于地方政府创新动因的研究集中在不同研究方法、不同学科视角"动因要素"挖掘分析，重点关注地方政府创新的影响因素、障碍要素以及影响创新持续性的要素等。因此，关于地方政府创新具体动因的考察致力于构建的是动因的"要素框架"。在研究方法上，国外分析地方政府创新具体动因以实证调研方法为主，研究对象则主要是20世纪80年代中期以后各国政府创新奖的获奖项目。

为具体分析地方政府创新的动力因素，国外学者同时也采用了不同的研究维度以建立不同的动因要素分析框架。Caroline Tolbert，Karen Mossberger，Ramona McNeal 的动因研究维度只有"创新的采纳"（Adoption），伴随信息技术发展，创新的动因研究维度趋向多元化，包括了创新政策的

[①] Adam, Grydehj, "Challenges to Local Government Innovation: Legal and Institutional Impediments to the Exercise of Economic Development Policy by Subnational Jurisdictions", *European Journal of Spatial Development*, Vol. 4, No. 50, 2013, pp. 2–21.

[②] Frances Stokes Berry 对548家公共机构的采取战略规划实施公共管理创新进行问卷调研，在做因素分析时首先界定"战略规划"是公共管理创新的重要内容，主要调查这些机构有没有采取这种公共部门创新方式。参见 Frances Stokes Berry, "Innovation in Public Management: The Adoption of Strategic Planning", *Public Administration Review*, Vol. 54, No. 4, Jul. – Aug. 1994, pp. 322–330。

质量、范围、复杂性、可持续性等维度（见图1.1）。① 他们的研究结论提供了多重维度的动因研究，丰富了政府创新动因的要素结构。

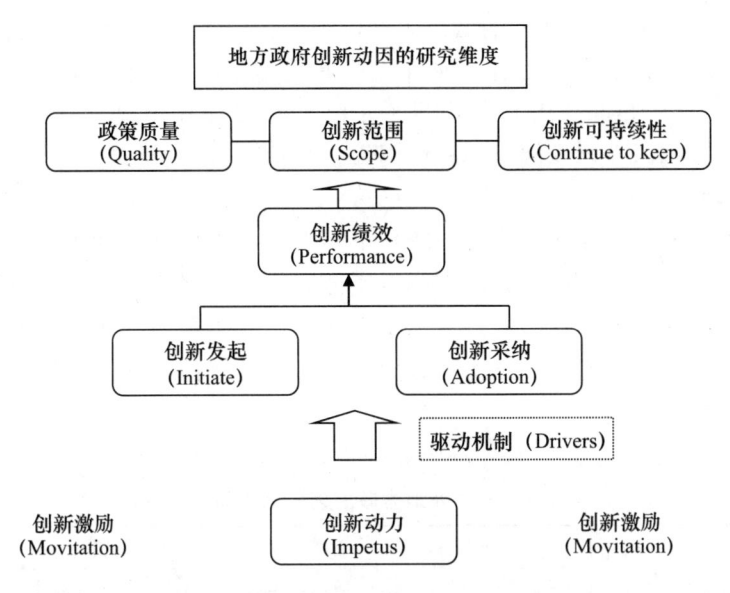

图 1.1　政府创新动因研究的分析维度

在地方政府创新动因的"要素分析"研究方面，较早地代表性研究成果是 Richard D. Bingham 在考察市政府创新后提出四类导致组织采用政策创新的因素：(1) 社区环境：人口和文化价值；(2) 政策需求：社区需求或需要服务与项目；(3) 组织环境：与私营部门和其他非政府组织的关系；(4) 组织的特点：结构，领导力和理想。② 晚近研究中具有代表性的研究成果是 Sandford Borins 从创新发起人角度对地方政府创新动力因素进行分类，提出导致创新的五类动力因素：(1) 来自政治制度的创新，通常选举任务或政客的压力以及法律制度变化使创新成为可能；(2) 来自组织内部或外部的新的领导力；(3) 危机，包括当前或预期的危机情境；(4) 组织内部的问题（无法应对外部环境变化，无法满足公众需要，计划无法实

---

① Caroline Tolbert, Karen Mossberger, Ramona McNeal, "Institutions, Policy Innovation, and E-Government in the American States", *Public Administration Review*, June 2008, pp. 549 – 563.
② Richard D. Bingham, "Innovation, Bureaucracy, and Public Policy: A Study of Innovation Adoption by Local Government", *The Western Political Quarterly*, Vol. 31, No. 2, 1978, pp. 178 – 205.

施、资源因素限制，或政策执行无法协调）；（5）技术或其他原因造成的新机遇、新机会。在这五类动力因素中，Borins 认为，"到目前为止，最常见的创新动力是内部问题"[①]。还有一项代表性研究成果是 Joshua M. Franzel 对美国 67 个较大的城市采纳电子政务创新进行研究，分析城市政府的结构、市长所属的党派、城市互联网覆盖程度等因素对创新采纳的影响[②]。此后，Joshua M. Franzel 进一步以美国 22 个城市政府创新为问卷调查对象，分别研究组织因素、环境因素、政治因素、经济因素等对政府创新的影响水平[③]。

表 1.1 是国外地方政府创新基于要素研究具体动因的主要归纳，从中可以看出国外的动因要素研究侧重实证研究方法，不同的测量维度为分析我国地方政府创新动因提供了不少思路借鉴。尽管国外地方政府创新在宪政结构、地方政府管理结构等方面有其特殊性，但在研究方法、分析思路方面仍值得我们借鉴。

表 1.1 　　　　　　　　国外地方政府创新动因研究归纳

代表学者	主要研究方法	研究结果
Richard D. Bingham (1978)	案例研究法	引发政策创新的因素：（1）社区环境：人口和文化价值；（2）政策需求：社区需求或需要服务与项目；（3）组织环境：与私营部门和其他非政府组织的关系；（4）组织的特点：结构，领导力合力。
Feller (1982)	比较研究法	为提供更好的服务和提高机构合法性，组织有可能采纳创新。
Rogers (1985)	案例研究法	创新的产生是由于领导意识到问题或需要，创新采纳者一般具有冒险精神、受人尊敬和深思熟虑的特征，创新的扩散呈 S 曲线正态分布。[④]

---

① Sandford Borins, "Loose Cannons and Rule Breakers, or Enterprising Leaders? Some Evidence About Innovative Public Managers", Public Administration Review, Vol. 60, Iss. 6, Nov./Dec. 2000, pp. 498 – 507.

② Joshua M. Franzel, "Urban Electronic Government—Innovation, Adoption, and Metropolitan Characteristics", Journal of Systemics, Cybernetics and Informatics, Vol. 2, No. 2, 2004, pp. 60 – 65.

③ Joshua M. Franzel, "Urban Government Innovation Identifying Current Innovations and Factors that Contribute to Their Adoption", Review of Policy Research, Vol. 25, No. 3, 2008, pp. 253 – 277.

④ Everett M. Rogers：《创新的扩散》，辛欣译，中央编译出版社 2002 年版。

续表

代表学者	主要研究方法	研究结果
Frances Stokes Berry（1994）	事件史分析法（EHA）	（1）在机构领导者的任职周期的早期；（2）有雄厚的健康的财政支持；（3）政府的工作与私人经济单位紧密结合；（4）大量的邻州已经采用战略规划时，此州就会更易于采用战略计划的公共管理创新。
Sandford Borins（2000）	Ford－KSG 1990—1994年217个入围项目和，1995—1998年104个入围决赛问卷调研	（1）来自政治制度的创新；（2）来自组织内部或外部的新的领导力；（3）危机，包括当前或预期的危机情境；（4）组织内部的问题；（5）技术或其他原因造成的新机遇、新机会。
Jonathan Walters（2001）	300个政府创新项目的分析	（1）对现状的失望；（2）应对危机；（3）对预防机制的关注；（4）强调结果；（5）技术的使用；（6）领导想做正确的事情是激发地方政府创新的重要因素。[①]
Alfred Tat-Kei Ho（2002）	对一站式服务中心及55个地方政府网站的考察分析	电子政务对政府再造、政府创新的影响。[②]
阿兰·阿舒勒（2003）	逻辑论证	政治激励角度是鼓励创新的重要方式，也是官僚创新的前景所在。[③]
Peter John、Ruth Webster（2003）	对官僚组织变革的逻辑分析	城市政府创新的影响因素：（1）环境因素：社区需要及其问题；（2）外部机构和主体：团体及其人员合法地要求政策创新；（3）管理实践：领导力及价值观。
Ishtiaq P. Mahmood、Rufin（2005）	比较研究	创新在市场导向和民主情境下比经济集权和政治集权更容易形成，但政治集权下技术发展边际效应显著。[④]
Richard M. Walker（2006）	运用Likert量表调研各类因素的重要性	外部环境等背景要素、组织自身的特点、领导的角色影响创新的扩散。

---

① Jonathan Walters, "Understanding Innovation: What Inspires It? What Makes It Successful?", 2012年10月1日, 哈佛大学肯尼迪学院民主治理与创新研究中心网站（http://www.innovations.harvard.edu/cache/documents/8065.pdf）。
② Alfred Tat-Kei Ho, "Reinventing Local Governments and the E-Government Initiative", *Public Administration Review*, Vol. 62, No. 4, July/August 2002, pp. 434-444.
③ 阿兰·阿舒勒：《公共创新与政治激励》，陈雪莲译，《经济社会体制比较》2003年第4期。
④ Ishtiaq P. Mahmood, Rufin, "Government's Dilemma: The Role of Government in Imitation and Innovation", *Academy of Management Review*, Vol. 30, No. 2, 2005, pp. 338-360.

续表

代表学者	主要研究方法	研究结果
道格拉斯·艾赫克（2006）	针对美国威斯康星市内人口超过1万的地方政府部门领导的调查	管理创新的成功概率与市政经理（或市长）的个人公信力以及市立法委员会和行政部门的和谐程度正相关。①
Joshua M. Franzel（2008）	22个城市政府创新进行问卷调研	组织因素、环境因素、政治因素（办公时间、政治意识）和经济因素对城市管理创新具有不同的影响水平。②
Paul Macmillan、Kalindi Jog（2008）	逻辑论证	公共部门的创新需要主要行政官员和立法者的支持。
Damanpour、Schneide（2008）	调查25个创新在725个美国地方政府的发起状况	创新本身的特征（成本、复杂性和影响）与创新发起人的特点（任期、年龄、教育背景等）是影响创新采纳的重要因素。③
Devendra D. Potnis（2009）	比较研究	电子技术发展促使政府创新形成。④
Vanessa Bouche、Craig Volden（2011）	四大创新政策在五个州384个县1995年至2006年间的创新采纳调研	其他地方的创新刺激该地方政府创新的采纳；民营化增加政府创新采纳的可能性；公共服务民营化、竞争和以市场为基础的激励机制是推动创新和创新扩散的动力机制。私有化可以抵消政府创新扩散的学习网络。⑤

（五）地方政府创新的绩效评估研究

地方政府创新实质上是地方政府采取的新的管理政策，因此从公共政策角度看，对创新的评估可以追溯到20世纪70年代末80年代初对公共政策创新的评估。⑥ 80年代中期以后，随着绩效评估技术的成熟、公共政策

---

① 道格拉斯·艾赫克：《美国地方政府创新的影响因素分析》，《经济社会体制比较》2006年第2期。
② Richard M. Walker, "Innovation Type and Diffusion: An Empirical Analysis of Local Government", *Public Administration*, Vol. 84, No. 2, 2006, pp. 311 – 335.
③ Damanpour, Schneider, "Characteristics of Innovation and Innovation Adoption in Public Organizations: Assessing the Role of Managers", *Journal of Public Administration Research and Theory*, Vol. 19, No. 3, 2009, pp. 495 – 522.
④ Devendra D. Potnis, "Measuring e-Governance as an Innovation in the Public Sector", *Government Information Quarterly*, Vol. 27, 2010, pp. 41 – 48.
⑤ Vanessa Bouche, Craig Volden, "Privatization and the Diffusion of Innovations", *The Journal of Politics*, Vol. 73, No. 2, April 2011, pp. 428 – 442.
⑥ 参见 Michael Gibbons, "The Evaluation of Government Politics for Innovation", *Policy Studies Review*, Vol. 3, No. 3 – 4, May 1984, pp. 476 – 482。

评估需求的扩大，政府创新的绩效评估在发达国家迅速流行起来。对地方政府创新的绩效评估分析主要在两个层面：

一是以奖励创新为目的的地方政府创新奖评选。地方政府创新的广泛实践，使学术界产生了对地方政府创新评估的浓厚兴趣。20世纪80年代中后期，美国哈佛大学肯尼迪政府管理学院开展了由学术机构为评估主体的地方政府创新评估，并设立了"政府创新奖"，以"新颖性（Novelty）、有效性（Effectiveness）、重要性（Significance）、可转移性（Transferability）"为评估标准，每年经过五轮评估最后评选出10个政府创新奖获奖项目，其评估目的是"重塑公民对政府的信心、识别和鼓励政府创新"。[1] 加拿大公共管理研究中心也于90年代初设立了管理创新奖，采取每年举办一次的方式以奖励地方政府创新。权威学术机构设立的地方政府创新奖与评选，不仅是判断与评估地方政府创新绩效的重要方式，也以全国性的奖励方式鼓励了地方政府创新发展。当前，世界上很多国家（包括美国、加拿大、菲律宾、墨西哥、巴西、智利等国家）都采用了地方政府创新奖评选方式，以此作为衡量地方政府创新绩效的重要途径。

二是以研究地方创新持续力和扩散性为目的的绩效评估。首先在地方政府创新评估指标设计方面，Borins指出评估政府创新应采用综合评估法，即评估政府创新的"整体绩效"[2]。Mark Moore，Jean Harley（2008）也指出"在评价指标体系中应该将政府创新是否提升了社会公平正义置于效率、效益等目标同等重要的权重"。Sandford Borins（1998）是最早对美国政府创新奖获奖项目进行评估调查的学者，采用了非随机分层抽样调查的方法评估1990—1994年间217个进入半决赛评选的政府创新项目。Jonathan Walters（2001）也通过300个政府创新项目，研究了创新型组织的特征以及激发创新和成功创新的因素。[3] John Donahue（2005）则观察了这些政府创新项目的扩散性。这在很大程度上可以归功于哈佛大学肯尼迪学院民主治理与创新研究所自1985年以来政府创新奖的数据库资料，为研究地方政府创新绩效评估研究积累了丰富的原始数据和案例材料。2008年，

---

[1] "Celebrating 20 Years of Government Innovation: 20th Anniversary Survey Report of the Innovations in American Government Award Winners"，参见哈佛大学肯尼迪学院民主治理与创新研究所网站（http://www.ash.harvard.edu/Home/Programs/Innovations-in-Government/Awards）。

[2] Sandford Borins, Innovations in Government Research, Recognition, and Replication, Brookings Institution Press, 2008, p. 32.

[3] Jonathan Walters, "Understanding Innovation: What Inspires It? What Makes It Successful?", 2012年10月20日，哈佛大学肯尼迪学院民主治理与创新研究中心网站（http://www.innovations.harvard.edu/cache/documents/8065.pdf）。

该研究中心便出版了"政府创新奖20周年调查研究报告",以181个政府创新奖项目的跟踪反馈调查数据为基础,开展对政府创新影响力、执行进展、政府创新的持续能力和扩散能力等方面的绩效评估研究,也是当前地方政府创新评估的重要研究成果。

（六）地方政府创新的实证研究

政府创新的理论研究进展与政府创新实践、行政改革的发展几乎同步,美国、加拿大等国家的学术机构纷纷设立了鼓励创新的政府创新奖,旨在通过评估和奖励政府创新项目以解决政府管理的难题和增加公民对政府的信心（Borins, 2008）。政府创新奖的设立一方面提供了识别、判断、评估政府创新的评价指标体系,另一方面大量实证研究案例为开展地方政府创新实证研究提供了丰富的数据积累。因此,国外学术界较早地开展了地方政府创新实证研究,定量研究方法方面较为成熟,主要研究内容大致可以分为两大类:

一是地方政府创新获奖项目的案例研究。其中以美国哈佛大学肯尼迪政府管理学院民主治理和创新中心设立的政府创新奖为典型,因其设立时间最早、评估机制较为成熟,也因此最具代表性。该研究中心成立了创新数据库（Innovations Database）,为每一项政府创新划分创新类型、创新领域,编写创新发起人、案例编号、创新时间等基本信息,近年来的政府创新项目还配有演示视频资料。政府创新数据库系统收集历年地方政府创新获奖案例资料与数据,为追踪评估和跟踪反馈奠定了良好基础,推动了地方政府创新案例研究的成熟发展。具有代表性的研究成果是该研究中心于2008年出版的"政府创新奖20周年调查报告"[1],总结了181个政府创新获奖项目案例,是研究地方政府创新案例的重要文献之一。同样地,加拿大政府创新案例数据库也提供了案例研究的数据来源。在晚近的研究成果中,Sandford Borins（2014）发表了专著《政府创新的持续性》（*The Persistence of Innovation in Government*）,对美国政府创新奖项目案例进行了专题调查,还比较了加拿大和美国政府创新案例。案例研究也因此成为地方政府创新实证研究中应用较为广泛的一种研究方法。

二是地方政府创新的比较研究。随着政府创新在全球范围内的普遍兴起发展,学术界也迅速开展了地方政府创新比较研究,包括全球比较研究

---

[1] Celebrating 20 Years of Government Innovation: 20th Anniversary Survey Report of the Innovations in American Government Award Winners, 2013 - 9 - 2, https://ash.harvard.edu/files/surveyreport.pdf.

和区域比较研究。Sandford Borins（2000）以加拿大、美国和英国的地方政府创新案例为研究对象，基于全球比较的视角重点研究在不同环境和挑战下导致创新的可能性以及创新发起人身份的差异性。哈佛大学民主治理和创新中心于2002年建立了全球公共创新网络（The Global Innovation Network），是一个协同全球十个公共管理创新奖项目的网络系统，实现政府创新案例、数据、治理创新经验与知识技术的共享。包括中国地方政府创新奖项目、巴西的公共管理和公民计划、墨西哥的政府与地方管理奖、菲律宾的卓越地方管理项目、东非的地方治理奖等。全球公共管理创新网络为学术界基于全球比较视角研究各国地方政府创新提供了翔实的案例数据资料，比较研究在地方政府创新研究中也逐渐成为一种流行的研究方法。如 Elaine Kamarck 从历史研究角度对全球范围内政府创新的实践改革做了一个梳理，[1] Eran Vigoda-Gadot 等学者对爱尔兰、荷兰、挪威、西班牙、瑞典、英国等国家626个公共部门在2003—2005年的公共部门创新样本进行比较研究，分析公共部门创新相关因素之间的关系，寻找抑制公共部门创新的障碍因素，分析各个创新变量之间的关系，并试图建立一个适用于欧洲甚至更大范围的创新理论与实践模型。[2]

（七）地方政府创新的"技术路径"研究

20世纪70年代末80年代初兴起的新公共管理运动采取私有化和引入竞争机制的做法掀起了政府再造与政府创新的浪潮，迫使地方政府官员努力提高效率和节约成本，公职人员越来越多地希望服务供给创新（私有化，外包或签约）或者解除公共部门直接供给服务的责任（资产出售和卸载）。[3] 私有化与竞争不仅改变了传统官僚文化，也形成了80—90年代末地方政府创新的主要方式与路径。90年代末21世纪初，信息技术发展推动了电子政务创新作为一种新的创新路径的发展。如今，互联网+和大数据发展使信息技术已不再仅仅是地方政府创新的技术路径，而逐渐发展成了一种新的创新管理体系，并获得了学术界的很大关注。

Joshua M. Franzel 基于电子政府创新的背景，分析了美国地方政府门

---

[1] 参见 Elaine Kamarck, Innovation Around the World, Ash Institute for Democratic Governance and Innovation John F. Kennedy School of Government, Harvard University, 2003, p.4。
[2] Eran Vigoda-Gadot, Aviv Shoham, Nitza Schwabsky, Ayalla Ruvio, "Public Sector Innovation for Europe: A Multinational Eight-country Exploration of Citizens' Perspectives", *Public Administration*, Vol. 86, No. 2, 2008, pp. 307–329.
[3] Robin A. Johnson, Norman Walzer, Local Government Innovation: Issues and Trends in Privatization and Managed Competition, Greenwood Publishing Group, 2000, pp. 169–170.

户网站的建设情况，进而解释了城市电子政府创新的影响因素，[1] 这也是较早研究电子政务技术路径政府创新的尝试。随着电子政务发展，政府在电子政务使用方面已超过了技术创新的范畴，对公共治理模式、公共服务质量与效率提升都产生了深远意义。Steve Goldsmith（2005）信息技术是政府改革创新的工具，它构建了政府新的治理网络，并使信息成为政府治理的产品（Information as a Product）。更为重要的是，新的技术提供了地方政府服务供给的新渠道，以更民主的方式提供产品与服务。[2] OECD 于 2005 年出版了《电子政务：为了更好的政府》，对 OECD 国家使用电子政务的情况进行调查分析，提出电子政务推动了政府在顾客为中心、多重渠道的服务供给、改善政府业务流程、部门间协作等方面的管理创新。[3] Devendra D. Potnis 在公共治理的意义上提出了电子政务视角的公共管理创新，认为电子政务创新是推动政府创新的重要力量，会对现代政府组织结构、组织文化产生复合影响，可视为"最伟大的政府部门管理创新之一"[4]。

近年来，互联网＋、云技术、大数据的发展大大拓展了政府创新的路径与方式。Stephen Goldsmith，Susan Crawford（2014）出版了《回应型城市：通过数据智能治理让社区参与管理》一书（*The Responsive City: Engaging Communities Through Data-Smart Governance*），该书强调利用大数据来创新城市管理是数字时代公民参与和公共治理的指南，能创造出更敏捷，更具竞争力和经济适应力的城市地方政府。数据智能治理在预测危机问题、建立新型领导力方面都有突破性价值。Svenja Falk，Andrea Rommele，Michael Silverman 进一步研究了数字政府时代政府运用数字信息技术提高政府绩效与公民满意度的创新战略。他们分析了美国、英国、欧洲、新加坡（2011—2016）的数字战略，认为数字技术极大地改善了公共服务并推动了政府创新，包括使用 IT 工具、流程再造、结构重组等，[5] 实现了

---

[1] Joshua M. Franzel, "Urban Electronic Government—Innovation, Adoption, and Metropolitan Characteristics", *Journal of Systemics, Cybernetics and Informatics*, Vol. 2, No. 2, 2004, pp. 60 – 65.

[2] Erwin A. Blackstone, Michael L. Bognanno, Simon Hakim, *Innovation in E-Government*, Rowan & Littlefield Publishing Group, 2005, pp. 59, 266.

[3] *E-Government for Better Government*, OECD Publishing, 2005, pp. 5 – 7.

[4] Devendra D. Potnis, "Measuring e-Governance as an Innovation in the Public Sector", *Government Information Quarterly*, Vol. 27, 2010, pp. 41 – 48.

[5] Svenja Falk, Andrea Rommele, Michael Silverman, *Digital Government Leveraging Innovation to Improve Public Sector Performance and Outcomes for Citizens*, Springer International Publishing Switzerland, 2017, pp. 6 – 7.

公共服务创新。利用数字技术不仅可以支持公共政策，也可以培育构建以技术为基础的新型组织结构，这为我们在大数据时代思考政府创新提供了新的思路借鉴。

（八）推动地方政府创新持续性和扩散性的研究

这部分的研究与地方政府创新动因研究密切相关，探讨的是与动力因素相关的作用机制，如何培养、开发和推动地方政府创新。这是地方政府创新动因研究中较为复杂的一项内容，主要代表性研究结论有以下几种：

一是研究地方政府创新的障碍，以障碍分析为前提探究推动地方政府创新。Borins（2000）认为地方政府创新的障碍主要来自创新发起人，具体包括三个方面：（1）官僚机构内部的障碍，包括官僚主义，地盘战，组织协调障碍，后勤保障难题，工作人员积极性下降，新技术应用的困难，工会反对，中层管理人员反对等因素。（2）政治环境的障碍，包括资金或其他资源的缺乏，法律法规的限制，以及政治家的反对。（3）公共部门外部环境的障碍，包括对创新成效的公共质疑，无法满足目标群体的需求，利益受影响的私营部门的反对，公众的反对，以及作为创新的结果被迫与公共部门竞争的私营部门的反对。要推动地方政府创新，确保地方政府创新的持续力和扩散性就要致力于克服这些创新障碍。创新障碍研究无疑有助于促进这方面的思考。

二是研究地方政府创新的持续性。近年来地方政府创新活跃性有所下降，一些创新案例的回溯性研究也对创新持续性问题表示关注。如何维持地方政府创新，增强地方政府创新的持续性，这方面代表性的研究是Sandford Borins（2014）发表的专著《政府创新的持续性》，研究了谁发起创新，何时、为何以及怎样创新，持续创新的障碍在哪里以及如何克服这些障碍等问题。为提高政府创新的持续性，Borins认为，不仅要结合公共创新的过程和内容，还要考虑政府创新的绩效等因素。政府创新的持续性往往与是否能带来重大变革转折及其创新绩效有关。

三是研究地方政府创新的扩散。政府创新扩散在政府创新研究中属于起步较早的一个研究领域。Rogers（1985）从传播学角度研究创新学习、创新扩散的问题。一般而言，政府创新或企业创新中原发性创新较少，区域、部门、组织成员间相互影响引发学习型或复制型创新的概率更大。创新扩散不仅是激发其他部门、其他区域创新的重要动力机制，也是提高该项创新政策影响和衡量创新绩效的一个指标。一旦一项创新具有显著成效并被其他区域模仿，就表明这项创新政策是成功的，至少是有效果的。尽管创新扩散研究起步较早,但近年来对创新扩散的研究不够集中,这与创新扩散的具体个案难以获取有一定关系。

二 国内关于地方政府创新动因的研究现状

国内关于政府创新的研究起步较晚,尽管与之相关的政府职能转变和行政管理体制改革一直是研究的焦点。近十几年来,政府部门广泛开展了政府创新实践,引起了学术界对地方政府创新动因的研究兴趣,在地方政府创新动因研究方面取得了较为丰硕的研究成果。

经"中国知网"(http://www.cnki.net)检索,政府创新相关研究主要起始于20世纪90年代初,从1992年到2017年11月,主题为"政府创新"的文献达到42368篇。其中,2000年(不含)以前的论文仅为588篇,98%以上的论文都是2000年以后发表的。从2004年开始,"政府创新"问题的研究呈现出迅猛上升态势,年度文献发表量首次超过1000篇。2006年至今,每年关于政府创新的文献都在2700篇以上。其中,2015年和2016年分别达到了3778篇和3746篇。早期研究侧重于企业创新研究视角,讨论全球一体化发展背景下政府改革与政府管理创新的必要性。进入21世纪后,地方政府创新实践呈现蓬勃发展态势,地方政府创新研究领域也进一步拓展至创新动力、创新持续性、创新扩散性、创新绩效评估等领域,成为政府管理体制改革和公共管理领域的重要研究议题。从总体看,中国关于政府创新的研究仍处于起步阶段,国内地方政府创新动因研究也在探索发展阶段,相关研究成果集中在以下几方面。

(一)行政管理体制改革与地方政府创新

改革开放以来,围绕政府职能转变、建立与社会主义市场经济体制相适应的行政管理体制是行政体制改革的中心任务。这其中,推动政府自身建设的政府创新"一直被认为是政府管理体制改革的应有之义"。[①] 尽管也有学者认为"政府管理创新无疑是当前各级政府的一项重要任务,但更应该受到重视的是行政管理体制改革",因为作为体制性的制度安排才能解决根本性、战略性的问题,而管理创新只能解决可操作性的技术问题。[②] 然而,行政管理体制改革并非一朝一夕就可蹴就而成,其推进的过程正是依靠各种行政管理方式创新来实现的,如推行政务公开、改革行政审批制

---

① 乔耀章、芮国强:《政府创新与政府自觉》,《学术界》2002年第4期。
② 欧阳坚:《深化行政管理体制改革是政府自身建设的首要任务》,《中国行政管理》2012年第2期。

度、推动电子政务建设等管理创新,① 使行政管理体制改革取得了长足进展。俞可平也认为改革开放 30 多年来行政管理体制改革在决策机制、机构设置、政府职能、行政审批、绩效管理、责任追究、政府公开、权力监督、公共服务、电子政务和公民参与等方面取得了较大的成就。② 行政管理体制改革的成果不仅是体制性改革逐步推进的结果,也与政府创新尤其是地方政府创新的推进息息相关。因为政府创新的过程实质上也表现为制度变迁、制度创新的过程,李京文就认为,政府创新的主要表现形式就是制度创新。③ 政府创新采取新策略、新政策、新制度,推动了行政管理制度不断演进,也推动了治理创新的发展。从这个意义上说,政府创新不仅是行政管理体制改革的重要内容,也推进了政治、经济、社会、文化领域的深层次变革。基于行政管理体制改革视角研究地方政府创新是国内学术界较早关注的重点,并一直是研究的焦点所在。目前这方面的研究主要有两个方面:

一是职能转变方面。政府职能转变是 20 世纪 80 年代末进入学术界研究领域的重要议题,也反映了改革开放以来政府职能转变的现实诉求。早在 80 年代末,就有学者基于政府职能转变过程角度,认为由传统计划经济向现代化商品经济的转化过程,要有个适应、完善的过程。④ 卓越提出政府职能转变可以分解为职能结构、职能方式、职能关系、职能内容及职能幅度五个方面的转变,⑤ 这五个方面实际上几乎覆盖了政府创新的全部方式。林尚立也指出政府管理体制改革的核心是职能转变,但不是简单的职能转变,而是在职能转变基础上的政府再造。⑥ 他这个观点充分表达了政府创新(再造)与政府职能转变之间的关系,同时也说明政府创新以职能转变为核心内容,推动了行政管理体制改革演进。此后,一些学者进一步论证认为政府职能转变与政府创新之间存在互动关系:政府职能的转变要以政府创新为前提,以政府创新来推动职能转变;政府创新要以政府职

---

① 王一程、贠杰:《中国行政管理体制的进展与面临的挑战》,《政治学研究》2006 年第 3 期。
② 俞可平:《改革开放 30 年政府创新的若干经验教训》,《国家行政学院学报》2008 年第 3 期。
③ 李京文:《制度创新与管理创新:意义、趋势和任务》,《中国社会科学院研究生院学报》2001 年第 6 期。
④ 赵恒权:《城市政府职能转变最佳目标模式构想》,《政治学研究》1989 年第 1 期。
⑤ 卓越:《政府职能转变的若干层面分析——论新一轮地方政府机构改革》,《厦门大学学报》(哲学社会科学版)1993 年第 2 期。
⑥ 林尚立:《论职能转变基础之上的政府再造》,《社会科学》1993 年第 1 期。

能转变为基础，以政府职能转变来带动政府创新。① 新时期我国加快了政府职能转变，有学者指出要以政府职能的优化与整合为着力点，从政府角色定位、顶层设计、体制机制创新等方面推进国家治理体系和治理能力现代化。② 因此，政府创新、政府职能转变、政府治理能力之间存在密不可分的联系，也是当前学术界重点研究的一个方向。

二是制度创新方面。深化行政管理体制改革，其核心和重点是加强政府管理体制和管理机制创新。③ 从这个意义上说，政府创新正是通过体制机制创新优化，改进了行政管理方式，推动了行政管理体制改革。这方面的研究主要运用了新制度经济学、制度变迁理论，研究成果相对较多。依据新制度经济学的观点，人类社会变迁的重要来源是制度，也是解释生产力发展的内在变量之一。制度创新与制度变迁通过改革现存的制度推动了社会进步发展。因而有研究认为制度创新就是制度的变迁过程，是制度创新主体为获得潜在收益而进行的制度安排。④ 郭小聪（2000，2008）指出，政府创新与政府改革具有一致性，中国的改革过程，实质上是中央政府推动各级政府制度创新的过程。改革开放以来，由于宪法秩序稳定以及权力结构与意识形态环境的变化，地方政府制度创新主体地位得以确定和提高，也推动了新制度被构造和旧制度被替代的改革过程。⑤ 还有一些研究考量了制度创新的收益结果，认为制度创新是指能使创新者获取最大利益的现存制度的变革。⑥ 制度创新实际上是致力于建立一种适应性的平衡机制，鼓励收益最大化的创新，既能维持组织秩序，又能推动组织可持续发展。

基于制度创新研究政府创新动因也是学术界较早予以关注的一个切入点。杨瑞龙认为"权力中心的制度创新能力和意愿是决定制度变迁方向的主导因素"，这种供给主导型制度变迁的地方政府制度创新，具有显著的"纵向推进、增量改革、试点推广、利用已有组织资源推进改革等特征"，对完成市场经济体制过渡具有重要作用。⑦ 陈天祥（2000）也提出，地方政府是推动制度创新的主体，其制度创新的动因是"宪法秩序的变化、制

---

① 谢庆奎：《职能转变与政府创新》，《新视野》2003年第2期。
② 史云贵：《当前我国政府职能转变中的问题与路径创新》，《理论与改革》2016年第3期。
③ 薄贵利：《深化行政管理体制改革的核心和重点》，《中国行政管理》2009年第7期。
④ 陈天祥：《中国地方政府制度创新的动因》，《管理世界》2000年第6期。
⑤ 郭小聪：《中国地方政府制度创新的理论：作用与地位》，《政治学研究》2000年第1期。
⑥ 文魁、徐则荣：《制度创新理论的生成与发展》，《当代经济研究》2013年第7期。
⑦ 杨瑞龙：《我国制度变迁方式转换的三阶段论——兼论地方政府的制度创新行为》，《经济研究》1998年第1期。

度创新成本、制度创新的预期收益以及制度创新能力"。作为"第一行动集团"的地方政府制度创新，其形成"不仅受各种主客观条件的制约，而且受制度创新方式选择的影响"。但地方政府在制度创新方面仍有优势，表现为更了解制度创新需求，具有成本小、风险小、阻力小等优点。① 郁建兴、黄亮进一步运用制度变迁理论建立地方政府创新的动因分析框架，认为政府创新是"路径依赖"的制度变迁，② 继而分析了地方政府创新的动力来源。从制度创新角度理解地方政府创新，对当前地方政府管理体制改革与制度变迁给出了很好的解释。

无论是基于政府职能转变还是制度创新，地方政府创新都是在行政管理体制改革视域下的研究议题，是我国行政管理体制改革的重要内容指向。

（二）地方政府创新的目标及目标体系研究

地方政府创新作为一项公共政策或管理工作必然带有特定的目标及其目标体系。与企业部门管理工作的目标相比，公共部门的管理目标和价值则比较模糊。③ 创新概念与方法主要来自企业管理，如果运用到政府管理领域，同样会有不同目标价值体系的问题。国内学术界对地方政府创新的目标及目标体系的研究一方面是从公共部门与私人部门的差异性考虑，另一方面则是从中国政治体制、经济社会发展现实出发，考虑国情而设定的目标体系。

乔耀章（2002）、谢庆奎（2005）、燕继荣（2006）、郭济（2007）、俞可平（2005，2008，2013）、胡宁生（2012）等均阐述了不同时期中国地方政府创新的目标。谢庆奎提出政府创新是服务型政府建设的主要途径，政府积极寻求新模式和新方法，目的是要确保社会资源得到最优化配置，最终实现国民经济和社会的可持续发展的长远目标。与创新目标相对应的是，检验政府创新的标准主要看是否以人民为本，是否对民众有利，是否有效率和效益，是否有利于社会经济的协调和可持续发展。④ 他还进一步基于现代政府管理的背景，围绕服务型政府的总体目标提出了政府创

---

① 王玉明：《论政府制度创新——从新制度经济学的视角分析》，《国家行政学院学报》2000年第6期。
② 郁建兴、黄亮：《当代中国地方政府创新的动力：基于制度变迁理论的分析框架》，《学术月刊》2017年第2期。
③ Mark Moore：《构建公共价值：政府中的战略管理》，清华大学出版社2003年版，第28页。
④ 谢庆奎：《服务型政府建设的基本途径：政府创新》，《北京大学学报》（哲学社会科学版）2005年第1期。

新的具体目标有五个方面：（1）提供公民看重的高质量服务；（2）接受竞争和开放的思想；（3）政府的政策制定与提供服务职能相分离；（4）以是否完成业绩目标为基础对组织和个人进行评估和奖励；（5）最大限度地提高人力和技术资源能力。① 俞可平分析全球政府创新经验，认为政府创新九大主要目标分别是：（1）民主；（2）法治；（3）责任；（4）服务；（5）优质；（6）效益；（7）专业；（8）透明；（9）廉洁。② 这九大目标不仅是地方政府创新的目标，也是衡量地方政府创新的基本准则。如何避免地方政府创新的随意性，确保地方政府创新保持公共价值导向，这就需要地方政府充分明确创新目标及目标体系，并能够在目标战略规划的引导下实施管理创新。

尽管国内学者对地方政府创新目标及目标体系研究在内容上有诸多差异，但从现有研究看，对地方政府创新目标也有达成基本共识的看法。第一，服务型政府建设是地方政府创新的主要目标，也构成了地方政府创新的主要创新领域与创新工具指向。构建服务型政府是中国政府改革的方向，意味着治理方式的根本变革，它改变着政府的观念范式、规则范式与操作范式。③ 在新时期推动以服务型政府为目标的地方政府创新，改进地方政府治理方式，"需要继续坚持和发扬已经取得的重要经验，克服掣肘政府转型的各类因素"，"还要为政府转型创造一个强有力的社会基础"。④ 第二，地方政府创新的民主价值导向。国内学术界颇为重视地方政府创新的价值导向问题，现代政府的核心特点是政治民主和开拓创新。还有学者指出，"民主是政府创新的核心价值"⑤，地方政府创新的目标体系要围绕创新的民主制度安排实现社会公平正义。因为较为强调地方政府创新的民主政治价值导向，这或许能从另一个侧面解释中国地方政府创新项目在政治改革类方面数量占优的情况。第三，地方政府创新的直接目标是解决地方行政管理领域的难题，改进地方政府行政管理方式，提高地方政府治理能力。地方政府创新的直接目标也影响到了创新的内容与方式。因此，现阶段地方政府创新直指政府流程再造、政务公开透明化、行政效率提升等

---

① 谢庆奎：《论政府创新》，《吉林大学社会科学学报》2005 年第 1 期。
② 俞可平：《大力建设创新型政府》，《探索与争鸣》2013 年第 5 期。
③ 燕继荣：《服务型政府的研究路向——近十年来国内服务型政府研究综述》，《学海》2009 年第 1 期。
④ 郁建兴、高翔：《中国服务型政府建设的基本经验与未来》，《中国行政管理》2012 年第 8 期。
⑤ 陈家刚：《政府创新与民主》，《中国信息报》2006 年 2 月 27 日第 7 版。

政府实践管理领域。

为地方政府创新设定目标，这符合目标管理研究情境下对地方政府创新行为与政策的引导，也是克服很多地方政府随意创新弊端的需要。如果一些"政府创新"无法满足一定的政策目标，那实际上这些创新政策从后续评估来看也很有可能是无效的。燕继荣认为，地方政府创新努力的整体目标应该是"最好的政府"，依据当前条件，其要求主要体现在"消极作为"上，即做一个"不坏的政府"，要求其至少能在"回应性"上有所改进。① 胡宁生从战略目标角度提出"要确定新形势下地方政府创新的战略目标与总体任务，就必须探讨今后中国社会转型和体制转轨的战略选择"②。总体来说，国内学术界对地方政府创新目标及目标体系的研究侧重考虑中国具体国情，研究中国经济社会发展对地方政府创新的现实需求。

（三）地方政府创新的方式、内容与特征研究

中国地方政府创新奖获奖项目为学术界研究政府创新的方式、特征与内容提供了案例样本，这方面研究有助于对地方政府创新进行总结与归纳，能对现阶段地方政府创新总体状况有较为清晰的把握，并对未来地方政府创新发展形成预期。

一是地方政府创新的方式。国内研究按照不同标准对地方政府创新的方式进行了归纳总结。乔耀章等提出了政府创新包括理论、制度、技术和实践四种方式。③ 谢庆奎基于政府创新的内涵，将政府创新分为理论层面、体制层面上、人员层面上和操作层面四种创新方式，进而提出了"政府元创新"和"政府组织创新"的概念，④ 拓宽了对政府创新方式的理解。一般而言，政府创新方式是指自身的创新，以及其提供公共服务和产品的形式的创新，⑤ 主要包括"政治创新和行政创新"⑥。李习彬（2006）从创新体系出发提出基于政府创新的整体整合作用，创新方式可以从组织文化层次、组织整合层次、方法手段层次三个方面出发的上下分明的八个层次进

---

① 燕继荣：《政府创新的不同版本》，《人民论坛》2010年第9期。
② 胡宁生：《地方政府创新的配套、认同与扩展》，《江海学刊》2012年第3期。
③ 乔耀章、芮国强：《政府创新与政府自觉》，《学术界》2002年第4期。
④ 元创新是指政府所进行的前所未有的、具有原创性或首创性的政府创新；政府组合创新则是指政府所进行的通过重新组织现有资源或方式、观念、制度而产生的政府创新。这种区分类似于Walker提出的创造性创新和借鉴式创新的区分。参见谢庆奎《论政府创新》，《吉林大学社会科学学报》2005年第1期。
⑤ 刘景江：《地方政府创新：概念框架与两个向度》，《浙江大学学报》（人文社会科学版）2009年第4期。
⑥ 杨雪冬：《中国地方政府创新：特点与问题》，《甘肃行政学院学报》2007年第4期。

行区分与综合。而关于地方政府创新的方式，则由于地方政府主体创新利益诉求的多元化，其方式也显得更为复杂。杨雪冬依据政府对待创新的行为方式及应用工具的特点开展中国地方政府创新实践分析，提出了政府创新类型"三分法"，即适应型、应用型和学习型，由此归纳出四类创新方式：(1) 危机—主动型；(2) 危机—被动型；(3) 发展—主动型；(4) 发展—被动型。① 胡宁生建立了"危机—发展"和"主动—被动"两个维度，研究了"危机—主动型""危机—被动型""发展—主动型""发展—被动型"四种地方政府创新方式。② 近年来随着社会领域的创新以及构建创新型国家的需要，也有学者提出了"社会复合主体"的地方政府创新方式。地方政府创新在形式上总体趋于稳定，在内容上则显示出复杂多样的态势。

二是地方政府创新的内容。地方政府创新的内容与地方政府多重角色身份密切相关。地方政府扮演着中央政府与公民社会之间的中间身份，要致力于执行中央政策和解决辖区内的地方治理问题，而"就其本身来讲，它还是理性人，具有自主性、自利性，在管理辖区事务的同时减少治理成本，追求自身利益的最大化"③。另外，随着地方政府创新的实践发展，地方政府创新内容也进一步拓展。国内目前关于地方创新内容划分较有代表性的是"中国地方政府创新奖"组委会设定的"行政改革类、政治改革类、公共服务类和社会管理类"四类，也是普遍接受度较高的一种分类。俞可平还指出了政治透明、公共服务、基层民主和政治参与、权力监督和廉政建设、行政效率和公共管理等几方面的地方政府创新内容，④ 丰富了地方政府创新的内容。陈家刚从地方政府创新的目标与功能角度，提出地方政府创新内容应包括：(1) 完善政府结构、改变政府管理方式，提高政府效能；(2) 增强社会自主性，形成新的权力依赖关系；(3) 通过创新实现善治。⑤ 近年来，一些学者研究认为地方政府主导的创新始终囿于传统思维，甚至在应对经济社会发展的挑战时力图以强化权力来驯服市场和社会始终难以走出"地方政府创新内卷化"的困境。为解决这一困境，地

---

① 杨雪冬：《地方政府创新形式与特点》，《学习时报》2008年1月28日。
② 胡宁生：《地方政府创新的配套、认同与扩展》，《江海学刊》2012年第3期。
③ 杨腾飞：《回应性政治视阈下中国地方政府创新行动研究》，《江汉大学学报》（社会科学版）2016年第3期。
④ 俞可平：《中国地方政府的改革与创新》，《经济社会体制比较》2003年第4期。
⑤ 陈家刚：《地方政府创新与治理变迁——中国地方政府创新案例的比较研究》，《公共管理学报》2004年第4期。

方政府创新必须重构，走向治理体系现代化，其创新内容应以治理体系现代化为目标，包括公共服务型政府建设、优化政府组织结构、发展有效民主和践行法治等创新内容。① 整体而言，中国地方政府创新在内容上符合自身特点，现阶段内容指向公共服务行政和政府治理能力现代化。

三是地方政府创新的特征。在中国政治制度、经济社会发展和历史文化背景下探究地方政府创新的特点，这也是国内学术界研究的一个重点，也是国内学术界思考如何推动中国地方政府创新的研究起点。俞可平（2007）从"一般创新"和"政府创新"的差异性角度，指出政府创新的独特性在于公共性、全局性和政治性的，其风险性比一般创新行为更大。在中国地方政府创新特征研究方面，吴建南等人分析地方政府创新获奖项目文本后，得出中国地方政府"创新行为具有鲜明的地区特色和草根色彩"②。杨雪冬也系统总结了中国地方政府创新的突出特点：创新主体多、涉及领域广；政治创新与行政创新相结合；制度创新与技术创新相结合；中央倡导与地方主动相结合；社会要求与创新者相结合；提高执政能力是创新的核心目标。③ 随着国家治理体系和治理能力现代化的推进，有学者分析了地方政府创新阶段性发展，认为中国地方政府创新第一阶段的特征是在组织结构、职能责任、运行流程上寻求重点突破，现阶段地方政府创新是国家治理组成部分，着力点在于规划决策和效能评估创新。④ 因此，中国地方政府创新的特征研究既包括了政府创新的特殊性，也包含着中国政治、经济、社会体制改革和文化等特征。

（四）地方政府创新动力因素的研究

地方政府创新的活跃实践激发了国内学术界对创新动因的研究分析，且基于不同学科视角和不同发展阶段展开了诸多研究（见表1.2）。较早的文献指出了地方政府创新动因与中国政治、经济和社会条件的特殊制度性因素有关，是"客观的制度环境"引发了地方政府创新，与此同时也存在着"主观的内在需求"。⑤ 杨雪冬也从主客观因素角度将政府创新动因概括为两个方面：一是主观方面，包括创新动机和创新能力两个子要素，其中

---

① 张紧跟：《治理体系现代化：地方政府创新的趋向》，《天津行政学院学报》2016年第3期。
② 吴建南、马亮、杨宇谦：《中国地方政府创新的动因、特征与绩效——基于中国地方政府创新奖的多案例文本分析》，《管理世界》2007年第8期。
③ 杨雪冬：《简论中国地方政府创新研究的十个问题》，《公共管理学报》2008年第1期。
④ 胡宁生、戴祥玉：《地方政府治理创新：基于自我推进机制的优势与设计》，《江海学刊》2016年第3期。
⑤ 张玉：《地方政府创新的基本动因及其角色定位》，《云南社会科学》2004年第3期。

创新动机是为解决实际面临的问题以及实现自己的政治抱负，创新能力是发起创新的官员能够了解民众需要和国内外动向、具有创新经验及资源的动员能力；二是客观原因，主要是指官员个人的职位变化以及官员个人在整个官员队伍中的关系，在中国当前政治经济条件下，前者有时对创新发起具有决定性意义。[1] 也有学者主张从危机或问题角度分析地方政府创新的动因，认为地方政府通常是出于解决危机或治理困境的问题导向才会主动发起创新。这些研究往往认为"危机情势"是地方政府创新的主要动因。当然，危机来源也是多元化的，可以包括权威性危机和管理性危机等。[2]

表 1.2　　　　　　　国内地方政府创新动因的代表性研究结论

代表学者	动因研究结论
杨瑞龙（1998）	在权力中心分权局面下，地方政府创新的动力会增加
刘汉屏、刘锡田（2003）谢晓波（2004）	地方政府间竞争和寻求自身利益最大化
陈家刚（2004）	危机情势是地方政府创新的主要动因
杨雪冬（2008）	经济发展水平、资源禀赋、财政状况、经济分配、危机因素
李景鹏（2007）	领导层的社会责任感、基层政府追求政绩的冲动、上级机关的推动、学术界的推动和群众压力
王焕祥、黄美花（2008）	实验型创新、战略型创新、探索型创新、问题型创新、功利型创新
周黎安（2007）韩福国等（2009）	地方政府官员政治升迁及获得政治资本的需要
陈雪莲、杨雪冬（2009）	精英驱动和问题驱动
陈国权、黄振威（2010）	发展型动力、竞争型动力以及压力型动力三类
陶建武（2015）	政绩型体制的机理、压力型体制下的维稳压力驱动、知识精英的推动以及民众需求的急剧提升
胡宁生、戴祥玉（2016）	分阶段的动因：第一阶段以外部压力推动为主，第二阶段以内部自我推进为主
何艳玲、李妮（2017）	社会创新促进地方政府创新，地方政府基于政治责任，必须进行治理创新以完成考核任务
郁建兴、黄亮（2017）	上级政府的政策要求、地方政府或政府部门间的竞争、地方官员的自觉行为、其他地区治理经验的示范效应、全球化的冲击、突发事件的影响

---

[1] 杨雪冬：《简论中国地方政府创新研究的十个问题》，《公共管理学报》2008 年第 1 期。

[2] 陈家刚：《地方政府创新与治理变迁——中国地方政府创新案例的比较研究》，《公共管理学报》2004 年第 4 期。

地方政府创新案例样本的拓展，为此后国内学术界分析与挖掘地方创新的动力要素提供了便利，更多的学者建立了较为系统的类型与要素框架。王焕祥、黄美花提出了实验型创新、战略型创新、探索型创新、问题型创新和功利型创新五种创新动因，认为不同创新动因之下会引发相应的地方政府创新模式。李景鹏提出地方政府创新的动力可归纳为领导层的社会责任感、基层政府追求政绩的冲动、上级机关的推动、学术界的推动和群众压力等因素。① 晚近关于地方政府创新动因研究视角呈现出多样化的特点。陶建武根据七届中国地方政府创新奖中的 118 个获奖项目提出了地方政府创新的动力源在于四个方面，包括政绩型体制的机理、压力型体制下的维稳压力驱动、知识精英的推进以及民众需求的急剧提升。② 还有学者提出地方政府创新可以分为两个不同阶段，第一阶段是以外部压力推动为主的机制，第二阶段进入地方政府治理创新新时期，动力机制是以内部自我推进为主的机制。③

本书认为目前关于动因的研究大致可以分为三类：

一是政治改革与发展，主要从新制度经济学理论角度来进行探讨。代表性的研究结论有：杨瑞龙开创性地提出需求诱致型政府的概念，指出在权力中心分权局面下，地方政府创新的动力会逐步增加。④ 这一研究结论与当前"放管服"改革背景下地方行政审批制度改革创新高度吻合。陈天祥强调了宪法秩序的变化带来制度创新收益大于成本的局面，⑤ 使地方政府产生了创新的直接动力。郁建兴、黄亮进一步从制度变迁角度研究地方政府创新的动因，认为制度变迁理论发展较为成熟，能为创新动力的讨论提供理论支持。提出根据地方政府创新的动力是否直接影响地方政府的创新行为，可以将动力分为直接动力和间接动力。⑥

二是政治升迁与利益竞争，地方政府通过创新以便获取资源配置和市场竞争的优势，进而赢得晋升以及声望等政治资本。⑦⑧ 地方政府早期的创

---

① 李景鹏：《地方政府创新与政府体制改革》，《北京行政学院学报》2007 年第 3 期。
② 陶建武：《地方政府创新的动力与过程》，《重庆社会科学》2015 年第 9 期。
③ 胡宁生、戴祥玉：《地方政府治理创新：基于自我推进机制的优势与设计》，《江海学刊》2016 年第 3 期。
④ 杨瑞龙：《我国制度变迁方式转换的三阶段论——兼论地方政府的制度创新行为》，《经济研究》1998 年第 1 期。
⑤ 陈天祥：《中国地方政府创新的动因》，《管理世界》2000 年第 6 期。
⑥ 郁建兴、黄亮：《当代中国地方政府创新的动力：基于制度变迁理论的分析框架》，《学术月刊》2017 年第 2 期。
⑦ 周黎安：《中国地方官员的晋升锦标赛模式研究》，《经济研究》2007 年第 7 期。
⑧ 韩福国、瞿帅伟、吕晓健：《中国地方政府创新持续力研究》，《公共行政评论》2009 年第 2 期。

新以政治改革类和经济领域为主,导致评判创新的标准就是市场竞争资源的能力以及政治资本的获得。因此,学者倾向认为地方政府创新的动机是地方政府利益导向。刘汉屏、刘锡田分析财政分权背景后提出,地方政府为获取自身利益最大化,试图通过创新来提供可以帮助其获取更多财政的公共产品。① 这说明地方政府的自身利益最大化是其创新的重要驱动机制。其后,随着"不唯GDP"考核机制的发展,有学者分析了地方政府的竞争格局,提出在官员治理模式没有发生根本变化的前提下,依据"政绩—晋升"的逻辑,"社会创新"正在成为新的政绩竞争标的。② 即地方政府基于各种政治责任,必须进行治理创新以完成创新的任务。

三是内外部危机与压力。在危机、压力或问题影响创新的研究方面,一些学者认为中国地方政府创新的动因与西方国家具有相近性,即问题驱动和精英驱动。③ 地方政府的创新动力在很大程度上来源于政府内部管理对外界危机的感应程度,并及时把危机与压力转化为创新策略的动力来源。杨雪冬也提出危机因素固然是重要的动因,但"更深层次的原因分析则要基于经济发展水平、资源禀赋、财政状况以及经济分配等较为宏观的条件"④。危机与压力动因概括较有代表性的研究文献是陈国权、黄振威基于动力研究,提出地方政府创新的动力大致可分为发展型动力、竞争型动力以及压力型动力三类。⑤

总体而言,地方政府创新动因研究是学术界关注的热点议题,取得了丰硕的研究成果,但仍缺乏从整体角度和定量分析角度研究地方政府创新的动因,对各个动因之间的相互关系研究也较为缺乏。

(五) 地方政府创新的扩散问题研究

地方政府创新的扩散问题研究是近年来研究较为热门的话题,其原因是中国地方政府创新经历一个蓬勃发展期后呈现出"不活跃"⑥ 的趋势,

---

① 刘汉屏、刘锡田:《地方政府竞争:分权、公共物品与制度创新》,《改革》2003年第6期。
② 何艳玲、李妮:《为创新而竞争:一种新的地方政府竞争机制》,《武汉大学学报》(哲学社会科学版) 2017年第1期。
③ 陈雪莲:《国外政府创新的研究与实践》,《国家行政学院学报》2010年第1期。
④ 杨雪冬:《后市场化改革与公共管理创新——过去十多年来中国的经验》,《管理世界》2008年第12期。
⑤ 陈国权、黄振威:《地方政府创新研究的热点主题与理论前瞻》,《浙江大学学报》2010年第6期。
⑥ 这里所谓的"不活跃"是指申报"中国地方政府创新奖"的申请项目逐届减少,但究竟是不是真的"不活跃",这在后面的研究中会涉及这个问题。

且地方政府创新的区域差距甚为显著。因此，学术界开展了政府创新区域扩散等相关研究。

这方面的研究涉及政府创新的区域性传播以及部门间的传播等，强调政府创新对其他部门、其他区域、其他人群的影响，以及能否发起新的创新，目前主要研究视角是区域性传播与扩散。杨雪冬（2008）将中国地方政府创新扩散机制概括为体制型学习（上级要求）、自主型学习（对他处经验的主动习得）以及无意识学习三种，他认为在现有体制下，上级政府特别是中央政府的介入是创新能否获取"合法性"和进一步扩散的重要前提，这与杨瑞龙的"中间扩散型政府"[1]获取权力中心的支持，从而发展为需求诱致型政府的观点相类似。陈雪莲提出了引发传播创新的条件，包括地方政府的灵活性、能动性，资源条件，领导人的个人动机，制度环境等因素。[2] 曹龙虎、段然则认为政府创新扩散的产生要满足相关制度设计的条件，即政府创新与地方政府存在利益契合度。[3] 利益契合是促进政府创新扩散的重要条件。郁建兴、黄飚将地方政府创新分为"目标创新"和"工具创新"，并把每种创新类型分为"适合全国性扩散""适合局域性扩散"以及"不适应扩散"三种情况。他们认为，就地方政府的目标创新而言，衡量其是否适合扩散的标准在于其他地方政府是否具有相同或相似的政策目标，而工具创新扩散的适应性则在于对比移植或借鉴创新所需要的调试成本和其他地方政府自主探索新的政策工具所需的成本。[4] 这两种扩散机制的区分对区域性创新扩散机制进行了有力的补充，能较好地解释区域性创新扩散的内部机理，这也是国内目前对扩散研究较有代表性的研究。说明创新扩散需要具备特定的扩散条件，可以避免盲目和无效的创新扩散。除了传播学视角的创新扩散，张玮认为政府创新扩散是一种政策过程理论，创新扩散是指政策创新扩散在时间维度、空间维度以及组织层级维度的发展过程中呈现出来的特定模式。故而，理解政府创新扩散就要立足于政策过程。他提出了"试验—推广"的经典范式和"自上而下"的迅速扩散这两种中国国情之下的政府创新扩散方式。[5] 同时，学术界也有一

---

[1] 杨瑞龙：《我国制度变迁方式转换的三阶段论——兼论地方政府的制度创新行为》，《经济研究》1998年第1期。
[2] 陈雪莲：《国外政府创新的研究与实践》，《国家行政学院学报》2010年第1期。
[3] 曹龙虎、段然：《地方政府创新扩散过程中的利益契合度问题——基于H省X市2个综合行政执法改革案例的比较分析》，《江苏社会科学》2017年第5期。
[4] 郁建兴、黄飚：《地方政府创新扩散的适用性》，《经济社会体制比较》2015年第1期。
[5] 张玮：《政策创新扩散的动力机制与路径模式——20世纪60年代以来的国内外研究探索》，《福建江夏学院学报》2016年第1期。

些政府创新扩散研究是对东西部创新差异的比较，从中分析不同区域创新扩散的差异性。总体而言，创新扩散研究基本上主张制度性因素对创新扩散存在显著影响。

（六）地方政府创新的持续性及发展趋势研究

地方创新动力不足的问题引发了学术界对创新可持续性的担忧，并对中国政府管理体制改革背景下地方政府创新的发展趋势进行了大量探讨。

一是地方政府创新的持续性。持续性研究有两个方面：其一是研究地方政府创新持续性的影响因素；其二是研究地方政府创新能力如何提升的问题。前者有代表性的观点是，杨雪冬认为政府制度创新需要有制度条件、物质条件和社会环境的支持。① 韩福国、瞿帅伟、吕晓健等人研究发现，地方政府创新持续力的强弱，与国家创新空间、创新类型、创新动力、政治民主、合法性、官员资源获取（升迁）、组织生存和扩张、受益人群、政府职能范围界定九个关键性命题有关。② 陈雪莲等研究也表明，政府创新的可持续性主要取决于能否获得体制内的认可和支持。③ 政府组织系统内部的体制空间或允许创新发展的法律制度，是创新能否持续的关键因素。中国地方政府创新可持续性发展的特殊性还在于受到上级政府的态度及地方政府官员升迁因素的影响，导致一些创新是"临时性和草创性"④，因而缺乏持续发展的动力。还有学者对东西部地方政府创新的可持续性进行了比较，认为东西部政府创新可持续性与地方政府创新压力、创新预期和创新意识等因素有关。⑤ 何增科比较中国和美国政府创新实践后得出结论，地方政府创新应增强政治合法性，这会让"执政党和中央政府有强烈的动机去鼓励地方政府创新"，这不仅关系到创新的可持续性，也关系到政权的稳定性和可持续性。⑥ 后者则是从能力提升角度，研究地方政府创新持续发展对政府治理能力的要求。蓝志勇分析了政府管理创新的

---

① 杨雪冬：《后市场化改革与公共管理创新——过去十多年来中国的经验》，《管理世界》2008年第12期。

② 韩福国、瞿帅伟、吕晓健：《中国地方政府创新持续力研究》，《公共行政评论》2009年第2期。

③ 陈雪莲、杨雪冬：《地方政府创新的驱动模式——地方政府干部视角的考察》，《公共管理学报》2009年第6期。

④ 周黎安：《中国地方官员的晋升锦标赛模式研究》，《经济研究》2007年第7期。

⑤ 王焕祥、黄美花：《东西部地方政府创新制度化能力及其可持续性的实证比较》，《社会科学辑刊》2008年第1期。

⑥ 何增科：《地方政府创新与政治正当性：中美之间的比较研究》，《湖北社会科学》2015年第4期。

瓶颈因素，认为在技术、管理、思想等创新压力之下，地方政府要建立创新思维和有效学习的手段，才能推进管理创新的持续发展。① 金太军还提出了政府创新能力提升的框架，包括内结构性要素（价值取向、行政文化、组织结构、政府能力结构、政府官员素质）和外结构性要素（竞争、合作、对立）。②

二是地方政府创新的发展趋势。中国地方政府创新的发展趋势与我国政治发展目标、政府管理体制改革内容密切相关，当然也与全球公共管理改革背景有关。全球公共管理改革与政府创新的趋势主要是由传统行政管理方式向"善治"的公共治理范式转型，这意味着地方政府创新的发展趋势是走向"善治"，包括地方政府一定程度的分权、实现信息化、建立绩效管理体制、减少腐败以及实现政务透明等创新策略。③ 更多的学者是基于国内行政管理体制改革的实践得出了相应的结论，并认为政府创新是国内政治体制改革的重要内容。俞可平总结了中国地方政府创新的主要趋势是：从管制政府走向服务政府、从全能政府走向有限政府、从人治走向法治、从集权走向分权、从统治走向治理。④ 随着服务型政府目标的确立，地方政府创新也应以服务型政府建设为导向，按照民主政府、有限政府、责任政府、法治政府、绩效政府等要求去发展。⑤ 随后，我国在行政管理体制改革方面还提出了建立创新型政府的目标。为构建创新型政府，地方政府创新也必然要沿着"适应型、创新型、学习型、开放型、民主法治型"的方向发展。在大力推进国家治理体系和国家治理能力现代化的新时期，政府治理能力作为国家治理能力的重要组成部分被提上改革日程。一些学者分析指出，"推进治理体系现代化应该成为新时期地方政府创新的趋向"⑥。如何围绕治理体系建设和治理能力提升，这也是现阶段地方政府创新的主要任务。同时，针对地方政府创新发展的新态势，还有学者提出了"地方政府创新常态化"的概念，认为今天的地方政府创新，已经远远超出了改革开放初期作为改革"试点"的意义，逐步发展成为地方政府的

---

① 蓝志勇：《政府管理创新的瓶颈因素及其分析》，《学术研究》2006 年第 7 期。
② 金太军：《政府创新能力影响因素分析》，《政治学研究》2008 年第 2 期。
③ 冉冉：《参与式透明治理：从第六届全球政府创新论坛透视全球政府创新的主要趋势》，《马克思主义与现实》2000 年第 4 期。
④ 俞可平：《论政府创新的主要趋势》，《理论参考》2005 年第 9 期。
⑤ 谢庆奎：《服务型政府建设的基本路径：政府创新》，《北京大学学报》（哲学社会科学版）2005 年第 1 期。
⑥ 张紧跟：《治理体系现代化：地方政府创新的趋向》，《天津行政学院学报》2016 年第 3 期。

一种常规行动策略，并在潜移默化中对地方政府的行为习惯与治理理念产生影响。[①] 因此，地方政府创新正在内化为地方政府的一种必要的管理手段，是其实现治理现代化的管理机制。运用创新进行地方政府管理，这在今后很长一段时期都可能激发地方政府推动创新。陈永杰、曹伟还提出了"政府创新管理"[②] 的概念，提出构建创新激励机制、能力培养机制、成果应用机制和创新考核机制的创新管理机制，运用管理的手段推动地方政府创新。可以说，地方政府创新的常态化或制度化也可能是未来地方政府创新发展的一个重要发展趋势。

需要指出的是，近年来随着互联网＋和大数据技术的迅猛发展，极大改变了传统行政管理的技术环境，进一步推动了地方政府创新的实践。特别是一些能够运用技术创新打破政府碎片化管理壁垒的地方政府，其创新的支持性因素影响显著，也使当前地方政府创新呈现出新的发展趋势。一方面，大量地方政府开始尝试应用互联网＋、大数据、智慧管理等方式实施公共管理领域的实践创新；另一方面，学术界也开展了大数据背景下政府管理创新的相关研究。这一发展趋势与中国当前高新技术发展的环境密切相关，也带来了地方政府创新的新课题。以大数据、云计算、物联网为代表的新一代信息技术的高速发展，为政府治理创新提供了新思路、新技术和新方法，推动政府治理方式由静态向动态转变，推动了传统政府治理向智慧治理转变。[③] 技术驱动的地方政府创新在当前各级地方政府创新中发挥了重要作用，且创新的复制性和扩散性效应显著。

三　研究述评

国内外地方政府创新实践及对"动力不足"现象的理论研究并不长，尽管动因研究是地方政府创新研究中最为核心的研究议题。发达国家在新公共管理改革的推动下，开展地方政府创新动因研究相对较早，且得益于完备的政府创新案例数据库，研究方法更具多样性，案例数据为地方政府创新动因的实证研究奠定了良好的基础。我国地方政府创新实践相对较晚，但丰富的地方政府创新实践及其中国行政管理体制改革的推进，也使

[①] 周鲁耀、陈科霖：《地方政府创新常态化：空间、问题与走向》，《内蒙古大学学报》（哲学社会科学版）2016年第3期。

[②] 陈永杰、曹伟：《从政府创新到政府创新管理：一个分析框架》，《中国行政管理》2016年第2期。

[③] 胡税根、王汇宇：《智慧政府治理的概念、性质与功能分析》，《厦门大学学报》（哲学社会科学版）2017年第3期。

地方政府创新及其动因研究得到了学术界的普遍关注，并取得了很多有价值的研究成果。如对地方政府创新特征、方式、内容的探讨，地方政府创新的案例研究，实证研究方法的初步应用以及地方政府创新动因的要素分析等。但与发达国家地方政府创新动因研究及未来公共治理发展的要求相比，我国当前在地方政府创新动因研究方面仍存在一些不足。

第一，已有的地方政府创新动因及其相关研究侧重于基础理论、案例分析与现状解释，并提出推动地方政府创新方向性的对策，还没有基于整体创新的角度构建一个较为完整的地方政府创新动因分析框架和系统的解释模型。在中国现阶段政治经济体制改革和建立国家治理体系的背景下，构建我国地方政府创新动因的解释模型能更全面系统地分析政治经济文化社会等诸多因素对公共管理改革与创新的影响与作用机制，因而对于公共管理未来发展具有重要意义。

第二，我国地方政府创新动因研究主要借用的是政治学、行政学等理论研究范式，相对忽视了管理学、法学、经济学等学科在创新管理研究方面的独特研究视角。发达国家在20世纪70年代末倾向采用新公共管理研究范式，强调"公共管理"（Public Management）而非公共行政（Public Administration）。这一研究范式实质上是主张将管理学的研究方法与主张用于政府管理。中国现阶段构建地方政府创新的动因分析框架也需要基于多学科交叉的视角，这也是地方政府创新研究中理论创新的重要方面。

第三，动力不足是当前地方政府创新最关键的一个问题，要解决动力不足难题，一是需要建立地方政府创新动因的要素框架，二是需要对动因之间的相互作用关系进行解释。国内目前对地方政府创新动因的研究以要素分析为主，但这些要素分析还比较零散，尚未形成较为系统的分析框架。与此同时，创新的动力因素与地方政府创新的发起、扩散、持续等之间的相关性还没能很好地建立起来。中国地方政府创新多带有临时性和自发性，其制度化程度极低（韩福国等，2009）。如何增强地方政府创新的扩散性、持续性和制度化，就需要深入探究地方政府创新动因的作用机制，而不仅仅是动因的挖掘与解释。从制度变迁角度和中国政治体制改革现状看，研究如何完善地方政府创新体制机制建设也是推动地方政府持续发展的重要路径所在。

第四，国内地方政府创新动因研究在研究方法上以案例分析为主，较少使用定量研究方法。国内从20世纪90年代开始就广泛采用实证研究方法，将其应用到地方政府创新研究中，如问卷调查法、事件史法、比较法等诸多实证研究方法。从"第一届中国地方政府创新奖"至今，我国也积累了非常丰富的地方政府创新案例，有足够且可供研究的可行的样本适用于地方政府创新动因的实证研究。另外，地方政府官员与社会公众对地方政府创新的认知也已经显著提升，有助于保证相关问卷调查填写的质量。因此，采用实证研究法研究地方政府创新动因不仅有必要性，具有较好的实施基础，也是动因研究中的方法创新。

另外，还有一个重要的问题是地方政府创新并非一项单一的议题，它与行政管理体制改革有关，并相应地产生了创新绩效、公民满意度以及创新持续性等诸多问题。国内现有关于地方政府创新动因研究很少基于"整体性"创新角度去考虑创新的系统性，或者说创新动因与创新结果之间的联系，以及何种创新能激发更有效率性、公平性的创新，这就需要按照整体性创新的研究思路进一步探究地方政府创新各项动力因素之间相互作用及其对发起地方政府创新的影响机理。因此，本书正是基于上述研究不足，试图从地方政府创新"整体性"分析角度出发，构建较为系统的地方政府创新动因分析框架，并运用定量分析方法解释动因及其作用机制，以期解决地方政府创新动力来源的问题，为我国地方政府创新研究提供理论分析框架与对策建议。

第四节　研究思路与方法

一　研究思路

本书以20世纪80年代初迅速发展起来的地方政府创新为研究对象，提出地方政府创新动因研究的重要价值。围绕地方政府创新动因这一基本命题，基于不同的分析视角来梳理国内外地方政府创新动因的理论与研究进展，在地方政府创新理论基础的文献回顾基础之上，以"地方政府创新奖"获奖项目为考察分析对象，系统总结国外地方政府创新实践（主要是美国和加拿大）和中国地方政府创新的实践演进，据此建立解释地方政府创新的动力因素分析框架。为实现对该动力因素分析框架的实证测量，本书选取了中国地方政府创新奖中最典型的省份——浙江省为实证研究对象，采用结构方程模型对地方政府创新动力因素分析框架中的各项因素进行测量，以分析该动力因素分析框架中各个因素对推动地方政府创新的影响水平，从而得到能够解释当前地方政府创新的动因及其相互作用关系的模型，并运用了中国地方政府创新奖的典型案例加以检验，最后得出了由

45个地方政府创新动力因素构成的动因分析框架,以此为基础构建了推动地方政府创新的动力机制,并借鉴创新治理的经验以及基于国家治理体系和治理能力现代化的背景,提出了提高地方政府创新持续性和扩散性的基本思路与政策建议,以期为中国未来政府治理变革发展提供理论依据和发展思路。

二 研究方法与可行性

本书为顺利完成上述研究思路,采用了多学科方法结合的方式,有机结合定性分析与定量分析,实证研究与规范研究,综合采用了多种研究方法以实现对地方政府创新动因的挖掘分析以及作用机制的阐释。本书主要采用的研究方法有:

(一) 文献研究法

本书广泛收集了国内外现有的关于组织创新、地方政府创新、行政改革的理论研究和各种文献资料,对这些资料进行了较为系统的整合、分析和加工。通过对国内外地方政府创新动因及其相关文献的回顾与研究述评,总结已取得的研究成果,分析对本书可供借鉴的地方以及不足之处。文献研究法的应用一是确保本书具有坚实的理论研究基础,为本书提供足够的理论支持;二是通过国内外文献梳理,有助于明确本书的研究价值、创新点以及可突破的研究重点。

(二) 历史研究法

地方政府创新的形成是在一定政治体制改革、经济社会发展模式以及文化背景下产生的。因此,本书采用了历史研究法对国内外地方政府创新的形成过程、理论演进以及不同历史发展阶段的特征进行研究,以更清晰地了解地方政府创新与历史发展阶段的相关性以及在不同发展阶段呈现出的不同的发展特征。历史研究法有助于我们更深刻掌握地方政府创新的背景和制度研究,也有助于进行不同阶段的比较并推演出地方政府创新的发展趋势。

(三) 问卷调查法

本书为深入分析地方政府创新的动因,依据文献资料法收集的动力因素设计了地方政府创新动因调查问卷。该问卷调查对象主要是政府官员与学者,通过相对客观的问卷调查来掌握调查对象对地方政府创新动因的看法,利用 SPSS 和 AOMS 统计软件分析问卷调查数据,采用计量统计方法将问卷调查结果转化为定量的分析结果,从而实现对地方政府创新动因的实证分析与量化检验。

(四) 案例研究法

作为地方政府创新研究中较为常规的一种研究方法,案例研究为具体介绍地方政府创新动因提供了充分依据。一方面,本书通过美国政府创新奖数据库(FORD – KSG)、加拿大政府创新奖数据库(IPAC)和中国地方政府创新奖收集案例资料,具体分析国内外地方政府创新内容、创新方式、创新动因;另一方面,则对国内较为典型的地方政府创新个案进行研究分析与检验,以此检验地方政府创新动因分析的研究结论。同时,本书以浙江省地方政府创新为重要案例,全面分析浙江省地方政府创新的制度条件、发展背景、演进历史、具体动因、创新持续性等方面内容,并为其他区域的地方政府创新提供经验借鉴。

(五) 内容分析法

本书在地方政府创新的实践演进与案例总结分析方面,采用了内容分析法(Contest Analysis),试图从地方政府创新项目的文本内容推演出一般特征与动因。内容分析法是在传播学领域应用较为广泛的一种研究方法,能够利用量化方法概括文本内容的无干扰分析技术,可以通过客观而系统的方法确定信息的特定特征,从而得出该文本中显性或潜在包含的意义。[①] 国内外地方政府创新奖基本上建立了完备的案例信息数据库,为开展内容分析法奠定了良好的基础。运用内容分析软件能有效地总结分析出地方创新的一些基本特征。

(六) 社会网络分析法

社会网络分析法是一种社会学研究方法,可以研究地方政府创新网络的中心度或接近中心度,即趋于集中的某种趋势。基于地方政府创新项目的文本内容,提取地方政府创新中的要素,并假定这些要素具有相互关联的网络属性,从中可以探索地方政府创新的集中效应或凝聚子群,进而分析地方政府创新的重要特征和关键驱动因素。由于构建的是社会网络,各项关键要素之间形成了特定的关系,也有助于进一步分析这些关键动力因素的相互作用关系。

(七) 类型研究法

本书对地方政府创新案例数据进行了类型学的整理和比较,按照创新类型、创新方式、创新数量等关键特征,根据实际研究的需要划分为不同类型,以此归纳总结地方政府创新的基本特点与动因。尤其是地方政府创

---

① 丹尼尔·里夫等:《内容分析法:媒介信息量化研究技巧》,嵇美云译,清华大学出版社2010年版,第23—24页。

新动力因素的归纳总结，需要基于科学的类型分类。

（八）结构方程模型

要定量研究地方政府创新动力因素对发起政府创新的影响机理，包括影响系数、相互作用关系等，这就需要统计数据加以佐证。本书为提高地方政府创新动因研究的客观性，运用 Likert 量表设计问卷调查，采用了 AMOS 统计软件，构建解释地方政府创新的结构方程模型，对地方政府创新动因的动力机制进行了相对准确的量化研究，最后形成能有效解释地方政府创新的动因分析框架及其作用机制，并确保研究结论具有客观数据和定量分析的基础，提高了该动因分析模型的客观真实性。

第二章 地方政府创新：分析视角与理论综述

从哲学角度来说，变化与创新是人类社会变迁与进步发展的永恒主题。世界万事万物总是处于变化发展过程中。中国古代哲学家对变化与道的关系早就进行过深刻的论述，如《庄子·天下》中就讲道，"芴漠无形，变化无常"。《周易》里也提及"为道也，屡迁，变动不居，周流六虚"。变化之道正是理解世界万物的根本。H. G. Barnett 在其经典著作《创新论》中就将创新等同于个体对普遍变化的不同反应，强调创新能力的普遍性，认为"改变是一种普遍现象，人类拥有一种无限求异的回应能力。从终极的异常状态的层面上看，每个人在很多时候都是创新者"[①]。现代社会在政治经济变迁、信息技术、全球化发展的新条件下获得了前所未有的进展，尽管这其中也存在着"现代化的悖论"，但政治、经济、社会、技术领域的创新已然带来了现代社会的繁荣发展，也是现代化发展的重要推动力量。在诸多领域的创新中，政府管理领域的创新相较于其他领域更晚近一些。虽然早期技术创新、管理创新文献对政府部门创新有所涉及。一般认为，政府创新研究的迅速发展起始于20世纪70年代末80年代初英美等国兴起的新公共运动，80年代中期以哈佛大学设立的"美国政府创新奖"（The Innovations in American Government Awards）为典型，世界上有十余个国家开展了奖励政府创新的评估活动。90年代末联合国首次举办"全球政府创新论坛"，2009年巴黎举行了首届欧洲创新大会，政府创新不仅构成了世界各国政府管理体制改革的主要内容，也是现行公共治理领域的重要发展趋势。在诸多政府创新实践中，地方政府创新以创新数量多和创新方式多样化赢得了普遍关注，地方政府创新提供了公共治理的重要经验，由此也将作为特殊创新主体的地方政府创新带入了学术界的研究视域。

---

① 参见 Hahn-Been Lee, "An Application of Innovation Theory to the Strategy of Administrative Reform in Developing Countries", *Policy Sciences*, No. 1, 1970, pp. 177 – 189。

第一节　地方政府创新的概念界定

一　创新及其拓展的概念

(一) 创新的概念与含义

所谓创新（Innovation），起源于拉丁语 innovationem，包含更新、创造新的东西、改变这三层递进含义，简而言之，就是对现有资源和社会要素进行重新组合进而创造新的要素结构的行为过程，也可以理解为"替代"或覆盖。虽然创新包含着"改变"的含义，但大量学术文献对创新与"改变""变化"或"发明"等概念有着严格区分。"改变""变化"或"发明"侧重于"新"的结构、事务与产品的出现，而创新强调新的要素组合能够被某些群体所接纳，达到具体的社会目标，蕴含着公共价值或社会价值导向。Richard La Piere 就指出，创新是一种以新的方式达到一些公认的或新的社会目标的想法。这种想法的表现形式有可能是新的工具或者机械装置，一种新程序，一种新材料或新物质甚至是人类未知的领域，人类新的行为模式或是一种新的概念。无论创新怎样表现，创新都包括了将"可能"变成具体"事物"的构想。[①] "创新"作为一个概念可以追溯到中世纪甚至更早，但早期这个概念本身并不包含经济方面的含义。[②] 罗杰斯提出"一项创新是被采用的个人或团体视为全新的一个方法，如果一个方法对个体来说看起来是新的，那么它就是一个创新"[③]。因此，创新是有别于发明的，创新更强调资源、首次、采用和行为。[④] 从上述关于创新的界定来看，创新这个定义虽然可能来自"变化""发明"这些改变，但在具体表现形式和结果方面有着根本区别。

所谓创新，是以现有资源要素和经济社会结构为基础的重新组合与调整，由此产生的新程序、新技术、新结构被社会群体所采纳，并能够满足

---

① Richard T. La Piere, *Social Change*, New York: McGraw-Hill, 1965, p. 107.
② 早期"创新"概念仅仅是一种资源和要素替代，是变化和重新整合的过程，英文中指的是"renew something"。因此，早期的"创新"概念并没有指向特定的经济学领域，可能更多指的是社会层面的变化。参见 Mark Moore, Jean Harley, "Innovation in Governance", *Public Management Review*, Vol. 10, No. 3, 2008, pp. 3 – 20。
③ 罗杰斯：《创新的扩散》，辛欣译，中央编译出版社 2002 年版，第 11 页。
④ Bessant, J., "Enabling Continuous and Discontinuous Innovation: Learning From The Private Sector", *Public Money and Management*, Vol. 25, 2005, pp. 35 – 42.

社会发展目标。这里包含着三层含义：第一，创新的基础是现有资源要素和经济社会结构，是以现有要素和结构为现实基础的创新路径，即使是创新的观念与想法也一定具有现实基础。因此，创新要重视对现有资源要素和经济社会结构的深层次理解。第二，创新所产生的新程序、新技术、新结构能够被一定的社会群体所接纳，强调创新的"采用"与"应用"。这主要指的是创新能够被个人与团体视为有意义的创新，包含着特定的社会价值。对此，熊彼特曾特别强调，创新与发明的区别就在于前者应用于经济活动并取得了成功。应用性乃是创新的重要特征。第三，创新要实现符合社会价值的结果。这不仅意味着创新不是"想象"，是一种组织内部核心任务的原创的、破坏性的、根本性的转变，[1] 同时，还意味着创新在结果上能够满足社会发展目标，推动经济社会发展进步，是经济价值、社会价值和文化价值的综合。

（二）创新概念的拓展

进入 20 世纪后，创新这一概念在诸多领域得以拓展，其拓展的演进代表了不同时期人们对创新概念的理解，也推动了创新研究与实践的进步。

研究创新最早的代表人物是约瑟夫·熊彼特。熊彼特（Schumpeter，1912）首先提出了经济学领域"创新"的概念，认为创新是将原始生产要素重新排列组合为新的生产方式，以求提高效率、降低成本的一个经济过程，从而衍生出"经济创新"的概念。经济创新指的是经济领域的创新，通常包括五种情况：（1）引入一种新产品；（2）引入一种新的生产方法；（3）开辟一个新的市场，先前从来没进去过的市场；（4）获得原材料或半成品的一种新的供应来源；（5）任一产业的新型组织的出现。[2] 熊彼特对经济创新的定义赋予"创新"以更为明确、可量化、可衡量的指标、方法和内容，该理论得到了克里斯托弗·弗里曼、乔瓦尼·多斯等人的支持和发展，分别提出了创新的国家系统[3]、经济创新和技术变化的关系以及公司与合作治理[4]。但是，熊彼特的"经济创新"概念并不仅仅是经济或者市场方面的变化创新，他同时也提到在各种要素重新排列组合过程中，由技术性变化产生的技术创新和

---

[1] Mark Moore, Jean Harley, "Innovation in Governance", *Public Management Review*, Vol. 10, No. 3, 2008, pp. 3 – 20.

[2] 约瑟夫·熊彼特：《经济发展理论》，何畏、易家详等译，商务印书馆 1990 年版，第 73—74 页。

[3] Christopher Freeman, *The National System of Innovation in History Perspective*, Cambridge University Press, 1997, p. 24.

[4] Giovanni Dosi, "Sources, Procedures, and Microeconomic Effects of Innovation", *Journal of Economic Literature*, No. 9, 1988, pp. 1120 – 1171.

非技术性变化产生的组织创新①，这为组织创新理论研究提供了新的视角。

随着新技术革命的迅猛发展，20世纪60年代初，美国经济学家罗斯托提出了经济成长的6个阶段理论：②（1）传统社会阶段；（2）起飞准备阶段；（3）起飞进入自我持续增长阶段；（4）成熟阶段；（5）高额群众消费阶段；（6）追求生活质量阶段。罗斯托从国家经济成长的角度提出在起飞阶段一个国家就要有主导产业，而主导产业的建立就要有技术创新和制度创新，拥有大批具有创新意识的企业家，为主导部门的发展提供组织、管理和人力等条件③。至此，提出了"技术创新"的重要概念。伊诺斯④首次直接明确地从行为集合的角度对技术创新下定义，认为"技术创新是几种行为综合的结果，这些行为包括发明的选择、资本投入保证、组织建立、制订计划、招用工人和开辟市场等"。林恩⑤则从创新时序过程角度来定义技术创新，认为技术创新是"始于对技术的商业潜力的认识而终于将其完全转化为商业化产品的整个行为过程"。从60年代以后，技术创新研究成为创新研究的主流，对技术创新、技术变革的研究兴盛未衰。尽管技术创新是一个复杂的过程，但西方学术界从经济、技术、变革等多领域加以综合研究，使技术创新研究和实践的结合度不断增加。如迈尔斯和马奎斯就指出创新是各种技术变革的集合，认为技术创新是以问题为起点，从新思想、新概念开始，通过不断地解决各种问题，最终使一个有经济价值和社会价值的新项目得到实际的成功应用。到70年代后期，"技术创新"作为创新的体现，被直接拓宽为是"将新的或改进的产品、过程或服务引入市场"。⑥⑦ 而后，关于技术创新的研究和拓展一直持续到80年

---

① Schumpeter, "Robinson's Economics of Imperfect Competition", *Journal of Political Economy*, Vol. 42, No. 4, 1934, pp. 249 – 257.
② Walt Rostow, "The Economic Commission for Europe", *International Organization*, Vol. 3, No. 2, 1960, pp. 254 – 268.
③ Walt Rostow, "The Strategic Role of Theory: A Commentary", *Journal of Economic History*, Vol. 31, No. 1, 1990, pp. 76 – 87.
④ Enos J. L., *Petroleum Progress and Profit: A History of Progress Innovation*, Cambridge MA: The MIT Press, 1962.
⑤ Frank Lynn, "Our Accelerating Technological Change: Its Impact and Effect", *Management Review*, March 1967, pp. 65 – 70.
⑥ Myers, S., Marquis, D. G., "Successful Industrial Innovations: A Study of Factors Underlying Innovation in Selectecl Firms", *American Printer*, Vol. 9, 1969, pp. 53 – 54.
⑦ 迈尔斯和马奎斯提出的技术创新定义提出了技术创新的主要内容或者是技术创新的领域，即产品、过程和服务，表明服务创新也是技术创新的重要内容。那么，公共产品和公共服务的创新也会成为政府创新的领域，甚至是最重要的创新内容。

代，并开始形成系统的技术创新理论，研究学者包括强调技术实际使用的厄特巴克等人[①]、注重成功的实现和创新的非连续性特征的缪尔赛[②]以及提出新产品、新过程、新系统和新服务首次商业性转化的弗里曼[③]。

80年代以后，信息技术的发展和组织规模的扩大，越来越多的研究指向"组织创新"（Organizational innovation）。很多学者认为"创新"是组织实施的活动或行为，无论是新产品、新技术还是新市场、新服务，组织是变革和创新的实体。Damanpour[④]定义"组织创新"是"组织采纳一个新设想或新行为的过程"，从而提出了"组织"作为创新主体的创新形式。罗杰斯也认为创新是一个特定组织对现有的构想的首次采用。[⑤]组织创新是在组织变革和组织生命周期理论的基础上提出的。组织要适应社会发展需求，应对组织内外部环境的变化，就需要对组织本身进行变革创新。所谓组织创新，并不指组织内部一般性调整如机构的增减、组织制度的变化等，而是指影响创新性成果运行的社会组织方式、技术组织形态和制度支撑体系的创新，包括了制度、结构、技术、利益关系等，具有要素整合、创造结果和本质变化的特征。Robert Drazin从多级的视角探讨了组织对创新的影响，阐述了三个基本假设：（1）创新对组织的普遍重要性；（2）当组织发展和增长到一定规模必须面临组织创新的境地，而且是充分的组织创新；（3）特定的组织结构和组织行为可以克服组织创新的障碍或者增加组织创新的机会[⑥]。另外，也有学者对影响和推动组织创新的因素进行了综合分析。总之，组织创新是组织所进行的一项有计划、有组织的系统变革过程，是组织增长和可持续发展的需要，该理论也为学者们进一步思考公共组织创新及其变革发展提供了新的视角。

90年代后，随着全球化的迅速发展，虽然大部分研究都集中在技术

---

① Uterback, J. M., Abematky, W. J., "A Dynamic Model of Product and Process Innovation", *IEEE Transaction on Engineering Management*, Vol. 35, No. 2, 1988, pp. 63–70.

② Mensch, G., "A New Push of Basic Innovations", *Research Polucy*, Vol. 78, 1984, pp. 108–122.

③ Christopher Freeman, *The National System of Innovation in History Perspective*, Cambridge University Press, 1997.

④ Damanpour, F., "Organizational Innovation: A Meta-analysis of Deteminants and Moderotors", *Academy of Management Journal*, Vol. 34, 1991, pp. 555–590.

⑤ 罗杰斯：《创新的扩散》，辛欣译，中央编译出版社2002年版，第11页。

⑥ Robert Drazin, "Community, Population and Organization Effects on Innovation: A Multilevel Perspective", *Academy of Management Journal*, Vol. 39, No. 5, 1996, pp. 1065–1083.

创新的各个方面①，但近 15 年的研究趋势已经转向了探索其他创新形式，例如工艺创新、服务创新和战略创新，但这些研究只是对创新的具体内容或者创新的指标进行分析，我们还需要了解诸如工艺、技术、战略、服务甚至是组织本身是"如何被管理并且如何促成组织的长期成功的"？伦敦商学院的 Julian Birkinshaw，Gary Hamel 和 Michael J. Mol② 等人认为"管理创新"是创新的一种重要形式，将其定义为是一种管理实践、过程、结构或技术的发明和实施，认为管理创新是一门旨在进一步拓展组织目标的艺术，并提出研究管理创新的四个视角：制度视角（哪些制度条件会引起管理创新的出现和扩散）、方式视角（如何传播新的管理理念和方法）、文化视角（管理创新的形成和文化支持）、理性视角（管理人员的作用和实施方法，关键人物的行为等）。他们从内外部关键变革推动者推动和塑造管理创新的四个阶段（激励、创新、实施和理论化）中概括出管理创新发生的模型，提出影响管理创新过程的关键因素，丰富了管理创新的多元视角研究和管理创新的生成机制研究，并有助于探索管理创新的运行程序、系统互动性、创新形成及其持续性等问题。管理创新的研究是对创新研究的积极拓展，但目前对管理创新的实证研究仍较为缺乏。而"管理创新"要实现成功创新，其指向又可能回归到经济创新的含义。

学者蓝志勇从不同学者对创新的定义出发，认为创新最终的目的是增加价值和提高人类生活水平和质量，其关注的不仅仅是纯科学意义上的"概念创新"，更注重的是"应用创新"，关注某种类型的创新能否带来社会价值的增加，为社会发展做出贡献。他指出创新具有三个层次的意义：在第一层次上，科学技术的发展和进步本身就是一个不断创新的过程；在第二层次上，创新的意义是提高企业或国家的竞争力；在第三层次上，创新是解决发展中不断出现的社会矛盾，寻求和谐社会和可持续发展。③ 从观念创新到实践创新，创新是指通过新技术新方法的应用能够促进生产力发展和社会持续发展的一种过程。应该说，第一层次的创新意义指向技术性含义，可以称之为本源；第二层次和第三层次的创新意义则指向应用型含义，是创新的价值所在。因此，从创新的概念和内涵来看，创新所覆盖

---

① Utterback, J., *Mastering the Dynamics of Innovation*, Boston, MA: Harvarol Business School of Press, 1996, pp. 25 – 35.
② Julian Birkinshaw, Gary Hamel, Michael J. Mol, "Management Innovation", *Academy of Management Review*, Vol. 33, No. 4, 2008, pp. 825 – 845.
③ 蓝志勇：《创新与中国公共管理》，《中国行政管理》2006 年第 5 期，第 31—33 页。

的是包括企业、政府和社会在内的整体。1987年，Freema首先明确提出并使用国家创新体系的概念，认为国家创新体系就是一个由公私部门共同组成的网络，强调政府政策、企业、教育研究机构以及产业结构四方面因素对国家创新的作用。① 据此，学者陈劲、阳银娟提出协同创新的驱动因素，协同创新整合了创新的技术含义、应用价值和创新主体的概念，是企业、政府、知识生产机构中介机构和用户等为了实现重大科技创新而开展的、知识增值为核心的、大跨度整合的创新组织模式。②

通过对国内外创新及其扩展的概念进行文献资料分析可以得出，创新是一种带有目标性的通过特定的方式在组织、技术、服务、工艺、产品等各种领域实施新变化的实践过程，其目的是增加社会价值和促进社会的可持续发展。随着各项研究的深入，关于创新的研究也逐渐完善和成熟（见图2.1），发展为结合经济学、组织行为学、管理学、心理学、制度经济学以及文化学等内容的综合研究领域。

二 基于不同视角的政府创新

从图2.1"创新"的研究进展中可以发现，以经济创新、技术创新、组织创新、管理创新为基本演进路线，政府创新可以说是比较晚近的研究领域。Mark Moore, Jean Harley就指出，迄今为止创新方面的文献基本上以私营部门领域为主，而非公共部门；而且在创新内容上更关注的是如何通过产品和流程的创新以改善组织发展境况，而非旨在通过跨部门决策、财政以及公共产品供给等系统的重新整合以促进社会发展的公共部门创新。③ 他们研究认为公共部门（政府）的创新在跨领域的资源系统整合方面更有优势，是有助于实现现代社会公共价值的创新。当然，私营部门及其他领域的创新研究也丰富了政府创新的研究视角，为政府创新研究奠定了坚实的研究基础。

（一）国外关于政府创新的分析视角

"自20世纪80年代以来，很多国家的改革都具有明显的全球性和政治性特征，这使得它们明显不同于此前25年所发生的地区性和技术性变革，

---

① 陈劲、陈钰芬、王鹏飞：《国家创新能力的测度与比较研究》，《技术经济》2009年第8期，第1—5页。
② 陈劲、阳银娟：《协同创新的驱动机理》，《技术经济》2012年第8期，第6—11页。
③ Mark Moore, Jean Harley, "Innovation in Governance", *Public Management Review*, Vol. 10, No. 3, 2008, pp. 3 - 20.

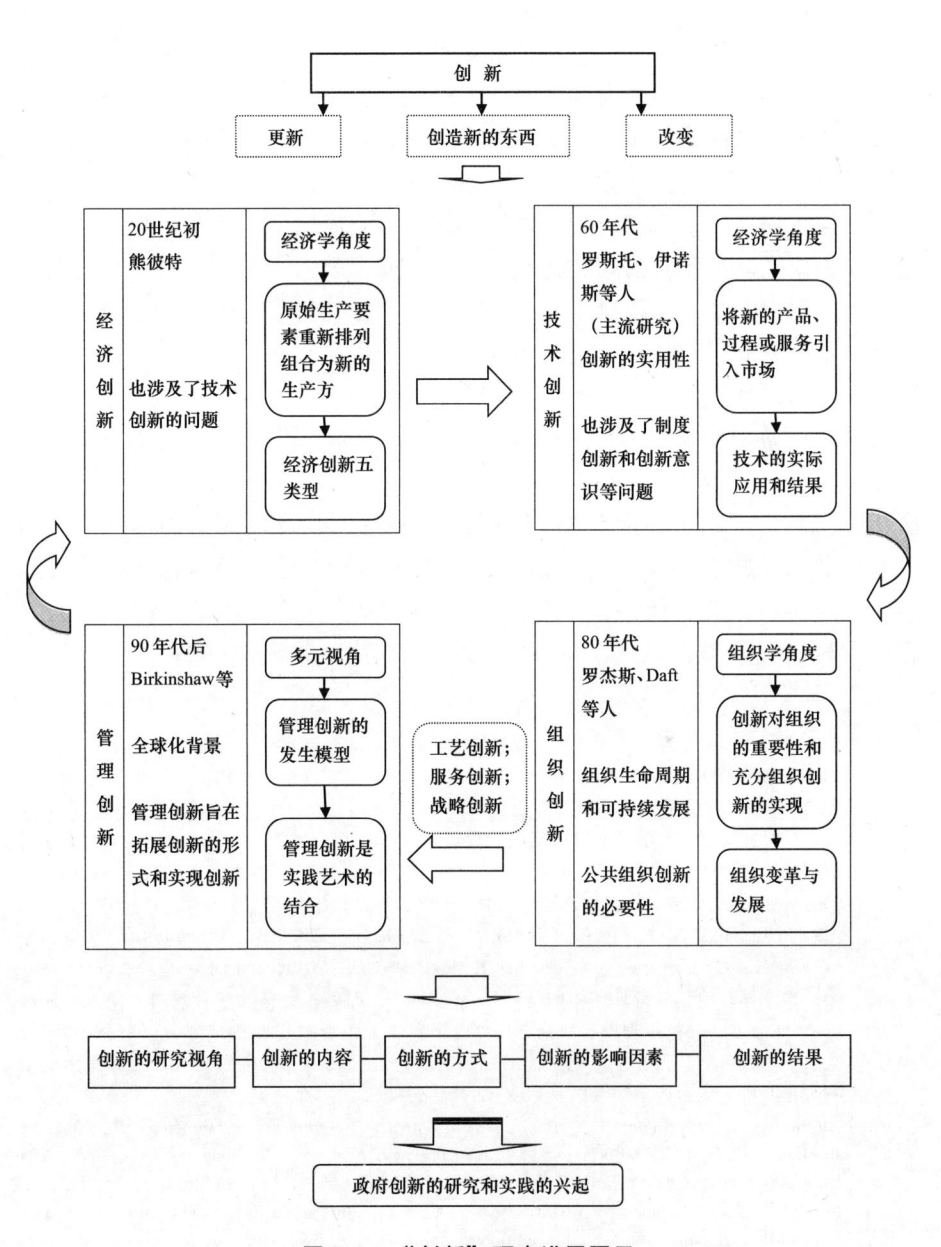

第二章 地方政府创新：分析视角与理论综述

```
                    ┌──────────┐
                    │   创 新   │
                    └──────────┘
              ┌──────────┼──────────┐
          ┌───┴──┐  ┌────┴────┐  ┌──┴──┐
          │ 更新 │  │创造新的东西│  │改变 │
          └──────┘  └─────────┘  └─────┘
                         │
                         ▼
```

经济创新	20世纪初 熊彼特 也涉及了技术创新的问题	经济学角度 ↓ 原始生产要素重新排列组合为新的生产方 ↓ 经济创新五类型	⟹	技术创新	60年代 罗斯托、伊诺斯等人 （主流研究） 创新的实用性 也涉及了制度创新和创新意识等问题	经济学角度 ↓ 将新的产品、过程或服务引入市场 ↓ 技术的实际应用和结果
管理创新	90年代后 Birkinshaw等 全球化背景 管理创新旨在拓展创新的形式和实现创新	多元视角 ↓ 管理创新的发生模型 ↓ 管理创新是实践艺术的结合	⟸ 工艺创新；服务创新；战略创新	组织创新	80年代 罗杰斯、Daft等人 组织生命周期和可持续发展 公共组织创新的必要性	组织学角度 ↓ 创新对组织的重要性和充分组织创新的实现 ↓ 组织变革与发展

```
┌──────────┐ ┌──────────┐ ┌──────────┐ ┌────────────┐ ┌──────────┐
│创新的研究视角│ │创新的内容│ │创新的方式│ │创新的影响因素│ │创新的结果│
└──────────┘ └──────────┘ └──────────┘ └────────────┘ └──────────┘
                                │
                                ▼
                    ┌────────────────────┐
                    │政府创新的研究和实践的兴起│
                    └────────────────────┘
```

图 2.1 "创新"研究进展图示

一些国家已经试图发起重塑政府的运动。"① 1992年，被称为"政府再造大师"的戴维·奥斯本与特德·盖布勒出版了《改革政府》（*Reinventing Government*）一书，主张以企业家政府和企业家精神改变传统的官僚制政府运行模式，该书也成为美国政府改革的重要指导。但事实上，奥斯本与盖布勒所主张的传统官僚模式转型路径并非"改革"，而是"再造"（Reinventing）。"再造"这一概念与"创新"更为接近，包括政府再造的工具、再造的观念等，与技术创新、组织创新和管理创新的内涵高度相似。重塑政府或政府再造运动不仅推动了政府治理的新发展，也促成了政府创新在公共管理学科意义上的发展。因此，以政府创新为主要内容的公共管理改革首先是对经济全球化、官僚制危机和财政危机的回应，但如今也"明显具有一定的学科发展逻辑或操作规则"②，提升了政府创新的理论研究价值。

国外在使用政府创新（Government Innovation）的概念与说法时，也一直与"Reform（改革）""Reinvention（再造）""Creation（创造）"等高度相关。由于"重塑政府""政府再造"和新公共管理改革的迅速发展与普遍扩散，公共部门（政府）借鉴企业组织创新理论和工商管理技术方法推行政府再造，并开始倾向于使用"政府创新"③ 这一概念。此后，公共管理学科研究领域出现了大量关注"公共部门（政府）创新"的文献④。

---

① 公共部门的改革是否是一种全球性或世界性的改革运动，波利特、鲍克特（2000）、汤普森（1997）、凯特尔（2000）等人认为公共管理改革几乎影响全球每个角落，涉及的范围广泛，政府正在努力通过管理改革重新界定自己的角色。但胡德（Hood，1995）等人则持相反观点，反对公共管理改革的全球性典范的观点，并提出了三个理由。无论持何种观点，公共部门的确在治理方面发生了很多变化，或者称之为"重塑""创新"。参见欧文·休斯《公共管理导论》，张成福、王学栋等译，中国人民大学出版社2007年版，第305—306页。
② Alasdair Roberts, *The Rise and Fall of Discipline*: *Economic Globalization*, *Administrative Reform*, *and the Financial Crisis*, Public Administration Review, December 2010, Special Issue, pp. 56 – 63.
③ 第一次全球政府创新论坛使用的是"Reinvention"，而后，更多的学者倾向于使用 Innovation。政府创新的基本理论和研究方法可以来自企业创新（已较为成熟），同时又带有新公共管理改革的特征和全球化时代的发展需要，这都使得政府创新研究能在未来成为具有方法基础、实践改革需要的价值支撑的研究领域。
④ Altschuler, A. and Behn, R., *Innovations in American Government*, Washington: Brookings Institution, 1997, p. 35; Borins, S., *Innovating with Integrity*, Washington, DC: Georgetown University Press, 1998; Hartley, J., "Innovation in Governance and Public Services: Past and Present", *Public Money and Management*, No. 1, 2005, pp. 27 – 34; Moore, M. H., "Break-through Innovations and Continuous Improvement: Two Different Models of Innovative Processes in the Public Sector", *Public Money and Management*, No. 1, 2005, pp. 43 – 50; Mulgan, G. and Albury, D., *Innovations in the Public Sector*, London: Cabinet Office, 2003; Albury, D., "Fostering Innovation in Public Services", *Public Money and Management*, No. 1, 2005, pp. 51 – 56; National Audit Office, *Achieving Innovation in Central Government Organizations*, London: The Stationery Office, 2006.

治理理论兴起后，一些学者认为现代政府的主要职责在于治理，因而出现了"治理创新"（Governance Innovation）的概念（Mark Moore，Jean Hartley）。从21世纪政府创新的发展趋势来看，政府创新所采用的创新工具和创新方式越来越多地呈现出"治理"的特征，这也标志着从以政府为主导的"行政管理"范式在向"公共治理"范式逐渐转型。当然，现阶段治理创新的主体其实仍然是政府，也可以认为是政府创新的重要内容。这些大量研究政府创新的文献往往基于不同的研究分析视角，为我们理解政府创新的形成提供了不同的研究思路。

1. 基于组织创新的分析视角

企业组织创新是在技术创新路径上演变而来的一种研究思路，强调通过新技术、组织流程再造、内部结构重组、服务方式等方面的创新，以提高组织的生产效率与产品质量。因此，基于组织创新分析视角研究政府创新实则是研究政府创新的技术路径，或者说政府创新的方式方法问题。通过何种方式与机制，政府得以实现创新？早期的政府创新研究比较关注从组织创新分析视角去解决这个核心问题，认为政府创新应选择合适的工具性方式以提高政府工作效率和公共服务质量。在这个意义上，政府创新更多的是政府实现绩效提升与履行公共责任的重要工具或手段。如 Mark Moore，Jean Harley 指出，政府创新通过更多的回应公众和服务对象需求和意愿的创新机制，可以帮助政府再次获取合法性。政府创新是一种价值创造机制。[①] 作为"合法性价值创造机制"的政府创新，首先需要解决的问题就是以何种方式去创造价值。组织创新研究提供了政府创新的方法视角，试图回答"通过哪些方式可以提高政府绩效与公共服务质量"这一基本问题。另外，组织创新视角也不仅仅是创新技术方法的考量，也考虑运用这些工具方法的有效性问题，即运用创新工具能有效解决公共治理的难题，带有明确的目标导向。政府创新要能切实提升政府的绩效水平、公共服务质量与治理能力。因此，许多国家在评选政府创新奖时都把有效性（Effectiveness）作为第一条评估准则。组织创新视角的政府创新研究对政府创新工具与方式选择提供了有益借鉴。

2. 基于公共政策与制度创新的分析视角

政府创新与其他领域创新的根本区别就在于政府创新以公共政策为基本形式，通过制度创新实现了特定的政策目标。Hahn-Been Lee 就基于公

[①] Mark Moore, Jean Harley, "Innovation in Governance", *Public Management Review*, Vol. 10, No. 3, 2008, pp. 3 – 20.

共政策的研究视角分析了公共政策过程与行政部门创新的相互关系，认为权力、结构、资源、行政程序、公共关系等管理要素的重新组合构成了公共政策过程，并且是连续、无所不在、"非自动"的过程。① 这表明，行政部门创新本质上是带有特定政策目标的公共政策。公共政策视角下的政府创新具有公共政策的基本属性，同时意味着创新政策的出台可能需在公共政策的框架内进行。

随着新制度经济学和制度变迁理论的发展，晚近的政府创新研究更强调制度意义上的政府创新，认为政府创新在形式上建立起了新制度，在结果上形成了制度变迁。因此，制度创新既是政府创新的内容，也是政府创新的结果。如何确保政府创新的合法性并增强政府创新的扩散性，其重要的路径在于制度创新。戴维斯和诺斯（1991）将制度创新按照时间顺序分为五个阶段，② 即形成"第一行动集团"（创新者中的"企业家"）、"第一行动集团"提出创新方案、"第一行动集团"对各方案以经济原则进行比较、形成"第二行动集团"以及两者共同协作实现创新目标的过程。因此，基于制度经济学的研究视角，所有的创新活动有赖于制度的完善和创新。同时，只有通过制度创新，创新才有可能进一步合法化，这也是创新扩散和持续的重要基础。

正如 Borins 所说，政府创新不应该是一个"摸索过程"，而是带有目标的对最初不是那么确定的、但具有新颖性的想法进行规划的过程。③ 公共政策与制度创新的分析视角为政府创新如何合法化地形成以及政府创新的"战略"发展④⑤提供了研究思路。

---

① Hahn-Been Lee, "An Application of Innovation Theory to the Strategy of Administrative Reform in Developing Countries", *Policy Sciences*, No. 1, 1970, pp. 177 – 189.
② 参见 R. 科斯、A. 阿尔钦、D. 诺斯《财产权利与制度变迁——产权学派与新制度学派译文集》，刘守英译，上海人民出版社 1994 年版。
③ Sandford Borins, "Public Management Innovation: Toward a Global Perspective", *American Review of Public Administration*, Vol. 31, No. 1, March 2001, pp. 5 – 21.
④ 所谓政府创新的"战略"发展是指一些学者借鉴制度经济学和公共政策理论，站在政策和制度需要被规划的立场上，提出政府创新应该由带有目标和计划的发展战略去引导和规划。
⑤ Hahn-Been Lee, "An Application of Innovation Theory to the Strategy of Administrative Reform in Developing Countries", *Policy Sciences*, No. 1, 1970, pp. 177 – 189; Frances Stokes Berry, "Innovation in Public Management: The Adoption of Strategic Planning", *Public Administration Review*, Vol. 54, No. 4, 1994, pp. 322 – 330; Michael Barzelay, Anne Sofie Jacobsen, "Theorizing Implementation of Public Management Policy Reforms: A Case Study of Strategic Planning and Programming in the European Commission", *Governance: An International Journal of Policy, Administration, and Institutions*, Vol. 22, No. 2, 2009, pp. 319 – 334.

3. 基于公共价值的分析视角

其实从创新的含义来看，创新本身包含着一定的公共价值取向。尽管按照传统的行政组织理论，公共部门的创新主要发生在对公开可见的危机的反应上（威尔逊，1966）。然而，政府创新实践演进可以发现，政府创新更多的是对内部问题或者提高性能的机会的反应。① 也就是说，政府创新不仅是公共部门被动地为应对外部危机而采取创新应对措施，也体现了公共部门为改善自身管理方式与改进工作机制的主动创新。"被动"或"主动"的政府创新都意味着政府创新不是随机、松散的行为，而是带有明确价值目标和功能导向的政策行为，是现代政府提升组织绩效和公共服务水平的努力尝试。正是因为政府创新具有明确的价值导向，不同学者基于政府创新的公共价值导向提出了关于政府创新的几条基本原则：一是强调创新发起人的正直和道德，政府创新需要富有创新精神的公务员和领导的引领，② 同时这些创新发起人也应具备创新的道德，才能保证政府创新的公共价值取向。二是政府创新公共价值的功能实现有赖于合理的制度构建，也需要某些政策支持。约翰·杜威（1927）在《公众及其问题》中写道，公众所面临的最重要的问题是发现自身以及定义其自身真正的利益，而这一挑战将在政府创新的实践过程中得到解决③。政府创新正是应以实现某些公共目标和满足社会公众需求为目标导向。三是对政府创新绩效评估研究的影响。基于公共价值导向，政府创新的绩效评估指标不能只关注效率方面的数值变化，应对政府创新的社会影响做综合性评估。比如 Roy Rothwell，Walter Zegveld④ 提出，政府创新政策的评价应集中在能否激励创新持续性以及获得更多创新资源方面。如今，大部分学者也普遍认为要将公平性指标纳入政府创新绩效评估指标体系中。

4. 基于工具属性的分析视角

在政府再造和新公共管理改革中发展起来的政府创新从一开始就带有显著的"工具属性"，这在戴维·奥斯本的另一本著作《摒弃官僚制：政府再造的五项战略》中可以得到论证。工具属性的分析视角有两方面主要

---

① Sandford Borins, "Public Management Innovation: Toward a Global Perspective", *American Review of Public Administration*, Vol. 31, No. 1, March 2001, pp. 5–21.

② Sandford Borins, "Loose Cannons and Rule Breakers, or Enterprising Leaders? Some Evidence about Innovative Public Managers", *Public Administration Review*, Vol. 60, Iss. 6, Nov./Dec. 2000, pp. 498–507.

③ 约翰·杜威：《公众及其问题》，复旦大学出版社2015年版，第55页。

④ Roy Rothwell, Walter Zegveld, "An Assessment of Government Innovation Policies", *Policy Studies Review*, No. 3, 1984, pp. 436–444.

的研究：一是侧重于政府创新对现行组织结构和组织行为等实践应用的影响，表明政府创新工具的现实应用价值。比如 Moore 等人[①]提出创新是"足够大、足够普遍以及足够持久地对组织的行动和特征构成明显的影响"，也包括对其他场合、位置以及时间段的创新改造或适应[②]。工具视角下的政府创新强调这些创新工具的实用性与现实性，能在多大程度上解决政府实践管理中的问题。二是从工具意义来说，政府创新是对公共治理危机的回应，通过选择创新工具决定采用何种形式的创新，主要试图回答"政府创新的内容有哪些？""政府创新的类型和方式有哪些？"等问题。结合 Scott Gates and Jeffrey Hill[③]、Tony Kinder[④]、Stacey Swearingen White and Michael R. Boswell[⑤]、Jennifer W. Spencer[⑥]等人的研究，政府创新的内容大致归类如表 2.1 所示。

表 2.1　　　　　　　　　政府创新的内容与类型分析表

政府创新的内容	政府创新的类型	政府创新的方式
组织	政府组织创新	流程创新
制度	政府制度创新	重新设计制度机制
管理	政府管理创新	改变官僚行政管理方式
政策	公共政策创新	制定新的公共政策
技术	电子政务创新	应用电子政务等信息技术
服务	公共服务创新	公共服务供给机制创新
人员	人力资源管理创新	培养富有创新精神的领导者和公务员
文化	公共组织文化创新	发展学习型、创新型文化

---

① Moore, M. H., Sparrow, M. and Spelman, W., "Innovation in Policing: From Production Line to Jobs Shops", in A. Altchuler and R. Behn (eds), *Innovation in American Government*, Washington, DC: Brookings Institution, 1997.

② Rogers, E., *Diffusion of Innovations*, New York: Free Press, 2003, p. 56; Thomspon, V., "Bureaucracy and Innovation", *Administrative Science Quarterly*, No. 10, 1965, pp. 1 - 20.

③ Scott Gates, Jeffrey Hill, "Democratic Accountability and Governmental Innovation in the Use of Nonprofit Organizations", *Policy Studies Review*, Vol. 14, No. 1, 1995, pp. 137 - 148.

④ Tony Kinder, "E-Government Service Innovation in the Scottish Criminal Justice Information System", *Financial Accountability & Management*, Vol. 26, No. 1, 2010, pp. 21 - 41.

⑤ Stacey Swearingen White, Michael R. Boswell, "Planning for Water Quality: Implementation of the NPDES Phase II Stormwater Program in California and Kansas", *Journal of Environmental Planning and Management*, Vol. 49, No. 1, 2006, pp. 141 - 160.

⑥ Jennifer W. Spencer, Murtha, Thomas P., Lenway, Stefanie Ann, "How Governments Matter to New Industry Creation", *Academy of Management Review*, Vol. 30, No. 2, 2005, pp. 321 - 337.

(二) 国内关于政府创新的分析视角

国内学术界开展政府创新研究相对起步较晚,但也基于不同的分析视角研究了政府创新与中国政府创新,并提出了很多颇有价值的研究观点。

1. 基于创新理论的分析视角

借鉴经济领域的创新理论,以熊彼特的经济创新理论为基础,认为政府创新和其他领域的创新存在某些同质性的特点,都是"崭新的行为或实践",并符合创新的一般特征。创新理论的分析视角是国内学术界较早期研究政府创新的重要切入点,该分析视角以两方面的研究为主:一是强调政府创新是以政府为创新主体的"创造性实践",能够对政府管理实践产生影响结果。如陈家刚认为政府创新就是政府部门将新的观念和方法诉诸实践,[①] 从而改变原有政府结构,增强政府效能,提高政府绩效的创造性实践。二是强调政府创新实践活动的目的不仅是提高政府部门的效率,还在于公共目标的实现。这方面的观点从创新本源意义出发,结合公共部门属性,认为政府创新的实践活动应致力于实现公共治理目标。如俞可平指出政府创新就是公共权力机关为提高行政效率和增进公共利益而进行的创造性活动。[②] 杨雪冬也认为,政府创新"就是政府部门所进行的、以有效解决社会经济政治等问题,从而完善自身运行,提高治理能力为目的的创造性活动"。[③] 因此,政府创新是政府部门采纳新观念、新技术、新方式为实现公共治理目标的实践活动,既具有创新的一般属性,也需要契合公共部门的特征与运行机制。

2. 基于组织创新的分析视角

政府创新的主体是公共部门(政府),而创新的形成演进过程实质上是政府部门为应对内外部环境变化而对政府组织自身进行更新、完善的过程。政府组织作为社会的基本构成体,需要通过自身组织的创新过程以更好地适应内外部环境,这也是组织功能与组织目标赋予的要求。基于组织创新的分析视角,这方面的研究指向两个领域:一是政府组织创新的形式。从组织创新角度看,政府创新采取的形式既包括组织结构、运行机制、管理流程和行为方式的更新,也包括与政府职能相关的公共服务创新。前者是结构性的创新,后者是功能性的创新。两者都是政府组织创新的重要形式。二是政府组织创新的目的。王丽平、韩艺指出政府创新是指

[①] 陈家刚:《地方政府创新与治理变迁——中国地方政府创新案例的比较研究》,《公共管理学报》2004 年第 6 期。
[②] 俞可平:《论政府创新的若干基本问题》,《文史哲》2005 年第 7 期。
[③] 杨雪冬:《中国地方政府创新:特点与问题》,《甘肃行政学院学报》2007 年第 4 期。

政府组织在变革社会中，不断适应变化动荡的外在环境，通过形成新的结构、流程、机制和行为方式，探寻和建立较为合理的政府体制运转模式，从而确保社会资源能够得到最优化配置，确保最大限度地实现公共利益。①刘景江也认为政府创新是在政府的总体战略和创新战略的驱动下，通过政府自身的创新及其所提供的公共产品和服务创新的系统规划、实施、评价和管理，提升地方政府能力，建设服务型政府，实现公共利益最大化，为公民持续不断地提供新的公共产品和服务的过程。②其中，公共服务创新被认为是政府创新的应有之义，是政府部门作为公共组织的核心价值与功能体现。俞可平还提出所谓创新型政府就是政府部门将创造性的改革作为提高行政效率、改善服务质量、增进公共利益的基本手段。③足见，政府组织创新的主要目的是实现公共利益，同时也意味着政府创新具有明确的公共价值导向。

3. 基于制度变革的分析视角

国内学术界关于政府创新研究的焦点之一就是从制度变革的分析视角，进而分析政府创新的本质内容。在这方面的研究主要倾向于政府职能转变、制度创新等角度的分析。

首先是在政府职能转变方面，谢庆奎（2003），俞可平、吴江（2003），燕继荣（2006），史云贵（2016）等研究认为政府创新是政府职能转变的主要内容，也是实现政府改革发展的路径所在。作为一个持续不断地对政府公共部门进行改革和完善的过程，④政府创新以完成政府职能转变为重要形式，推动了政府职能向服务型政府、创新型政府、法治型政府的转变。何增科也指出政府创新的内容涉及各级政府及其职能的职能定位、管理方式、组织结构、运行机制、业务流程、工作方法、技术手段等诸多方面。⑤史云贵进一步研究认为要解决当前行政管理职能转变的问题，关键在于以"五大发展理念"为指导探索路径创新。⑥而行政管理职能转变的路径创新则要通过政府创新寻求答案。

其次是制度创新方面的研究，政府创新在过程上是探索政府管理的新

---

① 王丽平、韩艺：《创新政府管理和服务方式的原则和领域》，《中国行政管理》2008年第1期。
② 刘景江：《地方政府创新：概念框架与两个向度》，《浙江大学学报》2009年第4期。
③ 俞可平：《大力建设创新型政府》，《探索与争鸣》2013年第5期。
④ 俞可平：《论政府创新的主要趋势》，《理论参考》2005年第9期。
⑤ 何增科：《政治合法性与中国地方政府创新：一项初步的经验性研究》，《云南行政学院学报》2007年第2期。
⑥ 史云贵：《当前我国政府职能转变中的问题与路径创新》，《理论与改革》2016年第3期。

方法、新工具和新模式，但其实质是通过体制机制创新形成了新的制度，并以制度创新推动了制度变迁。刘靖华将政府创新的内涵解释为三个层面，包括理论层面、体制层面和技术层面，[1] 其中体制层面的政府创新是核心。政府创新促进了有效制度的供给，燕继荣就认为微观的调整与创新也可能是有效制度的生长点，[2] 为政府管理改革的整体推进创造了制度条件。因此，制度供给与政府创新两者是相辅相成的关系。一方面，有效的制度供给是政府创新的重要形式；而另一方面政府创新推动制度创新又深入推进了行政管理体制改革的制度化演进。当然，这其中还有一个涉及制度变革因素的议题是政府创新的制度基础或合法性的问题。杨雪冬[3]、俞可平[4]认为政府创新需具备一定的制度条件，而政府创新本身并面临着制度化和法治的问题，[5] 更需要制度构建的支持[6]。

4. 基于政治学科的分析视角

中国现阶段的政府创新也是一种综合创新，[7] 不仅是政府管理体制改革的重要内容，也通过改进管理方式和创新体制机制推动了中国政治制度的演进。这在政治体制改革领域的创新中显得尤为明显。这方面的研究主要是基于政治学科的分析视角，主要研究方向如下：一是运用政治学理论和分析框架研究政府创新与政治发展之间的关系。李习彬研究认为，面临体制、机制、制度、组织、观念等多个方面改革（创新）的中国各级政府，其创新的含义必然需要从一个政府创新体系的概念上来把握。[8] 这个所谓的政府创新体系包含着中国政治经济制度要素，是政治结构与政治制度对政府创新提出的要求，而政府创新也应符合政治发展的诉求。二是研究政府创新中的公民参与问题。不少学者倾向于一个观点，即政府创新持续力的发展从根本上有赖于公民参与的程度。杨雪冬、郁建兴等提出公民是政府创新的根本动力，政府创新应有助于提高公民的政治参与，增加政

---

[1] 参见刘靖华《政府创新》，中国社会科学出版社2002年版，第1—68页。
[2] 燕继荣：《政府创新与政府改革——关于中国政治发展目标与路径的思考》，《中国行政管理》2006年第11期。
[3] 杨雪冬：《中国地方政府创新：特点和问题》，《甘肃行政学院学报》2007年第4期。
[4] 俞可平：《改革开放30年政府创新的若干经验教训》，《国家行政学院学报》2008年第3期。
[5] 张永会：《政府创新、制度化与法治》，《特区实践与理论》2010年第11期。
[6] 曹伟：《政府创新管理的制度建构：基于杭州实践的研究》，《中国行政管理》2014年第10期。
[7] 乔耀章、芮国强：《政府创新与政府自觉》，《学术界》2002年第4期。
[8] 李习彬：《学习型政府建设与政府管理创新》，《甘肃行政学院学报》2006年第1期。

治透明度，使公民对地方事务拥有更大的发言权。① 刘伟、毛寿龙提出政府创新的持续力来自社会力量，通过社会力量的参与和补充才能将临时的"政策创新"转化为相对稳定的"制度创新"。② 所以，政府创新不仅在内容上指向"公民社会创新"，也体现为对民主政治发展的积极意义。公民参与是社会活力的源泉，有助于持续推动政府创新，更是中国政治发展的重要力量。

总而言之，国内外关于政府创新的界定基于不同的学科分析视角都有不同的说法。本书认为，所谓政府创新是公共部门（政府）为回应内外部环境变化而对政府组织结构与机制、运行管理流程、组织文化等方面进行更新与调整，以公共政策与制度创新为表现形式，目的是改变政府管理方式、提高行政部门效率和提升公共服务质量，推动政府治理的现代化发展。

三　地方政府创新的概念

（一）地方政府创新产生的逻辑

地方政府创新（Local Government Innovation）表面上只是创新主体层级的区分，但实质上反映了历史上长久以来中央与地方的关系发展演进，也使地方政府创新的产生具有复杂的内在逻辑。根据传统的研究观点，在中央集权制的政治制度之下，地方政府是中央政府的附属物，地方政府权力的渊源主要来自中央政府的派生或者来自国家法律的授予，③ 其职能是负责落实和执行政策，因此地方政府是不需要管理"创新"或政策"创新"的。同时，法律法规与政治制度也会限制地方政府创新，使其面临创新的合法性危机。在这方面，国内外地方政府的发展轨迹很是相似。

中国从秦朝开始实行的中央集权制，以强化中央政府职能和削弱地方政府作为维护统治的工具。此后，"地方政府"经历了诸多形式的变化。但无论地方政府在历史上以何种形式呈现，本质上都以中央集权的隶属机构存在。如秦汉的郡县制，县负责处理地方事务、组织生产、维持治安，明朝的省府县制也确立了不同地方机构的职能。国外以英国为例，地方行政官和治安官在14世纪是作为王权的代表机构而被任命，直到19世纪的时候才形成"地方政府"这个概念，由此形成了相应的地方政府体制。美

---

① 郁建兴、徐越倩：《地方政府创新与公民社会发展》，《国际学术动态》2008年第3期。
② 刘伟、毛寿龙：《地方政府创新与有限政府》，《学术界》2014年第4期。
③ 沈荣华：《中国地方政府学》，社会科学文献出版社2006年版，第51页。

国是典型的联邦制国家，州政府与地方政府之间的关系一直处于不断博弈与变迁中。1865 年，美国确立了"迪龙法"，该规则对市、县等地方政府的权力做了更为严格的限定，规定地方政府没有自主管理权，决定权在于州政府。由此可见，地方政府的权力与主体地位根植在一个国家政治体制基础之上，体现了中央与地方关系的变迁。在传统意义上，长期处于隶属地位的地方政府其主要职能就是履行中央政府赋予的辖区范围的基本职责，即"保一方平安"。因此，一直以来很难将地方政府视为一种创新主体，"当人们把政府作为制度创新主体来进行研究时，更多的是对中央政府而言"①。

19 世纪末 20 世纪初第二次工业革命以来，科学技术发展和城市化进程加快，随之而来的城镇发展、人口聚集、环境污染、贫困视野等城市问题增加了地方机构在特定领域提供专门服务的可能性，地方政府开始走向自治和功能重组。如《地方政府法》（1929）、《伦敦政府法》（1963）等主要立法规定了现代地方政府的主要职能和职权范围，② 也为地方政府扩大职能与管理创新提供了法律依据。尤其在实行福利政策的国家中，地方政府职能扩大的趋势更加明显，中央政府倾向于通过拨款利用地方政府作为提供大部分私人性社会服务的工具，③ 而地方政府也会根据管辖范围内公共服务需求的特点提供直接的、多元化的服务。20 世纪以来中央政府下放权力的分权化改革促进了这一时期中央与地方政府关系新形态的出现。在新的政治体制改革取向下，地方政府职能与管理创新开始显现。正如戴维·威尔逊、克里斯·盖姆（2001）所说，"地方政府"正式形成，已不再是"地方行政"，"地方当局已经不再是简单的派出边远部门或中央部门的隶属机构……地方政府的作用就是自己做出决策，然后按照政策的优先排序来治理"。④ 得益于分权化改革和地方政府职能扩散，地方政府拥有了按照地方政府偏好来制定政策的权限，从而增加了地方政府管理政策创新的可能性。Allen（1990）也指出，"地方政府是不能被仅仅看作一个机制工具。相反，它是人民表达自己的组织，并且人民的权力不是来自于中央，而是由一个国家每个地区的公民自己保留的，其目的是为自己提供必

---

① 郭小聪：《中国地方政府制度创新的理论：作用与地位》，《政治学研究》2000 年第 1 期。
② 戴维·威尔逊、克里斯·盖姆：《英国地方政府》，张勇等译，北京大学出版社 2009 年版，第 54—58 页。
③ 王沪宁：《西方地方政府职能的扩大及其相关对策》，《政治学研究》1986 年第 4 期。
④ 戴维·威尔逊、克里斯·盖姆：《英国地方政府》，张勇等译，北京大学出版社 2009 年版，第 27—28 页。

要的服务"①。他的观点进一步指出了地方政府权力的真正来源，为地方政府制定政策与管理创新提供了合理的解释。可以说，这一时期凸显了地方政府在自主提供公共服务与公共产品方面的重要性，地方政府在管辖范围内制定公共政策、提供公共服务与基础设施、推动地方经济社会发展等方面逐渐开始以自主管理和政策创新的方式实行治理，宪制框架的变化也为地方政府创新增加了可行性与合法性。

20世纪70年代末，以克服"福利国家失灵"和"官僚制失灵"难题的新公共管理运动主张效率优先的改革思想，采取了削减公共部门、引入私营部门管理经验和市场导向等改革措施，中央政府层面的职能更多地向地方政府转移。如瑞典80年代"自由地方行政区试验"就是中央分权的典型例子，其1991年颁布的《地方政府法案》也明显扩大了市级地方政府的职能。② 新公共管理改革的发展扩大了地方政府创新与改革的权限和机会，管理权限扩大后的地方政府在地方公共服务需求和地方政府财政危机的双重压力下普遍采取了公私合作伙伴关系、合同外包、市场化、绩效管理等创新方式，以此提高公共服务质量、减低行政运行成本和提高地方治理绩效。这一时期的地方政府创新也迅速发展起来。

地方政府创新在80—90年代的广泛兴起与实践一方面体现了中央与地方关系演进的基本逻辑，另一方面也体现了行政管理体制改革的内在要求。但地方政府创新实践的普遍化也引起了学术界对地方政府创新边界和法律制度约束的思考。蓝志勇指出，应该为地方政府分权设定底线，为创新设定边界，这样地方政府的创新潜力就可以大大发挥。③ 90年代中期以后，以新公共管理为导向的地方政府创新更加趋向理性。以美国地方政府采取的合同外包措施为例，数据显示，1982年地方政府公共服务完全合同外包占所有服务的比重为34%，1997年的民营化仅为28%，2002年则下降至18%。④ 这些数据与地方政府采取了其他政府创新方式有关，但也在一定程度上论证了地方政府创新的理性发展。说明地方政府并非一味盲从跟风采纳合同外包的创新工具，而是基于地方政府职能和公众需求选择创

---

① 参见戴维·威尔逊、克里斯·盖姆《英国地方政府》，张勇等译，北京大学出版社2009年版，第29页。
② 赫尔穆特·沃尔曼：《四国地方政府改革比较研究》，《经济社会体制比较》2007年第1期。
③ 蓝志勇：《给分权划底线，为创新设边界——地方政府创新的法律环境探讨》，《浙江大学学报》（人文社会科学版）2007年第6期。
④ 数据来源：胡伟、杨安华：《西方国家公共服务转向的最新进展与趋势——基于美国地方政府民营化发展的纵向考察》，《政治学研究》2009年第3期。

新工具与创新方式的理性过程。因此，从根本上讲，地方政府创新发生的逻辑起点是源于国家政治体制演进和法律规定或授权的变化，而地方政府创新的持续演进恰恰又体现了地方治理改革的要求。

（二）对地方政府创新的界定

地方政府创新泛指除中央政府以外地方机构的创新。比如在美国，尽管地方政府是指除联邦政府、州政府以外的政府机构，但在美国政府创新奖评选和地方政府创新评估研究中，一般仍指的是除联邦政府以外的政府创新主体。在我国，地方政府创新指的是以省、市、县、乡政府为主体的创新，有时候也仅指市、县（包括县级市、城市的区）或县以下党政机关的创新。"中国地方政府创新奖"颁奖机构对地方政府创新的界定是地方党政机关或人民团体自愿发起的旨在改善公共事务管理质量或提高公共事务管理效率并具有一定示范效应和推广价值的首创性活动，包括了党政机关等创新主体。与其他国家相比，中国地方政府创新有其特殊背景，也显现出不同的特征。杨雪冬认为中国地方政府创新具有中央倡导和地方主动相结合、社会要求和创新者相结合等显著特点。[1] 地方政府是切合公民需要的公共产品和服务的直接提供者，也是解决公共服务供给中的协调问题和目标偏离问题的主体。由于创新风险、地方政府的能力基础、宪法结构等原因，在复杂多样的政府创新活动中，地方政府是政府创新的第一推动集团，且具有试验性、收益大和风险小的特点。[2] 蓝志勇也指出，长期以来由于资源不够、传统惯性势力强等原因，人们认为政府特别是地方政府是保守的，反对变化的。但近几十年来，地方政府发展的困境迫使地方政府另辟蹊径，寻求新的出路。[3] 足见，地方政府创新是地方政府在国家政治体制改革与法律法规新要求的新形势下，为解决地方政府财政危机和促进地方经济社会发展而采取的创新策略，并成为当代公共治理变革的主要实践基地。

根据新制度经济学理论，"正是获利能力无法在现存的安排结构内实现，才导致了一种新的制度安排（或变更旧的制度安排）的形成"[4]。现

---

[1] 杨雪冬：《中国地方政府创新：特点与问题》，《甘肃行政学院学报》2007年第4期。
[2] 参见陈家刚《地方政府创新与治理变迁——中国地方政府创新案例的比较研究》，《公共管理学报》2004年第4期。
[3] 蓝志勇：《给分权划底线，为创新设边界——地方政府创新的法律环境探讨》，《浙江大学学报》（人文社会科学版）2007年第6期。
[4] R. 科斯、A. 阿尔钦、D. 诺斯：《财产权利与制度变迁——产权学派与新制度学派译文集》，刘守英译，上海人民出版社1994年版，第296页。

有制度安排的"均衡状态"①并不是永久的,随着经济、社会、技术及认知的改变,往往会衍生出安排创新的压力。政府性创新的原理也正是如此。地方政府作为一类特殊的创新主体,也是目前各类政府创新活动的主要实践基地。这一方面与地方政府回应公众需求的公共服务改革及相应的政府职能转变有关,另一方面,"政府性安排革新"的成本②也在逐渐降低。也正因为如此,地方政府创新已然成为世界范围内政府创新最活跃的领域。当然,从数量上而言,地方政府本身具有绝对优势。无论是诱致性还是强制性,地方政府创新主要通过制度创新改变了低效的绩效水平,降低了公共服务提供和公共组织运行的成本,并可能寻找到了新的生长点。

总而言之,作为不同于中央政府层级的创新,地方政府创新以更直接地回应公众需求、动态性的制度创新和相对灵活性的创新工具选择,极大地提高了政府创新绩效水平,也更适应现代政府职能转变和行政管理体制改革的需要。现阶段地方政府创新实践的蓬勃发展为政府创新研究提供了参考资料,推动了地方政府创新理论研究的新进展。

第二节 地方政府创新的理论渊源

地方政府创新实践有其中央与地方政府关系演进的内在逻辑,而地方政府创新研究的演进与发展也有其深厚的理论渊源。这些理论不仅有助于从不同视角分析地方政府创新的来源,也为深入研究地方政府创新未来发展提供了研究思路。

一 组织变革与组织创新理论

(一) 组织变革理论

政府创新是政府作为区别于企业组织的特殊组织所进行的变革创新行为。从组织理论角度,政府与企业只是两种不同类型的组织,两者的创新

---

① 制度的均衡状态是指在给定的一半条件下,现存制度安排的任何改变都不能给经济中任何个人或任何个人的团体带来额外的收入。R. 科斯、A. 阿尔钦、D. 诺斯《财产权利与制度变迁——产权学派与新制度学派译文集》,刘守英译,上海人民出版社1994年版,第297页。

② 政府创新的成本主要来自推广的政治成本和政治可接受程度,前者指的是公民的可接受性,后者指的是官僚政治的基础保障,参见 R. 科斯、A. 阿尔钦、D. 诺斯《财产权利与制度变迁——产权学派与新制度学派译文集》,刘守英译,上海人民出版社1994年版,第301页。

活动与创新行为可能存在共同之处。组织变革理论是较早阐释组织变迁与创新的一种理论，认为社会变迁与演进是各种社会组织参与的结果。企业组织、政府组织以及其他社会组织，既构成了社会的基本单元，且其本身就是社会变迁的积极参与者。[①] 因此，组织变革是始终存在的社会现象，不仅是现代组织生存发展的需要，也是社会变迁发展对组织功能演进提出的要求。组织变革理论对政府创新研究的影响主要有三个方面：

其一，资源—依赖模型[②]表明组织会有意识、有计划、有目的地发起组织变革与创新活动。组织变革理论中的资源—依赖模型认为，组织与内部外环境资源要素有着密切依赖关系，资源要素的变化会对组织结构、生存形态、机制运行产生直接影响。依据该模型，随着资源要素发生变化，组织总是会采用创新措施以便及时回应资源变化，甚至会寻求积极影响资源变化的方式。这样，组织变革与创新就成为组织生存发展的一种常态。但是资源—依赖模型并不是说组织变革与创新是对资源的绝对依赖，而是说明了组织变革与内外部环境变化的相互关系。一方面，现代组织的内外部环境日趋复杂，资源要素结构与数量变化迅速。组织及其管理者面临这些要素变化的严峻挑战，必然要采取变革措施以适应变化；另一方面，组织基于资源要素变化而开发的创新方式，如水平型组织结构变革，质量管理，基于时间的竞争，业务流程再造[③]等管理创新，持续地改进了组织绩效，也间接地对资源要素变化产生了影响。因此，组织变革与创新是被动与主动相互交织的过程。从动力来源说，组织变革可能是被动的，但组织创新的方式与工具选择又以相对主动的方式提高了组织效能和改变了内外部危机的状态。从资源—依赖模型的分析来看，组织变革既是组织创新的原动力，也是现代市场经济条件下组织的必然选择，有助于实现组织的可持续发展。

其二，组织生命周期理论和系统权变理论论证了组织需要采用变革或创新策略以实现组织的成长目的。首先，依据组织生命周期理论，组织跟自然界生物一样存在着发生到衰退的自然周期。格林纳（Greiner，1972）

---

① 理查德·H. 霍尔：《组织：结构、过程与结果》，张友星等译，上海财经大学出版社2003年版。

② 资源—依赖模型由 Schreyogg 于1980年提出，该模型假设组织不能够产生它所需要的所有资源，同样地，不是每个可能的行动都能在组织内部执行以实现组织自立。这就意味着组织在资源上必须依赖环境，并且面对环境，组织应采取积极的态度。参见理查德·H. 霍尔《组织：结构、过程与结果》，张友星等译，上海财经大学出版社2003年版，第295—296页。

③ 苏米特拉·杜塔、让-弗朗索瓦·曼佐尼：《过程再造、组织变革与绩效改进》，焦叔斌译，中国人民大学出版社2001年版，第2—3页。

提出了组织成长与发展的五阶段模型,认为组织的成长大致可以分为创业、聚合、规范化、成熟、再发展或衰退五个阶段。组织从一个阶段向下一个阶段转化时都可能面临某种内外部危机或管理问题,这时候组织变革与创新战略选择就成为化解危机与难题的关键所在,决定了组织能否向下一阶段发展。特别是最后一个阶段,组织变革与创新策略直接决定着组织走向再发展还是衰退,因而是组织生命周期的决定性因素。组织生命周期理论重点关注的是组织内部因素问题,对组织系统与外部环境的关系以及外部环境要素如何影响组织变革的研究还不够完善。在组织生命周期理论和巴纳德的系统动态平衡理论基础上,卡斯特和罗森茨韦克提出了运用系统方法构建的权变理论。组织可以被视为社会系统中的子系统,每个子系统都具有开放性,并会经常产生变革与创新的需求。"组织必然地要进行变革,因为组织是一个不断地与其环境发生作用的开放系统……这使得新的要求、技术、技艺和价值可以对系统发生影响。"① 因此,组织"不再被看作是一个孤立的个体,而是更容易受到其环境的影响",组织变革与创新也是组织作为开放系统得以生存发展的基本功能体现。组织生命周期理论与系统权变理论明确了组织变革与创新对组织结构与组织功能的影响。组织变革是现代组织的基本功能,在开放和动态系统中,组织具有适应环境以满足组织稳定和自我保护的基本要求,② 其变革主要体现在对组织结构和功能的调整与更新,进而通过组织变革与组织创新又推进了组织功能的演进与组织目标的实现。

其三,组织变革的"不稳定性"研究为创新提供了新的解释。进入21世纪,组织系统面临的环境与变革要素变得日趋复杂。一些学者就提出组织发展不仅是动态的,更是"不稳定"的。康纳和莱克等人③指出,由于多样性、全球性、消费者需求变化、就业惯例④、经济健康发展和技术革命等潜在因素,组织发展呈现一种不稳定状态,并产生"自然的"组织变革。他们所说的"不稳定性"包括两层含义:一是组织变革"不稳定性"是自然而然的过程。"不稳定性"是现代组织生存发展的一种特征,也是

---

① 弗莱蒙特·E. 卡斯特、詹姆斯·E. 罗森茨韦克:《组织与管理:系统方法与权变方法》,傅严等译,中国社会科学出版社2000年版,第760页。
② 参见罗伯特·B. 登哈特《公共组织理论》,扶松茂、丁力译,中国人民大学出版社2003年版,第94—96页。
③ 派特里克·E. 康纳、琳达·K. 莱克、理查德·W. 斯坦科曼:《组织变革中的管理》,爱丁译,电子工业出版社2004年版,第6页。
④ 就业惯例,即终身就业制,是指社会越来越趋向于聘用具有经验、技术专长的年长者。

一种状态。无论组织是否去干预这种"不稳定性",组织变革最终都会以一定的形式出现。二是组织变革的"不稳定性"还体现在对组织发展结果影响的不稳定上。也就是说,变革过程是不稳定的,甚至会破坏组织现状。① 组织变革不稳定性的特征,使变革的动态性、风险性急剧增加。如何减少组织变革"不稳定性"带来的消极结果,这就需要建立管理机制以积极引导组织变革。对此,康纳和莱克等人提出了"组织变革管理"的概念。所谓组织变革管理,就是提高组织应对内外部环境变化的主动性,通过主动选择变革战略、评估变革措施等一系列管理措施,使不确定的变革因素能在组织的管理与操控范围之内。组织变革管理为政府创新如何在动态化环境中建立创新管理机制提供了很多思路借鉴,也为解释政府创新"常态化""制度化"发展提供了依据。

(二) 组织创新理论

著名经济学家约瑟夫·A.熊彼特是最早从经济创新角度研究"创新"理论的学者。熊彼特(1912)在《经济发展理论》一书中提出"创新"是经济社会发展的根本动源,社会经济发展从根本上来说是以企业家为主的创新主体对各种生产要素和生产条件进行重新组合与更新,通过"一种创造性的破坏过程"② 引起组织内部结构变迁,进而推动经济社会结构变迁与发展。由此可以看出,熊彼特的创新理论侧重于经济研究,但其中对创新主体的技术创新以及由此导致的组织创新等也有所涉及,启发了学术界对技术创新和组织创新的研究。对技术创新的研究(罗斯托、伊诺斯等)一直持续到20世纪七八十年代。70年代末以来,新技术革命、经济全球化、组织内外部环境的变化以及组织变革理论的发展,都迫使学者开始思考组织创新的问题。一般认为,组织创新的研究始于70年代,与政府创新理论与实践发展的实践较为接轨,也为政府创新理论提供了较多的理论支持,主要表现在两个方面:

第一,组织创新的方式研究。组织采用何种方式推动创新是组织创新研究的重点。Daft 和 Beeker(1978)、Damanpour(1991)认为组织创新是"组织采纳一个新设想或新行为的过程"。为进一步解释新设想或新行为的过程与结果,Damanpour(1991)提出,组织创新应包括新设想或行为的产生、发展和实施,可以是新的产品或服务,新的生产流程技术,新的结

---

① 派特里克·E.康纳、琳达·K.莱克、理查德·W.斯坦科曼:《组织变革中的管理》,爱丁译,电子工业出版社2004年版,第6页。
② 约瑟夫·A.熊彼特:《经济发展理论》,何畏等译,商务印书馆1990年版,第74页。

构或管理系统，或与组织成员有关的新的计划或项目。① 这一说法指出了组织创新的主要方式包括了技术创新、服务创新、组织管理创新和人力资源创新等创新路径，不仅拓宽了组织创新的内涵与外延，也建构了组织创新方式的整体框架，指明了组织创新的基本路径。

第二，公共组织创新的提出。早期的创新理论和组织创新理论较多地以企业组织为研究对象，重点分析企业组织及其企业家的创新行为对组织变革、经济社会变迁的影响。随着组织创新理论发展，越来越多的学者关注到公共部门作为特殊组织的创新功能与创新行为，开始将组织创新理论延伸到公共部门，并对组织创新主体进行了区分，提出了公共组织创新的概念。相较于企业组织创新研究，公共组织创新研究起步晚，相关的研究和文献也较少，但相对比较成熟的企业组织创新研究为其提供了研究思路。Mark Moore, Jean Harley 将公共组织创新视为特殊类型的创新，也可以称之为"政府管理创新"，其特殊性表现在两个方面：一是公共组织创新重视创新想法或行为对组织网络的影响，更注重对社会系统产生的转变；而企业组织创新通常只关注特定组织内部的结构性变化。二是公共组织创新重视创新过程中的资源获取、运行机制以及建立对创新的各种规范标准，其中社会系统对创新的评价尤为重要。尽管认识到企业组织创新与公共组织创新的差异性，公共组织创新"在寻找如何产生价值创造创新方面，学者和专业人士仍普遍转向私人部门以获取灵感和指导"②，并在借鉴企业组织创新理论基础上完善了公共组织创新理论，也为政府创新理论的形成与发展奠定了理论基础。

二 新公共管理理论

一直以来，新公共管理理论都被认为是政府创新理论与实践发展最重要的理论基础。20世纪70年代末80年代初兴起的新公共管理改革广泛采用民营化、市场化、削减政府规模以及引入工商管理技术方法等创新手段，使政府创新成为这一时期的普遍流行趋势。Kickert③, Pollitt and Bouckaert④ 将主

---

① Damanpour F., Organizational Innovation, "A Meta—analysis of Effects of Determinants and Moderators", *Academy of Management Journal*, Vol. 34, 1991, pp. 555 – 590.

② Mark Moore, Jean Harley, "Innovation in Governance", *Public Management Review*, Vol. 10, No. 3, 2008, pp. 3 – 20.

③ Kickert, Walter J. M., "Public Government in the Netherlands: An Alternative to Anglo-American 'Managerialism'", *Public Administration*, Vol. 75, No. 4, 1997, pp. 731 – 752.

④ Christopher Pollitt, Geert Bouckaert, "Quality Improvement in European Public Services: Concepts, Cases and Commentary", *Sage Publications*, 1995, p. 190.

张市场机制与工商管理技术方法归纳为"NPM"型改革（NPM-type Reforms），其主要标签就是不同于传统行政模式的创新与实践。① 新公共管理理论带有强烈的自由市场资本主义和新制度经济学的色彩。奥地利经济学派的代表人物哈耶克在《通往奴役之路》② 中就指出应充分发挥市场机制的作用，主张建立以市场秩序为轴心组织的社会，限制官僚制的规模和权力的扩大化。70 年代末，以 Milton Friedman③ 等人为代表的新古典经济学派也认为政府干预抑制了经济社会效率，应建立有效率的市场竞争机制，从而为新公共管理理论奠定理论基础。作为英国公共部门改革准则的"经济、效率和效能"之"3E"准则标志着公共部门开始采用私营部门技术方法和组织形式以提高公共部门绩效，并成为公共部门"管理主义"模式创新的主要准则。

（一）新公共管理与政府创新

20 世纪 70 年代末的新公共管理改革主要是追求政府效率，使政府部门更具有效率性、回应性、灵活性和问责性。为实现这些改革目标，政府部门在其"决策和执行方面引起了许多创新"，试图通过创新的行为与方式改善政府以适应"外部"和"内部"的压力。很显然，新公共管理改革从一开始就是与创新实践密切相关的。尽管并非所有的创新都是"最佳实践"，创新方式也可能被不断复制，其最有价值的意义在于推动了公共部门创新观念、创新行为的持续发展。在学术界是胡德（Hood）于 1991 年首先使用了"新公共管理"这一术语，主张新公共管理是与传统行政模式截然不同的典范。Frans-Bauke van der Meer 认为新公共管理实质上构建起了一种创新框架，通过分散的自治和绩效产出控制的机制来鼓励公共部门（特别是地方政府）通过创新提高了政府部门及其公共服务供给的绩效水平。④ 新公共管理或许本身就是政府创新的一种方式，而其搭建的政府创新框架极大地鼓励了政府创新的形成与发展，并使这一时期的政府创新呈现出新的特点。

---

① Christopher Pollitt, Sandra van Thiel, Vincent Homburg, *New Public Management in Europe Adaptation and Alternatives*, Palgrave Macmillan Press, 2007, pp. 166 – 167.
② 弗里德里希·哈耶克：《通往奴役之路》，王明毅等译，中国社会科学出版社 1997 年版，第 94 页。
③ 参见米尔顿·弗里德曼、露丝·弗里德曼《自由选择》，张琦译，机械工业出版社 2013 年版。
④ 参见 Christopher Pollitt, Sandra van Thiel, Vincent Homburg, *New Public Management in Europe Adaptation and Alternatives*, Palgrave Macmillan Press, 2007, p. 165。

(二) 新公共管理与政府创新工具

新公共管理改革最大的特点是在公共部门中引入私营部门的管理技术方法,改变传统政府结构形式与公共服务供给方式,以此提高行政效率与公共服务质量。这里就涉及一个关键问题,即政府结构、运行机制和公共服务供给方式如何改?政府创新工具(方式)的研究也就应运而生了。1992年美国学者奥斯本和盖布勒出版了《改革政府》一书,[①] 认为政府再造的主要来源是企业家精神,由此提出了企业家式的政府再造原则,包括:起催化作用的政府;社区拥有的政府;竞争性政府;有使命感的政府;结果导向的政府;顾客驱使的政府;企业化政府;预知型政府;分权的政府;市场导向的政府。这十项政府再造原则是克林顿政府时期美国政府管理改革的基本准则,也为美国政府创新工具选择提供了基本路径。1996年,在总结美国政府再造经验和地方政府创新案例比较研究基础之上,奥斯本和普拉斯特里克从战略规划角度提出了以摒弃官僚制为导向的政府再造五项战略,包括核心战略、后果战略、顾客战略、控制战略和文化战略,为地方政府创新勾画了整体性蓝图与发展路径,也逐渐扩大了创新工具与创新方式在公共部门的适用范围。新公共管理改革以绩效为准则有助于更好地利用公共部门资源,但"新公共管理改革决不是公共和半公共机构的唯一改革方式,新公共管理的基本原理也不是公共领域创新的唯一理由"。新公共管理改革背景下推进的政府创新,其本质不在于政府或公共部门生产本身,而在于与私营部门或社会组织共同生产、供给公共政策与公共服务(Pollitt, Thiel, Homburg, 2007)。[②] 因此,新公共管理改革理论实则是为政府创新提供了工具选择,这些创新工具截然不同于传统行政模式,以公私合作伙伴关系(PPPs)为典型,构建了现代公共部门、私人部门、社会组织与公民之间关系的新类型。随着新公共管理改革在美国、新西兰、澳大利亚等国家的扩散,新公共管理已然成为"一种全球性改革运动",政府创新也在这些国家渐进流行起来。这些国家还根据本国的具体情况,对政府再造的创新工具进行了整合与改造。可以说,政府创新工具选择与重新组合反过来又进一步推动了政府创新的演进。

(三) 新公共管理对政府创新的推动作用

新公共管理改革的"管理主义"和采用私营部门管理技术方法都是公

[①] 奥斯本和盖布勒采用的是"Reinventing Government"的说法,故而也有学者翻译为"重塑政府"或"政府再造"。

[②] 参见 Christopher Pollitt, Sandra van Thiel, Vincent Homburg, *New Public Management in Europe Adaptation and Alternatives*, Palgrave Macmillan Press, 2007, p.167。

共部门效率主义原则的具体体现，普遍化的政府创新在实践上提高了公共部门运行效率与公共服务供给水平。尽管在90年代末期，学术界对公共部门借鉴工商管理技术方法的缺陷表示了担忧，认为新公共管理中的很多理论问题尚未真正厘清，但很多学者还是认为"新公共管理"作为新的公共行政典范是公共管理学科及其实践发展的主要趋势。[1] 管理主义、合同主义、绩效管理的应用，改变了传统的公共管理运行机制，促进了公共供给新方式的产生，改变了传统行政管理运行机制，为政府创新创造了良好的制度条件。基于此，大量学者将新公共管理运动视为政府创新的起源，[2] 认为新公共管理运动已远远改变了传统行政管理模式，也超过了公共服务领域的改革范围，它意味着公共服务运作机制、政府活动范围、责任机制以及公共管理学科研究的变革。[3] 更为重要的是，新公共管理开启了全球范围内政府创新的浪潮，使之成为普遍化和常态化的行为，推动了政府创新的持续发展。具体表现在以下几方面：

第一，丰富政府创新的工具与方式选择。新公共管理一方面向私营部门借鉴管理运行经验，引入了企业经营管理方法，以减少政府部门中的繁文缛节和提高政府部门绩效为导向，英美等国家的公共部门纷纷采用了绩效管理、流程再造、全面质量管理、标杆管理等工商管理技术方法。同时，还借鉴企业组织中的顾客导向，提出公共部门顾客导向的管理服务理念。这些新观念与新方法，极大地推动了政府创新的实践应用与发展，为政府创新提供了丰富的工具与方式选择。另一方面，新公共管理还创新了公共服务供给方式，建立起公共部门与私营部门、社会组织、公民之间的新型关系，通过公私合作伙伴关系（PPPs）、合同外包[4]、联合政府（Joined-up Government）、私人理财计划（Private Financing Initiatives）等合作创新供给公共服务，成为很多面临财政危机的地方政府创新方式。通过公私合作供给的公共服务供给

---

[1] Christopher Pollitt, *Geert Bouckaert*, *Public Management Reform*: *A Comparative Analysis*, Oxford University Press, 2000; Borins, S., *Innovation with Integrity*, Washington, DC: Georgetown University Press, 1998.
[2] Elaine Kamarck 从历史的角度考察了政府创新的发展，认为公共部门创新主要来自这场发端于英国和新西兰的新公共管理或政府再造运动。参见 Elaine Kamarck, Innovation around the World, Ash Institute for Democratic Governance and Innovation John F. Kennedy School of Government, Harvard University, 2003, pp. 4-10。
[3] 欧文·休斯：《公共管理导论》，张成福、马子博等译，中国人民大学出版社2015年版，第238页。
[4] Marcel Veenswijk, *Organization Innovation*: *New Approaches to Cultural Change and Intervention in Public Sector Organizations*, IOS Press, 2005, p. 17.

创新，不仅解决了政府公共服务供给资源不足的问题，也提高了公共服务供给效率与质量。尽管这种市场化的政府管理创新受到模糊公私部门界限与公共部门规避社会责任的诸多质疑，并蕴含着潜在的经济风险。

第二，"管理型文化"培育政府部门的创新精神。新公共管理以"管理主义"理念为契机，主张绩效、竞争、顾客、回应、理性等核心价值，强调建立具有企业家精神的企业家式政府，认为政府不应该是照章办事的政府，而是具有使命感、讲究效果和有事业心的政府，这样的政府立足于满足顾客的需要，而不是官僚政治的需要。[①] 以"顾客导向"取代"层级导向"，对传统的官僚文化形成了极大的挑战。新公共管理以效率与"顾客导向"为主的管理型文化，培育了公共部门中的创新进取精神，"追求卓越"的新型文化为推动政府创新创造了良好的氛围。

第三，促进公民和社会组织参与的管理创新。首先从政府创新方式来看，新公共管理主张进入市场力量，通过民营化、市场化、合同外包、凭单制等创新方式建立公私合作供给公共服务的新机制。其间，医疗、卫生、邮政等公共服务领域都普遍开展了市场为导向的公私合作供给创新。一方面公共服务供给的公私合作供给机制创新或许存在公共价值导向的问题，但另一方面它在为政府（尤其是地方政府）解决财政困境和提高公共服务供给效率的同时，也实现了公民和社会组织参与公共治理的机制创新。新公共管理促进了非政府行为者（公民和社会组织）参与公共政策、公共治理，使"参与策略"成为政府创新的重要内容。Edelenbos 认为这种参与覆盖了公共管理创新全过程，从问题界定、设计可能解决的方案到评估创新结果与政策责任，公民与社会组织参与公共服务供给现已成为政府政策创新的新途径[②]。Teisman，Verheij（1996）提出了一种更为尖锐的说法，公共部门的任务并不一定是要解决"问题"，而是通过政府与其他行为者的互动去改变或分析问题，或想出创新的解决方案，政府在其中的作用是促成解决方案和获得公众支持。[③] 因此，新公共管理也为政府创新提供了社会参与的重要路径，通过社会参与有可能激发新的创新，并为政府创新注入持续的动力源。

第四，引导地方政府的创新实践。新公共管理理论在纵向结构上主张

---

① 戴维·奥斯本、特德·盖布勒：《改革政府》，上海译文出版社 1996 年版，第 149—153 页。

② Jurrien Edelenbos, "Design and Management of Participatory Public Policy Making", *Public Management*, Vol. 1, No. 4, 1999, pp. 569–578.

③ 参见 Christopher Pollitt, Sandra van Thiel, Vincent Homburg, *New Public Management in Europe Adaptation and Alternatives*, Palgrave Macmillan Press, 2007, p. 166。

分权的政府和缩小政府规模，运用相对"分散的治理"提高执行机构的自主性，有助于执行机构或地方政府积极开展管理创新活动。"五十年前的确需要权力集中的机构，但在信息化的今天，分权的机构具有更多的优越性，且分权的机构比集权的机构更具有创新性，更能对顾客需求变化做出灵活回应。"① 新公共管理理论倡导充分的授权，为地方政府主动发起政府创新实践创造了制度空间。

三 新公共服务理论

（一）对新公共管理的批判——如何维护公共价值？

一方面，向私营部门学习和以企业家精神重塑政府的新公共管理成为提高政府绩效和服务质量的改革路径，推动了全球范围内政府创新、政府再造的兴起与扩散。但近十几年来，新公共管理的局限性和消极后果也正在逐渐显现出来②。Thomas Diefenbach 指出，引入"商业方法"的新公共管理对公共部门提高公共服务效率确有作用，但这些经验研究只关注了新公共管理中的部分要素，而没有基于系统性的视角去发现新公共管理产生的所有影响。他通过量化技术分析了新公共管理战略的消极效果，提出实行新公共管理式的政府创新后，政府组织结构的变化可能导致新的官僚化、政府绩效评估方法存在操作困境、管理者可能会成为新公共管理的受益者以及一线的公职人员会面临工作负荷量过重等问题。③ 另外还有研究指出新公共管理最大的挑战是公共部门传统公共价值的缺失，以私营部门的效率准则作为衡量管理创新的标准会模糊公共部门与私营部门的界限，从而导致公共部门作为社会公平正义"最后一道防线"的失守。

另一方面，公共行政的民主价值和社会公平正义导向也正在受到严峻挑战。公共行政的基本价值导向是社会公平正义和公共利益，这一价值准则在韦伯的官僚制中得到进一步强化，并被假定为是公职人员追求的主要目标。然而，伴随官僚制失效的挑战和新公共管理改革的回应，公共行政的实践越来越被认为逐渐缺失了公共精神、公共责任与公共价值。以弗雷德里克森等人为代表的新公共行政学派对传统公共行政进行了反思，提出应重塑公共行政的价值，并强调社会公平应成为公共行政哲学的一个概念

---

① 戴维·奥斯本、特德·盖布勒：《改革政府》，上海译文出版社 1996 年版，第 233—235 页。
② Lynn L. Bollinger, "Private Versus Public Management of Airports", *Harvarol Business Review*, Vol. 24, No. 4, 2001, pp. 518 – 534.
③ Thomas Diefenbach, "New Public Management in Public Sector Rrganizations: The Dark Sides of Managerialistic Enlightenment", *Public Administration*, Vol. 87, No. 4, 2009, pp. 892 – 909.

和公务员伦理行为的指南。① 倡导公共部门效率价值和引入私营部门管理技术方法的新公共管理理论与改革实践，使以企业家精神重塑政府的政府创新广泛流行起来，同时也对公共部门传统的公共价值提出了严峻挑战。林恩②等人正是从质疑新公共管理是否能保持民主价值、公平正义价值和公共服务等公共行政核心价值的角度提出了对新公共管理的批判。如何维护公共部门的社会公平正义等公共价值，又能提高政府管理与服务绩效，这成为 90 年代公共管理学术界比较关心的一个议题。

(二) 新公共服务理论与公共服务创新

21 世纪初，在进一步对新公共管理理论进行反思与批判的基础上，以及对维护公共部门民主价值和社会公平正义价值的思考，美国学者罗伯特·登哈特和珍妮特·登哈特③提出了一套"新公共服务"的规范和实践（Norms and Practices）。新公共服务理论是以民主治理理论和公共组织设计理论为基础，重点探讨政府在创新变革中如何维护公共价值，并提出了相应的实践方案。因此，罗伯特·登哈特和珍妮特·登哈特认为新公共服务理论不仅仅是政府创新的价值导向，它还是具有规范和可操作性意义的实践指南，足以为政府创新提供新的创新方式与创新工具。

新公共服务理论的核心关注点是民主价值和公民权，认为公民是整个公共治理体系的中心，主张通过构建社区、公民参与和让政府工作更富有效率④的方式建立公共服务的行政模式，并提出了新公共服务的七项原则：服务而非掌舵；公共利益是目标而非副产品；战略地思考，民主地行动；服务于公民而不是顾客；责任并不是单一的；重视人而不只是生产率；超越企业家身份，重视公民权和公共事务。该理论认为公共行政最重要的是界定公务员角色：了解和满足公众的需求和利益，而不是试图控制或引领社会。⑤ 新公共服务理论对政府创新的影响主要在以下两个方面：

---

① 参见乔治·弗雷德里克森《公共行政的精神》，张成福译，中国人民大学出版社 2003 年版，第 103 页。

② Lynn, L. E., "The New Public Management: How to Transform a Theme into a Legacy", *Public Administration Review*, Vol. 58, No. 3, 1998, pp. 231 – 237.

③ Robert B. Denhardt, Janet V. Denhardt, "The New Public Service: Serving Rather Steering", *Public Administration Review*, Vol. 60, No. 6, 2000, pp. 549 – 559.

④ Janet V. Denhardt, Robert B. Denhardt, "The New Public Service Revisited", *Public Administration Review*, Vol. 75, Iss. 5, 2015, pp. 664 – 672.

⑤ 首先提出"新公共服务"的文献参见 Robert B. Denhardt, Janet V. Denhardt, "The New Public Service: Serving Rather Steering", *Public Administration Review*, Vol. 60, Iss. 6, Nov. 2000, pp. 549 – 559。

一是强调"以公民为中心的公共服务"是政府创新与企业组织创新的本质差异。改革与创新是当代政府无法回避的重要使命，如何在政府创新过程中维护政府的民主价值，使之得以在根本上区别于企业组织？那就需要构建"以公民为中心的公共服务"。以公民为中心的公共服务包含着三层含义：第一，政府的基本职能是提供公共服务，公务员扮演的角色是公共服务人员，相应地，政府创新也应围绕公共服务导向，重点导向公共服务领域的创新；第二，公共服务应以"民主为先"[1]，即政府提供的公共服务需符合公众对公共服务的诉求，公共服务应该是公众所需要的服务，而不是基于政府的供给意愿，从而使公共服务真正具有公民导向，体现出民主与公平在现代公共行政中的价值；第三，公民参与机制是确保实现"以公民为中心的公共服务"的重要路径，也是构建有效的公共行政回应机制的基础。Robert B. Denhardt 基于公共组织设计原理提出一种观点，认为"现代存在着一种公共行政的合法性危机，在这一危机中，理论的统一性基础无法反映或者回应公共行政领域中的参与者——包括那些理论家、实务者以及公民等——的要求"[2]。公众参与机制使政府部门能提供回应公民需求的公共服务，也是现代公共行政机构实现公共利益和民主价值目标的制度设计。

二是建立以公民参与为主要形式的公共服务机制。新公共服务理论明确了现代政府的公共服务基本职能，指明了政府创新的重点领域——公共服务。同时，该理论也提出了公共服务的运行机制。以"公民优先"的民主价值在公共行政中的实现机制主要依靠的就是公民参与的公共服务运行机制。该运行机制包括三个方面内容：第一，建立公众对公共服务需求的表达机制，公众的公共服务诉求能及时传递给公共行政部门；第二，政府管理与创新的任务是改善公共服务，满足公众的公共服务诉求，建立公共服务的承诺机制，实现公共服务供给与公众服务需求相匹配；第三，政府对公众参与及其公共服务的诉求意见应建立有效的回应机制，包括公众对公共服务供给创新的评价反馈等。总之，新公共服务理论重点是强调政府变革与创新的公民优先和公共服务理念。

（三）新公共服务理论的挑战与发展

新公共服务理论通过以公民为中心的公共服务运行机制设计有效弥补了新公共管理理论缺失的民主价值，更为重要的是研究了以公民为中心的

---

[1] Robert B. Denhardt, Janet V. Denhardt, "The New Public Service: Putting Democracy First", *National Civic Review*, Vol. 90, Iss. 4, Winter 2001, p. 391.

[2] 罗伯特·B. 登哈特：《公共组织理论》，扶松茂、丁力译，中国人民大学出版社2003年版，第172—206页。

民主价值的实践操作机制，使缺失的民主机制得以在公共管理实践中真正运行实施。在晚近的研究中，珍妮特·登哈特和罗伯特·登哈特开始对以公民为中心的新公共服务实践进行回顾总结，并意识到"公共行政实践是不可能分成两个截然不同的阵营的：一个映射市场机制观，另一个映射民主价值观念"[①]。因为"很少有人会说公民权、公共服务不重要"，这说明两者价值观重点在于如何平衡的问题上。还有学者探讨了新公共服务"以公民为中心"的公共价值在公共管理实践运行方面的障碍[②]。在新公共管理效率优先原则下，公民优先的操作机制仍稍显困难。Robert Denhardt, Janet, Terry, Larry 等人还进一步研究了发展中国家开展公民参与为中心的公共服务创新的障碍与挑战，提出发展中国家在外部激励、公民文化、民主治理、贫困、时间压力、对快速结果的要求以及缺乏组织结构基础等方面影响了其发展以公民参与为基础的公共服务创新，促进发展中国家的民主治理既是改善公共服务的基础，也是公共服务创新的一种路径。[③] 为增加新公共服务理论的操作可行性，珍妮特·登哈特和罗伯特·登哈特通过对公共服务实践项目的回访提出了修正新公共服务理论的一些新观点。他们认为传统的公民参与方式不起作用，政府应注重创造公民参与的机会，建立与公民的相互信任关系与合作模式。公民参与不仅仅是公众表达诉求，还在于共同合作"界定公共问题，寻求解决问题的替代方案，实施方案"[④] 等一系列政策过程，使公民参与能在双向沟通和相互信任的基础上提升政府创新政策的决策质量，而非仅仅是在公共服务供给领域。

新公共服务理论明确了政府创新的价值取向、创新的重点领域以及创新政策的科学化、民主化发展，为发展中国家政府创新的导向提供了有益的思路借鉴。

四 治理理论

"治理"（Governance）的概念与领域是一个相当古老的话题，最早在

---

① Janet V. Denhardt, Robert B. Denhardt, "The New Public Service Revisited", *Public Administration Review*, Vol. 75, Iss. 5, 2015, pp. 664 – 672.

② Robert Kramer, "Leading Change through Action Learning", *Public Manager*, Vol. 36, No. 3, 2017, pp. 38 – 44.

③ Robert Denhardt, Janet, Terry, Larry, Delacruz, Edgar Ramirez, Andonoska, Ljubinka, "Barriers to Citizen Engagement in Developing Countries", *International Journal of Public Administration*, Vol. 32, Iss. 14, Dec. 2009, pp. 1268 – 1288.

④ Janet V. Denhardt, Robert B. Denhardt, "The New Public Service Revisited", *Public Administration Review*, Vol. 75, Iss. 5, 2015, pp. 664 – 672.

政治学领域广泛使用，后延伸到公司治理、私人治理、公共治理等领域，对治理的理解及治理工具的研究也逐渐深化。如今我们理解的"治理"一般是指通过政府、社会、公民之间不同利益关系主体的协调和共同发挥作用，以善治和信任为基础的协同合作治理实现了各个领域相互关系的协调与整合。因而，治理理论实质上解决的是公共治理的问题，政府在其中扮演的是提供规制与制度的角色。治理理论的兴起表明政府的职能履行与其他社会治理主体密切相关，信任与合作治理推动了善治的实现，也有助于共同有效地解决社会领域的公共问题。从根本上说，治理理论关注的正是各种社会主体共同协作治理社会问题的机制。关于治理较早的文献可以追溯到1902年的一篇《苏格兰公共医疗部门的治理》。公共事务领域的治理研究一直都未间断过。20世纪90年代以来，信息化、网络化的发展以及社会团体等非营利组织的兴盛，探讨公共治理问题的治理研究以惊人的速度流行起来[1]。这一方面是80年代新公共管理改革激发了学术界对公共行政理论新范式的研究兴趣，另一方面是全球化、信息化时代对政府治理模式创新提出了新的要求。

R.罗茨是治理理论的代表人物，他归纳了治理的六种形式：（1）作为最小政府的治理；（2）作为公司的治理；（3）作为新公共管理的治理；（4）作为"善治"的治理；（5）作为社会调控制度的治理；（6）作为自组织网络的治理。很明显，新公共管理和"善治"是治理领域两种不同的形式。前者强调绩效、市场机制、顾客导向与工商管理技术方法，后者则更强调公共价值在公共管理领域的体现。因此，治理理论可能是更宽泛意义上解释政府管理创新的一种理论。罗茨认为公共部门可以应用管理主义和新制度经济学理论，使用政治权力管理国家事务，包括如何获得合法性、如何建立有效、开放、负责的公共服务体系以及有能力的官僚队伍建设等[2]。90年代末治理理论研究更倾向于寻求不同的治理工具创新来协调政府、市场、社会、公民之间的相互关系，认为制度的创新安排是实现治理有效性的基础。至此，合作治理、协同治理、网络治理、参与式治理等相关治理理论得到了迅速发展，也为公共管理创新提供了新的理论视角。治理理论对地方政府创新研究的影响主要有两个方面：

一是治理理论拓展了地方政府创新的创新工具与创新策略。和新公共

---

[1] 王诗宗：《治理理论及其中国适用性》，浙江大学出版社2009年版，第12页。
[2] Roholes, R., "The New Governance: Governing without Government?", *Political Studies*, No. 4, 1996, pp. 652–667.

管理采用市场化、工商管理技术方法、公私合作伙伴关系的创新方式有所不同，治理理论基于善治与合作治理的视角，强调政府、企业、社会、公民之间的相互信任关系，以此作为治理的网络结构基础，实现协同治理。治理理论运用合作治理的框架为社会公共事务治理提供了更为宽泛的创新工具选择，而不仅仅是市场化的视角。对此，Peters，Pierre 就认为，新公共管理与治理是工业化民主国家两种截然不同的公共行政改革战略，尽管两者共同之处在于都是应对全球化挑战制定有效政府政策、提供优质公共服务和提高政府能力的战略工具，但这两种战略方法有着显著差异[①]。新公共管理的战略是效率优先和市场战略，而治理的战略是各个领域治理主体的协作，政府与其他治理主体之间的关系更加灵活，也为地方政府创新提供了多样化的创新工具选择。需要指出的是，近年来随着治理理论的发展，也有学者提出在协同治理体系中政府仍需要提供规制与制度，且治理体系本身也需要加以规范，因此提出了"元治理"的概念。治理理论的善治理念及其动态演进拓宽了地方政府创新的创新工具与创新策略，也增加了各个社会主体参与治理的路径。

二是治理创新成为地方政府创新的重要维度。作为一个动态发展的理论，治理理论的演进也促进了"治理创新"这一概念的产生。以善治、信任、协同为基本特征的治理不仅是政府创新的重要内容，也成为许多政府创新的发展目标。前者指明了政府创新在内容和方式上应以治理创新为主，这方面的观点以 Mark Moore，Jean Harley 最为典型，他们认为"治理创新已成为所有层面的政府创新的重要组成部分的证据是不难发现的"。其中，治理创新的内容和方式有以下几种：（1）政府体制形式的变化（如权力下放）；（2）用于服务的计划和传递的组织的形式和安排方面的变化（如私有化，公私部门之间的新的合作安排）；（3）为在服务制定和传递中提高公众以及用户参与；（4）服务供给方式的创新。[②] 政府创新在创新工具选择上倾向于采用公共治理方式，治理创新也因此成为地方政府创新的主要内容。后者则指明了政府创新的发展目标是实现善治理念的治理创新。Harley 明确指出"治理创新是创新的一个维度，而不是类型"[③]。弗雷

[①] Peters, B. G., Pierre, J., "Governing without Government?, Rethinking Public Administration", *Journal of Public Administration Research and Theory*, No. 2, 1998, pp. 223 – 243.

[②] Mark Moore, Jean Harley, "Innovation in Governance", *Public Management Review*, Vol. 10, No. 3, 2008, pp. 3 – 20.

[③] Harley, J., "Innovation in Governance and Public Services: Past and Present", *Public Money and Management*, Vol. 25, No. 1, 2005, pp. 27 – 34.

德里克森（1997）研究了"作为治理的公共行政"，认为公共行政就是要通过治理"做得更好"，治理代表的是一种"虚张声势的、强有力的、精干的公共行政"，是有关政府改革的流行看法。① 治理创新代表了政府创新的一种理念，也是政府管理改革的一种发展趋势。

由此可见，治理理论为地方政府创新提供了丰富而多元化的创新工具选择，而地方政府创新的"治理创新"路径又通过重新界定公私合作伙伴关系、社会参与治理、协同治理等方式推动了各个治理主体之间关系的协调发展，提高了公共服务质量和地方政府的治理能力，使地方政府创新成为"善治"的重要实现路径。治理理论为地方政府创新勾勒了各个治理主体参与的创新框架，有助于进一步解释地方政府创新的制度化、有效性、动态性、适应性等问题。

总之，一方面，地方政府创新是地方政府在放松规制改革和市场经济体制发展的背景下，为回应内外部环境变化而对地方政府组织结构与机制、运行管理流程、组织文化等方面进行更新与调整，以公共政策与制度创新为表现形式，目的是改变行政管理方式、提高行政效率和提升公共服务质量，推动地方政府治理的现代化发展。从组织变革与组织创新、新公共管理理论、新公共服务理论、治理理论等理论基础和发展演进看，政府创新是渐进式地提升地方管理绩效和治理能力的实现机制，其理论基础也处于不断完善发展的过程。另一方面，地方政府是特殊主体的创新，其演进发展有特定的行为逻辑，因此不能忽视地方政府的一贯传统和中央政府变革创新的实践导向以及法律制度环境对地方政府创新的约束。但无论如何，作为创新数量最多的地方政府创新不仅有深厚的理论发展基础，其实践也相当丰富，已然成为政府管理创新的重要推动力量，也是政府创新的重要研究对象。

---

① 参见乔治·弗雷德里克森《公共行政的精神》，张成福等译，中国人民大学出版社2003年版，第78—82页。

第三章 国外地方政府创新的演进与动因分析

从 20 世纪 80 年代开始，关于公共部门的新观念与新看法逐渐产生，并促进了公共部门的治理模式由"行政"转向"管理"。公共部门绩效测量、全面质量管理、产品与市场相结合、顾客导向的报告、私有化、代理机构、文化融合以及其他的"现代发明"等，对公共部门管理实践产生了广泛影响。无论是公共部门面临的压力还是期望"美好的未来"[①]，政府内部管理和公共服务领域的政府创新都形成了公共部门中的主流。尽管对公共部门创新可能还存在诸多争议，比如新公共管理的价值取向，来自企业和私人部门的改革措施、政府部门企业化（Corporatization）以及公共部门责任等。Veenswijk 认为，尽管公共部门似乎陷入了所谓的"创新悖论"，但通过政府创新的确真实地提高了公共服务供给的准确性、灵活性与社会合法性。更为重要的是，政府创新重新塑造了公共部门的文化，创新文化使公共部门在变迁社会环境中主动需求解决问题的方案，大大提高了政府部门的回应性与公民导向。从地方政府这一创新主体看，国外地方政府创新的实践演进也经历了较长的发展阶段，其发起动因的深入分析也值得成为我国地方政府创新发展的借鉴。

第一节 国外地方政府创新的实践演进

一 国外政府创新兴起的原因

尽管政府创新有着深厚的理论基础和发展起源，但我们如今所说的

---

① Marcel Veenswijk, *Organization Innovation: New Approaches to Cultural Change and Intervention in Public Sector Organizations*, IOS Press, 2005, p.3.

政府创新主要发端于20世纪70年代末80年代初英国、新西兰等国的"新公共管理"(New Public Management)或"政府再造"改革运动，随后扩展到其他发达国家，如1993年美国的政府改革运动。① 与传统行政管理的"行政"取向不同，大多数新公共管理改革的重点是改善效率、公共服务在横向水平上的专业化、外包、市场化和民营化。尽管不同国家在新公共管理改革创新具体策略上有所不同，但其较为普遍的共同点是借用私营部门的管理做法与经验，倡导通过民营化、市场化的方式提高公共服务供给效率和减少政府财政压力。政府的管理创新和政策创新也正是新公共管理的直接衍生品。学术界有一个普遍的观点是，这一时期政府创新的表现形式就是民营化与市场化的做法，也有学者将民营化、市场化直接等同于政府创新。② 但正是这种向私营部门学习的新的思维方式，对传统科层官僚制形成了重大挑战，并使"政府改革与创新已成为一种全球性现象"③。当然，向私营部门学习和引入私营管理方法更多的是"经济全球化、行政改革和财政危机"④ 的推动，并引发了全球范围内政府创新的浪潮，也引起了学术界对传统行政管理向"创新治理"(Innovative Governance)模式转变的重点研究。从发达国家政府创新的兴起与发展来看，政府创新是各国政府在多重挑战下为提升管理绩效与政治合法性而做出的变革措施，以此改进政府内部管理和提高公民满意度。具体来说，包括以下挑战：

第一，全球化、信息化发展对传统行政模式提出了挑战。20世纪中后期，信息技术发展进入到一个新的发展阶段。后工业社会的到来，加快了信息技术与人们社会经济生活的紧密联结程度。随着知识经济的兴起和以互联网技术为主的信息技术发展，人类社会已然迅速走上了"全球一体化"发展的轨道。"全球一体化"不仅仅是技术领域及其与之相关的经济现象，它也对政治、社会、文化等领域的观念和运行机制的转变提出了现

---

① Parts of this section first appeared in "Latin American Governmental reform in a Global Context", in *Hacia Un Nuevo Estado en America Latina*, CIPPEC, Buenos Aires, January 2002.
② Robin A. Johnson, Norman Walzer, *Local Government Innovation: Issues and Trends in Privatization and Managed Competition*, Greenwood Publishing Group, ABC–CLIO, LLC, 2000, p.169.
③ Elaine Kamarck, Innovation Around The World, November 2003, Ash Institute for Democratic Governance and Innovation John F. Kennedy School of Government, Harvard University, KSG Working Paper, No. RWP04–010.
④ Alasdair Roberts, "The Rise and Fall of Discipline: Economic Globalization, Administrative Reform, and the Financial Crisis", *Public Administration Review*, December 2010, Special Issue, pp.56–63.

实挑战。其一，全球一体化首先是经济社会一体化，增加了世界各国与国际接轨的可能性与必然性。各个国家政府要能在全球经济社会竞争中获得竞争优势，就必须适应经济社会一体化的舞台环境。而要适应国际经济一体化及由此形成的新的竞争规律和态势，则必须不断改革原有的公共部门管理模式。[1] 传统行政管理模式是相对较为封闭的体系，与全球经济社会一体化的新环境并不兼容。这样，公共部门管理改革与创新就成为适应全球竞争环境的必然选择。其二，数字时代新的不平衡对政府管理创新提出了新的要求。全球一体化是一把"双刃剑"，在推动经济社会全球一体化发展进程中，会因信息技术资源和知识资源分布的严重不平等导致新的全球贫富差距。[2] 数字时代新的不平衡不仅指的是经济发展水平，还指向知识信息资源的共享与公平获取问题。信息技术和数字经济的发展为政府创新提供了新的创新工具，也对公共管理改革观念变化产生了重要影响。其三，全球经济社会一体化提高了公众共享信息与参与治理的技术可行性。一方面，公众获取公共管理信息的途径更加便捷、多元化；另一方面，信息技术也扩大了公众参与公共治理的路径。其四，全球化、信息化引发了行政变革的"传播效应"。在全球一体化新时代，任何一个国家行政变革与创新经验都有可能被其他国家所效仿，"即使这些借鉴的措施与本国的政治和行政体制和传统不完全适应"[3]。全球一体化发展增加了行政变革与创新经验的传播，而学习和借鉴其他国家成功的行政改革做法已成为各国政府行政改革的普遍趋势。以80年代初的新公共管理改革为例，英国以向私营部门学习和提高政府绩效的政府改革取得了较好的成功经验，不断被其他国家所模仿和学习。新公共管理改革的思想观念和实践做法迅速扩散至美国、新西兰、法国等国家，并称为是一场"世界性的变革"。尽管这场新公共管理变革及其引起的公共行政范式转型还存在很多争议，但"意义重大的政府变革正在世界范围内展开，而且在很大程度上，类似的改革也发生在其他国家"[4]。全球化、信息化时代造就了新公共管理改革强大的传播扩散能力，促使世界各国政府不得不致力于提高政府绩效、改善公共服务、回应公民需求的政府管理改革与创新。全球化、信息化从根本上说是对现代政府部门能力的挑战，如何适应全球激烈的竞争环境，如何

---

[1] 周志忍：《当代国外行政改革比较研究》，国家行政学院出版社1999年版，第7页。
[2] 胡鞍钢：《新的全球贫富差距：日益扩大的"数字鸿沟"》，《中国社会科学》2002年第3期。
[3] Savoie, D., "Reforming Civil Service Reform", *Policy Options*, April 1994, p. 5.
[4] 欧文·休斯：《公共管理导论》，张成福、王学栋等译，中国人民大学出版社2007年版，第306页。

应对公民诉求的扩大，如何向其他国家学习，也为各国政府改革与创新提供了动力支持。

第二，公民对公共服务需求的扩大。公民对政府提供产品与服务的期望是政府职能转变问题的主要由来。18世纪末以来，古典经济学倡导的"守夜人"政府理论在很长时期内主导了对政府职能的界定。人们普遍关注的是如何限制政府的活动范围以及防范政府对社会和个人生活的干预。政府的主要职能是提供国家基础设施、保卫国家安全和维护社会公平秩序。1929—1933年的世界性经济危机（Gereat Depression）与政府强力干预经济和"罗斯福新政"开启了扩大政府职能和扩张政府规模的进程。这一时期，政府的职能主要对经济社会进行规制，并提供基础的公共产品与公共服务。20世纪40年代福利国家的兴起拓宽了政府提供的公共产品与公共服务的领域，不仅增加了政府活动的范围和扩大了政府规模，也为扩大政府职能提供了合理依据。1948年，沃尔多的著作《行政国家》对现代官僚制政府职能进行了精确的解释，并强调公共行政应基于政治学理论建立民主正义价值，而非以效率为基础的实证主义式公共行政。"行政国家"作为一种政府职能现象，事实上也确立了由政府提供公共产品和公共服务的基本理念。60年代后期，社会领域的政策变革和普遍化的政治觉醒，促使公民期望以自决的方式决定公共服务供给，对公共部门职责履行的信息也更加关注。70年代初期，由于石油危机的影响，发达国家的经济呈现滞胀局面，政府过度扩张职能致使行政部门出现严重的财政危机，而城市化、现代化的发展使公民对公共服务的需求、对政府的要求进一步提升，于是这就形成了两难的困境：一方面，公民对政府提供公共产品与公共服务的数量和质量需求持续提升，这显然受到经济社会发展、民主化发展、城市化现代化发展等因素的综合影响；另一方面，经过较长时间政府职能与政府规模扩张后，政府财政赤字危机严重，无法满足日益扩大的公共服务需求，而这反过来又可能进一步影响公民对政府的信任，导致政府的合法性危机。如何在克服财政危机的前提下满足公民对公共服务的需求就直接促进了以"少花钱多办事"为主旨的政府改革与创新，而这些政府创新也成为提高公民满意度和信任度的重要举措。如何满足公众的公共服务需求也因此成为提高现代政府公信力的主要路径。正如哈耶克所说，"政府的三项重要工作在近代的演变，反映着西方世界的一些价值被赋予的重要性：效率、民主和公正"①，也体现了公民对政府行为的期望。"一

---

① 《哈耶克文选》，张成福、冯克利译，江苏人民出版社2007年版，第364页。

个社会应当不仅仅关心对人们现有偏好的满足，而且从更广泛意义关心在偏好形成的过程中提供自由。"① 因此，90 年代后的政府创新不仅关注如何高效地提供公众所需要的优质公共产品与公共服务，还关注公共服务中的民主公平与自主选择问题，即以公民的偏好作为政府创新的直接来源。总体而言，公民对公共服务需求的扩大和自主选择意愿的增加，为政府改革与创新提供了直接动力，并成为发达国家政府创新的主要内容指向。

第三，科层官僚制的危机。科层官僚制是传统公共行政模式的基石，以曾经支配 20 世纪绝大部分时期的绝对优势建立了传统公共行政的基本规则与运行机制。官僚制结束了任人唯亲、恩赐官爵的早期公共行政，通过专业化、规范化、法制化的制度设计实现了公共行政的有效运行。欧文·休斯认为韦伯关于基于理性—法律权威的现代官僚制体现了一种"实质性进步"，并已深深根植于社会中。② 这种实质性进步体现在两个方面：一是对理性与效率的追求。科层官僚制以理性—法律权威为权力来源，为公共行政机构设定了一套规范有效的运行机制，也为公职人员建立了固定的行为准则，以此确保官僚制的高效运行。二是符合现代资本主义发展要求。资本主义经济发展对建立理性与效率的行政管理体制提出了现实要求。韦伯指出，"迈向官僚制体制的、根据合理制订为章程的法和合理设想的规章、执行司法的和行政管理的国家的进步"与现代资本主义的发展息息相关。③ 尽管官僚制带来了行政管理体制的实质性进步，但在全球化、信息技术迅速发展和经济社会变迁的大背景下，官僚制也开始面临巨大的变革压力，并显示出失效的风险。根据戴维·奥斯本和特德·盖布勒的分析，官僚制模式是在步子更慢的社会中发展起来的，而今天我们生活在一个变化令人吃惊的时代，要求有自主权，有自由选择余地。如果不能与全球化的竞争环境和顾客需求相匹配，政府势必会造就一个"行动迟缓、效率低下和刻板而且无人情味"④ 的形象。官僚制的失效主要表现为：（1）过于集中的金字塔组织结构无法适应灵活应变的环境，权力集中的顶端决策迟缓亦无法完成日益复杂的任务。（2）政府职能扩张导致官僚机构膨胀，财政

---

① 凯斯·R. 孙斯坦：《自由市场与社会正义》，金朝武等译，中国政法大学出版社 2002 年版，第 4 页。
② 欧文·休斯：《公共管理导论》，张成福、王学栋等译，中国人民大学出版社 2007 年版，第 25 页。
③ 马克斯·韦伯：《经济与社会》，林荣远译，商务印书馆 1997 年版，第 738 页。
④ 戴维·奥斯本、特德·盖布勒：《改革政府》，周敦仁等译，上海译文出版社 2006 年版，第 12—13 页。

负担的加剧和管理的低效引发对政府的抱怨和不信任。(3) 僵硬的行政官僚文化造成组织运作困难和沟通协调障碍,也制约了创新。同时,官僚式的意识形态对政策执行和公共服务输出也产生了直接影响。[1] (4) 公共产品和公共服务供给方式单一且低效,无法满足社会公众对快速、优质、高效的要求。因此,如何通过政府变革和创新解决官僚制政府的问题和危机是促使政府创新变革的一个重要原因。

第四,私营部门创新的挑战。长期以来,私营部门一直处在激烈竞争的环境中。出于生存发展的需求,为提高生产率和服务质量,20 世纪初以来,私营部门在组织结构、管理技术和管理方法等方面不断开拓创新,不仅在实践中形成了大量行之有效的新型管理技术方法,其创新精神和高效管理也对公共部门变革产生了示范性的压力。这种压力主要体现为:(1) 私营部门生产率提高明显。在竞争的环境中,私营部门积极研发各种生产和管理的技术与方法,如科学管理、目标管理、全面质量管理、流程再造等,极大地提高了劳动生产力和工作效率,也为公共部门改革提供了有益的经验借鉴。(2) 私营部门提供的服务更为优质。赢得顾客和顾客优先的理念促使私营部门在提升服务品质方面付出了卓越的努力,社会公众对私营部门服务的满意度也明显提高,人们甚至认为在提供公共服务方面"私有化比官僚制更有意义"[2]。(3) 私营部门的创新精神和进取精神显著。与官僚主义不同,企业家精神让私营部门的决策速度更快,反应更为敏捷,对效率更为注重。"尽管政府不可能像企业一样来运作,但并不意味着政府不可以有企业家的精神。"[3] 私营部门创新进取的精神对公共部门改革也产生了极大的冲击。概而言之,私营部门的效率和创新激发了公共部门对服务、绩效和创新的关注,"公共生产力"也在 80 年代后得到了前所未有的重视。所谓公共生产力就是公共部门尤其是政府运用公共资源为社会提供的符合公共伦理价值并为社会大众所需要的公共产品和公共服务的效率、效果和公平性及其相应的能力。[4] 私营部门的创新及其效果不仅是公共部门创新的典范,其很多经验和做法也是公共部门为提高

---

[1] Helena O. Stensota. Political Influence on Street-Level Bureaucratic Outcome: Testing the Interaction between Bureaucratic Ideology and Local Community Political Orientation, Journal of Public Administration Research and Theory, JPART 22, pp. 553 – 571.

[2] Comment & Opinion, "Privatization Makes More Sense than Bureaucracy", *Grand Rapids Business Journal*, July 30, 2012.

[3] 戴维·奥斯本、特德·盖布勒:《改革政府》,上海译文出版社 1996 年版,第 58 页。

[4] 胡税根、盛禹正、胡旭:《公共生产力的界定、分析框架及改进》,《浙江大学学报》2012 年第 2 期。

公共生产力的创新的重要探索。

进入21世纪后，在世界各国和联合国的大力倡导和推动下，政府创新也成为世界范围内政治发展的一种普遍趋势。这场与传统的结构调整改革截然不同的善治运动，具有突出的特点：第一，政府创新的主要内容是政府服务方式和流程的改进，而非政治性的活动，因而具有一般管理的属性。第二，政府创新的动力源泉是公民需求和政府内部管理改革的需要，是政府责任心的体现。第三，政府创新的主要方法是采用企业管理技术和手段，以提高政府管理绩效和公共服务质量。第四，政府创新的背景是市场经济背景，其主要导向是公民，强调回应公民需求的及时性和有效性。第五，地方政府创新是政府创新中最活跃和最具成效的领域，充分展示出政府创新的多样性和灵活性。

二 地方政府创新实践的历史演进

伴随着全球公共管理改革与创新的发展趋势，地方政府创新也相应地活跃起来。尽管地方政府创新的法律制度基础较为薄弱，还面临着巨大的政治风险，但20世纪80年代以来中央政府放松规制的改革和地方自主管理权限的扩大释放了地方政府创新的空间。与此同时，新时期地方政府的治理危机与难题也迅速增加，提高地方公共服务供给水平、提升地方政府的合法性、解决地方政府的财政问题等难题都促使地方政府寻求管理创新的方式解决问题。当然，也有一些学者指出，地方政府其实一直都在创新与变化中，地方政府创新未必是一个崭新的话题。但根据地方政府创新的方式和内容的不同，可以发现80年代初始于英国的新公共管理运动启发了不同于以往的创新路径。在某种程度上，我们可以将地方政府创新视为新公共管理范式变革的产物。在新公共管理范式的影响下，地方政府创新呈现出新的特点，并围绕民营化、市场化等创新方式在管理制度、流程改进、技术应用等方面开展了积极的创新实践，也成为推动政府管理体制改革的"试验场"，并方兴未艾。

依据新公共管理改革的进程对地方政府创新的影响，国外地方政府创新的实践演进大致经历了三个阶段。

（一）第一阶段（20世纪80年代初—90年代初）

20世纪80年代初—90年代初是新公共管理改革兴起的阶段，大部分西方发达国家从80年代初开始采用了减小政府规模与削减预算、重组政府组织结构的方式进行政府管理改革与创新，并在官僚机构内部引入了源于私营部门的绩效指标、人力资源管理等管理技术手段,[1] 还运用市场化、民营化手段改变公共服务供给方式。这些创新措施构成了新公共管理改革的核心内容,也引导了地方政府创新的兴起与初步发展。

英国是新公共管理改革的先驱,其改革措施也实行得较为彻底。1979年,撒切尔夫人出任首相后,为应对财政危机、行政程序的僵化以及公众对陈旧行政体制认同度的下降等问题,开始推行具有强烈"保守主义"色彩的新公共管理改革。[2] 此后,英国基本建立了民营化、分权化、竞争机制、工商管理技术和顾客服务的行政改革框架,由此也启动了英国的地方政府创新。作为一个单一制国家,英国的公共行政文化传统包含着"韦伯主义"色彩,中央行政机构规模较小,只有70万文官,而地方政府官员却有250万人。因此,中央行政机构虽然在决策上占据垄断地位,但对地方政府的实际渗透能力却相对较弱,行政决策执行力较差。[3] 为提高行政决策的执行力度和公共服务质量,英国先后实施了雷纳评审、部长管理信息系统、财务管理新方案和下一步行动方案,对决策机构和执行机构实行分离。随着分权化改革的推进,下属机构获得了充分的自主权,有助于发挥管理者的积极性和创造性,实现管理效益的最大化。地方政府也围绕绩效、服务、竞争和服务积极开展了创新实践,通过政府部门内部管理的完善和创新节约管理成本,提高公共服务质量和管理效率,从而进一步明确政府职责和完善政府管理。如80年代开始英国地方政府就引入了强制性竞争投标、私营部门的战略管理和开展私有化竞争。

与英国地方政府创新有所不同,美国三权分立与制衡的传统使其内部管理长期存在过度规制的问题,导致管理模式以规章为本,服务效率低下和竞争意识不强。总体来看,美国政府创新可以追溯到70年代卡特政府和80年代初里根政府时期放松规制的改革,主要特征是放松规制,改变陈旧的组织文化,以提高政府绩效及其对公民的回应性为主要目的。其间,"由于州与地方政府不是全国性利益集团争夺的焦点,具有更大的政治灵活性,因而也取得了一些具有示范意义和推广价值的成果"[4],在削减陈旧规制、改革人事制度、建立绩效负责制等方面都开展了积极有益的尝

---

[1] Horton, Sylvia, *New Public Management*, Bradford: Emerald Group Publishing, 2006, p. 91.
[2] Christopher Pollitt, Sandra van Thiel, Vincent Homburg, *New Public Management in Europe Adaptation and Alternatives*, Palgrave Macmillan Press, 2007, p. 1.
[3] 数据参见周志忍《当代国外行政改革比较研究》,国家行政学院出版社1999年版,第47—48页。
[4] 周志忍:《当代国外行政改革比较研究》,国家行政学院出版社1999年版,第228页。

试。到克林顿政府时期,以《改革政府》一书为先导,倡导"重塑政府运动",一方面改革政府内部管理体制(1993年发布"戈尔报告"),对公务员制度、政府采购制度和预算管理制度进行改革,以提高绩效为目标"创造一个少花钱和多办事的政府";另一方面实施政府间的分权改革,基于地方政府和社区管理能力的提高,利用信息技术引起的社会结构变化下放事权和财权,提高行政效率和优化政府管理。因此,美国地方政府创新正是在放松规制和信息技术推动下呈现出多样和灵活的特点,在顾客服务、分权化、企业家精神、决策与执行分离、绩效控制等方面都有很多创新案例和典范。

新西兰被认为是当代西方行政改革浪潮中最激进的改革,甚至称之为"休克疗法"和"大革新"。以新公共管理思想为指导,从80年代中期开始的新西兰政府管理改革其主要内容有:一是以公司化、商业化、私有化为主要内容的国有企业改革,增强企业活力和竞争力;二是重构政府职能部门,引入竞争机制,增强政府公共服务的效率;三是重塑核心部门的管理机制,增加政府管理者的自主权,明确其责任和绩效;四是财政体制改革,进行财政监测和评价财政政策。① 相应地,这些激进式的政府再造策略也带动了新西兰地方政府创新。1989年新西兰通过彻底再造地方政府的立法,将地方政府和区域管辖政府从700个压缩到86个,地方政府不仅像英国政府一样将所有的公共服务都签约外包,而且还要求审查不同服务提供备选方式的利弊。同时,地方政府也运用财政管理和人力资源框架实行绩效合同制。1993年,德国"贝特尔斯曼基金会"组织的调查提名新西兰的克赖斯特彻奇市和美国亚利桑那州的凤凰城为"世界上管理最佳的两个城市"②。这也表明新西兰地方政府创新的改革是卓有成效的。

70年代末,加拿大政府为应对财政危机和信任危机发起了新公共管理改革,其最为鲜明的特色是以回应公民需求和实现善治政府为目的实施公共服务改革。1989年,加拿大公布了著名的《公共服务2000年创议》,并于1991年公布了《加拿大公共服务的创新》,重点关注如何通过政府内部管理改革改善公共服务质量和绩效水平,建立现代化的公共服务信息网络(Service Canada),充分利用信息技术改善服务质量,确立公共服务标准,精简公务机构和人员。1990年加拿大公共管理研究中心推出创新管理

---

① 陈振明:《政府再造——西方"新公共管理运动"述评》,中国人民大学出版社2003年版,第121—140页。
② 参见戴维·奥斯本、彼德·普拉斯特里克《摒弃官僚制——政府再造的五项战略》,谭功荣、刘霞译,中国人民大学出版社2002年版,第114—115页。

的 IPAC 奖，奖励立足解决当今社会所面临的各种问题、表现卓越的公共服务创新，其评审准则包括是否利用先进的知识管理系统和结构、是否能提高公共资金的使用和管理；能否提高透明度、问责性、回应性及其公众参与等。例如，其中一个获得加拿大公共管理创新奖的案例——建立学校网络（www.schoolnet.ca），该网站被用来作为一个联合联邦—省政府、连接加拿大 16500 所学校到互联网上倡议的平台，不仅仅提供政府服务信息，也可以传播基于互联网的教育资源。① 电子政务的大规模应用对于有效回应公民需求和改善服务质量起到了重要作用，是加拿大政府创新的一个典型特征。就地方政府而言，加拿大地方政府是其最主要的公共部门，承担着街道、学校、公共安全等不同功能，包括村庄、镇、行政区、城市等。加拿大地方政府创新的实践不仅是中央政府公共服务创议的引导，与分权改革和放松限制也有直接的关系。如 1998 年《市政法案》修改后实质上扩大和提高了市的权力，之后各地方政府就拥有了和公私达成伙伴协定的权力，允许部分公共服务联合生产或订立合同生产。②

除此以外，澳大利亚、荷兰等一些发达国家也先后借鉴了英美等国新公共管理改革的经验对行政体制进行了调整与创新。总而言之，这一阶段的地方政府创新是伴随着新公共管理运动的改革而兴盛起来的，并且大多是在中央政府改革与创新的框架内释放出了地方政府创新的活力，具有形式零散、环境较为宽松和创新活跃的特征。

（二）第二阶段（20 世纪 90 年代中期—20 世纪末）

90 年代中期—20 世纪末，对传统行政管理体制进行改革的新公共管理运动仍在持续发展。这一波改革浪潮在世界各地的许多公共行政机构中传播，扩散到了欧洲大陆国家（德国、法国等）和其他新兴工业化国家。这一阶段新公共管理影响力的扩大，也带动了政府创新的传播和扩散效应。还有一些学者将这一时期的新公共管理改革称为"后新公共管理"（Post New Public Management）。"后新公共管理"有三个基本特征：其一是新公共管理改革的持续扩散，对绝对大多数国家的行政部门都产生了不同程度的影响，激发了这些国家的政府创新。其二是公共部门机构在纵向和横向方面更加专业化，即使在形式上以分权化、市场化、民营化的方式推行创新，但其核心思想是通过结构重新组合和提高政府管理能力以加强

---

① 参见加拿大公共管理研究所公共管理创新奖资料，2018 年 1 月 5 日（http://www.ipac.ca/IM – Home）。

② 罗伯特·L. 比什、埃里克·G. 克莱蒙斯：《加拿大不列颠哥伦比亚省地方政府》，孙广厦等译，北京大学出版社 2006 年版，第 115 页。

中央的政治行政能力。① 其三是新公共管理除了绩效导向，也侧重强调公共服务导向，政府创新的重要领域指向公共服务改善。这一时期公共服务创新的典型案例是1991年英国颁布了"公民宪章"，并于1999年推出《现代化政府白皮书》，期望打造一个信息时代的优质公共服务能力新政府。"后公共管理"的这三个基本特征中，其中第一个特征对其他国家地方政府创新的形成与发展影响深远。

首先是德国、法国、意大利、西班牙等欧洲大陆国家。与其他发达国家系统、全面、连续和激进的行政改革不同，德国等欧洲大陆国家的新公共管理改革相对比较迟缓。"二战"后，政府职能迅速扩张，地方政府机关成为福利政策的主要实施机构，在激烈的变革中，地方政府也呈现出快速走向现代化的普遍趋势。但与英国地方政府充满活力的"市场化"战略相比，德国地方政府相对迟缓和犹豫。因此，德国在20世纪90年代才接受了"新公共管理运动"所推动的公共部门现代化，② 实施了绩效预算、顾客导向、公众参与和民营化等创新策略。而法国、意大利、西班牙等国家则被称为"拿破仑模式"行政体制，其特点是"行政是集中、分级、统一、负责与可控的，行政部门由训练有素的专业官僚人员（公务员）组成"。尤其是法国，鉴于强大的中央政府指导传统，法国逐渐成为由高级官员精英管理的"行政国家"，从中反映出其"拿破仑模式"的典型特征。③ 70年代末，这种缓慢、僵硬的官僚机构也显现出不少弊端。80年代末90年代初开始，法国公共部门采用了新公共管理取向的变革措施。其改革里程碑之一是1989年罗卡尔总理发起的"服务公众"改革，包括了"同质化"全面质量管理，提高执行机构的管理自主性，部门与机构制定管理合同以及客户导向等。1994年法国发布了《国家改革报告》，公共部门的改革更深层次涉及了中央国家职能的分散问题，这在一定程度上也激励了地方政府创新的发生。

韩国和日本作为新兴工业化国家，一是受到新公共管理改革的影响，也掀起了行政改革的浪潮；二是传统中央集权体制和文化传统限制了地方政府创新，其政府创新是在政府管理体制改革的框架下进行的，具有"自

---

① Nissim Cohen, "Forgoing New Public Management and Adopting Post-New Public Management Principles", *Public Administration and Development*, Vol. 36, 2016, pp. 20 – 34.

② 赫尔穆特·沃尔曼：《比较英德公共部门改革——主要传统与现代化的趋势》，王锋等译，北京大学出版社2004年版，第167—168页。

③ Christopher Pollitt, Sandra van Thiel, Vincent Homburg, *New Public Management in Europe Adaptation and Alternatives*, Palgrave Macmillan Press, 2007, pp. 30 – 31.

上而下"的特点；三是 1997 年亚洲金融危机促使这些新兴工业化国家精简政府职能，提高政府效率和转变公共管理模式。如韩国在 90 年代末力图建立一个有效的、负责任的政府，确立了有效政府、顾客导向政府、透明政府、分权政府与参与型政府的五项政府创新目标，实施了"以往实践中不会采用的全新行政实践"，并将政府创新视为国家需要优先实施的政府首要议程。[①] 其政府创新的特点是通过教育与培训推行以电子政务为中心的创新，一是引入公共服务竞争机制，建立绩效管理机制；二是推行系统化的政府创新体系，将 IT 技术引入到创新体系和创新过程，并将中央政府的创新策略推广到自治区域和各地方政府，以形成内生型创新体系。一个典型的例子是 2001 年韩国建立电子政务特别委员会，负责推行以 HTS（Home Tax Service）、G2B（Government-to-Business）、FIM（Financial Information System）、SIM（Social Insurance System）四大数据库为基础的 G4C（Government for Citizens）创新，[②] 其地方政府和自治区的创新在电子政务的框架内得以扩散和发展。日本也在 1996 年桥本首相上台后，致力于打造一个崭新的公共部门，采取了公用事业民营化和建立政策评估制度等改革措施。2002 年 4 月，日本颁布《政府政策评估法案》（GPEA），试图通过项目评估、绩效评估和综合评估重建组织责任和激励组织创新。但从总体来看，其地方政府创新受制于典型的金字塔政府结构模式，呈现出一种与传统文化和旧系统不相适应的状态。

新公共管理改革的思想也传播到了其他的一些亚洲国家（地区），如马来西亚建立了公务员绩效奖励制度，新加坡则根据公务员的能力和职责，按照市场价格支付工资，以激励政府工作人员。菲律宾从 1993 年 10 月起在 Galing Pook 基金会资助下设立了"卓越地方政府创新奖"。1994 年以来，来自 158 个地方政府的超过 240 个项目获得了创新奖项。[③] 亚洲国家的地方政府创新也进入了萌芽与初步发展阶段。

（三）第三阶段（21 世纪初至今）

以新公共管理思想为主导的公共管理范式变革持续了 20 余年，进入 21 世纪后，曾经如火如荼的新公共管理改革面临着诸多困境。一方面以缩减政府规模、提升政府绩效和倡导民营化为主要改革取向的新公共改革已

---

① 成南炯：《韩国政府正在改变——绩效与下一步的政府创新》，载《绩效评估与政府创新国际研讨会论文集》，2007 年，第 18—19 页。
② Yoon-Jeongwon. Korea's E-Government: G4C, Improving Public Service Delivery Experiences and Challenges, OECD/KOREA Policy Centre, 2005, p. 144.
③ 数据来源：菲律宾政府创新数据库，2012 年 10 月 15 日（http://www.galingpook.or/）。

成为一场全球化改革运动，对世界上大多数国家都产生了深远影响，其较为彻底的改革也极大地改变了传统的公共行政模式。欧文·休斯还将新公共管理界定为一个不同于传统行政模型的"典范"。然而在实践中，新公共管理的价值观、改革取向以及政府创新内容与方式的确引发了公共部门的重大变革，政府工作效率与公共服务供给效率都有所提升。另一方面，从90年代末到21世纪初，对新公共管理的批评和反思也渐现，集中在对新公共管理削弱责任、民主和公平价值等方面的批评。Goodsell就认为，企业家精神会和法定诉讼程序和问责制等传统价值观发生冲突。[1] Gawthrop提供了大量的案例显示了具有企业家精神、竞争、效率的公务员与绩效管理方面可能削弱公平和正义。[2] Robert B. Denhardt, Janet V. Denhardt于2000年提出了"新公共服务理论"，回答了政府在创新与改革中如何保持公共价值的问题。Geoff Plimmer, Jane Berson等人提出了对新公共管理合法性的质疑，通过对新西兰公职人员工作士气等方面的调查研究，认为全球公共服务管理还处于平庸的状态，新公共管理改革及其后继迭代似乎并没有导致组织运行得特别好。[3] 可以说，21世纪初期至今，对新公共管理的持续发展与反思一直同时并存着。这一阶段是地方政府创新最蓬勃发展的时期，围绕着公共服务、公民参与、治理绩效等主题，地方政府创新也进入了新的发展阶段，主要包括两个分阶段：21世纪初的前十年与近十年。尽管在时间逻辑上其实很难对21世纪至今的地方政府创新演进进行严格区分，但近20年的地方政府创新发展的确也呈现出一些阶段性的特征。哈佛大学肯尼迪政府管理学院的政府创新数据库按照"获奖"标准搜索数据后，可以发现1986—1999年政府创新数量每年在20—30项，2000—2010年每年平均在40项左右，2010年以后除2011年、2013年以外，创新数量都在100项以上。[4] 从这些数据中可以看出，21世纪初至今地方政府创新也具有一些阶段性特点。

在21世纪初的前十年，英国、美国等国地方政府创新在内容上更侧

---

[1] Goodsell Charles T., "Reinvent Government or Rediscover It?", *Public Administration Review*, Vol. 53, No. 1, 1993, pp. 85–87.
[2] Gawthrop, Louis C., "Public Entrepreneurship in the Lands of Oz and Uz", *Public Integrity*, No. 1, 1999, pp. 75–86.
[3] Geoff Plimmer, Jane Berson, Bill Ryan, Stephen Blumenfeld, Noelle Donnelly, Jessie Willson, "The Legacy of New Public Management (NPM) on Workers, Management Capabilities, and Organisations", *New Zealand Journal of Employment Relations*, Vol. 42, No. 1, 2017, pp. 19–34.
[4] 数据来源：2013年4月5日（https://www.innovations.harvard.edu/search/site/?f%5B0%5D=im_field_resource_type%3A373）。

重于公共服务领域，在创新方式上则强调公民参与、共同治理的基本路径。虽然在创新数量上并未出现大幅度增长，但提高地方政府公共服务质量以及降低地方政府行政运行成本的观念已渗透到各级地方政府，成为地方政府的重要创新导向。如何减少政府的繁文缛节，如何增加对外部环境的回应性，如何建立提升公民满意度，大量地方政府都致力于通过管理创新来解决这些问题。此外，这一时期菲律宾、墨西哥等国家的地方政府创新也迅速发展起来，且带有非常显著的"模仿"英美国家创新的痕迹。例如 2004 年获得菲律宾 Galing Pook 卓越地方政府创新奖的纳迦市（Naga City）提出向发达国家减少政府繁文缛节的做法学习，运用信息来进行管理，认为"信息就是权力，真正给公民手中赋予权力"，通过现代信息网络技术实现地方治理创新，这是发展中国家运用互联网技术实行治理创新的实践探索。该市通过建立城市网站（www.naga.gov.ph）实现政府信息公开和"包容性治理"，试图接纳所有公民能够进入与政府的对话并享受政府提供的服务，还允许手机用户查询、评论和投诉，也是发展中国家公民参与的一种创新实践。该项创新取得了良好的实践效果，网站点击量从 2000 年的每天 16 个增加到 2004 年的每天 1000 个，办理营业执照的时间从 1 天缩短到 30 分钟，垃圾收集请求的响应时间从 24 小时减少到 3 小时。同时，当地政府的成本也显著下降了，道路建设成本降低了 42%，药品成本降低了 70%，供应成本降低了 33%。[①] 这个创新案例表明这些国家的地方政府也在财政危机、信任危机等多重压力下，选择通过政府创新的方式改进政府管理。

而从近几年的地方政府创新发展来看，特别是 2015 年以后，美国政府创新案例数据库案例数量急剧上升。这其中一部分原因是入选案例增多，但与此同时也反映出来源的创新案例增加迅速。这一阶段地方政府创新在实践上有两个突出特点：一是凸显地方公共治理的重要性；二是充分利用互联网+与大数据技术。地方政府在公共服务供给与政府自身管理改革中逐渐发现民营化、市场化创新手段可能存在的问题，也因此探索公共治理创新的新方式，以公民为中心导向的地方政府创新正成为重要发展趋势。如 2011 年被评为美国政府创新奖的"纽约城市服务"项目（NYC）就是以公民为中心的地方公共治理的典型案例。纽约市政府在地方财政困

---

① 数据来源：Governance Program,"Putting Power in the Hands of Naguenos", 2013 年 4 月 5 日（https://www.innovations.harvard.edu/governance-program-putting-power-hands-naguenos）。

境和公民对公共服务需求扩大的情况下,于2009年4月建立纽约公民团,其成员包括了非营利组织、公共机构成员以及公民个人,通过"志愿服务"有效地使用更多志愿者,利用志愿者服务机制优先提供邻里管理、帮助有需要的社区居民、有潜在风险的青年、公共卫生、能源保护和应急准备等公共服务。公民团服务项目的供给机制本质上就是社会共同参与管理,通过该公民团,提供了30多项服务,招募了超过30000个新的志愿者,服务对象超过20万人,并筹集了超过50万美元的现金和近200万美元的非现金资源。[①] 地方政府在创新工具创新选择上更加多元化与组合化,既要保持地方政府创新的公共价值与公共导向,也要提高公共服务供给效率。与此同时,近些年地方政府创新较多地结合了互联网+、大数据技术,技术创新与地方公共治理的结合度迅速提升。

三 国外地方政府创新的特点分析

纵观国外尤其是发达国家地方政府创新的演进,其地方政府创新的总体特点如下:

第一,地方政府创新在中央与地方政府关系改革的背景下获得生存空间。与中央层面的政府创新不同,地方政府创新受限于法律制度的整体框架,还应考虑中央与地方关系冲突的因素。虽然政治变革与管理创新的前提条件是脱离既有的制度约束,但这并不妨碍政府管理部门对自身的职能进行重新界定和完善。所以,地方政府创新的蓬勃发展一方面是随着经济社会发展,公民对地方政府提供公共服务的需求提升,在不能简单缩减预算的情况下,如何通过最少的钱办更多的事成为地方政府改革与创新的直接动力,而如何通过政府改革提升公民满意度和期望值更是提高地方政府公信力的重要途径。虽然政府创新未必能完全解决政府困境,然而"变则通"的道理促使地方政府积极寻求解决问题与危机的新方案。另一方面,受到中央政府分权化的改革、放松规制和扩大地方政府自主管理权的影响,地方政府得以充分利用自主权限,实施管理改革与创新。如美国在放松管制的大环境下诞生了"地方自主管理特许权"(Home rule),以订立契约的方式将不同类型但相对自由的管理权限交给有能力的县市级地方政

---

① NYC Service, 2011 Finalist,数据和案例资料来源于美国哈佛大学肯尼迪政府管理学院政府创新奖数据库, 2013年4月20日(http://www.innovations.harvard.edu/awards.html?id=2372643)。

府,① 使地方政府在获得几乎没有风险的自主空间的同时得以推行各种创新措施。英国的政府管理体制则一直具有分权化的倾向，地方政府甚至拥有独立的征税权。80 年代中央政府实施的新公共管理改革削减财政开支、加强对地方财政控制和鼓励地方政府引入竞争机制在一定程度上迫使地方政府向私营部门学习创造新方法和实施新战略，继而推动了以组织结构调整、私有化和竞争服务为途径的政府创新。地方政府创新取决于地方政府变通的空间与能力，换言之，中央政府释放自主管理权才能给予地方政府合法而安全的创新空间。因此，地方政府创新既有创新的动力和压力，又具有一定的法律边界。如美国的地方管理特许权就有其限定的范围，英国地方政府公共服务诸如垃圾收集、街道清扫、住房管理等的竞争投标也是中央政府强制立法规定的。但无论如何，我们应看到，地方政府在直接管理公共事务和提供公共服务方面越来越多地承担重要责任，其基础性地位和创新责任也是不容忽视的。

第二，地方政府创新的内容指向公共服务领域的创新，是地方治理的重要组成部分，也是其主要发展趋势。90 年代以来，对新公共管理的反思和新公共服务理论的兴起，实现"善治"（Good governance）的理念深入到政府管理实践中来，激发了如何融合新公共管理理念和民主基本价值的管理创新探索。英国自 1997 年以来，就由布莱尔政府推行新公共服务改革，先后实施了《现代英国公共服务：投资改革白皮书》《未来公共服务白皮书》《现代化政府白皮书》《文官改革报告白皮书》。尤其是现代化政府白皮书，构建了英国公共服务改革的完整框架，确立了公共服务的价值、公共服务标准化、扩大公共服务开支、多样化公共服务及线上治理等基本内涵。这样，公共服务就成为政府管理改革与创新的重点领域，政府的公共服务支出增长趋势也更为明显。如 2002 年英国公共卫生支出为5380 万英镑，相较于 1996 年的 3920 万英镑增长了近 1 倍。地方政府改革与创新的重点不仅是重视效率、成本和市场价值，其政治取向也倾向于重视公共服务的品质，积极扩大民主和公民参与，贴近社会公众的需求，并以公民满意作为评估政府的前提。地方政府强化公共服务具有直接受益性。公共卫生、学校教育、危机治理、地方治安等公共服务领域贴近公众生活，地方政府作为实际和直接的服务提供者，设计迎合公共需求的服务供给方式，提高服务绩效，在最短的时间内为公众提供最好的服务。对地

---

① 蓝志勇：《给分权划底线，为创新设边界——地方政府创新的法律环境探讨》，《浙江大学学报》（人文社会科学版）2007 年第 6 期。

方政府而言，通过政府创新提高治理绩效是地方管理的主要内容，也是获得公信力的途径。以加拿大为例，截至2012年参与申报政府管理创新奖的共有1945个创新项目，其中地方政府创新项目有1469个（除联邦政府外），占总创新比例为75.5%，涉及公共服务的创新项目有719个，其中地方政府公共服务创新项目有560个，占地方政府创新项目的38.12%。①公共服务创新是地方政府创新的重点领域，既是地方政府治理的需要，也是当前公共管理改革与创新的取向。

第三，地方政府创新的方式呈现多样性，以市场化和社会化为主。Walker将地方政府创新的方式（Measures）划分为集中、外包、权力下放、发展地方战略合作伙伴关系、制定法定伙伴关系、开发新方法提高收入（如收费）、发展新的用户、外部沟通机制、外部化、整合、内部沟通机制、新的计划与预算、新技术、引进新的信息技术系统、新管理流程、组织结构重组等22种。② 本书根据地方政府创新的方式以运用工具的领域为标准划分为市场化手段、社会化手段、技术手段和公司化手段。具体如表3.1所示。

表3.1　　　　　　国外地方政府创新的主要类型与方式

创新类型	地方政府创新的方式	典型案例
市场化手段	竞争投标	1988年英国政府法规定地方政府在垃圾收集、清扫街道、建筑物的清洗、交通工具的维护、庭院维护和运动娱乐设施的维护等方面要实行强制性竞争投标。
	合同外包	1981—1982年通过对加拿大126个人口超过10000的城市的调查发现，有42.1%是通过签订合同由私营企业收集生活垃圾，37.3%使用外包和市政府收集的混合方法，20.6%仅使用市政府这一方式。经统计，每个家庭的年度平均成本分别为28.02加元、31.31加元、42.29加元。合同外包的成本最为低廉。③
	公私伙伴关系	美国中小规模的大城市区的消防服务生产者包括私营企业和公共及准公共的消防部门等各种形式，具有一定的多样性。

---

① 数据统计来源加拿大政府创新数据库：2018年1月5日（http://www.ipac.ca/IM-Database）。

② Richard M. Walker, "Innovation Type and Diffusion: An Empirical Analysis of Local Government", *Public Administration*, Vol. 84, No. 2, 2006, pp. 311-335.

③ 数据来源：罗伯特·L.比什、埃里克·G.克莱蒙斯：《加拿大不列颠哥伦比亚省地方政府》，孙广厦等译，北京大学出版社2006年版，第160页。

续表

创新类型	地方政府创新的方式	典型案例
社会化手段	用者付费	2003年2月起，伦敦市采用一项新措施，即在白天如在伦敦市中心8平方英里以内使用汽车（不包括出租车）将被收费。这是伦敦史上第一次市民使用公路被强制要求支付费用。
	公共服务社会化，利用社会力量	纽约市于2009年4月建立纽约公民团以吸纳非营利组织和公共机构的成员，通过使用志愿者，帮助有需要的社区居民，目前该计划已招募了超过30000个新的志愿者。
	社区治理	1991年开始加拿大埃德蒙顿市开展"安全城市倡议"，在社区层面建立一个市长的专责小组，确定犯罪的根本原因，并开发了超过250项建议，以影响在大多数行业的社会生活的变化，通过社会发展和环境设计的预防犯罪。该计划实施三年后，埃德蒙顿减少了至少39%的犯罪率。①
技术手段	电子政务	韩国地方政府运用地方行政信息整合系统（LAIIS，www.laiis.go.kr），通过该门户网站为公民提供地方政府在五个领域、超过260项指标的信息，包括人力资本、金融与绩效、公务员劳动力成本、地方人均税务负担、师生比例等，强化其透明性与回应性。
公司化手段	绩效管理流程再造	加拿大卡尔加里市是加拿大第一个成功开发性能指标的城市，通过应用整合与业务规划和预算编制的措施、参与的综合性基准测试联盟和市民的满意度年度调查来改善服务和资源的重新分配，也获取了相当大的外部利益。
		加拿大不列颠哥伦比亚省石油与天然气委员会于1999年和2000年制定了一系列的措施，改善业务流程，以减少处理申请的时间，从"控制"到"客户服务"的方向，集成各种系统提供综合服务的文化，实施了一系列员工的满意度措施，以提高士气和发展核心竞争力。该流程再造创新（New Model for Regulatory Delivery）获得了加拿大2001年政府管理创新奖。

第四，地方政府创新的特征是公共管理能力导向的，具有自下而上的特点，以学习私营部门经验为主，公共服务的市场化带来了更多的创新政策。Borins将地方政府创新的特征概括为以下六点：②（1）具有全面的特征，往往使用IT特性，运用流程再造、能力改善、与私营部门的伙伴关系和新的管理理念来实现治理创新。（2）最常见的引发公共管理创新是当地的英雄，有远见的中层和一线公职人员，尽管可能面临惩罚措施，但仍愿意承担创新的风险。（3）创新是一个全面的规划和增量的结果，这也意味

---

① 数据来源：加拿大政府管理创新奖数据库 Safer Cities Initiative, 2018年1月20日（http://www.ipac.ca/IM-Database）。
② 参见 Sandford Borins, "What Border? Public Management Innovation in the United States and Canada", *Journal of Policy Analysis and Management*, Vol. 19, No. 1, 2000, pp. 46–74。

着创新具有累积性和计划性。换言之，地方政府一旦具有创新的行为和思路，就有可能持续发展这种创新意识。(4) 最常见的创新障碍来自政府内部的官僚主义，组织协调困难、中间管理层和工会的反对。政府创新需要来自组织内部的支持，以获得持续创新的能力。(5) 创新项目产生的结果是公民需求的增加，公共服务成本的降低，服务质量的改进以及士气和生产力的提高。虽然创新未必带来上述的肯定性结果，但基于这样的目标的创新仍值得肯定。(6) 政府创新已得到了大量媒体的关注，并正在被广泛复制，地方政府创新更是在世界各国地方政府中普遍传播和扩散。总体而言，地方政府创新是自下而上的，尽管中央政府层面的创新、放权和分权为地方政府创新创造了一定的制度条件，但地方政府创新仍存在着诸多风险。这就取决于地方政府管理者对创新风险的评估和创新回报的预期，也取决于政府部门内部的合作精神和创新能力。与此同时，政府服务私有化也会带来更快速采用创新政策的可能性。这是因为公共服务私有化自上而下的推行向地方政府释放出创新的讯号，而私营部门的竞争性也给公共部门施加了无形的压力。Vanessa，Craig 通过研究五个创新政策在 384 个县于 1995 年至 2006 年间的扩散发现，这些地方政府的原始创新或创新动议往往来自市场竞争与私有化的示范和压力，① 即并不主要来源于学习和借鉴。

第二节　对美国地方政府创新动因的考察
——基于"Ford – KSG"的分析

不同国家的地方政府创新具有各自明显不同的政治特征，受到政治制度、行政体制、社会文化传统等诸多因素影响。美国地方政府创新发展较早，且在发展过程中呈现出显著的联邦制国家制度特点，并逐渐搭建起政府部门、私营部门和第三部门共同治理的创新网络，地方政府创新的扩散性与持续性较好。要考察美国地方政府创新的动因，通过哈佛大学肯尼迪学院民主治理与创新中心开展的政府创新评估及其设立的"美国政府创新奖"(Ford – KSG) 可获得详细的分析数据与相应的研究结论。"美国政府创新奖"是 1985 年在福特基金会赞助下成立的国家级卓越奖励项目，其

---

① Vanessa Bouche, Craig Volden, "Privatization and the Diffusion of Innovations", *The Journal of Politics*, Vol. 73, No. 2, April 2011, pp. 428 – 442.

主旨是"突出政府创新的示范性,推动解决国家最紧迫和公众最关切的问题"。截至目前,已收到27000多份申请,并评选出了近500项政府创新奖。该项评选每年举办一届,从2009年开始改为每两年为一届,每届会经过三轮评审,最终评选20个左右的"入围项目"(Finalisits),并从中选出6—10个"优胜奖项目"(Winners)。其第一轮评审是专家和政府管理实践者的初步筛选,第二轮评审是由专门的评估人员对每个入围项目进行为期两天的实地考察,第三轮评审由入围决赛的项目参加创新会议、介绍创新成果,最后选出获奖者。入围项目将获得10000美元奖金,获胜项目则会获得50000美元奖金。[①] 所有入围项目都将纳入美国政府创新案例研究库,可以作为学术研究和其他政府部门创新实践的参考。

根据哈佛大学肯尼迪政府管理学院政府创新奖数据库统计,迄今为止入选数据库的项目(包括入围、最终获奖以及其他创新项目)共计836个,其中联邦政府创新项目为106项,州政府为277项,地方政府(市、县、乡镇、部落等)为467个。地方政府创新入围项目占总数的比例达到55.9%(见图3.1),[②] 是政府创新的主体。为何地方政府会采取

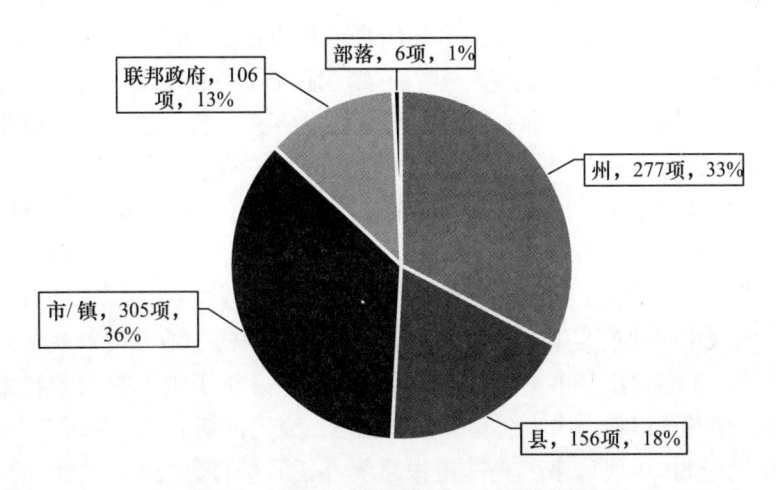

图3.1 美国政府创新的创新主体分布图

数据说明:因少量政府创新主体存在交叉重叠现象,例如一些政府的创新主体既有州政府也有县政府,故而数量统计大于836项。

---

① 资料来源:Innovations in American Government Awards,2017年12月15日(https://ash.harvard.edu/innovations-american-government-awards)。

② 资料来源:2017年12月15日(http://www.innovations.harvard.edu/awards)。

创新策略？何种制度条件激发了地方政府创新？美国地方政府创新的特征是什么？本节以美国地方政府创新奖案例为分析对象，重点回答上述问题。

一 美国地方政府创新的制度环境分析

美国地方政府创新是在一定制度、社会环境等条件下发生的。尽管某些制度设计与环境条件与发展中国家不尽相同，但从制度环境分析中能寻找出一些普遍意义上推动与解释地方政府创新的条件。

（一）联邦制结构为政府创新提供的制度框架

作为典型的联邦制国家，美国地方政府发展模式在历史传统上一直受制于其联邦主义的基本思想。与其他国家的地方政府界定不同，美国严格意义上称之为"地方政府"的治理机构是除联邦政府和州政府以外的县、自治市、乡镇、学区、特别区等（见表3.2）。表3.2显示，美国地方政府数量众多，且类型多样。这或许也能解释数量如此庞大的地方政府产生一定比例创新的可能性。

然而，在实际上，美国州政府与地方政府关系长期处于不断变化过程中。地方自治以及地方政府管理公共事务的自治权也在不同时期有所变化。1868年，美国确立了著名的"迪龙法则"，规定地方政府的设立、权力和权利都源于州立法机构，州政府拥有对地方政府的最终裁决权。这一法则使州政府和地方政府的关系发生了根本性变化，挑战了地方自治的传统，也影响到地方政府积极性的发挥。但受到联邦制的制度环境和长期以来分权思想的影响，特别是地方自主管理权（Home Rule）的建立，不仅赋予地方政府制定自身宪章的权利，还重建了地方政府的活力与自治权限。[①] 应该说，"地方自主管理权"实现了州政府与地方政府之间的一种新的均衡。地方可以就相关问题做出决策，不必每次就事论事与州政府讨价还价，给了地方很大的自主性和灵活性，使其可以像一个大公司一样来管理，充满创新的动力和可能。[②]

20世纪80年代以来，美国里根总统上任后推行保守主义倾向的改革，主张缩减政府规模和行政权力的"放松管制"改革。放松管制改革既包括横向水平的放松权力如减少政府管制范围等，也包括纵向权力系统的分权化改革。在放松管制改革背景下，州政府采用权力下放的措施，赋予地方

[①] 文森特·奥斯特洛姆、罗伯特·比什、埃莉诺·奥斯特洛姆：《美国地方政府》，井敏、陈幽泓译，北京大学出版社2004年版，第12—13页。

[②] 蓝志勇、孙春霞：《实践中的美国公共政策》，中国人民大学出版社2007年版，第15页。

政府越来越多的决策自主权和其他自治权限。州政府与地方政府关系的变迁，使地方政府在公共事务管理、地方公共服务供给等方面开始扮演更为重要的角色。尽管地方政府的宪政地位比较脆弱①，但美国政治文化中一直就有强大的离心力和传统的分权思想②。因此，联邦制的制度结构、州政府与地方政府关系的转型以及强有力分权思想、文化的影响，为美国地方政府发起管理创新提供了良好的制度环境。地方政府也因此成为美国政府创新中最活跃的创新主体。

表3.2　　　　　　　　　　美国地方政府类型及雇员数

地方政府类型	具体类型	数量
普通地方政府 (General-purpose Governments)	县（County）	3031
	自治市（Municipal）	19519
	乡镇（Township）	16360
特殊地方政府 (Special-purpose Governments)	特别区（Special district）	12880
	学区（School district）	38266
总计		90056

资料来源：Government Organization Summary Report：2012，Bureau of Census，2012 Census of Government，2013年6月10日，美国统计局官方网站（www.census.gov）。

（二）市政管理与公共服务的现实难题

地方政府可以说是公共服务的直接提供者，也直接面临着治理过程中的各种难题。正如美国政府创新奖的主旨，政府创新奖是奖励那些能够解决公众所关心的最紧迫问题的创新举措。从这个意义上说，现代城市发展困境与公共服务供需矛盾是激发地方政府采用创新策略的重要动力。

美国城市化发展初始于19世纪经济和社会变迁时期，工业革命和新技术的发展使新兴大城市成为工业中心，人口由乡村向城市转移的城市化进程也向地方政府治理提出了挑战。由于工业化进程加快，地方政府管理能力与城市化的需求出现了矛盾。一方面，城市管理出现了诸多问题，如环境污染、城市管理腐败、城市政府不负责任的逃债行为等。另一方面，随着城市化发展，公众对基础公共服务的需求持续扩大。尽管美国州政府曾一度限制地方政府的财政权和自治权，但出于解决城市危机和满足基础

---

① 文森特·奥斯特洛姆、罗伯特·比什、埃莉诺·奥斯特洛姆：《美国地方政府》，井敏、陈幽泓译，北京大学出版社2004年版，第15页。
② 蓝志勇：《给分权划底线，为创新设边界——地方政府创新的法律环境探讨》，《浙江大学学报》（人文社会科学版）2007年第6期。

公共服务需求的需要，地方政府自治与管理创新的空间仍非常大。

"二战"结束后，城市人口增加、大城市管理的复杂化以及经济社会发展，城市公共服务需求直接考验着地方政府的管理能力。这一时期，地方政府扩大了公共服务的供给范围与供给水平，包括医疗卫生、教育培训、就业服务、社会保障、公共交通等领域。尽管提高公共服务供给也为地方政府财政带来了不小压力。80 年代以来的缩减政府规模、降低成本和提高政府绩效的改革，迫使地方政府不得不在成本压力之下探索提高公共服务供给效率的办法，以解决市政管理与公共服务的难题。这一难题来源于两个方面：一是地方政府规模和公共服务范围迅速扩大。即使在放松规制改革背景下，地方政府数量也仍一直呈上升趋势。美国统计局官方数据显示，1987 年地方政府数量是 63166 个，到 2012 年，地方政府总量达到了 90056 个。地方政府在数量上增长了 42.57%。① 数量庞大的地方政府承担着自然资源保护、消防安全、城市供水排水、住房与社区开发、公共娱乐设施、卫生保健、图书馆、高速公路、机场等众多公共服务供给的职能。为此，奥斯特洛姆夫妇提出，庞大的地方政府格局并不一定意味着低效和资源浪费，它隐含着人们利益多样性的需求和地方政府提供不同类型公共服务的趋势。地方政府数量与规模的扩大恰恰证明随着现代城市化进程的发展，公众对公共服务供给的范围和质量提出了更高的要求，并对地方政府治理提出了挑战。二是公共服务的效率、成本和公众满意度问题。地方政府提供相应公共服务的同时，不仅要确保公共服务的质量，就机构的合法性、持续性等角度来考虑，还要提高公共服务的供给效率、公众对公共服务的满意度以及公共服务供给的准确性。地方政府供给的公共服务应该是公众真实需要的，需求与供给之间能保持平衡。要符合上述要求，对地方政府而言更是艰难的挑战。诚如戴维·奥斯本和特德·盖布勒所言，"这些新现实使得各个政府部门的日子非常不好过……第一批对于这些新现实作出反应的是地方政府，这在很大程度上是因为它们首先碰壁无路可走"。因此，地方政府创新的直接压力来源于市政管理过程中公共服务供给方面的问题，如何扩大公共服务范围和提高公共服务质量以满足公众的诉求，如何降低公共服务供给成本和政府管理成本以提高综合绩效、提升地方政府合法性，这些问题促成了地方政府努力尝试治理创新和管理手段创新以寻求公共服务供给的高效与质量的平衡。围绕这些问题，公共服务民营化、公私合作伙伴关系、凭单制等公共服务供给机制创新

---

① 资料来源：Bureau of Census, 2010 Census of Government, 2012 年 10 月 8 日，美国统计局官方网站（www.census.gov）。

在地方政府创新中获得了大量实践。

（三）对私营部门管理模式的推崇

第二次工业革命以后，追求效率的科学管理思想占据了商业管理研究领域，"泰勒主义"直到现在仍对私营部门管理有着深远的影响。尽管作为"科学管理之父"的泰勒反复强调"科学管理不是一场效率革命，而是心理革命"，认为科学管理要强调以双方长期的增长来保证各自的利益，确保双方最大限度的利益，[①] 但效率优先主义在工商管理实践领域几乎达成了共识，包括美国部分市政、教育等公共行政机构也开始采用效率主义。然而，相对于私营部门对效率主义的采纳，公共部门的改进过程显得非常缓慢。

到20世纪中后期，私营部门与公共部门在效率方面的差距越来越大。一方面私营部门为提高企业的市场竞争力实行了大量以效率为导向的管理手段，如全面质量管理、绩效管理、流程再造、标杆管理等。这些管理方法创新取得了良好效果，为很多私营部门提高了业绩，也赢得了市场竞争力。而另一方面，与私营部门出色的业绩表现相比，公共部门特别是政府部门因传统官僚制低效等原因，出现了政府机构规模庞大、公共资源消耗过大、部门间协调性欠佳等诸多问题。地方政府同样以因公共服务范围扩大导致地方政府严峻的财政危机，并引发了公众对地方政府的信任危机。有学者认为，财政危机可能是最直接压倒地方政府的"稻草"。地方政府要在现行体制下解决财政危机，其必然的选择是节约开支。如何节约开支以提高政府工作绩效并提供公众满意的公共服务，私营部门的管理方式以及在企业绩效方面的成就引起了地方政府管理者的注意，并积极引入工商管理手段和公私合作的方式改变公共服务供给模式。在很大程度上，传统公共部门与私营部门的界限正在被打破，尽管学术界对此也有很多争论，认为公共部门的责任机制与私营部门不同，不能混淆两者界限，但在美国地方政府创新实践中，大量地方政府引入了工商管理模式或与私营部门合作等方式，在节约成本和提高绩效方面取得了显著效果。

比如华盛顿州金县（King County）的健康激励计划2013年获得了美国政府创新奖，其主要做法就是利用市场力量建立由医疗服务提供者、健康计划、雇主、医院、病人等组成的普吉特海湾健康联盟。该健康联盟将健康生活方式、医院就医报告、医疗费用等各种信息汇集在一起，通过营养和健康知识的宣传训练从根源上确保公众的健康生活方式，实现了有效利用医疗资源和改善医疗服务的结果，并为市级预算和纳税人节省了大量

[①] 丹尼尔·A.雷恩：《管理思想的演变》，中国社会科学出版社2000年版，第168—169页。

的资金。这一健康激励计划是综合公共服务市场化与公私合作伙伴关系的最佳实践，建立了现代社会情境下的公共治理网络，也提高了地方政府的治理绩效。数据表明，该县实施健康激励计划后，不仅降低了公众的健康风险，改善了雇员的健康状况，从2009年到2012年该县吸烟率从11.3%降至6.2%，低于全国平均水平；医疗费用支出也从11%降至6.2%，节省了4600万美元，[①]极大地提高了地方政府医疗公共服务的供给水平。

（四）志愿性组织参与地方治理的兴起

美国地方政府创新的蓬勃发展与其志愿性组织共同参与地方治理息息相关，甚至可以说是美国地方政府创新的重要特征之一。地方政府为减少公共服务供给的压力，一方面向私营部门学习以寻求解决问题的新方案，另一方面也开始与第三部门合作，为构建地方公共治理网络提供了新的思路。与私营部门相比，以志愿性、非营利性为主要特征的第三部门或志愿性组织在合作供给公共服务方面更具合理性，也更具有社会价值。志愿性组织承担着政府与公民之间沟通渠道的职能，以多样的形式和服务内容成为地方公共事务治理中不可或缺的主体，也是现代公共治理体系的重要组成部分。

美国志愿性组织发展相对较为成熟，这或许"与美国以自由、平等、个人主义、民主、公正、法律原则、民族主义和理想主义等民主的价值观为核心的政治文化和意识形态"相关。[②] 日渐发展完善的志愿性组织参与到诸多地方公共治理事务环节，发挥着强大的功能，并成为地方政府创新的重要策略选择。2000—2007年美国非营利组织和志愿者调查数据显示，2007年具有回报的非营利组织总数为313100个，比2000年增长了36%，总资产价值26834亿美元。同时，社会公众参与非营利组织提供志愿者服务也呈现显著增长趋势。截至2010年，共计6279万志愿者，占总人口比重的26.3%，人均年度提供志愿者服务达52小时。[③] 志愿性组织涉及公共服务范围广阔，包括了教育与青少年服务、环境保护、健康与卫生、国内与国际关系、公共与社会利益、社会安全、弱势群体保护等领域。志愿性组织以自愿服务、有组织地规划以及潜在的社会伦理道德价值影响，不仅为地方公共服务供给创建了各种创新机制，也起到了较强的社会动员和示范效应。

[①] 数据来源：Healthy Incentives，2012年10月8日（https：//www.innovations.harvard.edu/healthy-incentives）。

[②] 詹姆斯·麦格雷戈·伯恩斯：《民治政府——美国政府与政治》，吴爱明等译，中国人民大学出版社2007年版，第88页。

[③] 资料来源：Table 583 and Table 585, Bureau of Census, 2010 Census of Government, 2012年10月20日，美国统计局官方网站（www.census.gov）。

美国有大量地方政府与志愿性组织合作发起管理创新的案例，如2006年获得美国政府创新奖的密苏里州为提升满足家庭和儿童需要的公共服务，在20世纪90年代末就开始尝试与家庭健康组织合作的方式以改善家庭与儿童服务质量。为提高公共部门与志愿性组织合作的决策效果与服务质量，该州于2001年引入了智库兰德公司（Rand），创建了一个名为"有前景实践网络"（PPN）的网站，其主要目的是构建公共部门、志愿性组织、企业之间的合作网络，以改进为家庭与儿童服务的供给能力。

二 美国地方政府创新的动因与特征

哈佛大学肯尼迪学院民主治理与创新研究中心对"政府创新"和"地方政府创新"进行了细致的区分，该研究中心认为，"地方政府是创新的实验室，孕育出无数新思想来解决21世纪治理的挑战"。地方政府作为能够迅速及时回应公众需求的治理机构，其管理创新的发起也直接影响到公众的生活质量。

实际上，该研究中心对地方政府创新的认识也处于一个演变的阶段。2013年之前，美国政府创新奖在确定创新层级时，划分了联邦政府、州政府和地方政府（Local）三个层级，并区分了地方政府创新的发生领域（见表3.3）。随着经济社会发展变迁，地方政府创新领域进一步拓展，且美国地方政府类型的多样性决定了创新主体也呈现复杂性。因此，2013年以后，美国政府创新奖对政府创新数据库进行了更新，政府创新层级调整为"国际、联邦/国家、州/省、县、市/镇、部落"。这主要是因为该数据库包含了其他国家政府创新的案例数据，而与美国地方政府创新相关的其实只有"州、县、市/镇"这三个层级。当然，在严格意义上，州政府的创新并不能视为地方政府的创新。从2006年起，哈佛大学肯尼迪学院发起了市政创新（Municipal Innovation）项目（The Project on Municipal Innovation Advisory Group, PMI - AG），强调城市管理领域的最佳实践和创新理念。这一项目突出了市政层级地方政府创新的重要性，也是对现代城市治理创新的探索。现阶段，美国政府创新奖的创新领域也相应地进行了拓展，主要包括艺术与文化、司法公正与公共安全、经济发展、教育、环境、财政、治理与政治、健康与人类服务、基础设施、公共管理、技术11项内容。[①] 基于美国政府创新奖数据库资料的分析，可以研究其地方政府创新的动因与特征等基本内容。

---

① 资料来源：Find Innovative Solutions, 2013年1月2日（https://www.innovations.harvard.edu/find - innovative - solutions）。

表 3.3　"美国政府创新奖"对地方政府创新领域的划分

序号	地方政府创新领域
1	刑事司法与公共安全（Criminal Justice and Public Safety）
2	经济和社区发展（Economic and Community Development）
3	教育培训（Education and Training）
4	环境与自然资源（Environment and Natural Resources）
5	财政（Finance）
6	治理与政治（Governance and Politics）
7	医疗与社会服务（Health and Social Services）
8	组织管理（Organizational Management）
9	公共基础设施（Public Infrastructure）
10	技术（Technology）

（一）地方政府创新的主要特征

根据哈佛大学政府创新数据库显示，从1985—2017年涉及"州、县、市/镇"这三个层级的获奖项目共计836项，其年份、创新领域如图3.2、图3.3所示。图3.2表明，从1985年至今，地方政府创新数量总体上仍趋于平衡，在2015年后，地方政府创新数量出现井喷式飞速上涨，这与入选数据库的案例标准变化有关。因此每一届实际能入围并获奖的项目并没有显著量变化。这说明美国地方政府创新的发展趋向稳定，其持续性和扩散性效应值得我们借鉴。

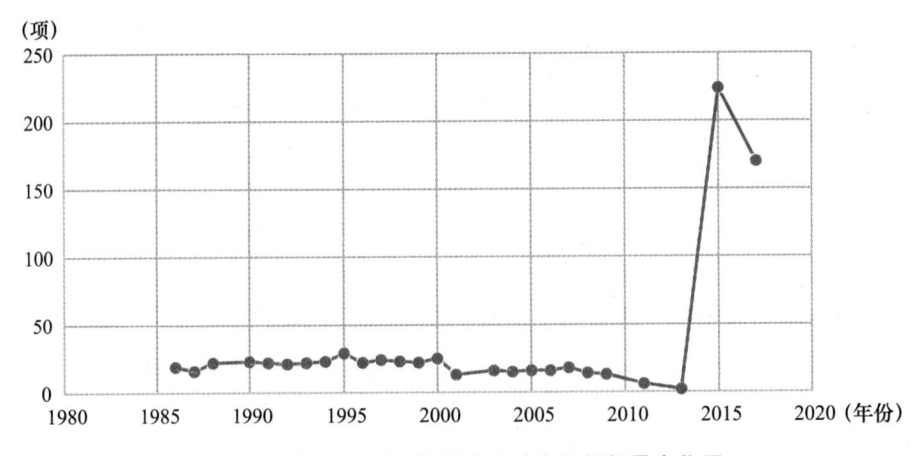

图 3.2　1985—2017 美国地方政府创新数量变化图

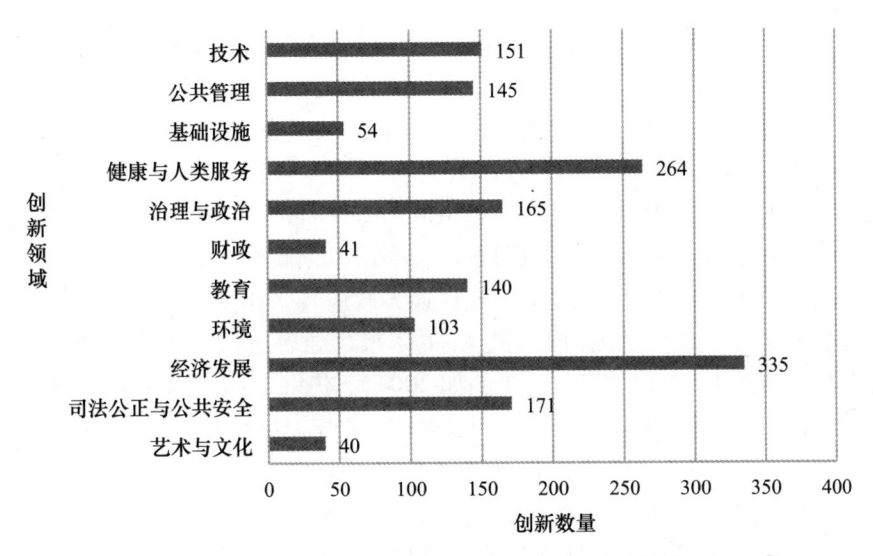

图 3.3 美国地方政府创新的创新领域数量统计图（单位：个）①

图 3.3 显示出美国地方政府创新的另外一个重要特征，地方政府创新既要解决地方经济社会的持续发展问题，也要致力于医疗服务、环境保护、教育服务等公共服务领域的创新。这两者几乎在美国地方政府创新中同等重要，尽管"经济发展"领域的创新以 335 项位居各个领域的榜首，但由于政府创新数据库对公共服务领域进行了细分，实际上公共服务领域创新数量的总和与经济发展领域创新的数量几乎差不多。足见，地方政府管理者发起创新很大程度上是推动地方经济社会持续发展，同时也很注重公共服务的改善与公民满意度提升的问题，这可以说是地方政府合法性的重要来源，也是获得公民支持的基础。需要指出的是，在各类公共服务领域创新中，医疗健康与人类服务以 264 项占据了绝对优势。美国医疗体制改革一直是其国内的重要社会问题，从这个创新数据中也可以看出医疗相关的服务是公众最关心、最迫切期望解决的问题。因而地方政府也会积极做出创新回应，促使医疗服务相关的创新成为创新重点。

与此同时，美国地方政府创新在创新方式上还较多地关注"公共管理""治理与政治""技术"等领域的创新。

一是"治理与政治"和"公共管理"领域的创新，其创新数量总和是 310 项，这表明地方政府创新寻求经济发展和公共服务改善的路径可能更

---

① 该表根据美国政府创新数据库数据整理而绘，由于存在地方政府多领域创新的现象，故创新总量大于 836 项。

多的是通过完善政府内部管理制度，对传统政府运行管理方式进行创新，使公共管理的体制机制设计能够更好地回应公众需求和满足经济发展目标。在"治理与政治"创新领域，美国地方政府的主要创新方式以合作（公私合作伙伴关系）、多样性①、共同参与社会创新、提高政府透明度和社会公正为主。其中以公民参与（Civic Engagement）和公私合作伙伴关系的合作（Collaboration）方式的创新最为突出，创新数量有116项，占"治理与政治"领域创新的70.3%。现代地方政府越来越多意识到一些社会问题与公共服务可能无法通过政府这一主体来单独解决，寻求合作与公民参与治理就成为其创新的重要选择。如2004年获得美国政府创新奖优胜奖的加州洛杉矶市于2001年在加州大学洛杉矶分校高级政策研究所（API）的支持下启动了"邻里知识伙伴关系"（Neighborhood Knowledge Partnerships）项目，集中力基金会、独立生活重心、IT公司、基层社区组织以及个人等主体，为基层社区独立生活人员构建社区知识网络，消除社区中的消极因素，重新塑造了社区邻里关系。从这个案例可以看出，政府与不同组织、个人的合作推动了地方治理创新。在"公共管理"领域，主要包括劳动力关系、领导力、绩效管理和共享服务四个方面内容。其中，绩效管理和共享服务方式的创新在"公共管理"领域占有绝对优势。说明地方政府注重政府内部工作绩效的提升以及服务供给方式的创新，公共部门绩效也是地方政府管理的重要导向。

　　二是技术领域的创新。随着信息技术发展，通过技术方式的创新也日益增多起来，说明地方政府创新在创新方式上也倾向于采用技术创新。比如在创新数据中选择"技术"领域的地方政府创新项目，创新项目的年份绝大多数都在2005年之后，创新数量最多的是在2015—2017年，这也与信息技术发展的基本趋势相吻合。20世纪90年代地方政府采用的技术创新方式主要是建立网上或线上处理业务等。进入21世纪后，地方政府技术创新的内容更加多样化、多功能化。例如密苏里州堪萨斯城设计了公民调查数据库，将公民调查数据纳入城市绩效管理计划，公民通过直播、社交媒体与官方进行互动，辅助地方政府决策。该项数据运用获得了2015年美国政府创新奖，实现了信息时代公民信息反馈数据在政府管理实践中的充分应用。还有一个典型的创新个案是印第安纳州波利斯市采用"警务数据"创新，建立了ProjectComport.org网站，通过该网站的数据可以及时提取市民投诉、警务调度等数据，增加数据为警务部门决策服务的

---

① 这里所说的"多样性"（Diversity）主要是指文化多样化性、社区融合等。

可能性，提高了警务服务的透明度，也是大数据时代地方政府创新的实践尝试。

从美国政府创新奖案例数据库中可以分析出地方政府创新的总体特征，结合学者 Borins 的研究观点，在此也对美国地方政府创新的内在特征进行了一些总结。这些基本的内在特征包括：(1) 地方政府管理者有强烈的创新意识与认知，愿意、支持或主动发起创新策略，是绝大多数地方政府创新的主要发起者。地方政府管理者往往对公共危机的反映或公众需求的判断更为灵敏，具有创新意识与回应果断的地方政府管理者会基于自身权限做出创新决策的判断。因此，不少地方政府创新发起人都具有创新学习素质和果断的决策能力，善于发起不同于传统行政模式的管理创新。(2) 地方政府创新的整体性特征显著。根据 Borins 的观点，所谓地方政府创新的整体性是指"创新方式在来源上是跨学科或跨功能的，还表现为地方政府创新工具的组合式发展"。例如一些地方政府将多元组合的创新工具共同融合进创新政策，既采用了公私合作伙伴关系，也引入了志愿性组织和信息技术手段。前文所述的加州洛杉矶市的"邻里知识伙伴关系"项目就属于典型的多种创新工具组合应用的典型。(3) 地方政府创新的复制、扩散与持续效应明显。美国地方政府创新"州、县、市/镇"之间存在一定的创新复制或扩散效应。相当一部分的州与州管辖范围内的县、市/镇有着连锁性的创新传播效应，同时地方政府创新的行为也间接地改变了其他社会组织，可能引发这些组织新的创新。(4) 地方政府创新的实用导向明确。如前文所述，美国地方政府发起创新的直接目的是促进地方经济社会发展，提供公众所需要的公共服务以此解决地方治理危机。因此，其创新带有明确的实用主义或工具主义的导向。地方政府为实现实用的目标，会更注重实用的流程改进和技术创新，力求公共部门更快、更有效地完成工作，而不是哗众取宠或自我宣传。① (5) 倾向采用公私合作伙伴关系或私营化的创新方式。或出于公共部门的成本，或出于对志愿者组织、私营部门经营组织的信任，地方政府越来越多采用公私合作的方式作为创新策略。这些公私合作伙伴关系或民营化的创新项目根本上仍以实现公共价值为目标，但在实现手段和路径方面已然与传统行政模式有区别。(6) 地方政府创新中的"赋权"倾向。为鼓励志愿者组织、私营部门以

---

① Sandford Borins, "Loose Cannons and Rule Breakers, or Enterprising Leaders? Some Evidence about Innovative Public Managers", *Public Administration Review*, Vol. 60, Iss. 6, Nov./Dec. 2000, pp. 498 – 507.

及社会公众共同参与到地方公共治理中，地方政府的很多创新措施是"让渡"一部分公共权力，鼓励公共权力的分享，而不是像传统行政模式之下相对封闭又集中的权力结构。在大数据时代，公民与其他社会组织参与公共治理的机会大幅度提升。"赋权"给公民、社区、志愿性组织，使其共同参与到地方公共事务治理过程中，公民在参与共享的过程中不仅贡献了自己的知识技能，也会提高对政府政策的满意度。

（二）地方政府创新的动因

美国54%的创新奖项都来自市/镇、县这两级地方政府，其中以市/镇层级的地方政府创新最为突出，占总体创新的36%。除了美国政治制度结构、市政管理现状、私营部门与志愿性组织发展等因素外，其地方政府发起创新还有更为具体的要素。分析美国蓬勃发展的地方政府创新具体动因不仅有助于我们研究如何发起政府创新，也能深入探究地方政府成功创新的影响因素。通过分析美国政府创新奖的案例文本，大致总结了其创新的具体动因（见表3.4）。

表3.4　　　　　　　　美国地方政府创新的动因分析

序号	基本动因	分析
1	政治法律制度	往往产生了新的法律或规章制度，使创新成为可能
2	地方政府财政能力	财政因素是支持创新的一个条件，但地方政府的财政能力并不是必要条件
3	领导者	出于政治激励的考虑，或者领导者具有较好的创新意识和创新能力
4	危机与问题	防范危机（通常是外部）或应对已出现的危机而必须做出创新策略作为对危机的回应
5	竞争	地方政府间的竞争或合作
6	技术支持	新技术的流行与推广为创新提供条件
7	模仿与复制	区域内地方政府创新实践活动频繁并获得成功（部分区域创新能力强的一个原因）
8	公共管理改革	政府内部管理不适应新形势发展，也是最常见的驱动因素

（1）政治法律制度。与其他层级，即使是州政府层级的政府创新相比，地方政府创新的法律风险都显得更大。当产生新的政治法律制度鼓励地方政府创新时，地方政府创新就会成为可能，并会在法律制度框架许可范围内推行有利于自身的创新方式。美国政治制度方面的放松规制改革以及向社会放权的趋势，扩大了地方政府管理权限，为地方政府创新释放了

足够的创新空间。

（2）地方政府财政能力。地方政府的经济基础对创新的影响是一个相对复杂的机制。一方面，从美国地方政府创新领域看，追求"经济发展"的地方政府创新位居创新领域第一位，表明地方政府有强烈的提高地方经济能力的动机，但这并不是说经济相对落后的地区就一定具有为发展经济而发起创新的动力。因此，另一方面又显示出，地方政府财政能力并不是创新的必要条件。有学者2009年对181个政府创新奖项目进行回访调查，数据显示27.1%的项目来自东北部，39.2%的项目来自西部和中西部。[①]经济基础较好且有一定财政能力的地方政府反而具有更多的创新意识，对地方经济发展的诉求与动机更为强烈。

（3）地方政府领导者。美国地方政府创新发起过程中的一个重要因素在于地方政府领导者，大量地方政府创新的案例文本显示出当地的"创新英雄"对创新发展的影响，如州长、市长、镇长等关键人物。受到美国政治体制的影响，地方政府领导者对其合法性、政治声望、聘期等更为关注，具有较好创新意识、创新能力、企业家精神的地方政府领导者（甚至包括政治家）就会发起管理创新，以"企业"的方式去经营管理地方政府，力求管理绩效与服务质量的提升。

（4）危机与问题。美国政府创新案例数据库的文本显示，大多数地方政府创新的发起往往源于已经出现的危机问题或出于防范未来可能出现的危机问题的需要。比如最为典型的是医疗健康服务方面，很多地方政府都面临着雇主医疗风险扩大、公民个人承担的医疗费用开支增加等问题，也是公民最关心的社会问题。为解决医疗健康服务相关的问题，大量地方政府创新指向这一问题的解决。数据显示，医疗健康服务领域的创新多达264项，仅次于"经济发展"领域的创新。这也说明，地方政府对地方治理危机与问题的回应成为发起创新的重要动机。

（5）竞争。现代政府间竞争合作的机会明显增加，表现在美国政府创新主体纵向方面的相互交叉，尽管目前来看，总体上相互合作的项目并不多。但横向地方政府间竞争在一定程度上助推了地方政府创新的形成，如地方的人口增长、人才流动、公共服务评价甚至还包括政治声望等，地方政府之间的竞争要素对管理者是否采纳创新有积极的影响。

（6）技术支持为创新提供条件。从美国政府创新数据库可以发现，技

---

① Celebrating 20 years of Government Innovation: 20th Anniversary Survey Report of The Innovations in American Government Award Winners, Harvard University, 2009, p. 8.

术领域创新在近年来成为地方政府创新的主要内容。信息技术的新发展，互联网+、大数据技术的广泛应用使地方政府考虑公共部门引入新技术方法成为可能。从早期的应用网站、电子政务到如今的 APP 应用以及大数据决策，新的技术发展在建立公共沟通网络、电子政府、数据安全、数据分析、GIS 等方面都为地方政府创新创造了良好的技术条件，也推动了地方政府的治理转型。例如 2017 年进入美国政府创新奖半决赛的项目，田纳西州科林县开发了一个"移动投票系统"，打破了传统的选民特定投票地点的概念，选民可以通过移动设备在任何地点投票。新技术应用不仅在公共服务领域，也对政治制度改革领域产生了影响。

（7）模仿与复制。很显然，数量庞大的地方政府创新中属于原发性的创新比较少，大部分创新源于地方政府间的创新模仿。足见，美国地方政府创新的扩散效应非常显著。美国 2009 年对接受回访的 91 个政府创新奖项目调查显示，71% 认为它们的政府创新正在被复制和扩散，46.3% 认为其创新项目被复制到了 1—10 个地点，甚至有 9% 认为被 250 个以上的地方所复制学习。[①] 这与哈佛大学主办的国家级政府创新奖评选不无关系，而且该平台还提供了地方政府寻找"问题解决"方案的搜寻功能，为其他地方政府寻找类似问题的解决方案提供思路的同时，也增加了创新模仿与复制的可能性。

（8）公共管理改革。为增强对外部环境或危机的回应性，地方政府也通常会对政府内部管理进行改革创新，而以科层官僚制为传统的政府管理范式也激发了地方政府创新的动力。政府创新数据库显示，公共管理领域改革集中在人力资源、绩效管理、领导力、劳资关系改善等方面，而这些内容恰恰集中了传统官僚体制的核心问题。只有改善政府内部管理流程、提升人员工作士气、提高工作绩效，才能使内部管理制度与外部环境变迁相适应，继而创造地方政府创新的持续动力。

第三节　对加拿大地方政府创新的考察

加拿大是发达国家中开展政府创新评选奖励活动较早的一个国家。和其他国家政府创新有所不同，从 20 世纪 90 年代开始的加拿大政府创新评

---

① Celebrating 20 years of Government Innovation: 20th Anniversary Survey Report of The Innovations in American Government Award Winners, Harvard University, 2009, p. 13.

选从设立之初就强调公共服务导向的政府创新，这也使加拿大政府创新呈现出其不同于其他国家的一些特点。

一 加拿大政府创新的总体情况——公共服务导向的创新

20 世纪 90 年代以来，发达国家普遍开始重视提高公共服务质量与效率，推动了以公共服务为导向的政府管理创新。其中较为典型的是 1989 年加拿大的《公共服务 2000 年创议》和 1991 年英国颁布的《公民宪章》。英国的《公民宪章》的主要内容明确公共部门提供给顾客的公共服务质量标准，以此作为制定和执行公共服务的标准。加拿大则是关注公共部门内部管理改革以提高公共服务质量和绩效水平，其重要的推行措施是建立了一体化、信息化、标准化的公共服务信息平台。[①] 公众通过一站式公共服务平台，可以获取就业、移民、旅行、商业、医疗健康、税收、环境资源保护、文化、交通、安全等各方面的服务信息。正是基于 Service Canada 这一公共服务平台的有效运行，公共服务导向的政府管理创新也在此期间迅速发展起来。从总体看，加拿大政府创新评选活动有以下几种。

（一）IPAC 创新管理奖

由于政府确立的公共服务导向，围绕公共服务质量和绩效的政府创新项目也开始呈现。为更好地评估政府创新的效果以及在提高公共服务质量方面的作用，1990 年在 IBM 公司的赞助下，加拿大公共管理研究中心（The Institute of Public Administration of Canada，IPAC）设立了创新管理奖（The IPAC Award for Innovative Management，IM awards）。该创新管理奖主要用来判断识别与奖励政府部门的创新活动，一年举办一次，申请的政府部门以地方政府为主，采用网上申请、提交材料的方式，且每年的创新主题会有所不同。比如 2017 年 IPAC 创新管理奖重点鼓励以下五个领域的创新：（1）变革公共管理；（2）提高知识管理系统和结构；（3）加强公共资金的使用与管理；（4）提高透明度、问责制和回应性；（5）增加公民参与。加拿大 IPAC 创新管理奖设立较早，这一评估模式也对其他国家评选政府创新项目产生了广泛影响。其评估做法的主要特点是：第一，评估主体具有相对独立性。IPAC 创新管理奖由加拿大公共管理研究中心主持，提名奖项的评估主体则是由相关的公务员、学者和商界人士构成，确保评估主体的多元化、独立性和客观公正性。第二，评估标准比较清晰。IPAC 创新管理奖的评估标准由四方面构成：（1）创新性。强调创新项目是否实

---

① 参见 2018 年 1 月 15 日（https：//www.canada.ca/en.html）。

施了有效的组织变革,将新思想付诸实践或利用新技术,在涉及技术变革的项目中,强调管理过程的创新。(2)相关性。创新项目应以公共部门问题为导向,必须解决公共部门的实际问题,以提高公众的生活水平和满足公民的需求与期望。(3)重要性。创新项目的意义可以是地方性的,也可以是国家性的,不应仅仅以效益的大小和规模为基础进行评估。(4)有效性。创新项目必须得以充分实施,并提供该项目成本效益以及相关利益的细节。① 该评估标准体系比较规范,兼顾了创新的效益与公平准则。第三,评估机制具有延续性。IPAC创新管理奖坚持每年举办一次,每年6月会选出上一年度的创新管理项目,评选出创新管理的金奖、银奖、铜奖各一名以及优胜奖若干,具有良好的评估延续机制,继而能够起到鼓励政府创新的积极作用。

（二）地方组织创新奖

尽管IPAC创新管理奖的获奖项目以地方政府为主,但加拿大公共管理研究中心仍然对地方政府为主体的创新层级进行了更为细致的区分。

一是设立了地方组织卓越奖（Regional Group Excellence）。该奖项主要用于评估和奖励志愿性组织在服务地方、实现国家性目标方面的管理创新。因此,其主要创新主体是除政府部门以外的志愿性机构,即第三部门。但这些第三部门机构承担着公共服务的职能,故而被纳入管理创新评选范围。对志愿性的地方组织创新进行评估的标准主要有六项,分别是合作性、网络化、学习性、成员的招聘、在公共行政方面的领导力以及卓越程度。② 很显然,和政府创新评选的标准有所不同,地方性的第三部门创新更强调组织的学习性与成长性,当然也关注第三部门与公共部门的合作以及对公共行政、公共服务的贡献。对第三部门管理创新的评选有助于提高志愿性组织的持续性发展,使其成为现代社会公共管理的重要组成部分,也是公民社会成长的重要标志。

二是设立大量地方性政府奖项（Regional Awards and Prizes）。为更好地鼓励地方政府创新,加拿大公共管理研究中心设立了以地区性（Region）的地方政府创新奖项。比如在萨斯喀彻温地区（Saskatchewan Region）,IPAC就设立了两个地方政府管理奖项,分别是"萨斯喀彻温有为

---

① 参见 Criteria for Assessment, 2018年1月20日（https：//www.ipac.ca/iPAC_ EN/Events_ _ _ Awards/IMA. aspx#About）。

② 参见 Criteria for Assessment, 2018年1月20日（https：//www.ipac.ca/iPAC_ EN/Events_ Awards/Awards/Regional_ Group_ Excellence_ Award/iPAC_ EN/Events_ _ _ Awards/Regional_ Group_ Excellence. aspx? hkey = bdada9d8 - a0a2 - 4b05 - 945b - bfd1033e6ef3）。

专职人员奖"（Saskatchewan Promising New Professional Award）和"萨斯喀彻温中层治理者奖"（Saskatchewan's Lieutenant Governor's Award）。这两个奖项用来奖励具有前途的公共部门职员和在地方治理中具有创新领导力的管理者。在埃德蒙顿地区（Edmonton Region），IPAC 专门设立了"阿尔伯特奖"（Alberta Awards）。该奖主要用于奖励表现卓越的公务员、卓越的公共政策、卓越的执行以及阿尔伯特地区卓越的管理者。从这些地方性政府奖项设置情况看，其主要奖励对象是地方政府公职人员，以最直接的方式鼓励地方政府管理者及其一线人员进行管理创新与卓越实践表现。这种方式起到了激励一线人员和推动基层治理创新的作用，其激励作用显著。而大量的实践其实也表明，地方政府创新更多的是来源于一线人员的新想法、新思路。

（三）公共服务质量奖

加拿大政府创新最显著的特色就是以公共服务为主要创新内容和发展导向，为突出强调公共服务领域创新的重要性，加拿大设立了"卓越公共服务奖"（Public Service Award of Excellence，PSAE）。该奖项主要针对公共服务人员，包括优秀职业、卓越管理、青年、服务 60 年特别贡献、"阿特金森"奖、科学贡献奖等。其主要特点是：第一，设立奖项与加拿大本国公共服务导向的公共管理发展密切相关，反映了加拿大推动公共服务改革与创新的实践需求。"卓越公共服务奖"正是公共部门的公共服务发展需求的反映，需要以服务创新与奖励激励的方式进一步推动公共服务领域的创新发展，故而与公共管理改革实践相接轨。第二，激励手段多样化。每届奖项的获得者可以应邀参加联合国公共服务周的庆典，经费则由加拿大国库委员会秘书处和受奖人的部门共同承担。这样不仅有效地激励参赛及得奖者的荣誉感，也可以提升本国公共部门的国际知名度。[①] 以公共服务质量改进及其与公共服务改革相关的创新不仅推动了加拿大政府管理创新，也激发了公共管理者以改善公共服务为出发点和宗旨的公共利益动机。因此，公共服务导向的政府管理创新使其区别于 20 世纪 70 年代末以来以绩效为导向的新公共管理改革创新，在 21 世纪的今天更具善治的特点，也是现代政府管理改革与创新的重要导向。

二　对加拿大地方政府创新的分析

以 IPAC 的政府创新评选为研究分析对象，可以发现历年来加拿大创

---

① 陈振明、孙杨杰：《公共服务质量奖的兴起》，《湘潭大学学报》2014 年第 4 期。

新管理奖（IM）的创新主体以地方政府为主，创新领域集中于公共服务领域。如表 3.5 所示，2017 年加拿大创新管理奖的获奖项目及其动因分析表显示了加拿大地方政府在改进公共服务、推动地方政府改革方面的主要创新措施。

表 3.5　　　　加拿大 2017 年创新管理奖获奖项目及其动因分析[①]

序号	创新发起部门	创新措施	基本动因	备注
1	拉弗市（The city of Laval）	创建政府与专业机构的合作伙伴关系	城市腐败危机，公众信任度的下降	该项目获得 2017 年度金奖
2	达弗林县（County of Dufferin）	地方虚拟应急操作中心	提高地方政府应急管理能力	
3	加拿大秘书处财政委员会（Treasury Board of Canada Secretariat）	企业数字协作应用系统（The GCT tools）	应对互联网发展挑战，促进公务员与公众的信息沟通与共享，使服务能够满足公众需求，创造公开透明的环境	该项目获得 2017 年度银奖
4	诺瓦斯科塔省内部事务处	有效的可持续的公共服务共享机制（服务采购、信息沟通技术、财政服务）	满足公共服务扩大的需求，降低公共服务运行成本	该项目获得 2017 年度铜奖
5	安大略省卫生部和长期护理的病人与家庭咨询委员会（PFAC）	建立患者和家庭咨询委员会：通过患者、家属和照顾者参与实现公共管理变革和提高公众参与	提高病人参与，实现以病人为第一优先的战略目标，建立更开放、透明、负责的健康服务系统	
6	加拿大税务局	自动填税系统：简化流程	互联网发展的挑战，运用网络技术简化税务流程和提高工作效率	
7	萨里市（City of Surrey）	建立预防犯罪系统	运用信息技术预防犯罪，提供更安全可靠的服务，提高警务部门面对犯罪的决策能力，提高公共安全资源使用率	

---

① 资料来源于 Innovative Management Awards Finalists，2018 年 1 月 21 日（http：//ac2017.ipac.ca/）。

续表

序号	创新发起部门	创新措施	基本动因	备注
8	希尔理事会（File Hills Qu'Appelle Tribal Council）	传统治理向现代治理转型的过渡项目	增加原住民和整体社会的相互信任与尊重	该理事会属于非营利组织
9	劳工、就业、社会团结委员会	建立新的组织结构，将原来三个组织机构委员会合并成一个机构	精简机构，提高管理效率	

从加拿大2017年创新管理奖获得项目看，其创新特点主要如下：第一，创新主体以政府为主，九项获奖项目中只有一项是非营利组织，其他均为政府。且大部分创新主体是地方政府部门，如省、市、等层级的地方政府。第二，政府创新的基本动因一方面主要是提高管理效率，另一方面则是与近几年来互联网+技术迅速发展产生的挑战有密切关系。如表3.5所示，很多政府创新的动因是迎接互联网带来的技术挑战，由此产生了与技术应用相关的管理创新。特别是广泛运用互联网技术改善公共服务质量和降低管理成本，通过更便捷的互联网服务提高服务效率和提升公民满意度。足见，互联网+正在成为影响政府管理创新的一个非常重要的因素，也是政府创新的一项重要内容。第三，地方政府创新的动因以公众需求为出发点，创新与公众对公共服务、政府管理的需求密切相关。这表明地方政府作为公共服务与公共产品的直接提供者，其管理活动与公共服务供给的质量效率必须和公众的需求相匹配。相应地，构建和公众相互沟通、公平开放的参与机制也是当前地方政府创新的重点所在。越来越多的地方政府创新需要建立和公众需求相匹配的管理机制，以此提高公民满意度。

第四节 国外地方政府创新及其动因对我国的启示

从国外地方政府创新实践演进及其动因分析来看，美国、加拿大等发达国家地方政府创新起步较早，有较好的地方政府创新的制度条件、市场竞争环境、公民参与意识以及技术基础。特别是大量的公共服务领域创新和公民、志愿性组织共同参与的治理创新，显示出发达国家地方政府创新在公共治理绩效与治理能力方面的显著成效，也为处于向现代化转型的发展中国家的政府创新发展提供了很多经验借鉴。我国现阶段地方政府也面临着政府治理能力现代化的重要任务,因此提升地方政府的公共治理能力和提高公共服务供给绩效都意味着地方政府要持续开展以治理为目标的创新。发达国家地方政府创新的经验及其推动创新的主要动因给予了我国地方政府创新发展不少启示。

第一,严格界定政府职责范围,明确市场化的限度。发达国家新公共管理改革主张通过市场化、民营化的制度安排以缩减政府规模和节约财政开支,而公私合作伙伴关系等创新方式也在公共部门内部树立了竞争、绩效等观念。从某种角度看,新公共管理的创新措施"分散"或"解除"了公共部门的责任。这种说法或许有待商榷,但也的确是很多地方政府创新的主要指向。然而,市场化、民营化的同时也不能一味地"分散"政府职责。作为公共部门,必然承担着公共服务供给、维护社会公正公平等社会责任。"尽管市场模式和私营部门的管理技术已被广泛接受,新公共管理型的市场化体系也已变得根深蒂固,但公共部门与私营部门毕竟在本质上是不同的。"[1] 因此,地方政府创新必须严格界定政府职责范围,明确市场化、民营化的限度。一是市场化、民营化在法律管制低效的情况也会发生问题。国外地方政府实践有少量的案例证实在合同外包过程中存在腐败和浪费纳税人钱的现象。二是地方政府提供公共产品与公共服务具有合法性与正当性。根据传统的公共产品理论,由于排他性和外部性的存在,地方政府提供公共产品和服务成为必然。美国学者奥斯特洛姆夫妇将公共产品的供给和生产加以区分,政府在公共服务供给方面承担着不可推卸的责任,而就生产的组织而言,可以选择外包、特许经营或合作生产等多种方式。换言之,政府不能因成本压力而放弃公共责任。一方面政府要承担社会保障、教育卫生、就业培训、环境治理等公共领域的责任,明确政府供给公共产品与公共服务的职能,维护社会的公平正义;另一方面,在公共服务生产制度安排上,有选择地使用市场化机制,建立公共服务竞争机制,提高公共服务生产效率。就中国转型期现状看,公共服务需求增长是必然趋势,供给失衡尤其是农村公共服务供给差距问题突出。因此,地方政府应积极寻求一种新的制度安排,既有利于充分利用市场机制和社会力量提高公共服务生产力,也有利于践行政府责任,实现公共服务的共享机制。

---

[1] Colley, "Weathering the Storm: Australian Public Sector Employment Security During Decacles of Public Management Reform and the Recent Downtum", *Review of Public Personnel Administration*, Vol. 32, No. 1, 2012, pp. 87 – 101.

第二，探索建立可持续的地方政府创新机制。发达国家的地方政府创新具有各自摸索和自主推进的特点，以美国最为典型，其地方政府固然与联邦政府的放权与放松规制有关，但大部分政府创新都是地方政府领导者或管理人员不顾创新风险而主要发起的，取得了较好的创新效果，创新的持续性较强。一是市场经济发展驱动对合同外包等市场化机制创新的追求；二是改变了固有的官僚制组织文化，唤起竞争创新的精神；三是政府创新部分解决了地方财政危机、信任危机和管理危机，地方政府更倾向于通过创新解决问题和危机；四是地方政府创新的扩散效应明显，地方政府间的学习与合作成为一种常态。中国现阶段地方政府创新颇为活跃，未来要进一步推动地方政府改革和制度变迁则需要深入探索如何建立可持续的地方政府创新机制。与中央层面的创新不同，地方政府创新的自主性更强，具有更强的创新驱动力。从保护创新和推动创新的角度出发，中国地方政府创新的根基还是比较薄弱的，这就意味着要从组织结构、管理制度、管理技术、组织文化、创新合作、公共责任等多角度构建可持续的地方政府创新机制，并将政府创新纳入公共责任的范畴，使政府创新成为能够推动中国行政改革的力量。

第三，通过有效的制度设计构建良好的地方政府创新制度环境。英美等国地方政府创新很多固然是危机反应式的（包括内部和外部危机），但其政府创新的广泛推进与这些国家一定的制度条件不无关系。如市场经济体制和相关法律法规体系的完善对公共服务领域引入竞争机制具有基础性作用，有助于规避公共服务市场化的风险；民主政治、公民参与程度高和第三部门发展有助于培育社会力量在公共领域的作用，形成公共部门、私营部门、第三部门机构和公民多中心治理的格局；监督机制的完善需要保证地方政府领导者"自我促进者"的形象，而不是"规则破坏者"的形象，防止利用公共权力谋取私利，助于监督地方政府创新的行为和绩效。对中国地方政府创新而言，由于创新的自发性和随意性强，创新的地域不均衡，因此更需要通过有效的制度设计为地方政府创新创造良好的制度环境。既可以保证地方政府创新能为解决公共部门问题真正发展创造性的解决方案，也能防止创新的个人英雄主义和自我宣传行为。构建创新的制度环境对地方政府落实创新责任和减少创新风险具有关键意义，也是驱动地方政府创新的一个重要因素。

纵观国外地方政府创新演进发展以及动因特征，可以发现地方政府创新总体上伴随着国外公共部门管理体制改革的进程，主要受到新公共管理改革的影响。就地方政府这一特殊的创新主体而言，其发起创新往往可能是出于国家公共管理体制改革对地方政府创新的鼓励与要求，其中当然也包括地方政府自身的管理危机、财政危机等因素。总之，在新公共管理改革运动的影响下，地方政府创新呈现出蓬勃发展的趋势，其结果是推动了政府职能转变，传统行政机构变得更富有活力、灵活性和回应性，公共服务效率和质量也有明显提升，也在很大程度上解决了地方政府合法性危机。地方政府创新的显著成效促使其逐渐成为地方政府一项经常性、自觉性和持续性的政府管理活动。2015年以来，美国政府创新数据库创新案例直线上升的现象可以说明这一结论。地方政府创新也已经是国家公共管理改革的重要组成部分，以分散性、区域性、自主性的治理创新推动了国家公共治理的发展，而侧重公共服务和公民参与的地方政府创新方式也为我国在转型期提升地方政府公共治理能力提供了很多创新借鉴经验，有助于我们寻求地方政府创新的新方式和新路径。

第四章　中国地方政府创新演进与动因分析

——基于地方政府创新奖的文本分析

20世纪90年代中后期，随着我国经济的快速增长，人口、资源、环境、效率与公平等社会矛盾也逐渐凸显，地区间、城乡间的经济社会发展差距逐渐拉大，加快政府体制改革，转变政府职能，构建公共服务型政府，满足社会公众的公共服务需求，提高公民满意度，提升政府形象的政府创新实践在我国各地迅速铺开。同时，在西方各国新公共管理的改革实践和理论的影响下，政府创新尤其是地方政府创新的问题开始进入政府改革和学界研究的视野。尤其在实践层面上，地方政府开展了诸多创新实践，也为学术界研究地方政府创新提供了丰富的研究样本。进入21世纪后，一方面中国开展了"中国地方政府创新奖"的大规模评选，创新评选活动极大地激励了地方政府发起政府创新和积极参与创新评选；另一方面，地方政府层面的创新评选也开始逐渐盛行起来，如大学的科研机构、地方政府自己主持的评选等，各种创新评选成为推动现行地方政府创新的重要因素。当然，无论是"中国地方政府创新奖"还是地方政府层面的创新评选并不能单一地去解释地方政府创新的形成，但这些评选活动为我们深入观察地方政府创新提供了翔实的样本与数据，也能够对当前蓬勃发展的地方政府创新给出有力的解释。

第一节　中国地方政府创新的社会条件

诚然如前所述，并不是因为有创新评选才有政府创新，尽管创新评选起到了重要的激励作用。从实践角度看，政府创新就是政府部门具有创新性的一种管理实践，可以视为现代政府的一项重要管理职责。国内学者俞可平认为，政府创新是公共部门为提高效率、改善服务质量而进行的创造性改良。它不同于政治体制改革,其"工具性意义"大于其"价值性意义"。① 与政治体制改革不同,政府创新运用创新的观点与想法将其付诸公共管理实践,表现形式是新思路、新工具和新技术。如何提高政府工作效率和提供优质的服务是世界各国政府的普遍诉求。正是在这个意义上,新公共管理运动的思想得以突破政治制度的局限,成为一场具有全球性质的政府再造运动。

地方政府创新就是指以地方政府为创新主体的管理创新,强调更加贴近公众和基层的创新实践。相较于中央政府层面的政府创新,地方政府创新有其特殊性,其获取合法性资源和创新环境的限制性条件也更为复杂。同时,源远流长中华文化的千年传承和塑造对政府机关的文化和创新亦产生了深远的影响。因此,中国地方政府创新的形成与发展是各种社会条件影响的结果。

一 地方政府职能转变和履行方式转变

当前中国地方政府创新是地方行政职能和履行方式转变而提出的积极诉求。一直以来,行政职能转变都是行政管理体制改革的核心内容。改革开放以来,我国经历了六次行政管理体制改革,确立了"经济调节、市场监管、社会管理、公共服务"的基本政府职能。现阶段,我国仍处于经济社会转型期,人口与发展、公平与效率、城市与农村等矛盾突出,对进一步推进政府管理体制改革提出了更高的要求。政府改革的成效不仅取决于职能转变到位、配置到位,而且取决于职能是否履行到位,有赖于履行职能方式的改革和创新。② 近年来,地方政府也加快了行政职能转变改革,社会管理和公共服务的属性更为明显。这与社会公众对地方政府公共服务需求扩大有关,也与地方治理的有效性相关。但从总体看,地方政府如何履行职能以实现治理目标的技术、方式和方法,仍面临着变革与创新的挑战。基于地方政府在政治领域创新的困境,实际上,地方政府最直接与最普遍的创新方式即是治理工具与手段的创新。与构建服务型政府、绩效型政府和责任型政府的要求相适应,现有的监管方式、服务方式和执法方式在技术能力、治理绩效和服务质量等方面都还有待加强。中国行政管理联合课题组③指出中国履行政府职能方式的创新共有六种类型,分别为转换

---

① 俞可平:《中美两国政府创新之比较——基于中国与美国政府创新奖的分析》,《学术月刊》2012 年第 3 期。
② 联合课题组:《政府履行职能方式的改革和创新》,《中国行政管理》2012 年第 7 期。
③ 同上。

式、交换式、强制式、反应式、自发式和倒逼式,且不同形式的创新具有不同的难易程度和创新过程。地方政府创新正是地方政府基于行政职能转变和履行方式变革的诉求而开展的地方治理观念、技术和方法的变革,其目的是让政府职能转变适应新时期"包容性增长"、政府内部管理改革及多元化发展的需求。

二 我国府际关系的法治化改革

地方政府创新的蓬勃发展与我国府际关系法治化改革关系密切。国外地方政府创新与中央政府的放权改革和放松规制不无关系,所以地方政府创新不论是自上而下还是自下而上在一定程度上都需要重释中央政府与地方政府关系及地方政府之间的关系,即府际关系。作为政府之间的权力配置和利益分配的关系,府际关系尤其是纵向关系的改革对政府职能转变和政府创新意义重大。改革开放以来,我国对地方行政区划和政府间关系进行了一系列调整和改革,其主要内容是在延续既有的属地管辖和行政发包制的治理逻辑的同时,注入了一系列新的激励因素,包括行政分权、财政包干制和分税制、人事管理制度改革等。[①] 虽然国内一些学者认为当前中国的府际关系改革并未发生根本性变化,纵向的中央与地方的层级关系仍占主导地位,中央政府握有大量资源,地方政府处于相对被动的地位,从而也约束了横向的地方政府间合作竞争关系的发展;但我们同时也应该看到,纵向府际关系已日益呈现出法治化趋势。[②] 一方面,中央政府的激励措施鼓励了地方政府改革与创新的发展,以往地方政府单一地期望获得中央政府支持的倾向有所改善,地方治理的意识开始觉醒,地方的公共议程和公共服务改革被纳入地方政府创新的主要范畴;另一方面,对市及以下地方政府权力的规范运行成为治理变革和依法行政的基本举措。传统体制缺乏对省级以下地方政府权力的界定,一些省份如浙江省推行"省管县"体制改革,扩大基层政府的权力,明晰其权力运行的边界,为不少县和乡镇政府创新提供了制度条件。府际关系法治化有助于避免地方政府竞相争取中央政策倾斜而群起抗争,为地方政府基于治理、绩效与服务自觉地发起创新和管理变革创造了良好的环境。

[①] 陈剩勇、张丙宣:《建国 60 年来中国地方行政区划和府际关系的变革与展望》,《浙江工商大学学报》2009 年第 5 期。
[②] 颜德如、岳强:《中国府际关系的现状与发展趋势》,《学习与探索》2012 年第 4 期。

三 地方政府发展的限制性因素

地方政府的发展困境促使地方政府积极寻求行政体制变革与创新的路径。面对来自外部竞争环境变化、行政管理体制改革和地方公共服务需求扩大等方面的压力，地方政府开始主动寻求改进服务的方法以提高地方治理绩效和提高自身在社会中的形象。长期以来，地方政府在纵向权力关系体系中处于隶属的地位，中央政府绝对的话语权和资源控制权直接影响着地方政府的管理手段和观念方式，如何获得中央政策和资源支持是地方政府最为关心的问题，从而也影响到其地方治理的积极性和创新性。过去10多年间，地方政府的发展环境发生了重大变化：

一是府际关系法治化迫使中央政府个别的政策倾斜不再成为常态，地方政府虽然仍需要寻求中央政府的一定支持，但更多地需要自身管理的完善和治理绩效的提高。这样，地方政府就能够"沉淀"下来，努力思考如何改变现有的管理局面，如何提高地方公共服务的质量和如何改进地方政府管理等问题。同时，上级政府适度地下放权力也开拓了基层政府创新的空间。

二是地方政府竞争尤其是东部沿海区域地方政府在经济社会领域竞争的加剧，这些地方政府为吸引招商引资和扩大社会影响，必须在公共服务、基础设施、社会环境、危机治理、管理制度等方面持续创新，完善管理，提高政府绩效和公民满意度，重塑政府形象，以形成强大的地方政府竞争力。这或许也能解释东部沿海区域是中国地方政府创新最为活跃之处的重要原因。

三是公民意识的觉醒，对地方政府提供优质高效服务的期望提升。尽管一般认为，地方政府的变化和创新都由外部力量推动，但可预见的现实是无论地方政府领导人出于竞争、升迁还是管理的需要，地方政府对自身管理的关注度大大提升，赢得媒体褒扬、公众满意和上级关注等诸多因素推动了地方政府思考完善地方治理的创新实践。

四 传统文化对地方政府管理的影响

传统中华文化对政府管理具有形塑作用，但这并不影响政府创新的发展，甚至是正向的助力。千年传承的传统文化上可溯至先秦时代的诸子百家，在文化延续过程中奠定了政府机关组织文化的基础，对现代政府管理产生了重要影响，主要包括：一是重视家族的行政文化，导致形成各种的共栖全体或寄生团体，彼此利益互保；二是服从权威的文化，机关权力高度集中，下级对首长高度服从，会惮于革新；三是形式主义的行政文化，这导致"应该的"与"事实的"之间有极大差距，即使政府有一系列法令规定。① 当然，这些中国特有的政府管理文化也在随着时代发展和社会进步而发生变迁，且具有强烈的地域差异性。这不仅是因为时代环境对组织形态和组织文化的影响，还存在于传统文化本身的内核，即变异与创新。如《诗经》中便有"瞻彼日月，悠悠我思"的感叹，《左传》也说道："社稷无常奉，君臣无常位，自古以然。"《雍也篇》更是清楚地说明："齐一变，至于鲁；鲁一变，至于道"，历史必然会发生变化，而在"至于道"的路途上，改革的行动又是必需的。杜佑通过观察历代典章制度的发展，论官制之变说："随时立制，遇事变通，不必因循。"② 虽然孔子也认为历代礼制的发展，既有所因革，也有所损益，但顺势而变仍树立了中国文化发展中的重要观念，"常"与"变"作为辩证的哲学基调有助于塑造官僚组织机构的文化，在变迁的时代选择通过如何应变来适应经济社会发展变化也是大势所趋。

第二节　中国地方政府创新的演变路径

为实现地方经济社会可持续发展，或者说为地方政府赢得生存竞争的空间，地方政府实际上一直处于不断创新变化中，采取了新的管理手段或新的技术或新的管理思路。而地方政府创新正式进入公众的视野则起始于2000年。从2000年开始，为对政府部门的绩效进行科学评估，并依据评估结果对政府部门及相关人员进行适当的奖励，以促使政府提供更好的公共服务，中共中央编译局比较政治与经济研究中心和中央党校世界政党比较研究中心联合发起了"中国地方政府改革与创新"研究与奖励计划，根据创新程度、自愿程度、效益程度、重要程度、节约程度和推广程度六项标准，开展了"中国地方政府创新奖"评选和奖励活动。由相对独立的权威学术机构，而不是政府及其附属机构来评价政府的行为和结果，不仅有助于客观公正地评价政府的创新实践及其绩效，促使政府在实践中不断完善自身的制度和行为，激发政府创新的动力，有助于提升政府形象，增强社会公众对政府的认同和信任，在学术研究层面上，由学术界颁发的"中国地方政府创新奖"也有助于推动学术界对政府创新和政府管理体制改革

---

① 谢庆奎、佟福玲：《传统文化与公共管理》，社会科学文献出版社2011年版，第232—233页。
② 黄俊杰：《中国人的宇宙观》，黄山书社2012年版，第11—25页。

的思考和研究。

自 2002 年第一届"中国地方政府创新奖"评选以来，至今已举办八届，① 共计 2012 个政府创新项目申报该奖项。通过专家与领导干部的评选，总共 178 个项目入围，其中 70 个地方政府创新项目获得优胜奖、10 个中国政府创新优秀实践、10 个中国政府创新最佳实践（见表 4.1）。② 经过十余年的发展，"中国地方政府创新奖"已确立了一套较为成熟的政府创新评价体系，该奖项不仅获得了全社会的广泛关注，关于地方政府创新的研究也在近几年掀起了一股研究热潮。但与地方政府创新的巨大进展相比，"中国大陆整体性的政治创新并不突出"③，这就与现阶段蓬勃的地方政府创新发展产生了矛盾。国内学者吴建南等人也认为，政府创新的各个构成要素及其相互间关系是认识和理解政府创新的关键。因此，研究政府创新的要素框架应包括创新的动因（Impetus）、主体（Initiator）、内容（Content）、方式（Approach）和绩效（Performance）五个方面。④ 通过对 2000 年以来历届"中国地方政府创新奖"获奖项目的类型、数量、区域分布比例、创新主体进行定量统计研究，可以归纳总结出中国地方政府创新的主要特征和发展轨迹。因此，深入挖掘中国地方政府创新的特征、类型、区域差异和发展趋势，考察地方政府所扮演的角色及创新行为选择的动因，并分析地方政府创新的内在逻辑或规律，有助于进一步发现和揭示地方政府的行动逻辑和创新的演进规律。

表 4.1　　　　　　　　历届中国地方政府创新奖的申报项目总表

届别	申报数（个）	入围数（个）
第一届（2001—2002 年）	325	20
第二届（2003—2004 年）	245	18
第三届（2005—2006 年）	283	25

---

① 从 2015 年开始，"中国地方政府创新奖"更名为"中国政府创新最佳实践"，该奖项的主办单位也改为由北京大学中国政府创新研究中心主办，但评奖规则与程序仍同以往评选相一致。因此，创新奖评选从第八届开始已使用"中国政府创新最佳实践"的说法。为防止歧义，本书仍统一采用"中国地方政府创新奖"的说法，特殊情况会标注说明。
② 参见中国政府创新网站有关新闻报道及俞可平的介绍，2012 年 10 月 10 日（http://www.chinainnovations.org）。
③ 韩福国：《地方政府创新与区域经济增长的关联性》，《浙江大学学报》2012 年第 2 期。
④ 吴建南、马亮、杨宇谦：《中国地方政府创新的动因、特征与绩效——基于中国地方政府创新奖的多案例文本分析》，《管理世界》2007 年第 8 期。

续表

届别	申报数（个）	入围数（个）
第四届（2007—2008 年）	337	20
第五届（2009—2010 年）	358	30
第六届（2011—2012 年）	213	24（其中两个项目为中央政府层级）
第七届（2013—2014 年）	132	20
第八届（2015—2016 年）	119	21

资料来源：2012 年 10 月 10 日，中国政府创新网（http://www.chinainnovations.org）和 2015 年 12 月 14 日（world.people.com.cn）。

首先，本书以六届（2001—2012 年）中国地方政府创新奖入围项目和相关媒体报道作为分析文本，主要采用内容分析法（Contest analysis）进行分析。内容分析法作为一种研究技术，可以从数据及其背景中得到可重复的有效推论（Krippendorff，1980），能够利用量化的方法从信息的特征中概括出一定的描述性量化分析结果，并据此推断内容的意义及其产生的背景，而不仅仅是"测定各种传播现象的相对重点或出现频数"[①]。本书对地方政府创新奖入围项目的二手文本资料利用 Rost CM6.0 文本挖掘技术，通过描述这些项目的内容变量进行系统而客观的地方政府创新研究。

一 中国地方政府创新的类型分析

"中国地方政府创新奖"申报项目将地方政府创新分为政治改革、行政改革、公共服务、社会管理四大类（见表4.2）。从历届中国地方政府创新奖入围项目看，创新类型分布呈现出明显差异（见图4.1），并可以得出以下结论。第一，政治改革在地方政府创新获奖项目中的比例呈逐渐下降趋势，2009—2010 年度仅占9%左右。因为大部分的政治体制改革涉及民主、立法、司法等根本性的变革，而地方政府的地位决定了其创新在政治体制改革方面的局限性和艰难困境，故很难在政治改革方面做出较大的突破。目前政治改革类的创新主要集中于完善决策机制、干部人事制度改革和加强社会监督等方面。第二，行政改革类的创新增长迅速，在地方政府创新中占有绝对优势地位，但近年来具有衰弱的迹象。这一方面说明地方政府推动管理机制创新的空间较大，现行政府管理体制的众多疑难杂

[①] 丹尼尔·里夫：《内容分析法：媒介信息量化研究技巧》，嵇美云译，清华大学出版社 2010 年版，第 23—24 页。

症和管理不顺的问题都促使地方政府加快管理改革与创新；另一方面也论证了地方政府具有主动思考如何完善管理的积极性，以实现地方政府治理的有效性。行政改革类项目集中于透明政府、责任政府、低成本政府、廉洁政府、绩效管理等方面，也是地方政府管理的关键环节所在。第三，公共服务类创新虽然具有一定的增长趋势，但总体比例基本保持稳定，占总创新项目的10%—20%。这与地方政府创新的分类有一定关系，现行的分类将社会管理类创新作为单独一类加以区分，涉及社会服务、社区治理、社会救助、社会工作管理、社会治安等子类，而这些创新项目亦可以作为广义的公共服务类创新加以归类。因此，从这个角度看，可以发现，社会管理类和公共服务类政府创新总体趋于活跃，从第一届的30%增加到后面几届的40%—55%。国内学者何增科认为，我国当前公共服务类和社会管理类政府创新趋于活跃的重要原因是政治改革类的政治和法律风险最大，地方行政改革可能遭遇上级部门的阻力较大。而公共服务类政府创新主要受可支配财力和施政理念的影响，因此地方政府领导人倾向于选择风险小而晋升机会大的领域进行创新。[1]

表4.2 　　　　　　　　中国地方政府创新的主要类型

创新类型	主要内容
政治改革类	（1）党内民主；（2）人民民主；（3）立法改革；（4）司法改革；（5）完善决策机制；（6）干部人事制度改革；（7）加强社会监督
行政改革类	（1）透明政府；（2）责任政府；（3）低成本政府；（4）廉洁政府；（5）依法行政；（6）减少管制；（7）公务员管理；（8）绩效管理；（9）理顺政府间关系
公共服务类	（1）公益事业；（2）社会保障；（3）公共卫生；（4）环境保护；（5）基础设施建设；（6）弱势群体保护；（7）增加就业；（8）改善教育；（9）改善住房
社会管理类	（1）社会服务；（2）社区治理；（3）事业单位改革；（4）社会救助；（5）社会治安；（6）社会组织培育；（7）社会工作管理

资料来源：2012年12月10日，中国政府创新网关于地方政府创新奖的申报表（http://www.chinainnovations.org），以下资料若无特殊说明，其数据均来自中国政府创新网"创新数据库"。

---

[1] 何增科：《中国政府创新的趋势分析》，载俞可平《政府创新的中国经验》，中央编译出版社2011年版，第33页。

前六届创新项目类型分布情况

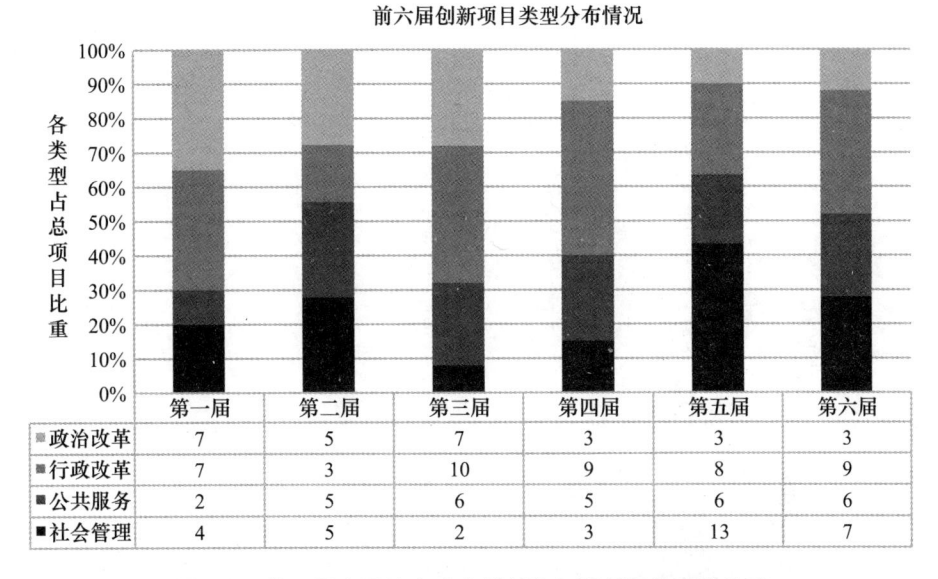

类型	第一届	第二届	第三届	第四届	第五届	第六届
政治改革	7	5	7	3	3	3
行政改革	7	3	10	9	8	9
公共服务	2	5	6	5	6	6
社会管理	4	5	2	3	13	7

图4.1 前六届中国地方政府创新奖入围项目类型比较图

二 中国地方政府创新的特征与动因——基于社会网络分析法

运用 Rost CM6.0 文本分析技术，输入历届中国地方政府创新奖入围项目名称，项目名称及项目内容的词频分析结果（见表4.3、表4.4）和社会网络分析的矩阵关系（见图4.2、图4.3）表明，中国地方政府创新的主体、内容和方式等特征方面存在明显差异。

表4.3 中国地方政府创新奖入围项目名称之词频统计结果表（排序前40）

序号	词组	词频	序号	词组	词频	序号	词组	词频	序号	词组	词频
1	政府	25	11	体制	11	21	街道	7	31	人大	6
2	改革	23	12	社区	10	22	模式	7	32	山东省	6
3	浙江省	22	13	深圳市	10	23	河北省	7	33	政务	5
4	制度	18	14	区委	10	24	社会	7	34	参与	5
5	管理	16	15	农村	10	25	上海市	7	35	体系	4
6	四川	14	16	江苏省	8	26	县政府	6	36	预算	4
7	机制	13	17	创新	8	27	北京市	6	37	湖北省	4
8	行政	13	18	建设	8	28	广西	6	38	重庆市	4
9	广东省	12	19	区政府	8	29	审批	6	39	养老	4
10	服务	12	20	乡镇	7	30	自治区	6	40	公开	3

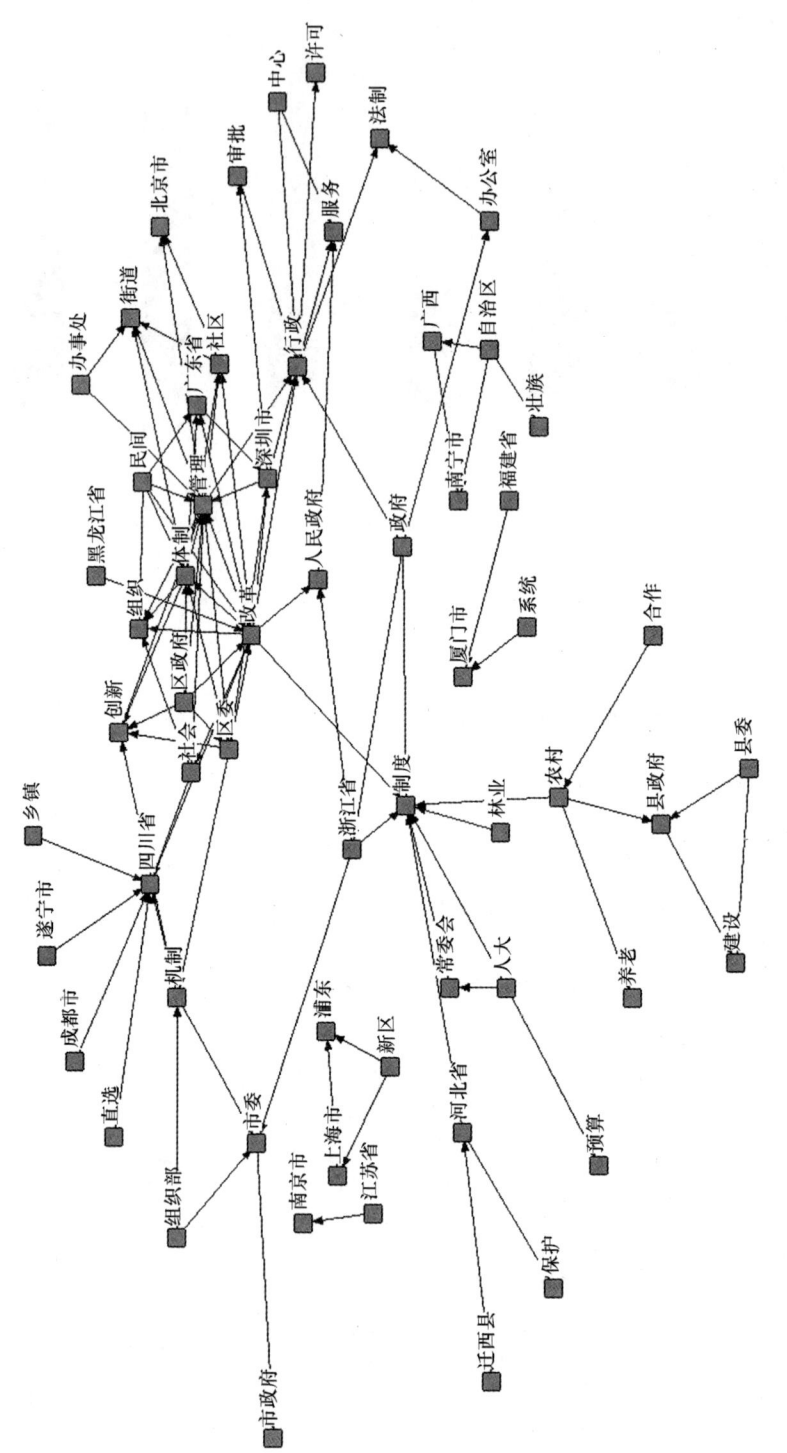

128 地方政府创新的动因及其作用机制研究

图 4.2 历届中国地方政府创新奖入围项目名称之矩阵关系图

第一，关于地方政府创新的行政层级。一般意义上的政府创新主要指的是行政部门的创新，但我国同时也将党的机构、司法机关、立法机关以及工会、共青团、妇联等群团组织视为政府创新主体。尽管学界对这一分类存疑，但不可否认的是这些机构发起的创新对政治变革、公共服务和社会管理的完善起到了重要作用。观察历届中国地方政府创新奖入围项目的社会网络分析矩阵关系图，可以得出结论：（1）省级和市级政府连接各种创新的节点，是最主要的政府创新主体，在创新内容上与行政改革、公共服务类创新关系紧密。（2）乡镇政府和街道层级的创新较少，图4.3虽不能证明基层政府创新衰退的趋势，但也显示出其较为边缘化的一面。同时，基层政府所处的节点基本上是矩阵的最外围，乡镇政府和街道层级的创新处于创新的末端，也可能是上级政府创新的主要对象，而非主动的创新发起主体。（3）社区和社会团体的创新并不显著，主动发起的创新不多，显示其创新积极性和活跃性较差。对地方政府创新行政层级的考察，可以得出一个规律，地方政府创新的活跃性与行政层级基本成正比，即越处于行政层级末端，创新的自觉性和主动性越弱。这与省级政府和市级政府拥有较多的自主权有关，自主权限较大的地方政府承受创新风险的能力更高，反之基层政府无法预估创新风险则不敢主动挑战。基层政府尤其是乡镇长期以来承担着地方经济发展、社会管理和农村公共服务的职能，但其职能定位和公共服务功能却不够清晰，如何实现乡镇管理体制创新在中国现有的环境下对于统筹城乡发展、城乡公共服务均等化和构建社会主义和谐社会都具有关键意义。但公共管理的现实是乡镇政府的管理权限小加之法律本身对其缺乏规范，基层政府领导人即使在管理实践中面临着很多工作难题和困境也很少愿意承担创新风险而积极主动创新，除非晋升的期望较高和上级政府意向表达清晰。

第二，关于地方政府创新的方式。所谓政府创新的方式，是指政府通过何种途径和手段创新。Mark Moore 和 Jean Harley 提出了公共部门创新的五种方式：一是打破组织边界或创建基于网络的生产系统；二是挖掘新的资金库、物力库以及人力库；三是利用政府的能力召集、号召，重新界定权利和责任；四是重新分配、定义和判断需要被生产的价值；五是以正义、公平、社区建设以及效率和效益等方式来评价创新。[①] 从

---

① Mark Moore, Jean Harley, "Innovation in Governance", *Public Management Review*, Vol. 10, No. 3, 2008, pp. 3-20.

图 4.1 可以观察到，我国行政改革类创新是地方政府创新的主要类型，虽然近年来公共服务类和社会管理类的创新有所增加。因此，与西方国家卓有成效的公共服务及其管理机制创新有所不同，我国地方政府创新倾向于运用行政手段创新，目的在于转变政府职能，建立新的管理体制、制度和机制（图 4.2 表明各种制度是地方政府的主要创新内容和连接点）及提高组织效能。通过历届中国地方政府创新奖的整理，归纳出其创新的基本方式有以下几种：(1) 重新界定政府职能，以减少政府管制和规范行政权力为途径，主要体现在精简政府职能、政府流程再造和社区参与管理等方面，如海南省政务服务中心的行政审批"三集中"、广东省深圳行政审批制度改革、海南省海口实行行政审批的"三制"、浙江省慈溪市委市政府基层组织和社会组织协同治理模式、江苏省南京市下关区"政务超市"等项目。(2) 公共服务市场化改革，通过公私部门合作、第三部门参与及市场化手段改革公共服务供给模式，如广东省深圳市"公用事业市场化改革"、浙江省宁波市海曙区的政府购买居家养老服务、广西壮族自治区南宁市"行政事业性国有资产管理体制改革"、天津市和平区行政许可服务中心的引入中介组织参与行政审批服务等。(3) 提高政府管理能力，重点体现为政府绩效考评系统的改进与创新，如浙江省温州市政府的"效能革命"、福建省厦门市思明区"公共部门绩效评估系统"、浙江省杭州市综合考评委员会办公室的公民导向的综合考评、北京市政府的市级国家行政机关绩效管理体系等。(4) 重塑公平和正义价值，重点关注弱势群体，倡导基本公共服务均等化。如四川省总工会、成都市总工会的省际工会联动维护农民工权益机制、海南省海口市的"外来工之家"、广东省中山市三乡镇妇联外来人口社区融入与发展、河北省迁西县"妇女维权"等。(5) 实现政府管理机制的公开化、民主化。通过公众参与、政务公开的方式推动透明政府的构建，基层政府是这方面的主要创新发起者。如江苏省徐州市贾汪区政府"公众全程监督政务"、浙江省武义县委"村务监督委员会"、广东省深圳市大鹏镇"三轮两票"选举镇长、浙江省杭州市政府的开放式决策等。(6) 利用电子政务创建新的管理方法和模式，如广西玉林市人民政府的"一站式"电子政务新模式、四川省人大常委会预算工作委员会的"在线监督"预算执行等。

第三，关于地方政府创新的内容。图 4.1 对现阶段地方政府创新类型进行了归纳分析，表明行政改革类创新是最主要的创新内容，同时公共服务和社会管理的创新也趋向增长。① 国内学者俞可平将地方政府创新的内容加以分类，认为主要有以下几个方面：改善政府的公共服务体制，提高公共服务质量，建设服务型政府；简化审批，减少管制，提高效益，方便群众；实施扶贫政策，建立社会救助制度，维护社会弱势群体的权益；扩大社会保障的范围，促进社会的公平正义，推动和谐社会建设；广泛推行村民自治，改善乡村治理机制，促进农村城镇化转型；逐步扩大竞争性选举，实质性地推进民主政治的进步；大力推进行政机关自身的改革，确立依法行政和法治政府目标，提高政府机关的绩效；发挥现行行政体制的优势，探索协商民主的新形式，扩大政府决策的民主化；化解矛盾，加强治安，维护社会稳定；推行政务公开，建设透明政府；拓宽监督公共权力的渠道，加强对政府权力的监督等16个方面。② 通过 Contest analysis，表4.4对历届138个中国地方政府创新奖入围项目内容分析的词频统计（排序前五十）显示，地方政府创新的内容主要导向以下三个领域：（1）以弱势群体保护、社会保障、教育卫生医疗等为核心的公共服务创新和以社会救助、社区管理为主要内容的社会管理创新。数据表明，虽然公共服务和社会管理创新总量不少，但公共服务覆盖面不够广泛，环境保护、公共卫生、就业和住房等领域的创新较少。（2）以政府管理为核心的行政部门改革集中于行政审批制度改革、政府职能转变和政府效能提升的管理机制创新。这方面的地方政府创新具有内驱性质，其本质是政府内部管理机制的完善与发展，以适应经济社会发展对政府管理模式改革的要求。（3）以参与、民主、监督为重点的透明政府、法治政府和责任政府建设。数据也显示，这方面的创新主要来自乡镇或农村的民主政治创新。作为一种应具有内在可持续性的创新，民主政治创新的扩散效应还需要进一步发挥，上级政府对此应给予更多关注。总之，现阶段的地方政府创新在对象上覆盖政府自身、社会公众（弱势群体）、企业、农村等，在目标上导向绩效、能力、发展与和谐社会构建，在路径上创新管理模式与机制，但其内容在丰富性和多样性方面还需拓展。

---

① 国内学者何增科、俞可平等人认为历届地方政府创新中最多的是公共服务类项目，这与他们将公共服务类和社会管理类合并一起的数据统计结果有关，本书将公共服务和社会管理加以区分。
② 俞可平：《政府创新的中国经验》，中央编译出版社2011年版，第4—17页。

表4.4　　中国地方政府创新奖入围项目词频统计结果表（排序前五十）

序号	词组	词频	序号	词组	词频	序号	词组	词频	序号	词组	词频	序号	词组	词频
1	社会	1521	11	部门	658	21	民主	401	31	执法	278	41	资金	191
2	服务	1452	12	机制	643	22	监督	387	32	考核	276	42	环境	187
3	政府	1371	13	制度	637	23	工会	377	33	职能	276	43	党委	178
4	管理	1192	14	创新	594	24	模式	358	34	和谐	264	44	合作	174
5	群众	1070	15	农村	529	25	基层	355	35	乡镇	258	45	治理	172
6	问题	923	16	信访	501	26	有效	336	36	村民	246	46	能力	172
7	发展	869	17	参与	484	27	决策	327	37	农民工	246	47	卫生	165
8	改革	720	18	公共	451	28	经济	324	38	绩效	233	48	法律	155
9	行政	712	19	企业	442	29	稳定	297	39	教育	201	49	医疗	150
10	建设	661	20	审批	440	30	体制	289	40	养老	197	50	妇女	140

注：统计词频排序前五十排除了一些假定与本书基本无关的词汇，如"结合""提高""实现"等词。

第四，关于地方政府创新的动因。历届138个中国地方政府创新奖入围项目内容分析的社会网络分析图表明（见图4.3），地方政府创新集中在以下几个中心点：

一是以政府为中心，围绕政府职能转变和行政效能改进，立足政府管理模式变革，通过公民参与和公开行政实现透明政府建设，推动了制度创新。二是以管理为中心，连接着制度、政府、社会、发展、问题、改革和创新等层面，说明当前地方政府创新的主要内容仍是管理驱动式的。以加强政府管理为目标，构建各种管理制度和机制，解决各种政府管理实践问题，从而促进经济社会可持续发展。三是以社会为中心，这突出表现为社会管理创新在地方政府创新中的比例具有增加趋势。以社会为中心开展的创新其主要针对的是"问题""发展"和"服务"，即通过社会管理机制创新解决当前社会管理领域频繁的问题，提高群众的满意度，实现社会主义和谐发展。四是以发展为中心，重点表现为地方经济增长驱动和社会公众需求的驱动。一方面是地方政府对经济社会发展的需求，另一方面是社会公众对公共服务需求的提升。所谓的问题和危机导向地方政府更倾向于如何有效地解决问题和实现发展，关注"有效""实现"和"促进"，即政府管理的能力与效果。五是以问题为中心，以解决问题为目标的地方政府创新重点表现为创新的导向和驱动，即问题驱动。部门管理、公众需求、社会发展等领域存在的问题都推动政府思考立足于如何创新手段和

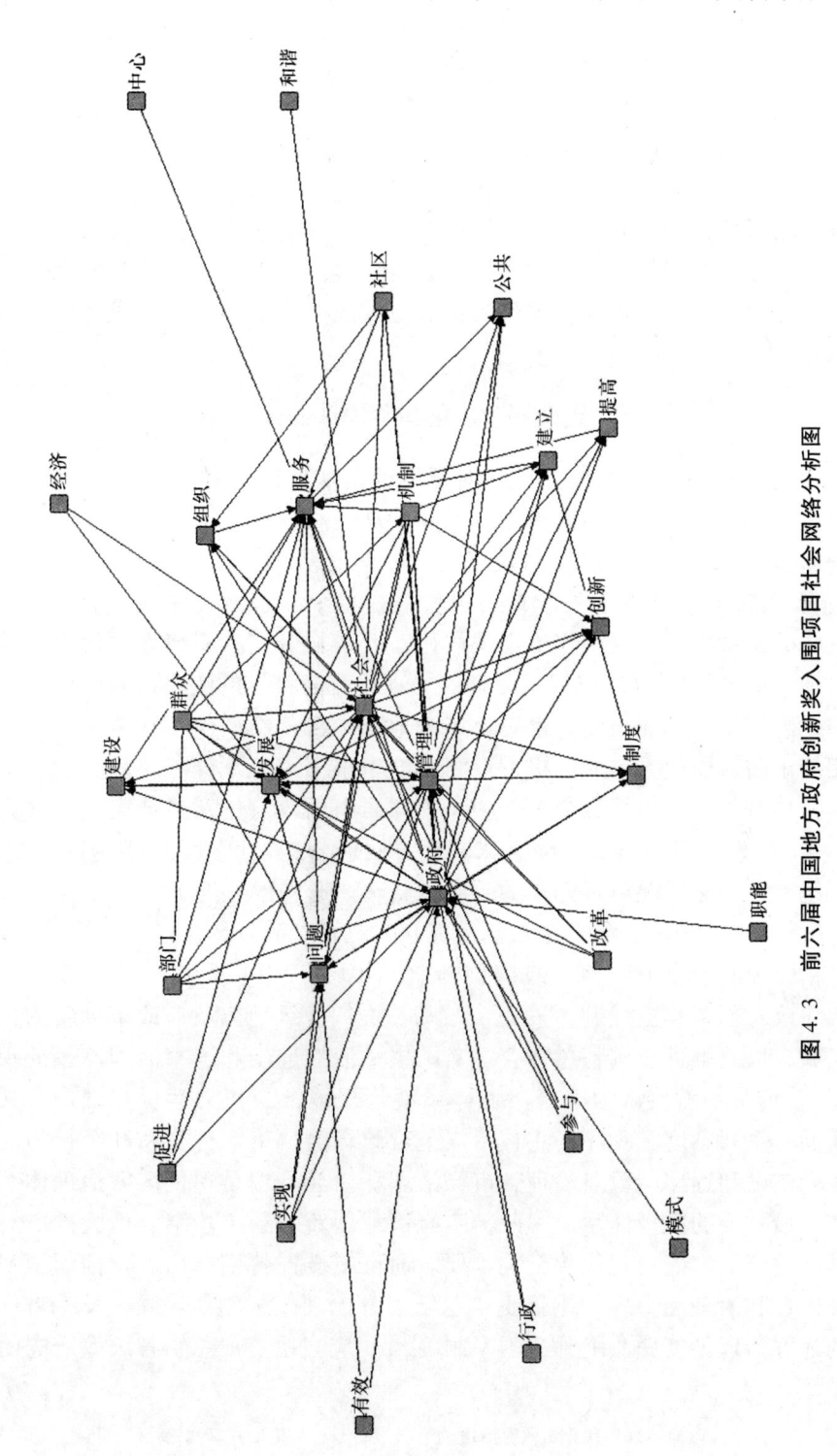

图 4.3　前六届中国地方政府创新奖入围项目社会网络分析图

方式去解决问题,从而激发了地方政府创新。六是以服务为中心,图4.3关于服务的连接点显示出群众、社会、发展及社区对公共服务创新的强烈需求。这表明现阶段社会公众对公共服务的质量和效率提出了更高要求,而公共服务质量的提升亦是现代社会发展的重要内容。地方政府关于公共服务的创新具有明显的外部驱动性质。图4.3社会网络分析图较为清晰地分析了地方政府创新的六个中心,虽不能更为深入地探究地方政府创新的动因和驱动机制,但也为具体分析我国地方政府的动因提供了研究思路和基本路径。

三 近两届政府创新奖评选的分析

从2013年起,中国地方政府创新不论是实践还是评选方面都发生了一些显著变化:一是在国家治理体系和治理能力现代化的新背景下,政府治理创新以实现政府治理能力现代化为发展趋势。正如学者何增科所说,"政府治理在国家治理中处于核心地位,是整个国家治理体系中的一个最为重要的子系统。研究国家治理现代化,就必须研究政府治理现代化和政府治理改革与创新"[①]。以提高治理能力现代化为目标的政府创新就成为新时期政府创新的重要指向,也对近年来地方政府创新产生了重要影响。二是相较于前六届地方政府申报,近两届的申报书呈现下降趋势。第七届中国地方政府创新奖申报数为132项,第八届中国政府创新最佳实践申报为119项。申请项目的显著下降意味着地方政府创新活跃度的下降吗?这里就围绕上述变化情况对近两年的政府创新奖评选进行分析。

(一)国家治理体系和治理能力现代化视角下的地方政府创新

相较于前六届中国地方政府创新奖,2013—2014年和2015—2016年这两届政府创新奖更强调"发现、激励和推广各级地方政府改革创新的先进经验,以此推进中国特色社会主义民主法治的进步和国家治理体系的现代化"。俞可平教授认为国家治理体系就是规范社会权力运行和维护公共秩序的一系列制度和程序。它包括规范行政行为、市场行为和社会行为的一系列制度和程序,政府治理、市场治理和社会治理是现代国家治理体系中三个最重要的次级体系。因此,政府治理创新的经验总结和检验推广对于推动政府治理能力现代化至关重要。俞可平教授特别指出,要推动国家治理体系和治理能力现代化就要"总结地方治理改革创新经验,及时将优秀的地方治理创新做法上升为国家制度","应当系统地总结各级政府的治

---

① 何增科:《政府治理现代化与政府治理改革》,《行政科学论坛》2014年第2期。

理改革经验，及时将成熟的改革创新政策上升为法规制度，从制度上解决政府治理和社会治理改革创新的动力问题"。① 第七届中国地方政府创新奖和第八届中国政府创新最佳实践奖尽管申请数量减少，但申报项目类型紧密围绕政府治理、社会治理的核心，是对新时期提高政府治理能力的重要探索尝试。因此，这些获奖项目的显著特征是：

第一，更加注重政府管理实践，是各级政府完善治理方式的积极创新尝试，在公共管理过程中切实开展并取得了良好的实践效果。获得第八届中国政府创新最佳实践奖的浙江省机构编制委员会办公室的"政府部门职权清理，推行权力清单制度"，该项目持续时间长，建立了浙江省政务网服务平台，权力清单制度为解决政府碎片化管理难题扫清了障碍，并为后续开展的惠民服务改革"最多跑一次"提供了技术支持和制度保障。这项最佳实践可以说是地方政府在互联网+、大数据技术发展新形势下推动政府治理现代化的典型样本。

第二，充分利用互联网信息技术，将信息技术融入现代政府治理，促使政府不断提高管理与服务效率。近两届地方政府创新奖入围项目大都运用了新兴的互联网+技术、大数据平台，一方面体现了现在互联网发展的重大趋势，另一方面也是政府对管理外部环境做出的能动选择与积极回应。如第七届中国地方政府创新奖项目"江苏省昆山市张浦镇的经济发达镇行政改革与流程再造""吉林省安图县的群众诉求服务平台创新""广东省肇庆县的'法治肇庆'微博群"，如第八届中国政府创新最佳实践项目"江苏省苏州市人民政府法制办公室的重大行政决策项目目录化管理和网上运行""山西省忻州市委宣传部的忻州随手拍"等项目都采用了互联网新技术以及新媒体工具。互联网时代信息技术的迅速发展在一定程度上是激发政府创新的重要力量，极大地改变了政府治理方式，也是政府能力现代化的一个重要组成部分。

(二) 地方政府创新逐渐呈现常规化、普遍化的态势

跟以往六届相比，第七届中国地方政府创新和第八届中国政府创新最佳实践申请项目均有显著下降，但这并不说明地方政府创新活跃度下降。恰恰相反，在经过历届中国政府创新奖的评选之后，政府创新已然成为各级政府关注的热门话题。

一方面在实践层面上，各级政府纷纷把政府创新纳入政府绩效考核的范畴，使政府创新逐渐成为政府常规化的一项管理职能，是衡量政府绩效

---

① 俞可平：《推进国家治理体系和治理能力现代化》，《理论参考》2014年第2期。

水平的重要指标之一。如浙江省杭州市建立的综合考评体系就确立了"创新创优"作为综合考评加分项目，采用"竞赛制+淘汰制"，由市直单位自愿申报，市考评单位组织核验，并通过第三方实行专家绩效评估。从2016年起，还明确设立了市直单位的创新创优目标。杭州市综合考评办公室会统一要求各市直单位自愿申报下一年度的创新创优目标，并统一下达进而公布各个单位的创新创优目标，从而正式将管理创新纳入各职能部门的日常管理职责范围。如附录2①所示，该表为2017年度杭州市市直单位首批创新创优目标，对每个部门创新创优项目所要达到的目标以及创新点都做了较为详细的解释，也是这些单位年度创新的目标指引。北京市也在2017年1月开展了"2016年度市级行政机关创新创优项目评审会"，对北京市58个市级行政机关的创新项目进行公开透明评审，以此进一步推动创新型政府建设。因此，恰恰是由于各级政府相当重视政府创新，视其为一项重要的政府绩效评估指标，地方政府创新才日益具有常规化、普遍化、扩散化的态势。

另一方面，除中国地方政府创新奖评选以外，地方层级和有影响力的科研机构主办的各类政府创新奖评选也呈逐渐增加趋势。由于中国地方政府创新奖每两年举办一次、每次仅入围20项，具有难度大、评选周期长的特点。而地方层级和其他科研机构主办的创新奖往往以地方区域范围为评选对象，难度相对会降低，但同时也具有很好的影响力。这或许能说明为何近年来中国地方政府创新奖申请项目减少。如浙江省2011年举办了首届"浙江省公共管理创新案例"评选，主办方是《今日浙江》杂志社、浙江省公共政策研究院和浙江大学公共政策研究中心。第一届的"浙江省公共管理创新案例"评选社保案例超过130项，最终评选出4项"浙江省公共管理创新案例特别贡献奖"、10项"十佳创新奖"以及10项"优秀奖"。这是全国省区首次举办公共管理创新的尝试，在浙江省范围内颇具影响力。此后，浙江省每隔两年都举办一次"浙江省公共管理创新案例"评选。截至2017年12月，已举办四届。这一评选活动能够进一步总结省内地方政府创新的经验，激发基层推进公共管理创新的动力，逐渐成为受到地方政府普遍认可的重要创新评选活动。这些更具有地方性质的评选，不仅激发了地方政府创新的动力，也更能直接反映公众的诉求，大都是运用政府管理创新提高服务效率和服务质量的创新实践，使政府创新让公众真正受益。

---

① 2018年2月10日，2017年度市直单位首批创新创优目标（http://www.hzkpb.gov.cn/showpage.aspx?nid=66004&id=217）。

第三节 区域地方政府创新的差异分析

地方政府创新受到行政层级的影响,不同层级的地方政府创新内容和方式都有所不同。与之相应的是,中国区域间地方政府创新的差异甚是显著。以东中西三大区域为标准进行划分,东部的地方政府创新在数量上呈现出绝对优势。从前六届的创新入围项目数据来看,东部地区的地方政府创新占创新总量的60.87%(见图4.4)。而从八届政府创新奖入围项目总量来看,东部地区的地方政府创新占创新总量比值达到62%(见图4.5),这表明区域间政府创新不均衡的状况仍十分显著。东部地区依靠创新优势,地方政府创新动力增强,活跃性更好。韩福国通过对区域经济增长和地方政府创新关联性的研究得出结论,认为经济增长水平高的区域,地方政府创新的数量远远高于经济增长水平低的区域;这突出表现为东部区域及其区域内经济增长活跃的省份,地方政府创新数量比经济发展相对较为缓慢的省份明显较多。① 但这并不足以充分说明西部地区相较于中部地方政府创新的活跃性,即使中部地区经济发展程度比西部相对较高。

一 区域地方政府创新的数量和类型差异

考察前六届中国地方政府创新奖入围项目的区域分布和省份分布,东部地区在行政改革类、政治改革类、公共服务类和社会管理类等创新类型上都占有绝对的数量优势(见表4.5、图4.4)。西部地方政府创新总量位居次之,总数为37项。中部最少,创新数量仅为17项。其中,东部地区的地方政府创新类型中,以行政改革类居多,为28项,占33.33%。但公共服务类和社会管理类加总为41项,占48.80%。可以看出,东部地方政府创新既注重公共服务和社会管理的创新,也关注政府自身管理机制的完善。而公共服务和社会管理创新的蓬勃发展与东部地区民营经济活跃、社会组织发展和公民社会程度较高等因素都具有一定的关系。至于是怎样的关联性,则需要进一步加以分析。西部地区的地方政府创新类型中,行政改革类、公共服务类和社会管理类所占的比例大致相同,没有明显的差异。若公共服务类和社会管理类加总,则比例略有增加,但其公共服务和社会管理导向的创新不如东部地区明显。与西部相比,中部地方政府创新

---

① 韩福国:《地方政府创新与区域经济增长的关联性》,《浙江大学学报》2012年第2期。

的活跃度更低，主要创新类型为行政改革类，其中多数的中部地区省份历届政府创新为 0。①

以前八届的中国地方政府创新奖数据来看，获奖项目的省份分布显示（见图 4.6），区域间、区域内的地方政府创新很不平衡。东部的浙江省、广东省和西部的四川省的创新比例较高，其中以浙江省最为显著。即使在创新活跃的东部，区域内地方政府创新不均衡的趋势也非常显著。浙江省获得中国地方政府创新奖入围项目数为 26 项，占总数比例达 23.85%。广东省的入围项目数为 18 项。浙江和广东的入围项目数就达到 44 项，占整个东部地区创新的比例为 40.37%，接近整个东部地区创新的一半。东部的海南、天津、吉林等创新数量均为 2—3 项，如黑龙江的政府创新占东部地区创新比重仅为 1.96%。因此，省份间的极差很大，凸显区域间政府创新的不均衡。同样的现象和规律也出现在西部地区。区域内最为活跃的四川省创新总数为 17 项，占区域创新比重为 36.17%，而西藏创新数仅为 1 项，青海和甘肃均为 0 项，出现了创新空白。中部地区因其本身创新数量不多，区域内各省份的分布比例倒是略显均衡。

区域间或区域内地方政府创新存在非均衡化现象和巨大差异，这就需要深入探究具有区域性质的地方政府创新的影响因素、生成机制和演变规律，从而为研究地方政府创新的动因提供可靠的研究思路，并进一步思考在中国这一特殊的政治、经济、文化、社会背景下地方政府创新的动力机制。

表 4.5　　　　中国地方政府创新奖入围项目创新类型区域分布统计

创新类型＼分布区域	东部	中部	西部
政治改革类	15	4	9
行政改革类	28	7	11
公共服务类	20	1	9
社会管理类	21	5	8
总计	84	17	37

---

① 这与本书选择的样本有一定关系。本书选择 138 个历届中国地方政府创新奖入围项目作为分析样本，数量较少。如果以 1500 多个申报项目作为分析样本，可能更具有说服力。根据何增科、吴建南等学者的前期研究，在申报项目上，东中西的创新比例与此大致相同。因此本书仍以 138 个样本为基础开展研究。

	政治改革类	行政改革类	公共服务类	社会管理类
西部	9	11	9	8
中部	4	7	1	5
东部	15	28	20	21

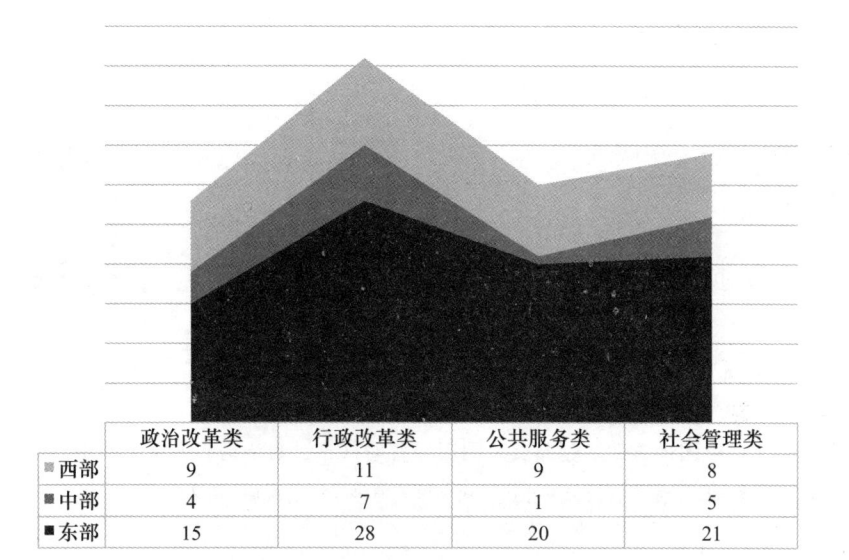

图 4.4　中国地方政府创新奖入围项目创新类型区域分布图（前六届）

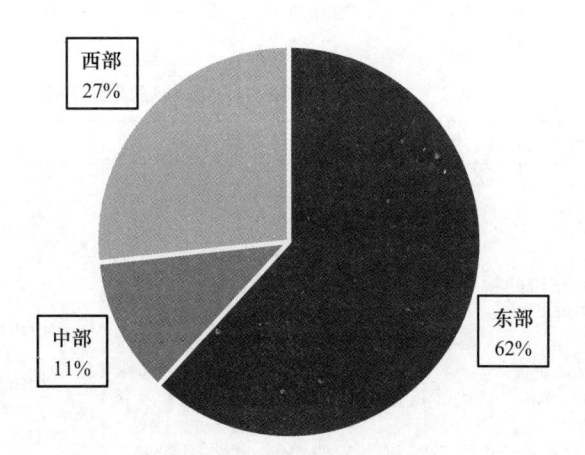

图 4.5　历届中国地方政府创新奖入围项目区域分布图（前八届）

西部 27%
中部 11%
东部 62%

140　地方政府创新的动因及其作用机制研究

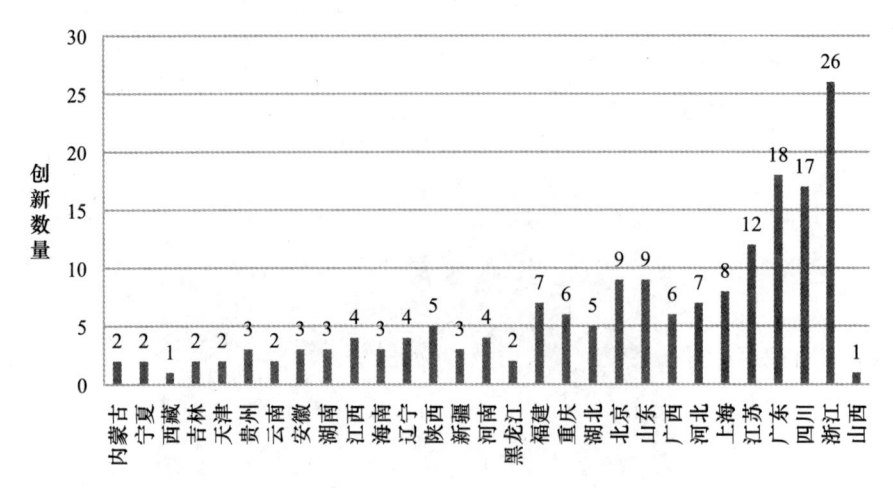

图 4.6　中国地方政府创新奖入围项目各省（市、自治区）创新数量分布图

注：该图剔除了中央行政机关在第六届中国政府创新奖的两项入围项目，总数为 176 个。

二　典型区域间的创新比较

浙江、四川、广东作为地方政府创新中最活跃的地区，首先在数量上表现出占据比例的优势。分析这三个典型省份的创新类型，则进一步发现，活跃程度接近的省份在创新内容和创新方式上也存在一定差异（见表 4.6）。

表 4.6　浙江、四川、广东地方政府创新项目比较

创新类型	浙江省	四川省	广东省
政治改革类	1. 金华市的领导干部经济责任审计 2. 乐清市人大常委会：人民听证制度 3. 台州市"乡镇（街道）团委书记直选" 4. 温岭市"民主恳谈" 5. 武义县委县政府："村务监督委员会"	1. 遂宁市市中区步云乡："直选乡长" 2. 成都市新都区委："基层民主政治建设" 3. 平昌县委："公推直选乡镇党委领导班子成员" 4. 遂宁市市中区"公推公选"乡镇党委书记和乡镇长 5. 雅安市"直选县级党代表" 6. 雅安市人大常委会：乡镇人大代表选举制度改革 7. 彭州市委：基层协商民主探索	1. 深圳市南山区委区人大：创建人大代表工作室（站） 2. 深圳市大鹏镇"三轮两票"选举镇长 3. 深圳市盐田区委：完善民意畅达机制

续表

创新类型	浙江省	四川省	广东省
行政改革类	1. 杭州市政府：开放式决策 2. 杭州市综合考评委员会办公室：公民导向的综合考评 3. 湖州市委组织部：干部考核机制创新 4. 庆元县委组织部：技能型乡镇政府建设 5. 绍兴市人民政府：中心镇权力规制 6. 绍兴市政府办公室："政府办公室导入ISO9000质量管理体系" 7. 温岭市新河镇：参与式预算改革 8. 温州市政府："效能革命" 9. 杭州市上城区：政府管理与公共服务标准化 10. 浙江省机构编制委员会办公室：政府部门职权清理，推行权力清单制度	1. 成都市人民政府：深化行政审批制度改革 2. 平昌县：公开评税 3. 人大常委会预算工作委员会："在线监督"预算执行 4. 宜宾市法制办公室：规范重大行政决策程序	1. 机构编制委员会办公室：大部门体制改革 2. 深圳市行政审批制度改革 3. 深圳市监察局：行政审批电子监察系统 4. 深圳市龙岗区委区政府："大综管"信访维稳机制 5. 深圳市盐田区：城市生态系统生产总值核算体系及其运用 6. 佛山市顺德区：公共决策咨询委员会制度
公共服务类	1. 宁波市海曙区人民政府：政府购买居家养老服务 2. 衢州市"农技110" 3. 义乌市总工会：工会社会化维权模式 4. 长兴县教育局："教育券制度" 5. 庆元县纪律检查委员会：异地便民服务中心	1. 成都市人民政府：村级公共服务和社会管理改革 2. 省残疾人联合会"量体裁衣"式残疾人服务模式	1. 深圳市"公用事业市场化改革" 2. 省总工会："工人在线"网上线下服务平台
社会管理类	1. 慈溪市委市政府：基层组织和社会组织协同治理模式 2. 湖州市"户籍制度改革" 3. 松阳县政府：农村宅基地换养老 4. 温岭市委市政府：工资集体协商制度 5. 瑞安市人民政府：农村合作协会 6. 温州市委宣传部：市民监督团	1. 遂宁市委政法委：重大事项社会稳定风险评估机制 2. 遂宁市政法委：社会稳定风险评估机制 3. 总工会、成都市总工会：省际工会联动维护农民工权益机制 4. 成都市政府：农村产权制度改革	1. 揭阳市总工会：民间社团建工会 2. 深圳市民间组织管理局：社会组织登记管理体制改革 3. 深圳市民政局：社会工作的民间化专业化 4. 深圳市盐田区政府："社区管理体制改革" 5. 中山市三乡镇妇联：外来人口社区融入与发展 6. 肇庆市政法委："法治肇庆"微博群 7. 中山市社会工作委员会：流动人员积分制管理

表4.6反映了东部和西部典型省份在地方政府创新类型方面的差异：第一，四川的地方政府创新倾向于政治改革类，占其创新总数比例达47.05%。与之形成反差的是，公共服务类创新相对较少，2001—2010年五届期间都没有公共服务创新，仅有的一项在第六届获得，且面向的是村级公共服务与社会管理，缺乏高层次的公共服务创新。第二，作为同是东部地区的经济发达省份，浙江和广东的地方政府创新类型上也较为相似。一是都注重公共服务类和社会管理类创新，总体比例接近。二是浙江的行政改革类创新数量多，以绩效、能力、参与为导向，创新方式多样，范围广泛，而广东的政府创新以简化规制的行政审批制度改革和推动社会治理的社会管理类创新为主。

区域间地方政府创新的差异表明，不同区域及区域间地方政府创新都具有不平衡性。这不仅与地方政府所处的竞争环境、经济基础和社会条件等因素有关，也与地方政府领导人的远见卓识和创新特质紧密相关。本书根据不同区域间以及区域内地方政府创新的差异性，得出了如下结论：

第一，东西部地方政府创新的活跃性具有增长趋势，中部则不够明显。从东中西地方政府创新的数量、内容、类型和方式看，东部地方政府创新最为活跃，以浙江和广东最为典型。西部的地方政府创新总体并不活跃，其他省份创新活跃性较弱，但以四川为典型，其创新数量占西部创新总量的37.8%。中部是地方政府创新活跃最低的区域。近年来，中部政府创新数基本在2项左右，增长趋势不显著。当然，地方政府创新总体仍具有扩散性质和一定的持续性，最近两届政府创新奖评选中新疆、宁夏、陕西等省均有项目入围。

第二，地方政府创新的数量、类型和方式差异也反映出地方政府管理体制改革的差异。吕芳根据各省区的一般预算收入、GDP数据、辖区面积、辖区人口规模、辖区所管的县市数量、各省区的高速公路密度6个指标对26个省区的行政管理体制改革进行聚类分析，得出了以浙江、广东、四川、安徽、贵州为主的五种地方政府创新类型。[①] 这一研究结论与我国地方政府创新典型省份的差异基本吻合，同时也论证了地方政府创新与行政管理体制改革密不可分的关系。以浙江为例，作为全国"省管县"体制改革的先行者，实施了"扩权强县""扩权强镇"改革，在放权改革的同时，积极转变政府职能。地方政府通过自身管理体制改革与创新，为经济社会发展创造良好的制度环境和条件，满足社会扩大的公共服务需求，从

---

① 吕芳：《地方行政体制改革的路径与模式选择》，《北京行政学院学报》2012年第3期。

而实现地方政府的转型。因此，区域地方政府创新的不平衡性也体现出地方政府管理体制改革的差异。

第三，区域地方政府创新的活跃程度与经济发展水平相关，但更重要的是市场化和社会化程度。虽然从总体上来看，东部、中部、西部的地方政府创新与区域经济发展水平相关，但这些区域经济发展水平的背后则与市场竞争机制与社会团体发展相对比较成熟等因素有关。现阶段的地方政府创新在动因上可能以危机回应型创新为主，这意味着地方政府不仅要及时了解公众诉求，将公众诉求体现在公共决策中，并接受公众监督，[①] 还要有灵活迅速的危机回应机制与沟通反馈机制。市场化程度较高的区域，其社会组织培育的成熟度也相对较高。与市场经济发展相关的行业协会、商会组织以及志愿性特征明显的志愿性机构等第三部门的兴起，在表达公共诉求、监督政府和承接政府转变的职能等方面都起着至关重要的作用，是当前地方政府创新的重要动力来源。另外，社会组织的成熟发展也为地方政府创新探索公共服务供给方式创新提供了新的路径。国外地方政府创新的重要方式之一就是公私合作伙伴关系的公共治理创新，政府部门在公共服务供给领域寻求公私合作方法以减轻政府财政负担和提高公共服务供给效率。中国随着市场经济的转型升级，市场经济发达地区的地方政府开放性程度较高，有较强的成本效率意识，对市场化、公私合作伙伴关系方式的管理创新有较高的接纳度，因此在创新方式上更倾向于采纳这些方式以提高公共服务供给效率。浙江、广东等省的公共服务类创新普遍符合这一特征，其公共服务类创新的数量也因此占有较高的比重。

第四，区域地方政府创新存在持续性和扩散性，但扩散性效应并不显著。从 2001 年第一届中国地方政府创新奖评选开始，东部政府创新就一直居于领先，浙江、四川、广东等省份的创新也处于积极活跃的状态，在每届创新奖评选中凸显优势。这表明，区域或区域内地方政府创新存在着持续性。从另一个角度看，作为一种评奖活动，中国地方政府创新奖的评选本身具有正激励效应，对区域地方政府创新的持续性有一定影响。与此同时，地方政府之间竞争合作的趋势日益增加，无论地方政府为吸引招商引资和扩大社会影响、重塑政府形象，以形成强大的地方政府竞争力的需要，还是向周边地方政府创新的学习与模仿，地方政府创新毋庸置疑地出现了扩散性效应。截至目前的八届中国地方政府创新奖评选中，已总计 30 个省份、自治区、直辖市入围，只有青海、甘肃两个省份尚未入围过

[①] 徐继敏：《地方行政体制改革：实践、问题与路径》，《理论与改革》2012 年第 4 期。

政府创新奖。从区域分布看，浙江省入围项目数为 26 项，占总数比例达 23.85%，其政府创新活跃性是全国最高的。但考察其周边区域，除江苏、上海等地区外，安徽、江西、福建等省份政府创新活跃程度并不高。这一方面可能与浙江在竞争合作发展战略上贴近江苏、上海有关，另一方面也说明地方政府创新的扩散效应与地域的关系并不明显，而是跟地方政府竞争合作的伙伴和发展联系网络高度相关。

总之，中国地方政府创新是在行政管理体制改革的背景下围绕政府职能转变和行政效能提升，以管理为中心，实现政府管理观念、技术、方法和机制创新。因此，中国地方政府创新的演进与动因不仅反映了当前行政管理体制改革的阶段性演进与发展方向，也反映出地方政府对地方经济社会可持续发展与增加地方公共服务供给的治理动机。以"中国地方政府创新奖"为典型代表的地方政府创新评选，通过较高层次的奖励评估也在很大程度上激发了近十几年来中国地方政府创新的兴起与发展。尽管从中国地方政府创新奖数据库中可以发现，区域地方政府创新差异仍非常大，地方政府创新也主要集中于经济发展水平较高的区域，行政改革类创新比例远远高于公共服务类创新。要解释这些创新现象的原因以及研究分析如何推动地方政府创新，这就可能需要从地方政府角度深入考察领导人、经济社会条件、组织文化等多方面的动因，并全面地分析地方政府创新的生成机制和演化机理。

第五章　地方政府创新动因的考察与测度：以浙江省为例

中国地方政府创新的总体演进和区域地方政府创新的差异表明，地方政府在采纳创新工具方式和实施创新的具体动因方面更为复杂。单纯从经济发展条件、第三部门培育的成熟度等因素考虑无法系统地解释地方政府创新的动力因素，也就无法进一步探析如何推动地方政府创新。从传统行政管理体制视角看，地方政府创新的复杂性与困境其根源在于三个方面：第一，地方政府在行政组织体系中的隶属地位是创新的重要制约条件。一般而言，地方政府是中央政府或上级政府政策的执行者，按照中央政府的命令实行管理。传统观点看来，地方政府是"保守"的，不愿为创新而牺牲固有利益。第二，地方政府资源条件受到限制。不同于中央政府创新选择的多样化与相对优越的创新资源条件，地方政府既受制于中央政策的约束，也受制于地方资源的稀缺性。尽管一些地方政府受到财政危机压力时，会被迫应对财政危机而采取管理创新，但也有很多地方政府受制于资源性条件的约束而无法推行创新。因为，不少政府管理创新需要巨大的成本。第三，地方政府创新风险复杂。在放松规制改革的背景下，地方政府管理权限扩大，创新的可能性增加。但对地方政府尤其是领导人而言，地方政府创新往往不是简单的危机回应式变革或主动型创新，也可能意味着对晋升或政治生涯的期望。这样，地方政府领导人是否选择发起创新就有赖于上级政府的支持。足见，地方政府创新的动因与整体的制度设计、政治环境、资源因素等都有密切关系，也加剧了地方政府创新动因的复杂性。而正是基于地方政府创新复杂性，就更需要深入剖析引起地方政府发起创新的动力因素，分析政府创新方式采纳的原因，研究地方政府创新的生成机制和演变机理，从而能真正掌握"一项创新的完整过程"[1]。

---

[1] 吴建南、马亮、杨宇谦：《中国地方政府创新的动因、特征与绩效——基于中国地方政府创新奖的多案例文本分析》，《管理世界》2007年第8期。

从中国地方政府创新区域差异研究看，浙江省是地方政府创新最为活跃的省份，其在历届中国地方政府创新奖中的获奖数量和公共服务类创新等显著创新特色都促使浙江省成为当前中国地方政府创新的典型样本。深入挖掘浙江省地方政府创新的动因，分析其各项动力因素的相互作用机制，或许有助于我们进一步解析地方政府创新的形成机制，也能为推动中国其他区域的地方政府创新提供经验借鉴。

第一节 浙江省地方政府创新的背景分析

作为中国地方政府创新最活跃的样本，首先需要分析浙江省地方政府创新实践的制度环境和演进的内在逻辑。浙江省地方政府创新有其地方区域的政治经济社会等特殊条件，可以说是经济社会发展的"浙江模式"在公共管理层面的积极展现。改革开放以来，浙江以"个体发动，家族联动，民间互动，市场拉动，政府推动"和"人力资本个体化，资本积累民间化，市场主体多元化，制度创新普遍化，政府推动适时化"为典型特征，[①] 推动了市场经济迅速发展、区域经济活力增强、政府职能重新定位的浙江模式。浙江模式不仅概括了浙江市场经济转型的重要特点，也阐述了其经济社会发展过程中的政府角色和职能定位，是对浙江经济社会演进逻辑的深度刻画。因此，仅从市场经济发展角度去理解浙江模式可能是不全面的，国内学者何显明认为，市场体系发育、社会组织成长与政府角色变迁共生协进的互动关系，构成了浙江模式生成演进的内在逻辑，也是理解地方政府角色变迁和管理创新内在逻辑的关键。[②] 浙江省地方政府创新也正是在市场经济发育相对成熟、政府职能积极转变、社会组织力量迅速发展等背景条件下逐渐形成和发展起来的。

一 民营经济发展的浙江模式

基于中国地方政府创新奖的区域差异分布，可以发现中国目前地方政府创新相对集中于经济发展水平较高的区域。而经济发展水平较高的区域又往往具有市场经济活跃的特征。市场竞争机制不仅是提高地方经济社会发展能力的动力来源，也推动了地方政府积极发展新理念和采用新方式、

---

① 余潇枫、陈劲：《浙江模式与地方政府创新》，浙江大学出版社2007年版，第3页。
② 何显明：《浙江地方政府创新实践的演进逻辑》，浙江大学出版社2008年版，第277页。

新机制推动管理创新,进而为市场经济发展创造良好的制度环境。经济社会发展的"浙江模式"培育了较为成熟完善的市场经济体系,其背后则是民营经济为主的市场经济发展路径。浙江省独特的民营经济发展模式不仅对浙江的市场化进程产生了深远影响,也为政府角色的转型和政府管理模式创新提供了特殊的动力。① 而民营经济发展的浙江模式也可以说是解释浙江地方政府创新背景的基本条件。

浙江具有悠久的经商传统,在历史上"浙商"及其"浙商文化"久负盛名。国内学者陈立旭认为,改革开放以来浙江经济高速发展的其中一个重要原因就在于"浙江具有鲜明地域特色的工商文化传统底蕴"。要理解当代的浙江经济发展模式,就要分析其历史上的地域性民间经商文化传统,这两者之间存在着"一种清晰的继承关系"。② 清朝乾隆《温州府志》就提到温州人多兼营副业或外出经商打工,"文风逊浙西远甚。士子得一青衿便为止境,养习商贾事"。石刻、竹编、弹花、箍桶等手工艺人和挑担卖糖、卖小百货的经商传统形成了浙江独特的民间工商文化,也成就了民营经济发展的浙江模式。作为典型的"资源小省",为实现地方经济社会腾飞,地方政府不得不寻求"体制外的经济增长"。改革开放以后,浙江省通过"千家万户搞投资,走南闯北找市场",逐渐探索出一条以民营经济为主的自我发展、自我提高之路。民营经济发展的浙江模式推动了浙江经济社会发展,也成为其发展中最显著的特色。据2011年统计数据,浙江省2010年非公有制经济占GDP总量已达到61%,全省城镇以上投资中,非国有投资占总投资的59.3%。省内民营经济发达的地级市如杭州市非公有制经济占全市生产总值的比重达66%,民营经济财政收入占全市财政收入比重为37.6%;温州市2010年民营经济占全市生产比重达81.6%,民营工业企业产值占全部工业总产值比重达91.0%;台州市非国有工业增加值占全部工业增加值也达到93.4%。③ 民营经济为主的市场经济发展模式成就了经济社会迅速发展的浙江模式,更是对浙江地方政府职能转变与管理创新产生了深远影响。

一是地方政府积极转变政府职能,为推动地方经济增长创造良好的制度环境。市场经济发达的浙江省对民营经济具有高度依赖性,可以说,

---

① 余潇枫、陈劲:《浙江模式与地方政府创新》,浙江大学出版社2007年版,第3页。
② 陈立旭:《区域工商文化传统与当代经济发展——对传统浙商晋商徽商的一种比较分析》,《浙江社会科学》2005年第3期。
③ 数据来源:单东主编:《浙江非国有经济年鉴2011》,中华书局2011年版。

"推动区域经济增长的行政主体不是地方政府,而是民营经济"①。地方政府既然已明确了民营发展对地方经济社会发展的作用,就会积极主动寻找扶持发展民营经济的路径,并为民营经济发展提供强大的制度支撑与良好的政治环境。在这个过程中,地方政府就以转变政府职能和提高行政效率为目标,通过观念转变、制度创新、管理机制创新等多种方式简化规制的管理创新,解除行政管理体制对市场经济发展的障碍性因素,为市场经济发展释放活力,打造"有限政府"和"有为政府"。这些管理创新的主要功能是保护民营企业产权,提供公共产品和公共服务,以及提供基础设施建设和解决外部性问题。从根本上来说,正是因为地方政府对民营经济的高度依赖性,使得地方政府不顾风险和压力果断地实施了创新,为民营经济发展创造了制度环境,从而推动区域发展。

二是地方政府对市场经济的接受程度高,回应性强。随着市场化改革进程的发展,政府管理体制改革与创新也进入到一个新的发展阶段。从最初扶持民营经济发展开始转向接受公共部门市场化导向的创新,如公共服务市场化、民营化、公私合作、绩效导向的行政变革等。一方面,市场经济的进一步发展需要政府完善管理机制,为市场经济发展提供制度环境,减少外部性带来的损失;另一方面,市场化改革强化了整个社会的市场经济观念,地方政府对市场化改革的接受程度高,倾向于能够回应市场需求和多样化的管理机制创新。所以,市场经济的蓬勃发展带来的不仅仅是地方经济发展和政府财政能力提高,更多的是公共部门治理理念、技术手段和管理机制的适应与变化。在这个意义上,可以说明经济发展水平与地方政府发起创新有一定关系,但更为重要的是根植于市场经济基础之上的开放性、民主性、回应性、责任性、创新性等观念。

二 社会组织力量发展培育形成的公民社会

诚然,市场经济发展有助于唤起公民意识觉醒,而表达公民诉求和参与民主监督则有赖于政府与社会沟通渠道的畅通和多元化。伴随浙江民营经济发展的,是各种在市场经营主体之间发挥利益整合与协调功能的民间商会及各种社会组织,其中以民间商会最为典型。私营企业随着自身规模的扩大,希望走出非合作竞争博弈的困境,以群体的力量共同抵御风险以

---

① 史晋川、金祥荣、赵伟等:《制度变迁与经济发展:温州模式研究》,浙江大学出版社2004年版,第290页。

谋求新的发展，① 并期望政府完善管理机制为民营经济发展创造良好的条件。这样，基于合作与发展的民间商会就充当起了公民社会治理、表达公众诉求、市场关系处理的关键角色，既是政府与企业的中介环节，也逐渐形成了有序的现代公民社会自我管理。中国历届政府创新奖的区域差异研究论证了社会团体发达程度与地方政府创新活跃程度的相关性较为显著，浙江、四川、广东等地商会发达的同时在地方政府创新方面也相当活跃。统计数据显示，截至 2011 年，浙江省社会团体数量达 15456 个，位居全国第四。② 以商会为代表的社会团体力量兴起与有序发展，为推动地方政府创新的形成和扩散提供了社会系统动力支持。其作用体现在：

一是有效地承接了政府职能。浙江省以民营经济为主的经济发展模式不仅意味着其从计划经济走向市场经济转变全方位展开的体制转换过程，也意味着在经济发展过程中利益主体多元化的局面。如何转变政府职能和实现管理方式创新，社会团体的自主治理不仅有效实现了自我管理，承担了政府部分职能，成为政府职能转变的重要环节，甚至也是不少地方政府创新的对象。社会团体通过制定行业竞争规则或质量标准与规范以实现合作博弈，推动行业竞争的规范化和有序性。如 1999 年成立的金华火腿行业协会在推动金华火腿原产地保护和规范火腿质量生产等方面都起到了积极作用。社会团体承担行业管理的重要职能，有助于把政府职能转变到提供公共服务、社会管理和维护社会秩序上来，从而推动政府管理体制创新。

二是激发公民参与的政治热情。大量自治性社会团体的涌现，如行业协会、基金会、社团组织等，预示着在浙江省"一个初级形态的公民社会"已经出现③。社会公众通过参与社会团体活动的方式参与地方公共事务治理，表达公共诉求，实现对公共事务的民主监督，为地方政府管理创新施加了压力。需要指出的是，浙江省社会团体本身较具规范性和有序性，也具有参与政治的热情。如市场改革起步较早和非公有制经济比重较大的温州，通过建立商会积极探索参与政治协商和开展行业商会党建。浙江省一些地方政府创新的形成与回应公众需求不无关系，而自治性社会团体力量的壮大作为一种外驱力在社会层面上对地方政府管理创新具有一定的影响力。

---

① 郑慧：《商会的经济学性质与集体行动研究——以温州商会为例》，博士学位论文，浙江大学，2010 年。
② 数据来源：中华人民共和国民政部编：《中国民政统计年鉴 2011》，中国统计出版社 2011 年版。
③ 何显明：《浙江地方政府创新实践的演进逻辑》，浙江大学出版社 2008 年版，第 280 页。

三是形成政府与社会的良好互动。受到传统政治体制的影响，中国社会的关联是纵向的，是集权倾向的体现。社会团体积聚自身力量，将社会之间的横向联系规范化和秩序化，其治理能力和参与能力也在不断完善和提升。特别是社会团体通过积极引导公民有序参与地方政府事务管理，积极表达公众诉求，形成良好的利益表达机制，实现了政府与社会的良好互动，在培育公民社会和公民文化的同时构建了社会信任网络。这也为地方政府创新的生成和持续发展创造了社会条件。

三　区域文化传承的特质

区域传统文化一直被认为与经济社会发展有着直接关系，甚至决定着区域发展战略。从人文地理学的角度，中国文化可以划分为"中原传统农业文化"和"东南功利文化"两部分。东南沿海地区所代表的"功利文化区"其主体构成部分是吴越文化和永嘉文化，也是中国商业文化的萌芽地。吴越文化的典型特征是经世致用，绍兴二十七年（1157年）进士王十朋作《会稽风俗赋》，将越事概括为"慷慨以复仇，隐忍以成事"，体现了不尚虚功、求实利的风格，由此越地孕育出了以讲实事、究实理、求实效、谋实功为特点的事功思潮。① 以陈亮和叶适为代表的"浙学"（永嘉学派）主张"道在事中"的统一，认为"商借农而立，农赖商而行，展布四体，通其有无，官民农商，各安其所而乐其生"。叶适也提出为了民众获得最大财富、利益才是"义""道"，因此又被称为"浙东事功学派"。② 《宋史·地理志》将浙江人的文化气质概括为"人性柔慧，尚浮屠之教，厚于滋味。善进取，急功利，而奇迹之巧出焉"。明朝嘉靖时期王阳明的学生钱德洪在发挥"良知之学"的基础上提出了"于事物上实心磨练"的道德修养主张，"若厌却应酬，必欲去觅山中，养成一个枯寂，恐以黄金反混作顽铁矣"。③ 这种"事上磨练"的主事功夫思想也充分强调经世致用之学。与中原传统文化不同，浙江文化对传统与现代极具兼容性和创新性，其文化特性表现为："开放"的海洋文化与"务实"的内陆文化的融合；"有为"的儒家文化和"无为"的道家文化的融合；"重商"的吴越文化与"重农"的中原文化的融合；"进取"的西方文化与"中庸"的东方文化的融合。④ 因此，本质上重于"进取"和"功利"的浙江

---

① 梁涌：《异端、博治、经世——越地学术传统的特征解读》，《浙江社会科学》2011年第2期。
② 参见郭美华《与朱熹王阳明对话》，上海古籍出版社2002年版，第192—193页。
③ 苗润田：《中国儒学史》，广东教育出版社1998年版，第122—124页。
④ 余潇枫、陈劲：《浙江模式与地方政府创新》，浙江大学出版社2007年版，第6—7页。

文化富含自主创新的精神，更注重结果导向。从改革开放 40 年来的实践中，可以发现当代浙江区域文化精神的一个显著特征，就是强烈的自主谋生意愿和创业创新精神。① 区域文化的特制与传承造就了经济社会发展的"浙江模式"，亦对地方政府管理创新产生了深远影响，而这种特殊的文化基因是显然区别于其他区域的：

一是进取型文化诉求"有为政府"。拥有"无浙不成商"美誉的浙江，温州"八仙过海"和义乌"鸡毛换糖"挑担卖货的历史传统无一不折射出"草根浙商"的进取精神。与之相应的是，这种进取型文化也渗入到公共部门中，力求打造一个积极型的有为政府。

二是功利型文化诉求"有效政府"。浙江省第十二届党代会二次会议通过《中共浙江省委关于认真贯彻党的十七大精神 扎实推进创业富民创新强省的决定》，把浙江精神的核心归纳为"创业创新"，其本质内涵是追求成就的动机，拥有创业的愿望、热情和意志。强烈的成就动机文化对公共部门管理绩效追求的影响显著，这突出表现为浙江省很多地方政府创新结果导向十分明确。

三是创新型文化诉求"政府创新"。与中原传统文化相比，浙江文化并不是历史上的主流文化，但其之所以现在拥有重要影响力，这与其本质追求创新和进取的文化本质有关。创新构成了浙江文化的核心，使其得以延续和发展，而创新型文化更是对浙江地方政府管理创新培植了生长的土壤与环境。

四 省管县体制改革的推进

1982 年中央提出实行市领导县体制，正式形成了从省到县的三级地方政府体制，其本质是"一种计划经济的产物"②。虽然"市管县"体制对密切城乡关系和加强城乡合作起了一定积极作用，但实施以来，这种体制促使地方政府对上一级政府的依赖性增加，自我管理与创新的空间大大缩减，更无法使地方政府适应变化时代迎接外部竞争环境和多元公共服务需求的挑战，地方政府的责任性、回应性和效率性亦无法体现，以致出现了"城乡悖论""财政悖论"和"效率悖论"。③ 为克服"市管县"体制的缺

---

① 陈立旭：《浙江社会发展的引擎——文化的力量》，浙江大学出版社 2008 年版，第 79 页。
② 柴松岳：《政府改革——地方政府职能和运行机制转变研究》，浙江人民出版社 2002 年版，第 233 页。
③ 庞明礼：《"市管县"的悖论与"省管县"的可行性研究》，《北京行政学院学报》2007 年第 4 期。

陷,增加地方政府的自主性,同时基于发达的县域经济,浙江省从1992年就开始从财政体制方面推行"省管县"改革,以增强县域发展经济和增加财源的积极性。2002年浙江省又开始推行"强县扩权"改革,将原本属于地级市经济管理的权限下放给了绍兴、义乌、嘉善等县和县级行政区。"省管县"使政府改革从减人、减事、合并机构的行政职能调整扩展到"减少层级"的行政改革,扩大了地方政府的经济社会管理权限,增强了地方政府发展经济和公共服务的能力。在全国推行"省管县"体制改革诸多省份中,浙江省是较为成功的典范。这得益于浙江发达的县域经济和强县扩权举措的配套,其主要意义是增强了地方政府的自主性,鼓励地方政府参与市场竞争,体现了政府对经济社会发展的作用方式更加贴近于市场主体的行为过程。① 省管县体制改革在扩大地方自主权限的同时,调动了地方政府的积极性,有助于浙江省地方政府创新的形成和发展。

一是地方政府成为参与市场竞争的主体,各自寻求经济社会增长的突破点。省管县体制改革削弱了市级政府的权力,可能以"牺牲"杭州市、绍兴市、温州市等中心城市的发展为代价去换取绍兴县、乐清市、原萧山市和余杭市等大批县(市)的快速发展。从长远角度看,这种"牺牲"建立了地方政府公平竞争的机制,不再以个别中心城市为主轴,造就了各个地方政府贡品参与市场竞争和遍地开花的局面,产生了大批充满活力和生机的城市。2012年全国百强县名单中,浙江上榜27个。② 在市场化、多元化的环境下,地方政府无论是出于生存发展的需要还是进一步获得上级政府认可的需要,都积极开展创新实践,以推动地方经济社会发展。

二是地方政府经济社会管理权限增加,政府创新空间扩大。省管县体制改革与"强县扩权"改革同步推进,实质是下放权力和放松管制。自2002年以来,浙江省下放了包括计划、经贸、国土资源、交通、建设等12大类实质性权力,赋予较大规模的县(市)以较大行政权限,以适应地方政府治理的需要,增强其自我管理能力和应对水平。扩权后的地方政府在很多事项上不需要再请示上级政府,能灵活运用管理权限对地方经济社会实行管理,从而扩大了地方政府创新空间。地方政府也因此成为创新活动最为频繁和活跃的基地。

---

① 徐竹青:《省管县建制模式研究——以浙江为例》,《中共浙江省委党校学报》2004年第6期。
② 数据来源:全国百强县名单权威发布,2012年9月30日(http://news.163.com/12/0929/14/8CJ17FF700014JB6.html)。

第二节 浙江省地方政府创新的历史发展

浙江独特的区域文化特质和以民营经济为主的市场经济发展模式，使其在从计划经济向市场经济转型过程中塑造了具有浙江特色的"浙江模式"。"浙江模式"不仅是对其民营经济为主的市场经济发展模式的高度概括，也显现出浙江地方政府管理改革与创新的特点。在政府管理体制改革领域，地方政府为打造"有限""有为"的政府，不断推进政府自身变革与创新，致力于提高行政效率和公共服务质量，提升市场和社会的活力，提高地方政府治理水平，由此也推动了浙江省地方政府创新的持续演进发展。

一 浙江省地方政府创新的发展阶段

浙江省地方政府创新的演进轨迹与其市场经济发展、政府管理体制改革基本同步，总体上经历了四个阶段。

（一）第一阶段：改革开放后，政府管理体制改革以适应市场经济发展

改革开放后，适应市场化、民营化发展的制度创新推动地方政府职能转变和政府管理模式创新。浙江省是市场经济体制改革的先行者之一，受制于资源匮乏等劣势先天条件，其经济发展道路主要依靠体制外的工商小经济，如卖小百货、百工手艺活等工商活动。这就迫使地方政府不得不冒着一定的风险，在没有明确体制创新目标的情况下自发地根据市场体系发育和社会协调发展的新问题、新矛盾、新挑战而进行政府角色行为模式的适应性调整，[1] 并在这一过程中使自己的角色定位和管理模式发生了重大变化，[2] 由此形成了政府创新的浙江现象。这一时期地方政府创新的主要对象是私营经济，具有明显的"倒逼机制"和自主意识，既不是出于中央行政体制改革的指令，也不是规划性的创新，而是基于地方经济社会发展的"问题驱动"，迫使地方政府自发自觉地破除传统意识约束，通过政府管理模式创新以解决地方发展困境和实现经济社会发展。这一政府创新过程直接推动了地方政府职能向适应市场经济发展的方向积极转变。

（二）第二阶段：1992年开始，以"扩权强县"为契机实现授权变革

省、市、县、乡镇的纵向权力体系内在地规定了下级政府对上级政府

---

[1] 何显明：《从"强县扩权"到"扩权强县"——浙江"省管县"改革的演进逻辑》，《中共浙江省委党校学报》2009年第4期，第5—13页。

[2] 何显明：《浙江地方政府创新实践的演进逻辑》，浙江大学出版社2008年版，第279页。

的依附性，上级政府的偏好直接影响着下级政府的管理行为和利益格局。在这种情况下，下级政府为获取生存发展资源会努力争取上级政府支持，以便在地方利益博弈中获得收益。但这种博弈明显不具有竞争性，地方政府自我管理和决策的空间也较小。从1992年开始，以"强县扩权""扩权强县""扩权强镇"改革为契机推动地方政府创新的内生性发展。扩大地方政府经济管理权限，推动县域经济发展是浙江省1992年以来各类扩权改革的主要目标。

1992年，省政府出台《关于扩大十三个县市部分经济管理权限的通知》，扩大13个县（市）部分经济管理权限，包括基本建设和技术改造、外商投资等项目审批权。1997年，试行萧山、余杭两市享受地级市部分经济管理权限。2002年，扩大17个县（市）和3个区12个方面313项经济社会管理权限。2006年，扩大义乌市经济社会管理权限。2008年，在全省推开扩大县级政府经济社会管理权限工作，下放增加443项。浙江省扩权强县改革延续至今，部分经济发达和条件成熟的市县也在扩权强县经验基础上推出"扩权强镇"改革，是地方政府管理积极主动创新和回应市场化纵深发展的必然结果。① 以扩权强县改革为契机，地方政府获得了大量经济社会管理权限，自主性和能动性增强，在一定程度上改变了过去的依附局面。但与此同时，地方政府间的竞争和压力也大大增加。如何在市场竞争中获得竞争优势和通过政府管理体制创新促进地方发展成为地方政府最为关心的问题。

从根本上说，扩权改革不仅是政府间关系的调整和职责权限的重新配置，也是赋予地方政府自主决策和创新发展的制度安排。扩权改革增加了县级和乡镇政府的经济社会管理权限，对地方政府工作方式和职责履行提出了新的挑战。这一时期地方政府创新在自主管理权限增加的背景下，追求区域发展绩效的愿望趋向强烈，管理创新的自主性和能动性显著增强，如何通过体制创新回应市场化纵深发展，在市场竞争中获得县域竞争优势甚至获得政治晋升空间，成为地方政府创新的动力所在。

（三）第三阶段：2000—2012年，政府加快职能转变和运行机制创新

2000年以后，伴随市场经济转型发展、政府加快职能转变和省管县体制改革推进，地方政府管理创新的导向发生显著变化。一方面，减少行政层次的省管县体制改革持续渐进开展，赋予地方政府更多行政自主权，使其成为地方公共利益的"合法代理者"，调动了地方政府体制创新的积

---

① 胡税根、余潇枫、许法根等：《扩权强镇与权力规制创新研究——以绍兴市为例》，浙江大学出版社2011年版，第38页。

极性。① 另一方面，市场经济转型升级对政府管理职能由经济转向服务，由管制和规范向公共服务转型提出了挑战。尤其加入 WTO 后中央政府对行政职能转变要求增加，地方政府职能开始由以管理经济和规范市场经济为主转向管理社会公共事务。其主要职能包括：一是创造良好的市场竞争环境，保证市场竞争的有序和高效；二是克服职能"越位"现象，进一步转变职能，下放权力，向有限政府转型；三是克服职能"缺位"现象，提供社会公众所需要的公共产品与公共服务，实现基本公共服务均等化的政府责任；四是建立公开透明的政府工作机制，确保民主参与监督的渠道畅通，实现透明行政和廉洁行政。进入 21 世纪后，地方政府管理所面临的环境更为复杂，地方管理难题增多，社会公共服务需求扩大，这都需要地方政府转变观念和实践创新，以改革政府管理方式，建立高效政府管理机制，强化公共服务意识，实现政府与社会的良性互动。

这一阶段地方政府通过政府管理机制创新，创新公共产品和公共服务的供给方式，完善公众参与机制，强化公共服务意识，逐步推进基本公共服务均等化，政府创新的内容与方式也呈现出以公众为导向的多元化特征。

（四）第四阶段：2012 年至今，地方政府创新的常态化、制度化发展

2012 年以来，基于"放管服"改革、国家治理体系和国家治理能力现代化的新形势、新要求，地方政府创新成为检验政府绩效的一项重要指标，创新呈现出常态化、制度化、覆盖面扩大化的特征。从 2012 年 6 月开始，为进一步简政放权，浙江省开展了新一轮行政审批制度改革，重点从审批事项标准化、审批层级结构扁平化等角度减少地方政府对市场经济的干预。2016 年，浙江省正式提出了"最多跑一次"改革，尝试用大数据技术对政府权力做"减法"，实现自我削权的政府自身管理创新，以此进一步释放改革红利。以行政审批制度改革为切入点构成了新时期地方政府创新的关键内容。与此同时，浙江省内也开展了大量公共管理创新案例评选活动，并把政府创新纳入政府部门年终绩效考核指标体系。这意味着新时代一方面地方政府创新范围更加拓宽，全面指向行政管理体制的内核，对自身管理改革、公共服务供给更加重视；另一方面，地方政府创新显然已成为地方政府的一项基本职责，也是其职责范围内的一项常规性工作，逐渐走向制度化、规范化的地方政府持续性创新也推动了地方政府治理能力的持续提升。

---

① 马斌、徐越倩：《省管县体制变迁的浙江模式》，《理论与改革》2010 年第 1 期，第 63—67 页。

二 浙江省地方政府创新的总体特征

中国地方政府创新奖评选是对浙江省地方政府创新的一种检验。从权威性、科学性和程序性等角度看，该奖项有效论证了地方政府创新的活跃程度，是评估地方政府创新的重要标准。2001年创新奖评选以来，浙江省每届都有项目入围，是中国地方政府创新最为活跃的省份。表5.1统计了浙江省历届中国地方政府创新奖入围项目的类型和总量，图5.1则显示浙江省地方政府创新的基本趋势走向，总体而言，其创新仍处于不断增长的积极活跃态势。

表5.1　　　　浙江省历届中国地方政府创新奖入围项目统计

届数	政治改革类	行政改革类	公共服务类	社会管理类	总计
第一届	1	0	1	0	2
第二届	2	0	0	1	3
第三届	1	2	1	0	4
第四届	0	1	2	1	4
第五届	0	3	0	1	4
第六届	1	2	0	2	5
第七届	0	1	1	0	2
第八届	0	1	0	1	2
总计	5	10	5	6	26

数据说明：从2015年开始，中国地方政府创新奖更名为"中国政府创新最佳实践"，其主办单位也更改为北京大学政府管理学院。

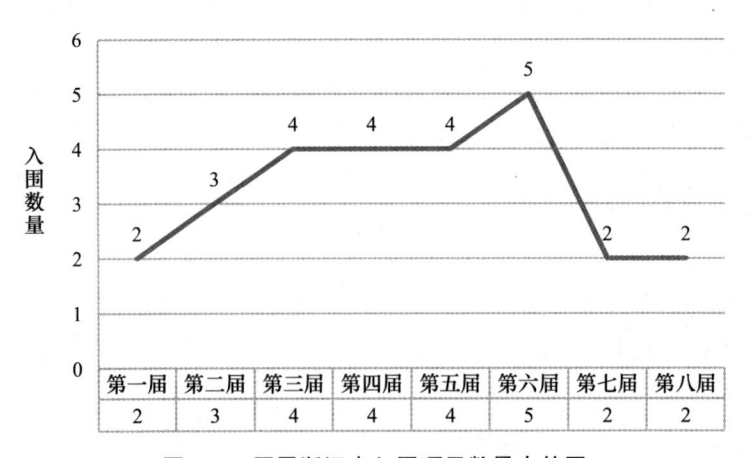

图5.1　历届浙江省入围项目数量走势图

从浙江省内看，11个地级市之间政府创新整体较为平衡，除嘉兴、舟山以外，其他地级市创新数量差异不大（见表5.2、图5.2），创新类型分布差异亦不明显。以上数据分析表明，地方政府之间的创新差异不显著，区域内地方政府创新活跃程度均比较高，台州、温州、湖州等地的创新数量更为突出。与其他省份相比，浙江省地方政府创新的发起主体没有省级政府部门的参与，主要以地级市和县级（市）为主，乡镇只有一项，在一些涉及乡镇的政府创新项目中，乡镇往往是上级政府创新的对象，如绍兴市、庆元县等。这说明浙江省地方政府创新的主体呈现中间层级性的"橄榄"形，地级市和县级市在扩权改革后既有生存发展的创新动力，也拥有较大的自主管理权限。

表5.2　　　　　　　　浙江省地方政府创新奖入围项目分布

行政区划（市）	创新内容	创新类型	创新主体行政层级
杭州市	杭州市政府：开放式决策	行政改革类	市（副省级）
	杭州市综合考评委员会办公室：公民导向的综合考评	行政改革类	市（副省级）
	杭州市上城区委区政府：政府管理与公共服务标准化	行政改革类	区（县级）
宁波市	宁波市海曙区人民政府：政府购买居家养老服务	公共服务类	区（县级）
	慈溪市委市政府：基层组织和社会组织协同治理模式	社会管理类	县级市
温州市	乐清市人大常委会：人民听证制度	政治改革类	县级市
	温州市政府："效能革命"	行政改革类	地级市
	瑞安市人民政府：农村合作协会	社会管理类	县级市
	市委宣传部：市民监督团	社会管理类	地级市
嘉兴市	—	—	—
湖州市	湖州市干部考核机制创新	行政改革类	地级市
	长兴县教育局："教育券制度"	公共服务类	县级市
	湖州市"户籍制度改革"	社会管理类	地级市
绍兴市	绍兴市中心镇权力规制	行政改革类	地级市
	绍兴市"政府办公室导入ISO9000质量管理体系"	行政改革类	地级市
金华市	金华市领导干部经济责任审计	政治改革类	地级市
	武义县委县政府："村务监督委员会"	政治改革类	县级市
	义乌市总工会：工会社会化维权模式	公共服务类	县级市
衢州市	衢州市"农技110"	公共服务类	地级市

续表

行政区划（市）	创新内容	创新类型	创新主体行政层级
舟山市	—	—	—
台州市	台州市"乡镇（街道）团委书记直选"	政治改革类	地级市
	温岭市"民主恳谈"	政治改革类	县级市
	温岭市委市政府：工资集体协商制度	社会管理类	县级市
	温岭市新河镇：参与式预算改革	行政改革类	乡镇
丽水市	庆元县委组织部：技能型乡镇政府建设	行政改革类	县级市
	松阳县政府：农村宅基地换养老	社会管理类	县级市
	庆元县纪律检查委员会：异地便民服务中心	公共服务类	县级市

数据说明：第八届中国政府创新最佳实践浙江省入围项目其中一项为浙江省机构编制委员会办公室的"政府部门职权清理，推行权力清单制度"，因属于省级部门，故而没纳入此表统计。

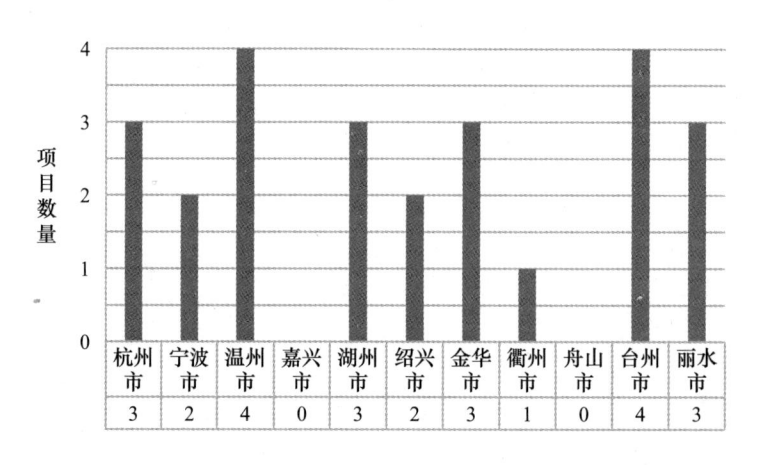

图5.2 11个地级市历届政府创新入围项目数比较图

（项目数量：杭州市3、宁波市2、温州市4、嘉兴市0、湖州市3、绍兴市2、金华市3、衢州市1、舟山市0、台州市4、丽水市3）

第三节 研究设计与样本选择

浙江省地方政府创新的高度活跃性以一定的经济社会发展条件为前提，但这仅仅说明了浙江省地方政府创新的背景与特殊条件，并不能清晰地解释其地方政府创新的形成机理。要进一步为推动中国其他地方政府创新提供经验借鉴，则需要挖掘与提炼浙江省地方政府创新的基本要素，研究地方政府创新的动力因素及其相互作用机制。为此，本书在对前文国内外地方政府创新动因基本梳理的基础上，构建了组织内部驱动和组织外部驱动地方政府创新的动因概念模型，根据国内外研究和相关实践对概念模型中的动因进行具体化，以浙江省地方政府创新为研究分析对象，采用结构方程模型方法对动因概念模型的各个要素进行实证研究，深入分析动因模型中各个因素对地方政府创新形成的影响以及相互之间的关系，最后尝试建立对地方政府创新动因能够进行有效解释的动因框架。通过该动因解释框架，不仅能有效解释地方政府创新的形成机理，也能促进对中国地方政府创新路径的探讨。

一 理论假设

Hartley[1]、Osborne and Brown[2]、Landau[3]、Walker[4]、Koch and Haukens[5]、Moore[6] 等人在他们的文章中讨论了公共部门创新如何形成，哪些可以被认为是重要的创新，创新发生的幅度，以及创新是否适合一个变化的社会或者什么样的（社会）结构和程序将促进或延缓创新，以及政府创新的形成与动因等问题。Jonathan Walters 提出了激发创新的六个驱动因素（Drivers）：（1）对现状的失望；（2）应对危机；（3）对预防机制的关注；（4）强调结果；（5）技术的使用；（6）想做正确的事情。[7] 也有一些学者将电子政务的技术使用和政府创新联系起来，认为电子政务发展是驱动政府创新的重要原因[8]。Rogers 从创新扩散的角度提出 S 形创新采纳曲线及

---

[1] Hartley J., *Innovation and its Contribution to Improvement: A Literature Review for Policy-makers, Policy Advisors. Managers and Academics*, London: Department of Communities and Local Government, 2006.

[2] Osborne S. and Brown K., *Managing Change and Innovation in Public Service Organizations*, London: Routledge, 2005.

[3] Landau J., "Organizational Change and Barriers to Innovation: A Case Study in the Italian Public Sector", *Human Relations*, Vol. 46, No. 12, 1993, pp. 1411 – 1429.

[4] Walker R., Jeanes E., Rowlands R., "Measuring Innovation: Applying the Literature-based Innovation Output Indicator to Public Services", *Public Administration*, Vol. 80, 2002, pp. 201 – 214.

[5] Koch P., Haukens J., *Innovation in the Public Sector*, Oslo: Publin, 2005.

[6] Moore M. H., "Break-through Innovations and Continuous Improvement: Two Different Models of Innovative Processes in the Public Sector", *Public Money and Management*, Vol. 25, No. 1, 2005, pp. 43 – 50.

[7] Jonathan Walters, "Understanding Innovation: What Inspires It? What Makes It Successful?", 2013 年 4 月 10 日，哈佛大学肯尼迪学院民主治理与创新研究中心网站（http://www.innovations.harvard.edu/cache/documents/8065.pdf）。

[8] Devendra D. Potnis, "Measuring e-Government as an Innovation in the Public Sector", *Government Information Quarterly*, No. 27, 2010, pp. 41 – 48.

其正态分布（见图 5.3），在早期的某个时间段里只有很少的创新采纳者，S 曲线上升速度很慢，到系统里半数成员都已采纳创新时，S 曲线加速上升，直到系统里剩下越来越少的创新者或采纳者。创新是个时间性的连续性变量，与所处的创新阶段有关。这对中国现阶段地方政府创新活跃态势给出了一个解释，说明由于创新采纳的示范作用（在一定区域内有效），区域内更容易激发政府创新。杨雪冬则将政府创新的动因概括为主观和客观两个方面：主观方面，主要包括创新动机和创新能力两个内容[1]，其中创新动机又可分为解决实际面临的问题以及实现自己的政治抱负两大部分，进行创新的官员至少需要了解民众需要、对国内外动向和经验、一定的动员资源等方面的能力；就客观原因而言，则主要包括官员个人的职位变化以及关于个人在整个官员队伍中的关系，在中国当前的政治、经济条件下，前者有时具有决定性意义。

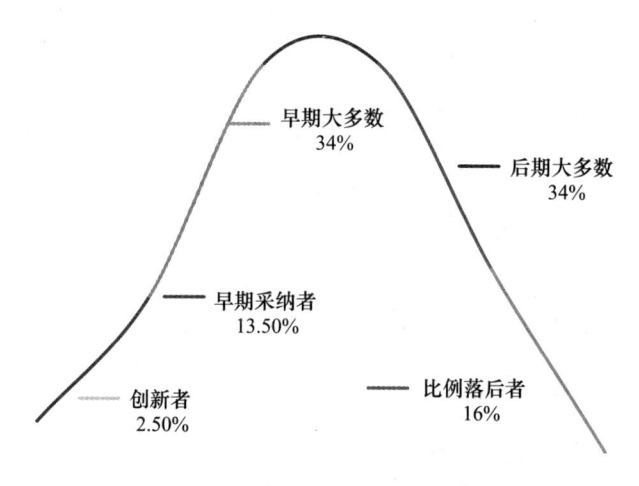

图 5.3　创新扩散 S 曲线图[2]

就地方政府这一特殊的创新主体而言，受到地方政府长期以来的隶属地位和资源匮乏、创新风险复杂等先天条件的影响，其创新动因更为复杂。Bingham 构建了地方政府采纳创新的路径模型（见图 5.4），明晰了地方政府创新的内外部驱动因素。[3] 陈家刚则指出"危机情势"是地方政府

---

[1] 杨雪冬：《地方政府创新形式与特点》，《学习时报》2018 年 1 月 28 日。
[2] 罗杰斯：《创新的扩散》，辛欣译，中央编译出版社 2002 年版，第 244—245 页。
[3] Richarol D. Bingham, "Innovation, Bureaucracy and Public Policy: A Study of Innovation Adoption by Local Government", *The Western Political Quarterly*, No. 2, 1978, pp. 178 - 205.

改革创新的主要动因,地方政府创新是地方政府在资源和发展的困境下对各类危机的回应或反映。① 需要指出的是,应注意在发起创新过程中"人"的因素。Borins 对美国和加拿大地方政府创新奖回访研究得出结论,最常见的引发公共管理创新的是当地的英雄,有远见的中层和一线公职人员,尽管可能面临惩罚措施,但其仍愿意承担创新的风险。② 吴建南、马亮、杨宇谦通过多案例文本分析指出,不少政府官员确实有一种干出政绩,为地方做出贡献的冲动,他们往往能从创新中体验成就感;另一些则希望通过创新获得晋升、声誉、名利等。③

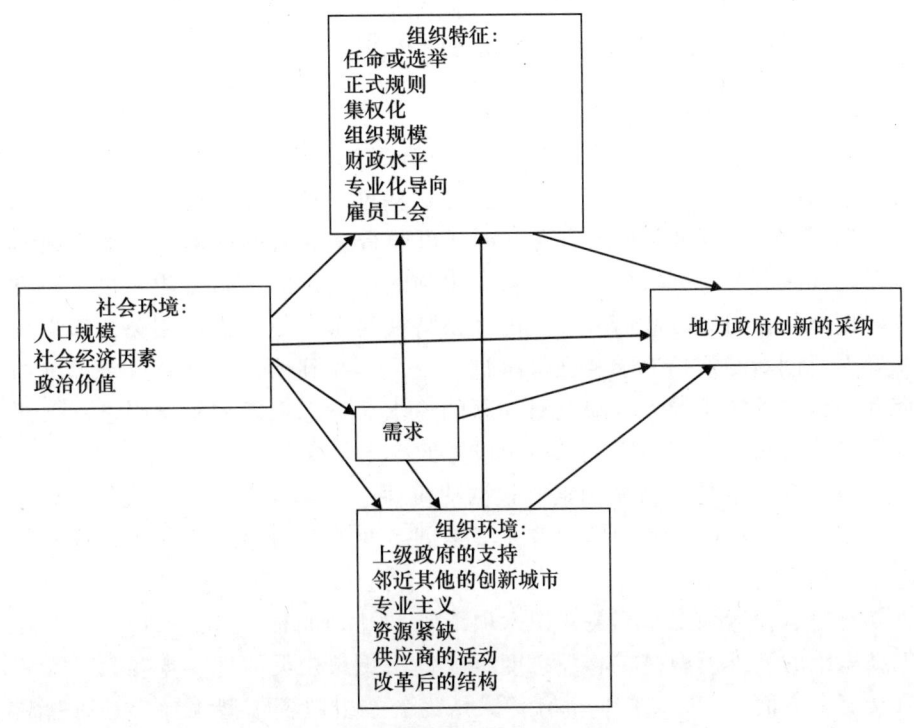

```
                  ┌──────────────┐
                  │ 组织特征:      │
                  │ 任命或选举     │
                  │ 正式规则       │
                  │ 集权化         │
                  │ 组织规模       │
                  │ 财政水平       │
                  │ 专业化导向     │
                  │ 雇员工会       │
                  └──────────────┘
┌──────────┐              ┌──────────────┐
│ 社会环境:  │─────────────→│ 地方政府创新  │
│ 人口规模   │              │ 的采纳        │
│ 社会经济因素│              └──────────────┘
│ 政治价值   │       ┌────┐
└──────────┘       │需求 │
                    └────┘
                  ┌──────────────┐
                  │ 组织环境:      │
                  │ 上级政府的支持 │
                  │ 邻近其他的创新城市│
                  │ 专业主义       │
                  │ 资源紧缺       │
                  │ 供应商的活动   │
                  │ 改革后的结构   │
                  └──────────────┘
```

图 5.4　地方政府采纳创新的路径图④

---

① 陈家刚:《地方政府创新与治理变迁——中国地方政府创新案例的比较研究》,《公共管理学报》2004 年第 4 期。
② 参见 Sandford Borins, "What Border? Public Management Innovation in the United States and Canada", *Journal of Policy Analysis and Management*, Vol. 19, No. 1, 2000, pp. 46 – 74。
③ 吴建南、马亮、杨宇谦:《中国地方政府创新的动因、特征与绩效——基于中国地方政府创新奖的多案例文本分析》,《管理世界》2007 年第 8 期。
④ Kim Hunmin, *Innovation for Metropolitan Governance*, Ewha Womans Univernsity Press, 2006, p. 29.

本书从人、组织、环境三要素分析角度出发,提出以下假设:(1)地方政府官员具有创新的动机,或出于成就需要或出于晋升的名利需要。(2)组织内部的规模、制度、人员和文化引发创新的需求,而这往往是基于冲突或职能与发展不相适应。(3)经济、政治、社会、文化及技术等外部环境变迁激发地方政府创新,既可能是创新的压力源,也可能为创新提供动力支持。(4)地方政府创新具有结果导向性质,地方政府寻求创新的实践能否创新观念、技术、管理手段以解决现行问题和获得新的发展机会。本书假设创新的动因对创新绩效有影响力,在不同动力源的激励下,地方政府创新的绩效有一定差异性。

二 变量界定及说明

(一)创新型领导者因素

最常见的引发地方政府创新的是有远见卓识的地方政府官员(领导者),Borins 将他们称为"英雄",虽然这些创新英雄同时也是既有规则的"破坏者"。[1] 在不可预见政府管理创新可能带来后果的前提下,地方政府创新发起人既要有强大的动力支持,也须具备一定的创新特质。很多地方政府创新往往与地方政府领导人的性格特征与个人能力密切相关,如强势领导人对创新的迫切追求和强势推进。反之,受到惯性思维、戒备思维约束和知识贫乏的领导人也缺乏对创新的追求。考虑创新型领导因素,按照特质、价值观、技能与职位的逻辑设置四个主要变量。

(1)领导的性格特质因素。根据特质理论(Trait theory),认为领导者的个性及相关特质与成功领导者尤其是创新变革型领导的领导效力有显著作用。领导者与非领导者的区别在于拥有进取心、领导愿望、诚实与正直、自信、智慧和工作相关知识六项特质。[2] M. Cagle (1985) 提出了领导创新思维的三维模型,在心理态度维度提出想象、灵活性、宽容、冒险和好奇五个方面。[3] Robert Denhart 等人认为公共组织变革型领导应具有智慧和自我认知、自信和自尊、对于成功有奋斗精神和决心、善于与人交往和

---

[1] Sandford Borins, "Loose Cannons and Rule Breakers, or Enterprising Leaders? Some Evidence About Innovative Public Managers", *Public Administration Review*, Vol. 60, Iss. 6, Nov./Dec. 2000, pp. 498 – 507.

[2] 斯蒂芬·罗宾斯:《管理学》(第四版),黄卫伟等译,中国人民大学出版社1997年版,第413页。

[3] 参见苏东水《管理心理学》,复旦大学出版社2002年版,第326页。

正直的特质。① 本书所采纳的性格因素变量将领导的性格特质与领导风格做一定的相关，通过指挥型领导（固定思维，工作努力认真）、支持型领导（善于人际关系）、正直型领导（诚实与正直）、参与型领导（宽容，善于倾听）和成就型（对成功有奋斗精神和决心，有冒险好奇的特征）领导区分领导的性格，并期望发现何种特质型领导最具有创新动力和创新绩效。（2）领导的价值观因素。Daft 认为除了个性差异外，人们所持的价值和态度的差异也会影响领导者的行为。领导者的价值观可以区分为手段型和结果型，手段型包括道德和能力，结果型包括个人和社会。② 本书认为地方政府领导者的价值观包含着公共价值，因此设置了责任心与道德、上级认同、社会声望、个人抱负四个变量以考察领导的价值观对创新的影响。（3）领导者的能力要素。一般认为，领导应该具备技术技能、关系技能和观念技能（THC 技能），越是高层的领导对观念技能的要求越高。这里重点关注领导的技能，而非性格特质。按照领导力的构成框架，本研究界定了与领导者能力要素相关的创新能力、权威性、专业知识技能和政治技能四个变量。创新能力指的是领导的创新意识和学习能力，接受新事物和新观念的速度快；权威性指的是领导实际的权力和影响力大小；专业知识技能通常指职称、学历等；政治技能指的是领导者善于运用政治策略。（4）领导者的职位因素。领导者的任务结构和职位权力对领导是否会发起创新也具有影响力。为此设置了职位晋升（领导进一步升职的努力和可能）、任职时间（任职时间长是否更愿意创新）、特殊职位（该职位实施创新的可能性更大）、职位内容（职务内容的复杂性）。

（二）组织内驱因素

组织内驱因素即组织动因，属于内在动因。马克斯·韦伯指出，组织的活动是连续的，且具有特定的目的。根据菲德勒的权变模型，因为组织的开放性与环境依赖性，随着领导风格和环境的变化，组织的任务、职责、结构和系统都可能依此发生变化，从而内在地驱动政府管理创新。赫尔雷格尔等人提出了在组织变革与创新过程中组织相关的五个要素：组织设计、组织文化、资源限制、固定投资、组织间的协议。③ 本书从公共组

---

① Robert Denhart、Janet Denhart、Maria Aristigueta:《公共组织行为学》，赵丽江译，中国人民大学出版社 2007 年版，第 206—207 页。
② Richard L. Daft:《领导学原理与实践》，杨斌译，电子工业出版社 2008 年版，第 85—86 页。
③ 赫尔雷格尔、斯洛克姆、伍德曼:《组织行为学》，俞文钊译，华东师范大学出版社 2001 年版，第 887—888 页。

织的特性与公共价值导向角度界定了五个维度的要素。

（1）组织职责驱动，指的是政府职能规定（对经济调控、市场监管、社会管理和公共服务职能的履行）、增强治理能力（管理水平与能力）、提升合法性、提高组织形象等内容。（2）组织制度驱动，指的是组织的创新制度、激励机制、人事管理制度、内部流程管理等。（3）组织资源驱动。组织资源一般包括有形资源和无形资源，有形资源包括人、财、物，无形资源指的是信息、关系等资源。这里考察资源实力（人、财、物等资源的充足性）、财政资源减少、人力资源能力、信息资源状况、关系资源对地方政府创新的影响力。（4）组织内部冲突驱动。系统论、归因理论和社会交换理论都对组织冲突进行了研究，提出冲突的根源在于个人差异、信息匮乏、角色相斥和环境压力。Katz 从组织的角度确认了冲突的三个组织层面：组织内不同子系统所带来的功能性冲突；不同的部门而功能却相似导致的恶性竞争；为争夺地位、声望等利益的冲突。① 这里主要关注组织内部冲突，分析纵向权力关系重新配置、横向政府间关系调整、内部危机预防和应对、内部竞争等对政府创新采纳的影响。（5）组织文化驱动。组织文化与组织绩效存在一定关系，赫尔雷格尔等人概括了组织文化的四种类型：官僚文化、氏族文化、企业家文化和市场文化。② 在一个组织中，多种异质文化可能并存或相斥。根据公共组织文化的特性，本书设置了四个要素分析组织文化对政府创新的推动力，分别是绩效文化、创新文化、市场文化和公共利益文化。

（三）外部环境因素

组织之所以处于持续不断的波动状态，很大程度上归结于外部环境这一特殊变量。"竞争、公众需求和政策等外部条件的变化要求组织采纳新战略与新的工作方法、推出新产品，以便能在发展的环境中生存。"③ 基于 PEST 背景因素分析法，外部环境驱动因素从以下四个维度进行分析：（1）政治改革驱动：包括上级要求和支持（中央和上级的文件规定或认可与鼓励）、民主政治发展（公民民主权利扩大和保障）、公民权利意识（公民对民主权利的要求或政治抗争活动）、政治危机应对（防范或应对

---

① Robert Denhart、Janet Denhart、Maria Aristigueta：《公共组织行为学》，赵丽江译，中国人民大学出版社 2007 年版，第 352—353 页。
② 赫尔雷格尔、斯洛克姆、伍德曼：《组织行为学》，俞文钊译，华东师范大学出版社 2001 年版，第 832 页。
③ 理查德·H. 霍尔：《组织：结构、过程与结果》，张友星等译，上海财经大学出版社 2003 年版，第 204 页。

政治危机而采取的策略）等。（2）经济发展驱动，指的是经济危机影响（经济发展不平衡带来的变革要求）、经济发展水平、区域间竞争、经济环境改善（为经济发展或吸引投资而优化环境）、民营经济发展（民营经济占经济的比重）等指标。（3）社会变迁驱动，指的是社会环境要素，包括公民社会发展（公民的自治能力和社会组织的发展）、社会创新文化（社会的创新氛围和对失败的宽容）、社会矛盾化解、公民需求和社会舆论推动等指标。（4）技术变革驱动，包括技术进步（新技术采用为创新提供的条件）、创新模仿（对创新成功经验的学习）、专家支持（创新活动中专家的参与）、网络应用等指标。

（四）创新绩效

不是所有政府创新都有好的结果，一些创新因为具有"禁忌"或产生了不合意的结果甚至导致结果的不平等。创新绩效，包括两个方面的含义，一则是指创新本身，判断是否为创新，是否运用了新技术、新方法、新观念产生了真正的创新；二则是指不同的创新方式和创新内容引致的组织效能、组织结构、组织文化、社会影响等方面的结果。作为一个结果变量，本书试图探索创新动因与创新绩效的关系，在界定创新绩效变量时，主要考虑究竟是不是创新？产生了哪些创新方式？这些管理创新带来哪些结果？

"绩效"一般是指组织实现其目标的程度。组织绩效是指特定情境中的组织，在特定形势的驱动下，为实现或提升组织价值，而在其运作全过程中围绕绩效维度所展现出来的状态或程度。究其可操作化的概念内涵来看，组织绩效框架包括了利益相关主体贡献、战略、能力、过程以及利益相关主体满意存在因果关系的五个层面。① 公共部门绩效的内涵本身比企业组织绩效要复杂而丰富，这是因为公共部门的目标多样性且充满矛盾。一般而言，公共部门绩效包括产出、成效、服务质量和公民满意度四个方面，强调结果导向。也有不少学者指出公共部门绩效除了结果导向，还应强调政府活动本身，对过程的绩效进行监督和控制。作为一个与结果高度相关的概念，公共部门的绩效表现为是否履行了公共服务的职能和实现了公共组织的基本目标，在指标设计上表现为成本、效率、公共服务质量、公民满意度、社会公平等指标。

政府创新绩效界定的难点在于：首先，政府创新未必带来有益的或正

---

① 吴建南、李贵宁、侯一麟：《财政管理、角色定位与组织绩效》，《管理世界》2008 年第 12 期。

式的结果，没有明确的成本效率导向；其次，政府创新与创新动因诸多变量相关，不具有纯粹的结果性质；再次，部分政府创新是对危机情势的反应，具有被迫和压力型的动机，很难衡量此类绩效；最后，政府创新也是对既有现状的"破坏"，需要遵循必要的伦理准则。Rogers通过创新的相关性自变量和优先因变量分析，提出创新的结果是一个"新因变量"，创新结果包括两方面：一是有益的，直接的或正式的结果，包括提高的产量或效率、较高收入、更多空闲及其他；二是无用的，间接的或隐藏的结果，包括更大费用，更多资金需求，收入、土地或其他资源不公平分配及其他。[①] 作为一个新因变量，不同的创新结果可能引发再次的创新或创新停滞。Rogers认为，如果对创新结果分类，则可以分为合意的相对于不合意的，直接的相对于间接的，可预期的相对于不可预期的。

结合创新的内涵和公共部门绩效的含义，本书遵循理念、过程、能力与利益相关者满意的逻辑构建了创新观念、创新方式、创新结果、创新满意四个维度以衡量领导推动、组织内驱和环境驱动产生的创新效果。

（1）创新观念：分析地方政府产生了哪些管理创新的观念，包括主动学习观念、市场观念、效率观念、以人为本的民生观念、民主开放观念等因素。

（2）创新方式：分析在上述动因驱动下地方政府采取了哪些主要创新方式，考察改善公共服务供给机制、简化行政审批、扩大社会救助、推进行政机关能力提高的自身变革、拓宽监督公共权力的渠道、利用信息技术管理手段等因素。

（3）创新结果：从结果角度衡量创新对管理能力、成本和公众满意度的影响，包括管理能力（创新是否提升了地方政府管理能力和管理效率）、成本费用（创新是否节约了管理成本还是增加了费用，如创新政策的宣传和推广，带有作秀性质的创新往往带来费用的增加）、地方政府竞争能力与发展机会、民主参与和社会秩序（创新对维护社会稳定与和谐的作用）及伦理结果（创新是否符合政府的基本伦理准则）五方面因素。

（4）创新满意：指的是利益相关主体的满意度，包括公民满意、企业满意、上级认可和部门工作人员满意等因素。

根据上述变量，本书分别从四大维度设计了85个问题，详细见附录1。

[①] 罗杰斯：《创新的扩散》，辛欣译，中央编译出版社2002年版，第400页。

三 样本及数据

为实现研究目的，本书设计了"中国地方政府创新的动因研究"调研问卷（见附录1）。问卷采用Likert量表，分别对领导追求、组织驱动、环境驱动和创新绩效思维维度对驱动地方政府创新的重要性进行调查。本次研究共发放问卷300份，其中有效问卷284份。调查问卷发放对象为浙江大学MPA研究生、高校教师、公务员等，对政府管理及地方政府创新有一定程度的了解。如表5.3所示，样本的年龄层主要集中在26—35岁，本书认为该年龄层群体对创新的意识较为清晰，能对创新做出较好的判断。如表5.4和表5.5所示，调查对象的单位58.8%来自政府机关，27.5%来自高等院校，其中本科以上学历的占97.5%，这不仅保证了调查对象对政府管理的熟悉度，也有助于提高调查结果的可信度。

表5.3　样本的年龄分布表

		样本量	比例	有效比例	累计比例
有效样本	18—25岁	67	23.6	23.6	23.6
	26—35岁	197	69.4	69.4	93.0
	36—45岁	18	6.3	6.3	99.3
	46—55岁	1	0.4	0.4	99.6
	56岁及以上	1	0.4	0.4	100.0
	总计	284	100.0	100.0	

表5.4　样本的所在单位分布表

		样本量	比例	有效比例	累计比例
有效样本	政府机关	167	58.8	58.8	58.8
	科研机构	3	1.1	1.1	59.9
	高等院校	78	27.5	27.5	87.3
	企业	18	6.3	6.3	93.7
	新闻媒体	7	2.5	2.5	96.1
	其他	11	3.9	3.9	100.0
	总计	284	100.0	100.0	

表 5.5　　　　　　　　　　样本的文化程度统计表

		样本量	比例	有效比例	累计比例
有效样本	高中	6	2.1	2.1	2.1
	大专	1	0.4	0.4	2.5
	本科	230	81.0	81.0	83.5
	研究生	47	16.5	16.5	100.0
	总计	284	100.0	100.0	

第四节　基于结构方程模型的测量分析

本书的数据统计采用 Spss16.0 进行分析，在前期文献回顾和判断的基础上，假设领导追求、组织驱动、环境驱动和创新绩效与推动创新存在因果关系，运用 AMOS Graphics 7.0 来检验各变量之间的因果关系模型的适切性，并对影响地方政府创新的动力因素之间的相互关系和影响路径进行分析。

一　量表的内部性一致性系数

总量表和各分量表的信度系数如表 5.6 所示。各项信度系数均在 0.90 以上，系数值比较高，说明各量表的信度较好。

表 5.6　　　　　　　　　　量表的一致性系数

各量表	Cronbach α
领导因素	0.932
组织驱动	0.953
环境驱动	0.951
创新绩效	0.910

根据文献建议，如果所测各因子 Cronbach α 系数均大于 0.7，认为大于可以接受的最小信度值。[1]

---

[1] 吴明隆：《结构方程模型——AMOS 的操作与应用》，重庆大学出版社 2010 年版，第 55 页。

二 各个量表的表征结构维度分析

首先，运用因素分析方法对各个量表的表征指标进行探索性因素分析，找出其表征结构的基本单元。其次，利用结构方程对表征指标的结构进行验证性因素分析。具体而言，将所有数据随机平均分成两部分，每部分数据各为 142 个样本。一部分数据做探索性因素分析，另一部分做验证性因素分析。

（一）领导因素的表征结构分析

1. 探索性分析

将"中国地方政府创新的动因研究"调查问卷中"领导追求"的 18 个影响因素设定为"L1－L18"，对领导因素量表（去除条目 L4 和 L6）[①]的相关矩阵做适当性考察，如表 5.7 所示。

表 5.7　　　　　　　　　KMO 和 Bartlett 球形检验

	KMO 检验	.730
Bartlett 球形检验	Approx. Chi-Square	581.982
	df	120
	Sig.	.000

取样适当性的 KMO（Kaiser-Meyer-Olkin）检验值为 0.730，大于 0.7，属于可接受的范围。经过 Bartlett 球形检验，其近似卡方值为 581.982，自由度为 120，检验的显著水平为 .000，拒绝相关矩阵是一个单位矩阵的假设。因而，可以进行因素分析。

采用主成分分析方法对领导追求量表进行探索性因素分析，设定因子提取标准特征根值为大于 1，并进行最大变异法正交旋转，结果如表 5.8 所示。

表 5.8　　　　　　　　　旋转后因子负载表

	要素			
	能力因素	性格特征	职务因素	价值追求
L1	.024	.849	.023	-.062
L2	.230	.514	.438	-.015

[①] 加入 L4 和 L6 后，旋转后因子负载表中的变量负载小于 0.4，且与原设计的量表内容结构不一致。从内容效度上来讲，L4 的成功决心难以表征"性格特征"；L6 的责任心也难以表征"价值追求"。

续表

	要素			
	能力因素	性格特征	职务因素	价值追求
L3	.416	.508	-.085	.002
L5	.223	.824	.073	-.076
L7	-.096	-.038	.062	.774
L8	-.044	.069	.126	.808
L9	.202	-.188	.051	.670
L10	.747	.174	-.110	.126
L11	.823	.126	.030	.053
L12	.666	.001	.287	-.233
L13	.668	.092	.208	-.134
L14	.659	.172	.076	.126
L15	.325	.093	.420	.188
L16	.069	-.171	.633	.091
L17	.062	.162	.654	-.012
L18	-.026	.058	.771	.093
总方差	75.994%			

注：Extraction Method, Principal Component Analysis。

进行探索性分析领导因素分量表中有 4 个主因素：因素 1 是能力因素，因素 2 是性格特征，因素 3 是职务因素，因素 4 是价值追求。4 个因素共解释总方差的 75.994%。

2. 验证性分析

使用结构方程模型的二阶因素分析技术进行验证性分析。根据领导因素的四维度结构模型，运用另一部分数据找出各维度的主因素。但是，在图 5.5 的"标准估计"中，研究发现"价值"——领导的价值追求的负载较低（只有 0.17），难以归结到领导因素中去。回顾问卷中条目 L7、L8、L9 的设计方式："你觉得领导推行创新是为了上级认同吗？""你觉得领导推行创新是为了提高社会声望吗？"和"你觉得领导推行创新是为了施展个人抱负吗？"三种提问方式试图从领导的创新行为中寻找"领导的价值"

因素，而不是如同其他问卷中条目设计方式，即试图从因素中寻找对创新行为的影响。因而，本书将"价值"维度取消。

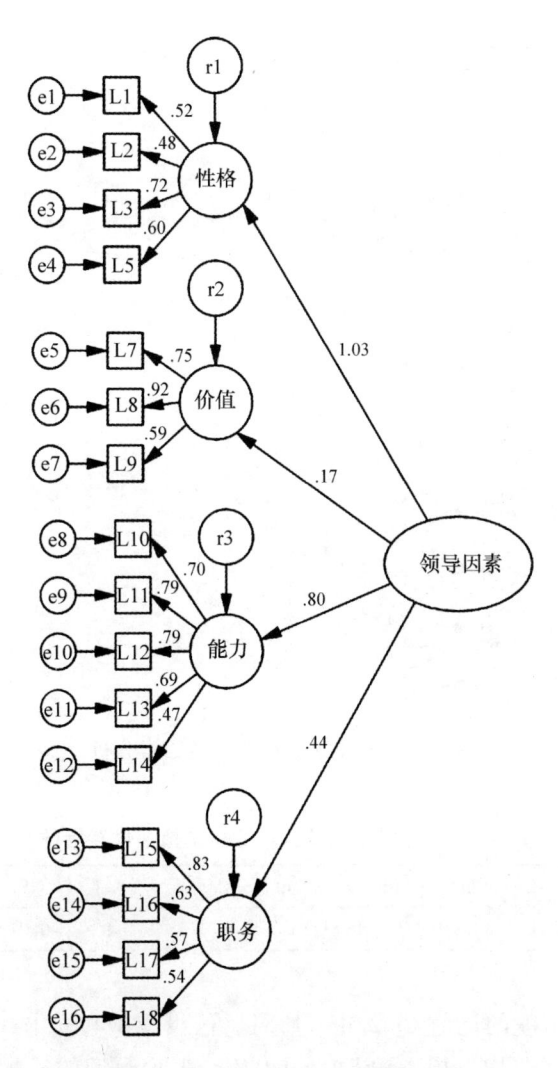

图 5.5 四维度模型的二阶因素分析

进一步进行验证性分析三维度结构模型（见图 5.6），研究发现一阶因素的负荷都相对较高，说明筛选的三因素能较好地"统筹"到领导因素中去。

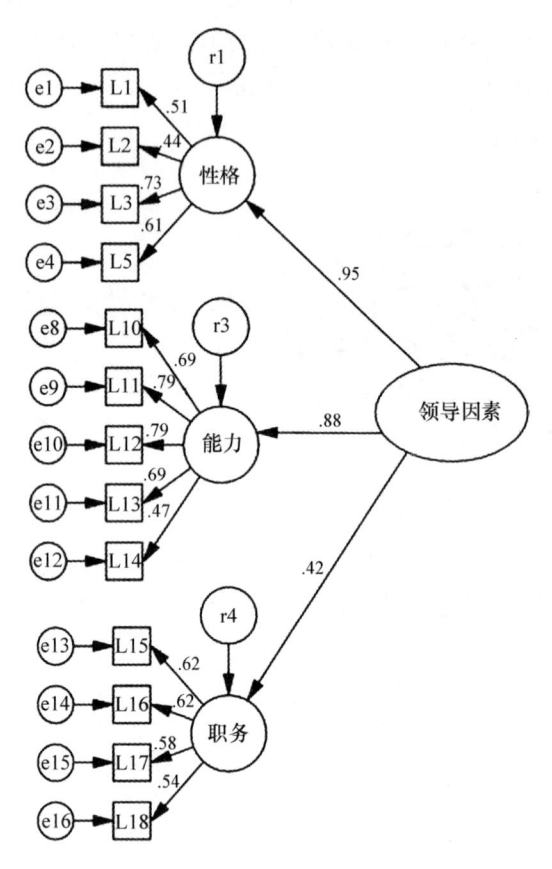

图 5.6　三维度模型的二阶因素分析

表 5.9　　　　　三维度模型二阶因素分析的拟合优度指数表

	Chi2	Df	Chi2/df	RMSEA	GFI	NFI	CFI	RMR
三因素二阶因子模型	111.28	62	1.81	0.075	0.93	0.91	0.90	0.06

卡方和自由度的比值 Chi2/df = 1.81，假设模型与样本数据的契合度可以接受；近似误差均方根 RMSEA = 0.075，表示模型的适配度良好；赋范拟合指数和非赋范拟合指数均大于 0.9（NFI 为 0.91，比较拟合指数 CFI 为 0.90），以及适配度指数 GFI 0.93 也大于 0.9，可以认为模型拟合较好；尽管 RMR 值为 0.06，但非常接近 0.05。[①] 因此，该模型是可以接受的。

---

① Jöreskog, K. G., Sörbom, D. LISREL8, *Structural Equation Modeling with the SIMPLIS Command Language*, Chicago : Scientific Software, 1993.

图 5.6 模型表明，L4（有成功决心的领导）、L6—L9（价值追求类因素）与政府创新的形成关联度不大。一般认为，领导推动创新往往是为了得到上级认同或提高社会声望，而研究结果显示，领导推行创新的"价值追求"的假设被予以否定，这说明政府创新的驱动因素与领导的个人性格及其能力素质相关，价值追求的导向性并不明显。

领导的性格和能力与领导对创新诉求的隶属度较高，分别为 0.95 和 0.88，而职务因素对其影响只有 0.42。这说明并不是层级越高越有可能产生创新。其中，领导的性格特征中，"经常与下属磋商考虑其想法的领导"和"诚实正直的领导"被认为对政府创新更为重要，而人际关系活跃和有成功决心的领导并非关键。在领导的能力因素中，拥有"战略决策能力"和"善于运用政治策略"的领导与推动政府创新关系更为显著。

（二）组织因素的表征结构分析

1. 探索性分析

将"中国地方政府创新的动因研究"调查问卷中"组织驱动"的 26 个影响因素设定为"Z1—Z26"，对组织因素量表（去除条目 Z7、Z8、Z14、Z15 和 Z22）[①] 的相关矩阵做适当性考察，如表 5.10 所示。

表 5.10　　　　　　　　KMO 和 Bartlett 球形检验

	KMO 检验	.788
Bartlett 球形检验	Approx. Chi-Square	1302.580
	Df	276
	Sig.	.000

取样适当性的 KMO 检验值为 0.788，大于 0.7，属于可接受的范围。经过 Bartlett 球形检验，其近似卡方值为 1302.580，自由度为 276，检验的显著水平为 .000，拒绝相关矩阵是一个单位矩阵的假设。因而，可以进行因素分析。

采用主成分分析方法对组织因素量表进行探索性因素分析，设定因子提取标准特征根值为大于 1，并进行最大变异法正交旋转，结果如表 5.11 所示。

---

① 若加入 Z7、Z8、Z14、Z15 和 Z22 后，旋转后因子负载表中的变量负载小于 0.4，且与原设计的量表内容结构不一致。从内容效度上来讲，Z14 与 Z15 的表达内容与 Z13 重复；Z22 对"创新氛围"表述得不明确。

表 5.11　　　　　　　　　旋转后因子负载表

	要素			
	职责	文制	资源	冲突
Z1	.625	-.014	.016	.274
Z2	.684	.065	.057	.194
Z3	.627	.155	.138	.129
Z4	.778	.226	.213	-.109
Z5	.824	.153	.079	-.020
Z6	.781	.161	.191	-.046
Z9	.313	.514	.058	-.148
Z10	.433	.472	-.032	.067
Z11	.076	.638	.112	-.150
Z12	.292	.626	-.031	.012
Z13	.260	.015	-.059	.565
Z16	.073	-.008	.209	.611
Z17	-.035	.205	.249	.752
Z18	-.027	.195	.440	.193
Z19	.130	.091	.630	.305
Z20	.230	-.026	.735	.162
Z21	.120	.029	.781	-.050
Z23	.282	.440	.354	.245
Z24	.104	.637	.196	.301
Z25	-.030	.614	.074	.384
Z26	-.056	.551	.374	.305
总方差		75.56%		

注：Extraction Method, Principal Component Analysis。

进行探索性分析领导因素分量表中有 4 个主因素：因素 1 是职责因素，因素 2 是文化和制度因素（以下简称文制因素），因素 3 是资源因素，因素 4 是冲突因素。4 个因素共解释总方差的 75.56%。

2. 验证性分析

使用结构方程模型的二阶因素分析技术进行验证性分析。根据组织因素的四维度结构模型，运用另一部分数据找出各维度的主因素。（见图 5.7、表 5.12）

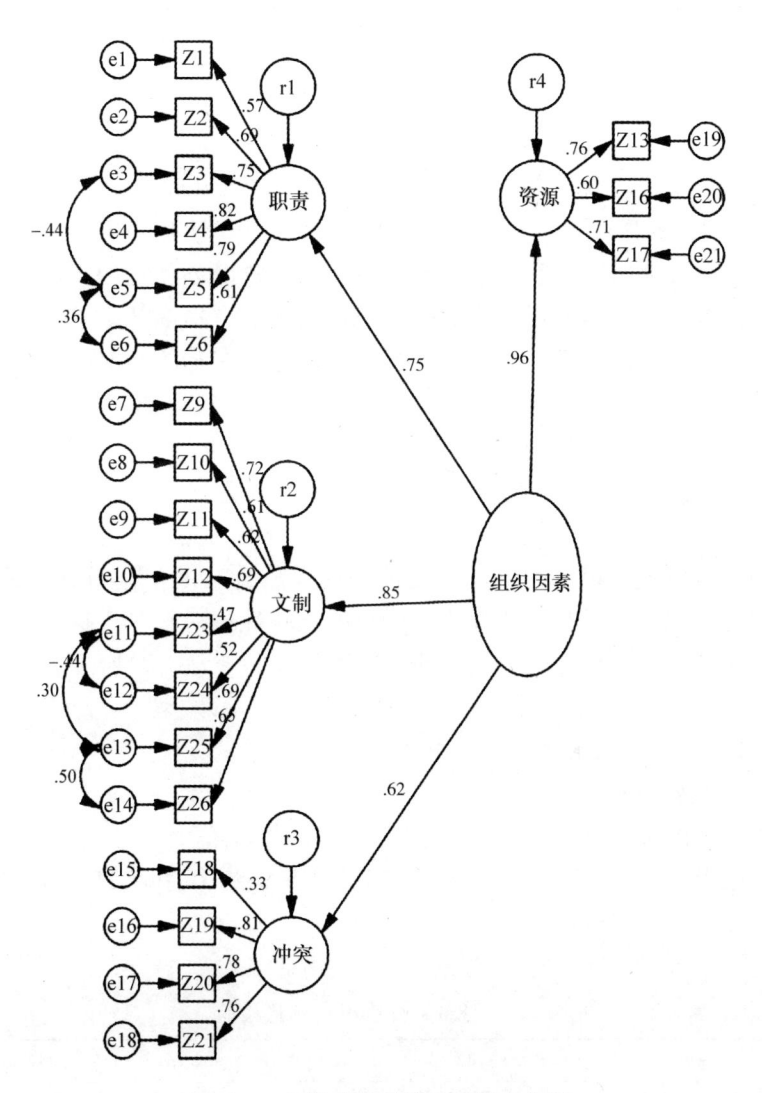

图 5.7 四维度模型的二阶因素分析

表 5.12　　　　四维度模型二阶因素分析的拟合优度指数表

	Chi2	df	Chi2/df	RMSEA	GFI	NFI	CFI	RMR
四因素二阶因子模型	326.09	180	1.811	0.076	0.921	0.913	0.901	0.071

卡方和自由度的比值 Chi2/df = 1.811，假设模型与样本数据的契合度可以接受；近似误差均方根 RMSEA = 0.076，表示模型的适配度良好；赋

范拟合指数和非赋范拟合指数均大于 0.9（NFI 为 0.913，比较拟合指数 CFI 为 0.901），以及适配度指数 GFI 0.921 也大于 0.9，可以认为模型拟合较好；尽管 RMR 值为 0.071，但非常接近 0.05。因此，该模型是可以接受的。

图 5.7 模型表明，Z7（提升政府合法性）、Z8（建立政府良好形象）、Z14（财政资源紧缺）、Z15（人力资源减少）、Z22（良好的创新氛围）与推动地方政府创新的关联度不大。与国外地方政府创新动因不同的是，发达国家地方政府很多创新的采纳往往与控制成本、提高效率有关。而中国地方政府创新恰恰相反，只有当人、财、物资源充足的情况下才会考虑创新。这也使得创新的成本可能大大增加。基于组织因素对驱动创新的考量，组织资源因素是影响政府创新最关键的一类因素，其因素负荷为 0.96，其次为文化因素和制度因素，其因素负荷为 0.85，组织内部冲突因素的隶属度仅为 0.62。这说明，人、财、物资源的充足性是推动地方政府管理创新的关键，相应的创新文化和制度保障也有助于创新方式的产生。而组织内部的冲突与驱动地方政府创新的关联性相对较少，这也说明，危机冲突并不是驱动地方政府创新的主要因素，除非地方政府拥有足够的创新资源。

（三）环境因素的表征结构分析

1. 探索性分析

将"中国地方政府创新的动因研究"调查问卷中"环境驱动"的 19 个影响因素设定为"H1—H19"，对环境因素量表（去除条目 H1、H10 和 H17）[①] 的相关矩阵做适当性考察，如表 5.13 所示。

表 5.13　　　　　　　　　KMO 和 Bartlett 球形检验

	KMO 检验	.833
Bartlett 球形检验	Approx. Chi-Square	752.588
	df	120
	Sig.	.000

---

① 若加入 H1、H10 和 H17 后，旋转后因子负载表中的变量负载小于 0.4，且与原设计的量表内容结构不一致。从内容效度上来讲，H1 表述的"领导支持"难以归到"政治改革"的范畴；H10 表述的"公民自制能力"难以归到"社会变迁"的概念范畴；H17 表述的"成功经验学习"难以直接表述"技术变革"的概念。

第五章 地方政府创新动因的考察与测度：以浙江省为例

取样适当性的 KMO 检验值为 0.833，大于 0.7，属于可接受的范围。经过 Bartlett 球形检验，其近似卡方值为 752.588，自由度为 120，检验的显著水平为 .000，拒绝相关矩阵是一个单位矩阵的假设。因而，可以进行因素分析。

采用主成分分析方法对组织因素量表进行探索性因素分析，设定因子提取标准特征根值为大于 1，并进行最大变异法正交旋转，结果如表 5.14 所示。

表 5.14　　　　　　　　　　旋转后因子负载表

	要素		
	革新	经济	政治
H2	.293	.040	.673
H3	.204	.035	.822
H4	.065	.324	.765
H5	.008	.793	.192
H6	.152	.776	-.021
H7	.098	.396	.459
H8	.346	.555	.139
H9	.279	.468	.369
H11	.598	.075	.305
H12	.679	.387	.003
H13	.744	.136	-.024
H14	.640	-.170	.386
H15	.620	.021	.230
H16	.499	.341	.129
H18	.555	.343	.153
H19	.521	.272	.241
总方差		72.523%	

注：Extraction Method, Principal Component Analysis。

进行探索性分析领导因素分量表中有 3 个主因素：因素 1 是革新因素，即社会变迁和技术变革的因素；因素 2 是经济因素；因素 3 是政治因素。3 个因素共解释总方差的 72.523%。

2. 验证性分析

使用结构方程模型的二阶因素分析技术进行验证性分析。根据环境因素的三维度结构模型，运用另一部分数据找出各维度的主因素。（见图5.8、表5.15）

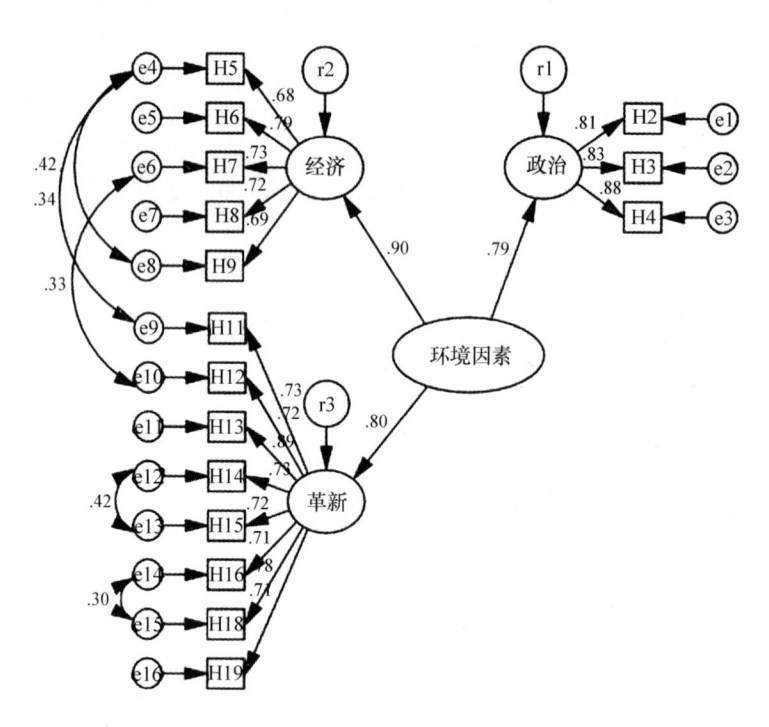

图 5.8　三维度模型的二阶因素分析

表 5.15　　　　　　　三维度模型二阶因素分析的拟合优度指数表

	Chi2	Df	Chi2/df	RMSEA	GFI	NFI	CFI	RMR
三因素二阶因子模型	187.165	96	1.95	0.082	0.915	0.912	0.922	0.052

卡方和自由度的比值 Chi2/df = 1.95，假设模型与样本数据的契合度可以接受；近似误差均方根 RMSEA = 0.082，表示模型的适配度良好；赋范拟合指数和非赋范拟合指数均大于 0.9（NFI 为 0.912，比较拟合指数 CFI 为 0.922），以及适配度指数 GFI 0.915 也大于 0.9，可以认为模型拟合较好；尽管 RMR 值为 0.052，但非常接近 0.05。因此，该模型是可以接受的。

图 5.8 模型表明，H1（上级领导的支持）、H10（公民自治能力）和 H17（创新成功经验的学习）这三项因素与推动创新的关联度不高。经济发展因素的负载最高，为 0.90，其中经济结构转型升级和地方经济发展水平被认为与推动创新的关联度较高。社会变迁和技术发展类因素的负载为 0.80，其中社会的创新氛围和公众对政府需求的扩大对政府创新的影响较为关键，而政治制度自身的变革在四类因素中负载最低，但研究表明，公民权利意识的觉醒和民主政治的发展对推动地方政府创新是有一定关系的。

（四）创新绩效的表征结构分析

1. 探索性分析

将"中国地方政府创新的动因研究"调查问卷中"创新绩效"的 22 个影响因素设定为"J1—J22"，对将创新绩效量表的相关矩阵做适当性考察，如表 5.16 所示。

表 5.16　　　　　　　　KMO 和 Bartlett 球形检验

	KMO 检验	.897
Bartlett 球形检验	Approx. Chi-Square	2137.305
	df	231
	Sig.	.000

取样适当性的 KMO 检验值为 0.897，大于 0.7，属于可接受的范围。经过 Bartlett 球形检验，其近似卡方值为 2137.305，自由度为 231，检验的显著水平为 .000，拒绝相关矩阵是一个单位矩阵的假设。因而，可以进行因素分析。

采用主成分分析方法对组织因素量表进行探索性因素分析，设定因子提取标准特征根值为大于 1，并进行最大变异法正交旋转，结果如表 5.17 所示。

表 5.17　　　　　　　　旋转后因子负载表

	要素			
	1	2	3	4
J1	.113	.642	.087	.490
J2	.180	.778	.106	.370

续表

	要素			
	1	2	3	4
J3	.379	.746	.168	.108
J4	.278	.684	.396	.015
J5	.353	.688	.374	.058
J6	.417	.276	.534	.168
J7	.339	.134	.633	.150
J8	.196	.415	.636	.071
J9	.077	.277	.708	.382
J10	.351	.211	.722	-.019
J11	.034	-.019	.619	.303
J12	.339	.150	.196	.754
J13	.231	.170	.324	.771
J14	.549	.252	.194	.439
J15	.584	.260	.239	.387
J16	.504	.292	.146	.444
J17	.688	.231	.257	.268
J18	.768	.278	.290	.195
J19	.607	.205	.178	.479
J20	.753	.141	.132	.332
J21	.623	.122	.124	-.043
J22	.761	.223	.187	.158

研究发现，创新绩效归纳为四个因素，其中在原设计的"创新结果"和"创新满意"指标中，除了J12和J13条目另外"形成"一个因素外，其他指标共同"形成"一个因素。因此，本书尝试设定因子提取3个因素的方法，并进行最大变异法正交旋转，结果如表5.18所示。

表 5.18　　　　　　　　　设定三因素旋转后因子负载表

	要素		
	创新产出	创新观念	创新方式
J1	.317	.677	.111
J2	.309	.803	.124
J3	.348	.752	.177
J4	.208	.682	.399
J5	.295	.689	.381
J6	.414	.286	.547
J7	.340	.143	.644
J8	.166	.418	.641
J9	.223	.304	.725
J10	.260	.207	.725
J11	.160	.003	.633
J12	.660	.205	.236
J13	.569	.226	.363
J14	.678	.283	.222
J15	.681	.287	.265
J16	.642	.323	.174
J17	.710	.249	.279
J18	.740	.290	.310
J19	.751	.239	.209
J20	.807	.164	.158
J21	.506	.117	.131
J22	.720	.233	.205
总方差		70.255%	

进行探索性分析领导因素分量表中有3个主因素：因素1是创新产出因素，即创新结果和创新满意的因素；因素2是创新观念因素；因素3是创新方式因素。3个因素共解释总方差的70.255%。

2. 验证性分析

使用结构方程模型的二阶因素分析技术进行验证性分析。根据环境因素的三维度结构模型，运用另一部分数据找出各维度的主因素。（见图5.9、表5.19）

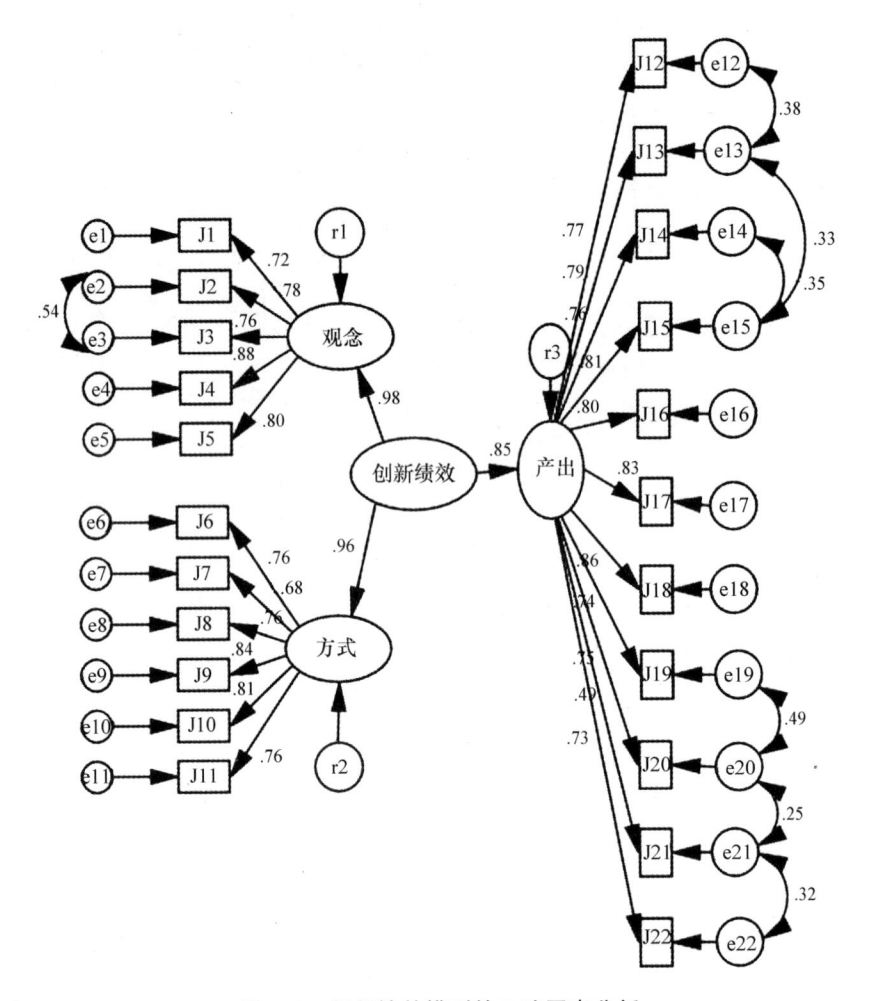

图 5.9　创新绩效模型的二阶因素分析

表 5.19　　　　　　创新绩效二阶因素分析的拟合优度指数表

	Chi2	df	Chi2/df	RMSEA	GFI	NFI	CFI	RMR
三因素二阶因子模型	343.440	199	1.72	0.090	0.901	0.910	0.905	0.052

卡方和自由度的比值 Chi2/df = 1.72，假设模型与样本数据的契合度可以接受；近似误差均方根 RMSEA = 0.090，接近于 0.08，但小于 0.1，表示模型的适配度尚可；赋范拟合指数和非赋范拟合指数均大于 0.9（NFI 为 0.910，比较拟合指数 CFI 为 0.905），以及适配度指数 GFI 0.901 也大于 0.9，可以认为模型拟合较好；尽管 RMR 值为 0.052，但非常接近

0.05。因此，研究认为模型是可以接受的。

三 各因素对创新绩效影响的路径分析

经过结构方程模型验证后剔除了负载较低的40个影响因素，形成地方政府创新的动力因素分析表（见表5.20）。

表5.20　　　　　　中国地方政府创新的主要动力因素

核心变量	分析维度	影响因素	编号
领导追求	领导的性格特征（XG）	经常与下属磋商考虑其想法的领导	L3
		诚实正直的领导	L5
	领导的能力因素（NL）	战略决策能力强的领导	L11
		为善于运用政治策略的领导	L12
	领导的职务因素（ZW）	领导有进一步升职的可能	L15
		领导任职时间长	L16
组织驱动	组织的职责因素（ZZE）	为促进地方经济发展	Z2
		出于增强市场监管能力的需要	Z3
		出于提升公共服务水平的需要	Z5
		出于提升政府管理效率的需要	Z6
	组织的文化、制度因素（WZ）	制定推动政府创新的相关制度	Z9
		制定鼓励政府创新的激励政策	Z10
		人事管理制度变革	Z11
		政府内部流程再造	Z12
	组织的资源因素（ZY）	人、财、物等资源的充足性	Z13
		良好的社会关系资源状况	Z17
		解决政府间横向沟通障碍	Z19
		应对内部危机	Z20
		部门间竞争	Z21
环境驱动	政治改革因素（ZZ）	民主政治发展	H2
		公民权利意识觉醒	H3
	经济发展因素（JJ）	应对经济危机	H5
		经济结构转型升级	H6
		经济发展水平高	H7
		区域间竞争激烈	H8
	技术革新因素（GX）	技术进步	H16
		创新活动中专家的参与	H18
		电子政务发展	H19

续表

核心变量	分析维度	影响因素	编号
创新绩效	创新观念（GN）	促进了主动学习的观念	J1
		促进了政府的效率观念	J2
		促进了政府的市场化观念	J3
		促进了政府以人为本的民生观念	J4
	创新方式（FS）	改善政府组织结构	J6
		提升危机管理能力	J8
		改善公共服务的能力	J9
		拓宽监督公共权力的渠道	J10
		采用信息技术等管理手段	J11
	创新产出（创新结果与创新满意）（CC）	提升地方政府管理能力	J12
		提升地方政府公共服务能力	J13
		节约管理成本	J14
		提高地方政府竞争能力	J15
		扩大公民参与	J16
		维护社会和谐稳定	J17
		维护公平正义的基本价值准则	J18
		提高企业满意度	J20

为了研究领导因素、环境因素和组织因素对创新绩效的影响关系，首先利用潜变量路径分析技术 PA – LV（path analysis with latent variables），建立关于领导因素、环境因素和组织因素对创新绩效影响的饱和模型，分析三类影响因素对创新绩效的影响路径（见图 5.10）。

在这里，需要指出的是为了使得模型尽量精简，[①] 根据前面对各个变量结构研究的成果，在涉及领导因素、环境因素、组织因素和创新绩效四个潜变量时，将表征各潜变量的结构维度内的各自相关条目分别做数据平均化处理，并利用平均化数据表征各潜变量的各个维度指标。

在建立的原始饱和模型中，各个拟合优度指标均达到检验指标，从指数上来讲说明该模型与数据相互适配，但是，模型的优劣不能被数据所左

---

① 吴明隆：《结构方程模型——AMOS 的操作与应用》，重庆大学出版社 2010 年版，第 10 页。

右，一个适配度良好的模型不一定是有用的模型（见表5.21）。①在该饱和模型中，领导因素和环境因素对创新绩效的负荷为负值，表明其领导因素、环境因素对创新绩效起相反作用，这显然不符合现实实际情况。因此，本书依据影响路径负荷不为负值的原则，尝试运用模型发展策略选择修改模型，最终形成"环境因素影响绩效模型"（见图5.11、表5.22）。

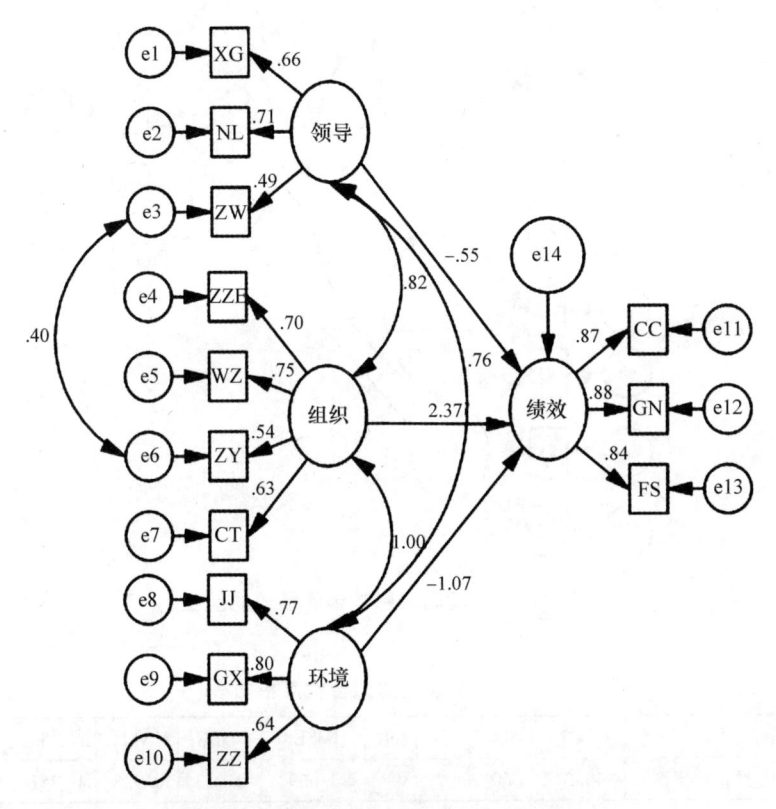

图5.10 各因素影响创新绩效的饱和模型

表5.21 饱和模型的拟合优度指数表

	Chi2	Df	Chi2/df	RMSEA	GFI	NFI	CFI	RMR
三因素二阶因子模型	137.101	58	2.364	0.069	0.928	0.930	0.958	0.024

---

① 吴明隆：《结构方程模型——AMOS的操作与应用》，重庆大学出版社2010年版，第10页。

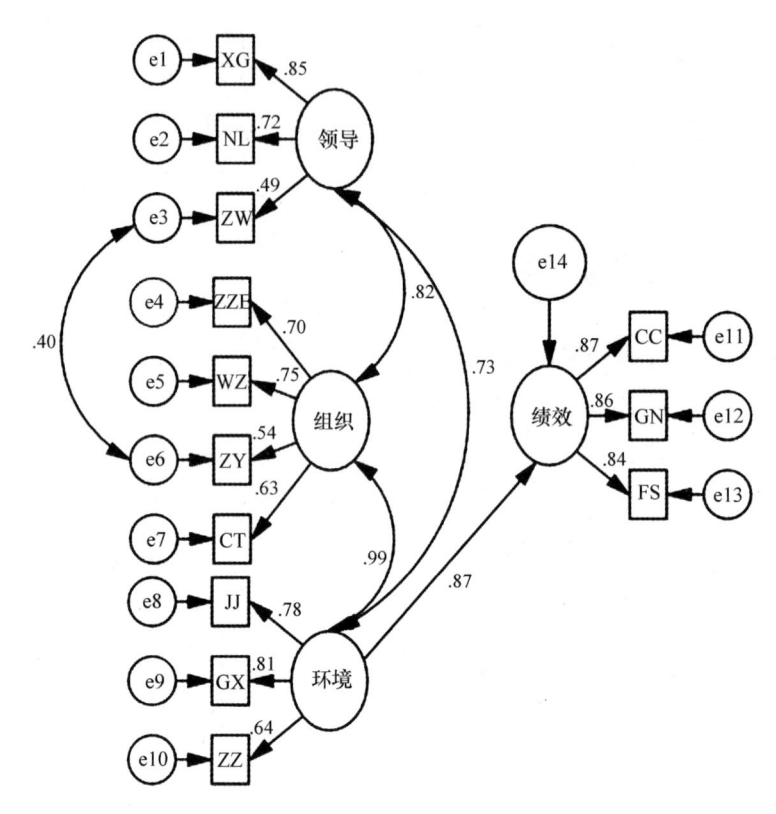

图 5.11　环境因素影响创新绩效的模型

表 5.22　　　　　　　　　修正模型的拟合优度指数表

	Chi2	Df	Chi2/df	RMSEA	GFI	NFI	CFI	RMR
环境因素影响模型	140.312	60	2.338	0.069	0.923	0.928	0.957	0.023

按照前述的模型标准，该模型各项拟合优度指标都均达到拟合标准。在这里，需要指出的是：可能是由于样本数据不太充分的原因，尽管组织因素和环境因素负荷量超过 0.95 的范围，但是，从总体上该模型的拟合指标都较好，因而认为总体上模型与实际数据是相互适配的。

该模型表明：领导因素和组织因素并不能直接对创新绩效产生影响，它们是通过环境因素产生交互效应。这也间接证明了地方政府创新复杂的动因形成机制。

第一，当考虑环境因素影响绩效的相互关系时，领导维度中职务因素，组织维度中的资源因素、冲突因素以及环境维度中的政治改革因素等动力因素的负载均下降到 0.65 以下。而领导的性格与能力，组织的职责履行、文化与制度性因素，环境中的经济发展因素、技术革新因素等负载均超过 0.65，能更好地解释地方政府创新的动力来源。现代社会中日趋加快的技术革新，组织中推动政府创新的制度性规定以及地方政府管理者的能力对推动地方政府创新作用尤为显著。

第二，地方政府领导和政府职能因素不会产生直接的创新动力，对创新绩效的影响较小。虽然传统意义上，一般认为有强烈的价值追求或成功型的领导、地方政府职责重新配置等因素会直接激发地方政府创新。然而实证分析表明，领导因素和组织内部因素推动创新形成的直接作用力并不显著。

第三，领导因素和组织因素对激发地方政府创新的产生的确存在"内部驱动"作用，但需要通过"外部环境"这一中介因素产生内驱力。换言之，地方政府采纳和推动创新是对政治改革、经济发展、社会变迁、技术变革等外部环境变化的回应。即使是内生性的地方政府创新也是地方政府在一定经济社会环境下才做出创新选择，这似乎也说明了地方政府在创新形成、采纳和实践过程中的"保守性"态度。

第四，地方政府创新的形成与其外部环境是相互嵌入的。外部环境尤其是政治制度改革和市场经济转型等因素，对地方政府探索管理创新提出了"输入型"需求。而地方政府面对这些输入需求，就有可能产生"改变"或"适应"环境的"输出型"创新。输出的创新本意是地方政府为适应外部环境，但这些与环境相互作用的创新恰恰改变了政府自身的管理观念、管理手段和运行机制。需要指出的是，地方政府会回应外部环境的创新需求，至于地方政府是否实施创新，采取何种创新方式等具体创新策略选择方面，仍取决于地方政府领导和组织职责的规定。

该模型能较好地解释当前很多地方政府创新实践的形成机理，与此同时，这个模型也存在一些不足：一是动因概念模型设计了过于庞杂的驱动因素，导致模型分析过程复杂。这些驱动因素有可能存在交叉作用，会妨碍动因及其影响路径的研究。二是以浙江省地方政府创新为样本的数据结论能否适应其他区域的地方政府创新，这可能还需要进一步的验证与比较分析。三是数据的平均化处理也有可能消除了一些潜在的重要因素。这些研究不足也为后续研究如何简化模型、省域政府创新比较验证等提供了研究思路。

四 实证研究结论

本书通过结构方程模型研究方法来验证前期所设计的领导、组织、环境和创新绩效的动因分析框架。实证研究表明，该动因分析框架是合理的。而通过路径研究发现，领导因素和组织自身发展需求并不是地方政府创新的直接动因，尽管在事实上很多具有价值追求、创新魄力和晋升动力的领导倾向于创新。研究发现，领导因素和组织因素并不能直接对创新绩效产生影响，它们是通过环境因素产生间接效应。换言之，一方面是经济、政治、社会和文化环境促使地方政府创新观念的产生和创新方式的变化，另一方面是地方政府试图去"改变环境"从而产生了创新需求，在"改变"的过程中也推动自身管理创新。Denhart 等人认为，创新不会自动出现在组织的面前，相反，创新的特点与组织的特点是互动的，二者都嵌入在环境中。[1]

地方政府创新典型案例的动因分析表明，浙江省地方政府创新具有一定的区域特征，这些特征既反映了浙江经济社会发展的因素，也反映了地方政府内部管理中的一些特点。但通过总结这些推动浙江省地方政府创新的动因，也可以推导出一般性结论，能对其他区域地方政府创新的形成有所借鉴。

第一，地方政府管理者应具有深刻的民主、开放和绩效观念。市场经济的发展模式向社会、公众和政府都输入了开放的市场经济观念，对地方政府管理变革产生了积极的影响。对传统意义上被视为"保守"性质的地方政府而言，它意味着社会与组织文化的同期转变，进而影响到地方政府管理理念。民主性、开放式和效率性等市场经济观念在政府部门已深入人心，极大地刺激了地方政府固有的观念和管理方式。Denhart 等人发现，公共组织有许多人都是"反对冒风险的"，有兴趣支持革新的管理者必须采取专门的措施去尝试创新和重视改革。基于政治条件的限制和自身利益最大化考虑，地方政府往往不愿冒激进式创新风险，寻求高层管理者支持成为地方政府的必然选择。这就意味着地方政府不是运用政治策略说服上级就是受到上级政府影响或暗示而创新。随着市场经济的进一步完善发展，很多地方政府并不会在"逆境"中做出创新选择，而是对市场经济的一种及时回应。在不影响资源和利益配置格局的情况下，地方政府领导人和上

---

[1] Robert Denhart、Janet Denhart、Maria Aristigueta：《公共组织行为学》，赵丽江译，中国人民大学出版社 2007 年版，第 218 页。

级主管部门都倾向于支持创新甚至鼓励宣传造势扩大影响,从而因创新政策的巨大影响力获得进一步的社会声望地位。因此,地方政府管理者首先应具有民主、开放和绩效观念,既是对市场经济完善发展的回应,也是推动地方政府管理创新的基本要求。实证研究也表明,地方政府管理者卓越的创新理念和诚实的品质对推动地方政府创新至关重要。

第二,重视地方政府创新的结果及其评估。尽管不是所有的创新都能带来令人满意的结果,但从公民需求和政府管理创新的目的来看,我们期望地方政府创新能产生公民满意度增加、公共服务成本减低、公共服务质量改进、政府内部管理士气以及公共生产力提高的积极结果。如何能推动具有积极的令人满意的结果的地方政府创新?这意味着地方政府需要关注创新绩效,形成有效的创新评估机制,从而带动具有肯定意义的或公众满意的政府创新行为。如何避免宣传意义或形象工程的"象征式"创新,就要重视地方政府创新的结果评价机制,以鼓励地方政府推动具有一定社会价值的管理创新,从而通过地方政府创新提高公民满意度和改进政府管理。如何推动具有满意创新结果的政府创新是地方政府创新动因研究的一个关键层面,建立创新结果的评估机制有助于形成一个反向驱动机制,动员或激励地方政府主动采纳改善管理和促进公众满意的创新。

第三,与地方政府能力相契合的累积性创新。根据实证研究,当前地方政府创新的驱动机制是一种"内外相互嵌入"的生成机制。从总体看,经济、政治、社会和文化环境的变化对地方政府管理提出了需求,促使地方政府产生创新的需求。而地方政府也通过选择与自身能力相契合的管理创新和变革措施以满足环境的需求,并在这样一种相互需求供给的互补机制中持续推动了自身管理创新。如何形成具有持续性的地方政府创新,这里需要指出以下几项关键特征:一是地方政府创新的形成来源于领导者或管理者对外部环境的理性判断继而做出管理创新的选择;二是地方政府管理者发起的创新具有回应性和计划性的特点;三是政府管理者考虑采纳创新的其中一个动因是所推出的创新与现有的公共管理系统相容程度较大,与各相关利益主体的利益也是配合的;四是地方政府创新的行为不仅与经济社会环境的需求是一致的,也通过创新实践提高了地方政府自身的管理能力与合法性。当地方政府创新与其地方政府能力及外部环境达成了"循环型"的互补机制,地方政府创新就有可能具备持续性的特征,从而激发累积性的地方政府创新,其持续效应和扩散效应也将更为显著。

第四,充分发挥社会组织在推动地方政府创新方面的积极作用。社会组织将在地方公共治理中占有越来越重要的位置。行业协会、非营利组织等社会组织数量庞大，经济基础较为雄厚，有能力承接地方政府的部分职能，也乐于参与地方公共事务管理。这些社会组织不仅凭借其资源禀赋优势向地方政府输入了经济性、劳务性和社会性资源，也由于自身利益诉求向地方政府提出了创新需求，对地方政府创新的形成有一定的影响力。而社会组织在提出创新需求的同时，也有可能通过与地方政府合作供给公共产品和公共服务，推动地方政府管理创新新方式和新类型的产生，即社会组织本身有机会成为地方政府管理创新的对象和内容。社会组织的迅速发展和有效参与对地方政府创新的形成提出了新的需求，促使地方政府基于需求、合作或压力而采纳创新策略。

第五，重视广泛应用信息技术对驱动地方政府创新的作用。使用现代信息技术（IT）方法，不仅是政府创新的一种重要形式，也是推动地方政府创新的一个重要动因。Hall 等人认为技术创新是一种"入门式"创新，为其他创新奠定了基础，也更容易为组织内部所接受[1]。采用信息技术和网络支持，有助于政府内部管理实现流程再造和改进效率，建立内外部沟通机制和改变政府管理理念，从而激发了很多基于信息技术支持的地方政府管理创新。这一方面体现了现代专业化组织和高效组织对技术变革的要求，另一方面也反映出政府管理创新需要组织内部技术支持的发展趋势。充分利用信息技术以及网络平台的功能，是信息化时代推动政府管理创新的一个重要驱动因素。

第六，注重专家参与支持以促进地方政府创新的推广与扩散。目前地方政府创新的显著特征是得到学术界和媒体的广泛关注，在学习和传播网络发达的地区，地方政府创新的推广和扩散效应明显。如何有效地借助学术界的依托，通过专家的观察、参与、支持和论证来鼓励和激发地方政府创新并扩大创新项目的影响力和持续力，这是推动以学习和借鉴为创新动因的地方政府创新的重要路径。尤其是政府与高校科研机构良好合作关系的形成，在推动地方政府创新学习与创新采纳方面作用显著，也有助于在学习和扩散的过程中塑造地方政府管理者创新理念，从而进一步激发地方政府创新。

---

[1] Hall, Richard H., Shanhe Jiang, Karyn A. Loscocco, John K. Allen, "Ownership Patterns and Centralization: A China and U. S. Comparison", *Sociological Forum*, Vol. 8, 1993, pp. 595 – 608.

第六章　地方政府创新动因的案例研究：分析与验证

第一节　浙江省地方政府创新动因的典型个案

从中国地方政府创新的实践看，以浙江省为代表的东部沿海地方政府创新更具活力和特色，对浙江省地方政府创新的典型案例进行实证研究，有助于深度探索中国地方政府创新发展的动因与形成机制，以期在更大范围内推广典型经验，提高政府创新的适用性、外部影响及导向作用。以活跃性、可持续性、创新性为标准，这里选取了浙江省典型区域和典型创新类型的"中国地方政府创新奖"获奖项目以及近年来颇具创新的案例。案例的创新类型涵盖公共服务、行政改革、社会管理、政治改革等方面。

一　案例1：温岭市的"民主恳谈会"

（一）"民主恳谈会"的创新内容

1999年6月，出于基层乡村事务管理的需要，本意为做好农村思想工作的干群对话活动在温岭市各乡镇最初以"民情恳谈""村民民主日""农民讲台"的形式呈现。1999年12月，温岭"民主恳谈"的各种对话沟通活动被专家总结为是思想政治工作方式的创新载体，也是一种新型的基层民主政治。① 2000年8月，"民主恳谈"开始在温岭市各乡镇（街道）、村、社区、企业和政府职能部门等各层次全面推开，涉及村、镇、企业乃至全市的公共事务，最后以"群众出题目，政府抓落实""一期一

---

① 程同顺、张国军：《温岭民主恳谈对中国政治学意义》，《中共天津市委党校学报》2011年第4期。

主题"为基本形式的"民主恳谈会"逐渐扩展成了处理地方公共事务的协商民主形式,成为村、镇、企业和市职能部门做出重要事项决策的必经程序。目前,"民主恳谈"的形式已被社会公众所普遍接受,"一旦有重大问题出现,他们就会考虑用协商民主方法来解决。温岭泽国镇已两次用协商民意测验的方法来讨论该镇的重大公共项目建设的选择问题"①。这个典型例子论证了"民主恳谈会"在政治改革领域创新的显著绩效和可持续性,尽管这项创新具有一定的特殊性。②

(二) 创新的动因分析

作为一项较为典型的政治改革类创新,温岭"民主恳谈会"的发起动因包括以下几方面:

第一,基层农村思想政治工作的需要。"民主恳谈会"最初的方式是乡镇建立与村民沟通的机制,通过恳谈、咨询、说服等方式加强与村民的联系,在一些事项上达成较为一致的意见。

第二,上级政府领导的支持与推动。"民主恳谈"的普遍推开与台州市委、温岭市委的大力支持与推进密不可分。早在1999年,台州市委就松门镇的做法召开现场交流会,总结出了"民主恳谈"的温岭经验。2001年6月,温岭市委发文,要求将温岭各地开展的各种形式的基层民主政治创新载体推广到全市所有乡镇,进而将其引入城镇居民社区、基层事业单位、党政机关、群团组织、企业单位等,并对"民主恳谈"提出了规范性要求。③ 至此,"民主恳谈"在政治改革领域的创新从形式、内容、制度等方面得到了规范,为进一步巩固基层民主政治发展创造了条件。

第三,民众对民主治理的要求日益增强。温岭市民营经济发达,综合实力较强。根据国家统计局测评,温岭市经济社会综合发展指数在全国2000多个县市中位居第27位,县域经济基本竞争力居于第15位。④ 市场经济发展在很大程度上激发了民众参与政府治理和表达诉求的意愿。因此,"民主恳谈"主要的动力源泉就是民众的民主需求和民主素养的提升。

---

① 郎友兴:《公民文化与民主治理机制的巩固和可持续性——以温岭民主恳谈会为例》,《中共浙江省委党校学报》2012年第2期。

② 温岭"民主恳谈会"从发起之初就受到国内外学术界的普遍关注,被视为中国民主协商和政治民主的重要典范。学术界的推崇无形中为该项政治改革类创新扩大了影响,推动了向民主政治改革倾斜的进程,有助于其有效性和持续性的发展。

③ 《温岭"民主恳谈"》,2013年9月10日,中国政府创新网数据库(http://www.chinainnovations.org/Item/24063.aspx)。

④ 陈朋:《民主恳谈:生长在中国改革土壤中的基层民主实践——基于浙江温岭"民主恳谈"的案例分析》,《中国软科学》2009年第10期。

"民主恳谈"一开始就以广大人民群众积极参与为途径，采用自愿参与、自由发表意见和建议的形式影响决策，扩大了基层政治民主的内涵。以1999年松门镇四期"民主恳谈"为例，总计600多人参加，群众提出了110件在党、政、干、群之间长期存在的并期望加以解决的事项，基层政府当场解释、答复了84件，承诺交办26件。① 正是因为基于普遍参与和恳谈有效，地方社会群众对召开"民主恳谈会"的积极性非常高，不少甚至主动要求召开。

第四，促进民主决策，方便政策贯彻落实。就地方政府而言，在经济发展过程中，基层矛盾凸显，地方政府探索民主政治制度创新从而"为维护地方制度的稳定和解决由于市场与社会关系紧张所引起问题的方法及其实现经济和社会协调发展的途径"②，这也是地方政府积极扩大"民主恳谈会"范围的重要原因。经"民主恳谈"做出的地方政府决策可以获得公众支持，方便贯彻执行，有助于干群关系融洽和维护社会稳定。

第五，专家的参与支持。温岭"民主恳谈会"是在政治学界专家的广泛关注和参与支持下获得成长的，很多次"民主恳谈会"都受到专家学者的观摩。如1999年的现场交流会，2009年"温岭民主恳谈制度创建十周年研讨会"等。国内外学者何包钢、余逊达、景跃进等人都对此付诸了关注，并从学理探讨的角度促进了该项基层协商民主政治制度创新的推广。

（三）"民主恳谈会"创新的持续性分析

温岭"民主恳谈会"创新有其一定的经济社会发展基础、深厚的政治发展条件以及良好的民众民主参与素质等因素的综合推动，不仅使这一项创新在实践方面的创新绩效十分显著，与此同时，"民主恳谈会"还取得了创新持续性、扩散性的效应。温岭"民主恳谈会"获得了第二届（2003—2004年）"中国地方政府创新奖"优胜奖。从2004年开始，"民主恳谈会"进一步与人大结合，共同审议基层的重大事项。这一阶段除恳谈的形式有所变化外，镇人大的作用也被整合进来。原来的民主恳谈转型为基层政府决策的听证会。在举行决策咨询时，开始吸纳镇人民代表参加，在形式上将镇人代会作为最终决策的主体。2005年7月，在温岭新河镇的第十四届人大五次会议上，民主恳谈第一次被用来协商、讨论地方的财政预算，由此，我国基层民主政治的"参与式预算"应运而生。③ 温岭

---

① 张滨辉、李坚：《基层民主制度创新比较研究》，《云南行政学院学报》2011年第1期。
② 何包钢：《协商民主：理论、方法和实践》，中国社会科学出版社2008年版，第145页。
③ 吴太胜：《民主恳谈是基层民主政治建设的创新与发展——以浙江温岭的实践为例》，《理论探索》2009年第6期。

市新河镇的参与式预算改革入围了第五届中国地方政府创新奖。历届中国地方政府创新奖入围项目中，浙江省总共入围 26 项，其中温岭市有 3 项。可以说，"民主恳谈会"衍生并激发了区域范围持续性的创新。

目前，温岭市"民主恳谈"结合互联网技术构建了更为系统的民主恳谈机制。一是建立了温岭市民主恳谈网（www. wl. gove. cn/mzkt/），全面公开公民参与事项、民主协商事项以及代表审议项目。二是民主恳谈结合部门职责，政府职能部门年度召开民主恳谈会，并予以公开。民主恳谈作为公民参与治理方式，已然成为地方政府职能部门开展的一项必要工作，从而也确保了这项创新的可持续性。

二 案例2：义乌市总工会的"工会社会化维权模式"

（一）"工会社会化维权模式"的创新内容

在社会主义市场经济条件下，工会组织具有双重身份和双重功能，既具有政府属性，又有社团性质。在计划经济时代，工会鲜少遇到双重身份冲突的困境，其原因是工会应有的代表功能基本上为"家长主义的国家所吸纳，即工人的利益由政府来保障"。然而，随着社会主义市场经济的发展，全能政府模式开始转向有限政府，"当政府事实上不再直接出面代表和保护工人时，工会双重身份潜在的矛盾和冲突越来越具有现实的可能性"[①]。如何在社会主义市场经济条件下有效地发挥工会的职能和维护工人权利就成为工会组织创新的重要任务。

浙江省义乌市是全国百强县之一，拥有全国最大的小商品市场，民营经济发达，绝大多数都是非公有制企业。由此，非公企业劳务人员就成了义乌市劳务市场的主力，且以农民工和外来务工人员为主。绝大多数农民工和外来务工人员在中小型非公企业从事劳动密集型的小商品和外贸产品加工工作，劳动关系错综复杂，职工权益受侵犯的现象时有发生。为了更好地发挥工会组织的功能，2000 年 10 月，义乌市总工会在全国率先成立了专门的工会维权组织——"法律维权协会"，以此拉开了义乌市总工会维权组织结构、制度创新的序幕。"法律维权协会"是一个社会组织，义乌市总工会以表达和维护职工合法权益为重点，以社会化维权为基本途径，以职工法律维权中心为载体，以包括外来务工人员在内的职工群体为基本对象，以处理劳资矛盾为基本特征，以协商调解、参与仲裁、代理诉

---

① 骆小骏、周松强：《在政府和农民工之间：市场经济下工会双重身份的平衡——以义乌市总工会"社会化维权"制度为例》，《理论探索》2009 年第 6 期。

讼、法律援助为基本手段，覆盖劳动关系过程全领域的工会社会化维权机制。工会的社会化维权实际上是在市场经济体制下对工会职能的重新定位和工作创新，建立起了工会的社会化运作管理机制，符合义乌经济社会发展的需要，切合外来农民工为主体的职工群体维权的需要，为整个义乌社会的和谐发展奠定了基础性工作，更是新时期重新界定工会职能和探索工会管理运行的创新。

（二）"工会社会化维权模式"创新的动因

义乌市总工会推动"工会社会化维权模式"项目创新的动因主要有：

第一，义乌市委、市政府及市总工会工会社会化维权工作得到了上级领导的高度重视，大力推动工会社会化维权模式的创新。2004年11月27日，中共中央总书记胡锦涛对"浙江省义乌市探索职工社会化维权新模式"做了重要批示，在这一批示的鼓舞下，义乌市委、市政府高度重视，义乌市总工会依靠全市工会干部和职工群众共同努力，开创了中国工会维权的"义乌模式"。

第二，充分维护职工权益的现实推动。工会作为一个利益组织化单位，代表社会弱势群体中的劳工利益，动员政治行动谋求劳工的权益并得到法律认定，从而作用于权力制衡的社会政治秩序。工会社会化维权模式是充分发挥维护职工权益的职能表现。

第三，解决多元利益冲突和维护社会和谐的需要。维权模式创新是多元利益冲突与整合的复杂政治环境中维护进城务工人员合法权益的必然要求。义乌市进城务工人员群体数量庞大，其合法权益难以得到良好保障。在城市，农民工问题已经成为全社会关注的热点问题，合法权益的维护关系到社会和谐和政治稳定。

第四，由于民营经济的发展促进了产业结构的调整，新经济形势及企业资产结构多元化，各种类型企业的经营方式、管理制度、企业文化存在明显差异，劳动关系规范程度和调处方式的不尽一致，产生了劳资矛盾较为突出和复杂的问题，使得传统的工会工作理念和维护形式受到了挑战。

第五，进城务工人员队伍的壮大加大了对工会诉求。从义乌具体情况看，2006年义乌全市人口170余万，外来建设者近100万。大量的进城务工人员对维护自身权益有着显著诉求，也因此对工会如何发挥作用提出了现实挑战。

第六，信息整合体系的发展为工会维权的调研、互动提供了技术支持。义乌工会通过与新闻媒体的结合，建立维权的快速反应机制，与义乌市民政局、义乌市电信局等部门共建职工维权信息平台，保证职工维权热线渠道通畅，及时为职工提供帮助和服务。[①]

工会实行社会化维权以后，一方面对市场经济体制下正确发挥工会职能和改善工会运行管理体制进行了有益探索，另一方面社会化维权也大大降低了职工维权的成本，有效化解了劳资矛盾。从2000年10月起的4年来，市总工会受理投诉案件3104起，办结率达90%，阻止群体性恶性事件28起，免费为职工出庭仲裁代理167起，为当事人追回工资及挽回经济损失892万元。各类劳资纠纷下降了30%，职工投诉案件也下降了近50%。[②] 义乌市"工会社会化维权"创新也因此获得了第四届"中国地方政府创新奖"优胜奖。

三 案例3：宁波市海曙区的"政府购买居家养老服务"

宁波市是沿海发达城市，人口老龄化程度高于浙江省平均水平。海曙区则是宁波市的中心城区，老龄化问题严峻，对政府提供养老服务的质量和效率提出了严重挑战。为解决政府供给养老服务不足的现实难题，宁波市海曙区于2004年5月确定了"政府扶持、非营利组织运作、社会参与"的工作思路，通过建立政府和社会组织的合作伙伴关系，采用政府购买居家养老服务的方式，由海曙区政府出资，向非营利组织"星光敬老协会"购买居家养老服务。从2005年3月起，海曙区在全区65个社区全面推广这一PPPs（公私合作伙伴关系）居家养老服务模式，并专门成立了居家养老工作领导小组，主要任务是完善区、街道和社区三级养老服务体系。[③]"购买居家养老服务"项目在实践中取得了良好效果，提高了养老服务的质量和效率，减轻了政府财政压力，就服务对象而言，海曙区的老人真正实现了老有所养、老有所乐、老有所医、老有所学、老有所为。该创新项目也因此获得了第四届"中国地方政府创新奖"优胜奖。

宁波市海曙区人民政府推动"政府购买居家养老服务"项目创新的动因主要有：

第一，服务型政府建设理念推动。国家落实公共服务型政府建设政策对政府履行社会管理和公共服务职能提出更高的要求。养老服务是一项基本的公共服务，由政府提供优质高效的养老服务体现以人为本的理念，是

[①] 参见韩福国《新型产业工人与中国工会》，上海人民出版社2008年版，第369页。
[②] 黄河涛、赵健杰：《论工会"维权"的发展趋势与对策》，《中国劳动关系学院学报》2005年第3期。
[③] 郁建兴、瞿志远：《公私合作伙伴中的主体间关系———基于两个居家养老服务案例的研究》，《经济社会体制比较》2011年第4期。

公共服务型政府建设的重要内容之一。

第二，解决人口老龄化、机构养老不足、家庭养老弱化养老难题的需要。老人对社会养老设施和服务的需求迅速上升，机构养老方式已远不能满足需求。浙江省是非营利组织的大省，宁波市近年来凭借其独特的历史文化、区域位置和政策条件，经济社会发展速度快，非营利组织的发展形势也比较好。

第三，成本效益控制观念的推动。海曙区在购买居家养老服务的过程中，并没有对公共服务大包大揽，而是放权给非营利组织，依托星光敬老协会来实施管理和服务。购买居家养老服务的过程中，海曙区政府领导对政府职能的认识清晰，承担起基本公共服务的购买者和监督者的角色。因为非营利组织和社区能够提供更加灵活的服务，能更好地满足老人的多样化要求，购买服务也比政府提供服务的效率高，体现了政府的成本效益观念。

第四，信息社会的发展为养老服务的网络化、专业化、便捷化提供技术支撑。信息技术的发展，为居家养老模式的发展建立信息沟通和共享平台提供方便，从而能更好地提升居家养老管理效率。①

四 案例4：杭州市的"开放式决策"

作为浙江的省会和经济、政治、文化中心和长三角中心城市之一，杭州正在大力提升经济、文化、政治、社会、环境生活品质，全力打造覆盖城乡、全民共享的"生活品质之城"，从2007年开始，杭州市正式推行"以民主促民生"，扩大公民有序政治参与，增强决策民主化、科学化的"开放式决策"。"开放式决策"的主要理念是"公开、透明、参与、互动"，使决策的酝酿、调研、起草、论证，直至政府常务会议讨论、决策，以及决策的实施过程都体现出"开放"的特征。"开放式决策"实施以来，取得了良好的社会效果。无论在政策效果、政策效率还是社会公平性体现及社会价值方面都有着显著的意义。该项创新获得了第五届"中国地方政府创新奖"优胜奖。

（一）杭州市"开放式决策"的创新内容

杭州市"开放式决策"的主要创新内容包括以下几方面：

第一，创制多种类型的公民参与载体。"开放式决策"经历了较长时

---

① 吴玉霞：《政府购买居家养老服务的政策研究——以宁波市海曙区为例》，《中共浙江省委党校学报》2007年第2期。

间的准备阶段，杭州市通过设立多种载体和平台，开拓民意收集的渠道，逐渐使民意在政府决策中发挥重要的作用，进而为"开放式决策"的实施奠定技术基础、民意基础和社会文化基础。以"12345"市长热线为例，在经过十多年的应用后，"12345，有事找政府"已成为深入人心的口号。这也证明公民参与政府决策的这种创新实践有深厚的社会基础和制度基础，但政府显然必须在更深层次上使政府决策更加凸显公民导向，进一步发挥公民参与的积极性，提高政府决策质量，构建服务型、效能型和责任型政府。

第二，以民生问题为公民参与和政府决策公开的主要切入点。随着经济社会发展，公众对公共服务的需求提升，以打造"生活品质之城"为目标，民生问题已然成为社会公众最关心的问题。在民生问题上建立和拓宽公民参与的渠道，一是能在服务型政府建设的意义上促使政府提供更优质高效的公共服务；二是有助于提高公民对政府决策的关心度，培育良好有序的公民参与文化，为"开放式决策"的正式实施奠定良好的社会基础。

第三，建立人大代表、政协委员列席市政府常务会议制度，政府决策事前共识制度，市民与专家代表参加市政府常务会制度，实现市政府常务会网络视频直播互动交流，开始正式实施"开放式决策"的创新实践。2007年，随着杭州市政府"开放式决策"的正式实施，其开放度也开始向纵深方向发展。2008年7月8日，杭州市人民政府的第30次常务会议上，除了市长、副市长、秘书长、市人大代表、市政协委员等照例出席或列席会场外，市民代表首次出现在市常务会议上。会议首次通过市政府门户网站开通市民参会报名通道，市民可通过视频连线的方式发表意见，普通市民参与市政府决策活动进入常态化阶段。

第四，建立"开放式决策"的制度体系。从2009年1月起，杭州市政府全体会议开始邀请人大代表、政协委员、市民代表、专家代表列席，并制定下发《杭州市人民政府重大行政事项实施开放式决策程序规定》（市政府令〔2009〕252号）和《杭州市人民政府"开放式决策"有关会议会务工作实施细则（试行）》。自此，杭州市及其所辖13个区、县（市）政府均推行"开放式决策"。这标志着杭州市"开放式决策"进入程序化、规范化、制度化的发展提升阶段。

第五，充分运用现代信息技术手段推动决策公开透明。杭州已开通手机等多种形式实现决策沟通、互动，进一步扩大了"开放式决策"的覆盖面。通过视频、媒体、网站等媒介手段的应用逐步扩大了"开放式决策"的覆盖面，使其知晓度得以提升，扩大了"开放式决策"的范围，吸引公众参与。2009年7月，第44次市常务会议开通了手机收看会议直播，移动、联通、电信用户都可以登录指定的WAP地址进入专题收看页面，并通过发送短信方式提出意见建议。现代信息技术手段的应用提高了决策的公开透明程度。

（二）杭州市"开放式决策"创新的动因

杭州市"开放式决策"动因主要包括以下几个方面：

1．"开放式决策"的经济动因

改革开放40多年来，杭州经济高速增长，全市实现生产总值4781.16亿元，经济总量位居全国省会城市第二位、副省级城市第三位、全国大中城市第八位，而民营经济则已经占到了国民生产总值的69%。目前，杭州已处在人均GDP突破1万美元的发展阶段上，经济体制的深刻变革，社会利益格局的深刻调整，社会主体多元化和利益关系复杂化对政府决策科学化民主化提出新的更高要求。第一，市场经济发展引发的利益分化为杭州市民的政治参与提供了基本动力。市场经济的迅猛发展是杭州取得经济社会建设巨大成就的根本所在，也是促使杭州市政府决策创新，进行有效社会整合的根本驱动力。第二，市场经济的发展培育了杭州市民的参与意识。民营经济发展不仅改善了杭州的市场环境，也培育了杭州市民的政治参与意识，造就了更多的参与型公民，提高了杭州市民的参与能力。杭州市"开放式决策"正是在民营经济高度发展的市场经济体系中发展而来的，以民营经济高度发展为主要特征的市场经济不仅为"开放式决策"提供了经济基础和经济利益诉求的文化，也为"开放式决策"的实施和完善发展提供了良好的发展环境，有助于进一步培育公民的参与意识和提升公民的参与能力。

2．"开放式决策"的政治动因

杭州市政府职能变迁与决策改革创新有着深刻的时代背景，其中政治与经济要素形成了明显的互动。从变迁过程看，与民营经济发展初期浙江省各级政府消极的、政治实用主义的"无为而治"相比，现在的杭州市政府职能逐渐向积极创新、主动引导和服务转变。政府职能的这种变迁与民营经济的发展历程与效果是密切关联的：第一，"开放式决策"是杭州市政府回应民营经济发展与社会阶层分化的必然结果。第二，"开放式决策"是杭州市政府与民营经济、不同的社会阶层共享、共赢的必然结果。第三，"开放式决策"是杭州市政府顺应我国政治民主化、进行行政管理体制改革与创新的必然要求。第四，"开放式决策"是杭州市政府倾力打造民本政府，建设"生活品质之城"与和谐杭州的必然要求。杭州市"开放式决策"既是适应现代政府民主决策发展趋势的必然结果,也是民主政治发展、公民参与扩大、政府体制不断创新的结果,更是地方政府行政管理体制改革与创新的必然要求。

3. "开放式决策"的社会动因

"开放式决策"率先在杭州实施,在本质上它是经济、政治和社会发展综合作用的结果。而"开放式决策"的社会动因,则体现在其社会结构变迁、公民社会的产生与发展、参与型政治文化的形成上。第一,杭州市蓬勃兴起的行业协会既是公民社会兴起的主要标志,也对杭州市政府决策的科学化、民主化提出了必然要求。第二,从政治文化看,杭州市参与型政治文化的形成为"开放式决策"提供了最为直接的文化基础。改革开放40年以来,杭州在经济高速发展的同时,也形成了有力的参与型政治文化。以杭州的"满意不满意评价"为例,历年来满意评价的选票回收率均在90%以上(2000年选票回收率为96.96%,2001年选票回收率为99.2%),足见杭州公民参与的热情之高,参与理念也逐渐深入人心。

此外,随着信息社会的到来,社会结构逐渐扁平化,信息技术日益先进,沟通网络日益发达,为政府决策过程的"公开、透明、参与、互动"提供了信息技术的支撑,而以信息技术为载体的电子政务的发展也对现代政府管理的体制创新提出了新的要求。杭州市近些年来着力打造信息网络系统,建构起了以市民卡信息系统为核心、统一的电子政务交换平台,全网综合通信能力在全国名列前茅,为公民有序有效的参与提供了良好的网络硬件基础。

综上所述,杭州市"开放式决策"是经济、政治、社会结构变迁,沟通技术与沟通网络不断创新的结果,它是杭州市政府在诸多内外动因综合作用的前提下做出的创新选择,既是杭州市特定政治经济文化和技术条件作用的产物,也是进一步推进杭州政治经济文化和社会发展的政府创新实践,是全面打造"生活品质之城",构建"和谐杭州"的重要创新路径。①

五 案例5:浙江省行政审批制度改革

在中央"放管服"改革思路的引领下,各级地方政府基于各自地区地域性的经济社会环境特点与公共服务要求,也开始针对我国传统行政审批制度在管理与实践过程中的现实问题,积极主动地开展了一系列改革探索与实践。其中,浙江省新一轮的行政审批制度改革以公共服务导向、审批

---

① 参见胡税根《杭州市人民政府"开放式决策"研究报告》,2009年。

流程标准化、权力运行规范化、审批事项网络化的显著特征成为当前地方政府行政审批制度创新的典型。

（一）浙江省行政审批制度改革的创新内容

浙江省新一轮行政审批制度改革从2012年8月开始筹备。2013年1月，浙江省省长李强在全省行政审批制度改革电视电话会议上明确提出要把浙江打造成"审批项目最少、办事效率最高、投资环境最优"的省份之一，让改革的红利惠及广大人民群众，推动经济社会持续健康发展，这标志着浙江省正式全面启动了政府职能重新定位、释放市场经济活力和优化公共服务的行政审批制度改革。从权力清单建设开始，厘清政府法定权力，把中介机构改革作为新一轮审批制度改革的重点和难点，致力于减少前置审批项目、压缩服务时间和降低服务收费。在行政审批制度改革全面推动之下，浙江省行政审批制度创新逐渐形成了具有体系和特色的经验。具体包括两个方面内容：

1. "四张清单一张网"的建设

作为行政审批制度改革的基础性也是最为关键的工作——权力清单建设，以厘清政府权力，明确政府与市场的权力边界，使政府权力始终建立在规范化、制度化基础之上，这也赋予了现阶段地方政府权力清单建设法制化的积极意义。浙江省是全国范围内较早开展权力清单建设的省份。2014年1月，浙江省政府首先在富阳市推行权力清单制度试点，其主要任务是清权厘权、减权简权、确权制权，规范了市级政府的各项权力名称、法律依据、行使部门等基本信息。同年3月，发布了《浙江省人民政府关于全面开展政府职权清理推行权力清单制度的通知》（浙政发〔2014〕8号），提出为强化权力运行监督制约，全面开展政府职权清理、推行权力清单制度。在权力清单形式方面，进一步按照职权名称、实施主体、实施依据、承办机构等要素细化权力事项，以确保权力可量化与评估。2014年6月，全部权力清单事项在浙江政务服务网（http://www.zjzwfw.gov.cn）上向社会予以公布公开。2015年，在公开权力清单基础上，浙江省建立了行政权力事项库，以此作为管理、发布权力清单和权力运行信息的统一平台和基础数据库，各级政府部门的权力清单和行政权力事项库通过技术手段实现自动关联，这就有效实现了行政权力网上运行，也为权力运行互通、数据共享以及用数据运行权力奠定了基础。同时，还按照权责一致的原则推行了责任清单建设，要求权力清单、责任清单确保精细化、整体性与动态性，深入推进行政权力网上运行和信息共享实现部门间、上下级政府间行政权力的完整衔接，以信息共享平台完善了权力运行的事中事后监管机制。截至 2016 年底,浙江省率先在国内实现了省、市、县、乡四级政府权力清单全覆盖,将行政权力运行落实到"最后一公里"。截至目前,浙江省已建设完成"行政权力清单、部门责任清单、企业投资负面清单、财政专项资金管理清单"四张清单,并以浙江政务服务网作为信息共享、数据联通、公开运行的平台,打破了传统意义上政府部门壁垒,使政府权力运行数据得以用起来,也为用数据跑路的深化改革提供了良好基础。

2. "最多跑一次"的改革

以"四张清单一张网"建设为基础,浙江省在全省范围内逐渐厘清了行政审批权力、审批事项、审批流程、监管责任等基本行政审批数据与信息,在全国"放管服"改革引导下,浙江省十二届人大五次会议在《政府工作报告》中提出了"最多跑一次"改革的工作要求,并于 2017 年 2 月制定了《浙江省人民政府关于印发加快推进"最多跑一次"改革实施方案的通知》(浙政发〔2016〕6 号),提出省市县乡全面推进"最多跑一次"改革。"最多跑一次"改革是在互联网+和政务大数据发展的新形势之下,以政务数据整合、优化办事流程、实行标准管理的创新实践。"最多跑一次"改革的主要做法与特点是:第一,全面梳理行政审批权力。对群众和企业到政府办事的事项进行清理,按照网上公开的数据格式进行内容整理并予以公布。第二,行政审批权力标准化运行。2017 年 3 月,浙江省发布了《关于进一步做好群众和企业到政府办事"最多跑一次"事项标准化规范化工作的通知》,提出了列入"最多跑一次"的事项范围和界定标准,要按照一件事情的标准彻底梳理行政事项。"最多跑一次"的事项范围、界定标准、运行流程、集成审批等都有了具体执行的标准,互联网+政务服务和让数据多跑路也有了明确的运行准则和操作规范。第三,利用政务大数据提高办事效率与服务质量。伴随互联网+技术发展,以大数据、云计算为支撑的信息技术为政务大数据的产生和运作奠定了坚实基础。从"窗口办理"转型到用数据跑路的"集成审批",打破政府层级、部门的信息壁垒,数据作为审批流程的关键要素得以互联互通,成为受理、办理审批的关键点。换言之,大数据正在代替人力的审批流程,以流动的形态在审批平台上完成业务,最后确保审批人"跑一次"的最终绩效。浙江省第一批公布的省级公共数据共享清单中,已开放了 29 个省级部门、2600 余个公共数据的共享权限。[①] 数据共享与互通不仅是真正实现"最多跑一次"的基石,也是让大数据"跑起来"从而提高办事效率与服务质量的基础。

[①] 参见车俊同志在推进"最多跑一次"改革座谈会上的讲话要点,2017 年 4 月 12 日。

(二) 浙江省行政审批制度改革的创新动因

第一,国家新一轮行政审批制度改革的直接推动。2013年11月,十八届三中全会明确提出,要进一步简政放权,深化行政审批制度改革,最大限度减少中央政府对微观事务的干预。同时,还要推行地方各级政府及其工作部门权力清单制度,依法公开权力运行流程。从2013年底开始,各级政府以权力清单制度建设为抓手,将厘清政府权力作为确定行政审批事项的基础性工作,从而实施简政放权。简政放权是新一轮行政审批制度改革的核心,其本质是通过合法"确权"厘清政府与市场的边界,明确政府的主要职责与审批权限,取消或下放政府权力以进一步激发市场活力和创造性。为推动简政放权,在放权应该与监管相结合,以转变政府职能为核心的思路下,2015年5月国务院发布了《关于印发2015年推进简政放权放管结合 转变政府职能工作方案的通知》(国发〔2015〕29号),认为深入推进行政审批制度改革要以规范行政权力为基础,目的在于实现政府能力现代化。放权与监管、服务相结合,从确定权力职责、流程监管到服务绩效,"放管服"改革对如何打破部门壁垒和政府间协调提出了更高的要求。2016年在《关于印发2016年推进简政放权放管结合 优化服务改革工作要点的通知》中指出,运用互联网+技术就是要打破"信息孤岛"和数据壁垒,实现数据信息互联互通和充分共享,建设高效运行的服务型政府。中央"放管服"改革的推进为地方探索行政审批制度改革创新提供了政策支持与直接动力。

第二,互联网+技术和智慧政府的兴起与发展。近十几年来随着信息技术重大进步,大数据、云计算和物联网等新一代信息技术推动了政府治理的智慧化发展。特别是智慧城市建设实践的开展,以服务性、综合性、可复制性、可追溯与可追究性、示范性等特点致力于"一揽子"解决问题,[①] 率先构建了城市治理的智慧型框架,提高了现代城市的治理效率与公共服务质量。智慧城市、智慧政府治理正逐渐成为世界各国公共管理创新的新内容,这也推动了政府治理方式由静态向动态转变,政府治理决策由经验参考向数据驱动转变,推动了传统政府治理向智慧政府治理模式转型。[②] 智慧政府治理不仅仅是大数据技术在公共管理领域的平台支撑与简单应用,更是对政府管理职能与服务管理形成了新的挑战。诸如网络化、

[①] 毛光烈:《智慧城市建设实务研究》,中信出版社2013年版,第31—39页。
[②] 胡税根、王汇宇:《智慧政府治理的概念、性质与功能分析》,《厦门大学学报》(哲学社会科学版)2017年第3期,第99—106页。

协同化的公共服务供给机制、标准化的公共管理流程以及基于数据的治理信任等,这些都促进了"新公共治理"① 创新。在 21 世纪,公共行政和新公共管理都无法掌控公共服务的设计、提供以及管理方面的复杂性。② 由此,智慧治理作为公共管理创新的新路径应运而生,对公共管理改革产生了深远影响,也对当前各级政府的行政审批制度改革的取向、内容与方式都产生了广泛影响。浙江省互联网+技术发展迅速,较早地在政府管理领域引入了互联网+技术,建立了各种电子政务平台。浙江省政务网的建设与成功运行为开展"最多跑一次"改革奠定了良好的技术基础。

第三,解决行政权力碎片化运行的困境,为经济发展释放活力,提高服务效率。中国现阶段还处于经济社会转型的重要时期,行政管理体制也面临着如何适应市场经济发展需求的重要转型。在进行行政审批制度改革过程中,原有的一套在计划经济时代留下来的体系是原有制度运行的基础,加上长期运行过程中官僚行为附加的条件,形成了较为固化的程序与管理体系。因此,在行政管理体制转型期,传统权威性层级体制固化的障碍仍将存在,行政权力运行碎片化的特征也较为明显。这些困境不仅制约了行政部门权力运行的效率,也不利于为市场经济营造良好的发展环境,还会影响公众对政府部门的评价。浙江省市场经济较为发达,能更快对市场经济发展所需要的管理环境做出回应,对公众诉求接收度也更高。为打造良好的市场经济发展环境,释放经济活力和让利于人民,浙江省率先开展了互联互通、致力于提高效率的"最多跑一次"改革。

第二节 四川省地方政府创新动因的典型个案

在历届中国地方政府创新奖项目中,四川省入围项目在数量上也占据绝对优势,总共达 17 项,占总入围项目比例为 9.66%。如第四章所述,四川地方政府创新在前几届以政治改革类为主,如遂宁市市中区步云乡的"直选乡长"、成都市新都区委的"基层民主政治建设"、平昌县委的"公推直选乡镇党委领导班子成员"、遂宁市市中区的"公推公选乡镇党委书

---

① "新公共治理"是学术界继公共行政、新公共管理以后的一种新提法,Stephen Osborne 认为新公共治理不是一个规范性的新范式,它更像是有可能帮助我们理解这些挑战的复杂性的概念化工具,以及对当今公共管理者工作现实的一种反思。

② 斯蒂芬·P. 奥斯本编著:《新公共治理——公共治理理论和实践方面的挑战》,包国宪、赵晓军等译,科学出版社 2017 年版,第 5 页。

记和乡镇长"、雅安市的"直选县级党代表"以及雅安市人大常委会的"乡镇人大代表选举制度改革"以及彭州市委的"基层协商民主探索"等。近几年来,四川地方政府创新在社会管理类、公共服务类等方面也有突出表现。四川作为中国西部的省份,在地方政府创新中有如此的活跃性,是很值得我们分析与探讨的。这里选取四川省地方政府创新的一些典型个案,具体分析其创新的动因。

一 案例1:雅安市人大常委会"乡镇人大代表选举制度改革"

基层治理是关乎国家政治制度完善与否的一个重要问题。人民代表大会制度是我国的根本政治制度和政权组织形式。根据宪法规定,人民代表大会在同级国家权力体系中处于最高地位,具有制定并监督法律执行、选举并监督其他国家行政机关、任免与决定重要事项等权力。但在基层政治实践中,乡镇人大的法律地位与作用并没有得到真正体现。[①] 乡镇人大代表在基层治理中扮演着反映和表达基层民众诉求的直接代理人角色,是基层民众表达利益的重要渠道。因此,建立民主科学的乡镇人大代表选举制度不仅关乎民众利益诉求表达机制的健全程度,也关乎基层治理机制的良好运行,是保障人民基本权利和建设社会主义法治秩序的重要保障,更是完善人民代表大会制度的基本环节所在。

(一)"乡镇人大代表选举制度改革"的创新内容

雅安市位于四川省中部,是四川省历史文化名城和新兴的旅游城,其城镇化率为43.95%。[②] 为切实解决基层选举中诸如选民对候选人缺乏了解、选民流动性增大、乡镇人大代表责任心不强等难题,从2006年1月开始,雅安市人大常委会就以雨城区的合江镇、观化乡,天全县的仁义乡,荥经县的三合乡为试点开展了乡镇人大代表选举创新。

雅安的"乡镇人大代表选举制度改革"的创新做法主要有两个:一是改革了过去的选民登记法。过去的选民登记带有隐形的强制性,为此,雅安市人大常委会按照"完整意义上的选举权应该包括愿意参与和不愿意参加选举的权利,而选民登记是公民本人是否愿意参加本次选举的一次法律确认"这一思路,将过去的选民登记改为选民自愿主动登记。为提高选民自愿主动登记的积极性,雅安市人大常委会采用了大会宣传动员、宣传车、

[①] 王玲、申恒胜:《乡镇人大制度的现实困境与改革路向》,《中国特色社会主义研究》2013年第6期,第66—70页。
[②] 数据来源:2012年10月5日,雅安市人民政府网站(www.yaan.gov.cn)。

广播宣传、选举知识问答、文艺宣传、院坝会宣传等诸多形式的选举登记动员，最后自愿登记人数占选民总数的 77.47%，占在乡选民的 92.58%。[①] 从选民登记到自愿登记，这是尊重选民选举权的一次重大进步。自愿登记的选民更愿意为自己的登记和选举负责，也就提高了选民选举意识。二是采用候选人自愿报名方式，切实解决公民的被选举权被虚置的问题。四个试点乡镇要求人大代表候选人主动向选民介绍自己或主动找选民推荐，并向选民征求意见。四个乡镇应选代表 174 人，报名有 293 人，最后资格审查合法为 290 人，差额 116 人，差额率达到 164%。这一创新举措大大改变了过去选民与人大代表之间的信息鸿沟，有效解决了选举人根本不了解人大代表的困境，落实了公民的知情权，增强了公民参政意识，也增强了候选人的选民意识。更为重要的是，建立起了选民与候选人之间的良性互动机制。一方面有助于提高候选人的责任意识，要为自己的参选负责，关注选民的利益诉求，切实反映选民诉求；另一方面则有助于提高选民的民主监督意识，对候选人的理念和行为有深入的了解，减少选举盲目性。

雅安市人大常委会的"乡镇人大代表选举制度改革"以创新的制度设计强化了选民的民主意识，强化了人大代表的责任意识，为基层治理构建了公民诉求表达机制和保障人民基本权利的机制。尤为重要的是，在最基层层面保障了人民代表大会的地位，有助于人大切实发挥作用和履行职责。这一创新也是对完善我国人民代表大会制度的重要尝试。该创新因此入围了第四届"中国地方政府创新奖"。

（二）"乡镇人大代表选举制度改革"的创新动因

雅安市人大常委会的"乡镇人大代表选举制度改革"这一政治改革类创新的动因可以概括为以下几点：

第一，为解决乡镇人大代表选举存在的现实问题。这项创新的动因具有明显的问题导向，主要针对的是当前乡镇人大代表选举制度存在的问题：一是基层民众的被选举权得不到真正落实。选举经常流于形式，民众对选举的程序和法律意义缺乏足够的认知。二是选民与候选人之间信息不对称。选民往往对候选人缺乏了解，而候选人也无法有效获得选民的诉求，这就使基层人大代表无法真正履行表达民众利益诉求的基本职责。三是选民流动性增大。社会流动性日益增强，选民的流动性也相应增大，为组织选举乡镇人大代表的人数限制带来了难度，要充分满足"双过半"的

[①] 数据来源：雅安市人大常委会"乡镇人大代表选举制度改革"中国地方政府创新奖申报材料。

条件明显增加了压力。四是代表的责任心不够,与选民之间缺乏有效的联系沟通渠道,选民对代表的监督也较为缺乏。基层人大代表选举是我国人民代表大会制度的重要基础,也直接决定了基层治理的合法性和有效性。为解决当前乡镇人大代表选举中存在的现实难题,雅安市人大常委会以试点的方式开展了这项选举创新。

第二,区域内政治改革类创新的协同影响效应。四川省在政治改革类创新的产生与推动方面具有显著的区域扩散性特点,即在四川省区域范围内倾向于采纳政治改革类创新。这或许是基于创新模仿,但更多的是创新的扩散性和协同性影响效应。例如,第一届"中国地方政府创新奖"中就有四川省遂宁市市中区的"公推公选乡镇党委书记和乡镇长",第二届"中国地方政府创新奖"中还有遂宁市市中区步云乡的"直选乡长",第三届"中国地方政府创新奖"有平昌县委的"公推直选乡镇党委领导班子成员"。这些在基层民主政治建设方面推行的持续性创新对四川省区域范围内较为类似的创新的采纳产生了动力机制,且影响颇为显著。

第三,上级领导的支持和中央政策的强化。雅安市人大常委会的"乡镇人大代表选举制度改革"从2006年1月开始试点创新,受到了上级部门的肯定与支持。尤为重要的是,2006年6月中共中央〔2006〕12号文件对换届选举做出了新的规定,如"可以在选区设立若干登记站,发动选民自行登记""条件成熟的地方,可安排候选人与选民见面,回答选民的问题"等。此后,雅安市委就发文要求全市除一个民族县和一个移民库区以外,其他县(市)都要在县、乡人大代表换届选举中全面运用好试点乡镇的经验。2007年,雅安市1000多个村委会换届全面推广,涉及选民近100万人。中央层面政策的出台为这项创新的推广和持续性发展提供了政治支持,进一步强化了地方政府持续推动这项创新。

第四,学术界专家的支持与推动。2006年9月,北京大学人民代表大会与议会研究中心、中国政法大学宪政研究所主办的"地方换届选举难点问题理论讨论会"在雅安市召开,总结了雅安市在人大换届选举工作中的经验与创新,并对今后如何持续推动这项选举创新进行了研讨。理论界的研讨与分析对于提升这项创新的理论层次,肯定乡镇人大选举制度改革的意义以及扩散这项创新具有重要的推动作用。

二 案例2:成都市人民政府的"村级公共服务和社会管理改革"

(一)"村级公共服务和社会管理改革"的创新内容

统筹城乡发展一直是我国公共管理领域改革的一项重点工作。改革开放以来，随着我国城镇化的加速发展，城乡差距进一步拉大，城乡二元结构逐渐成为制约经济社会可持续发展的重要因素。城乡发展不平衡，突出表现在城乡公共服务供给不平衡上。因此，要破解城乡二元难题的出发点就要促进城乡基本公共服务均等化，致力于统筹城乡发展，缩小城乡基本公共服务的差距。2003 年，成都市正式决定全面启动统筹城乡改革实践。2006 年 1 月正式确立"城乡统筹、'四位一体'科学发展总体战略"，2007 年 6 月，成都市正式获批全国统筹城乡综合配套改革试验区。以此为基础，成都市于 2009 年在全国率先启动了"村级公共服务和社会管理"的改革创新，将村级公共服务和社会管理经费纳入财政预算并建立增长机制，以此统筹推进农村公共服务资源有效整合和共享发展，提高城乡基本公共服务均等化水平。

　　村级公共服务与社会管理改革的主要创新在于：第一，明确各级政府提供农村基本公共服务的职责。通过将村级公共服务和社会管理经费纳入财政预算，各级政府共同承担农村公共服务于社会管理的职责，确立"政府主导、多方参与"的基本思路，推动各级行政机构职能从"经济发展"向"公共服务"和"社会管理"逐步转变，[①] 落实城乡基本公共服务均等化的共同责任。要实现城乡基本公共服务均等化其根源在于财政投入责任的明晰化，成都市的这项创新正是首先确立农村公共服务供给的财政资金来源，各级政府的责任明晰化，从而确保农村公共服务的基本供给水平。第二，创新公共服务分类供给机制。要提高农村基本公共服务的质量和供给效率，应致力于构建公共服务的供给标准。为此，成都市针对农村基本公共服务供给内容和范围模糊，供给主体匮乏，职权不清等现象，将农村基本公共服务分为文体、教育、医疗卫生、就业和社会保障、农村基础设施和环境建设、农业生产服务、社会管理 7 个大类 59 个具体项目，并对其供给内容、供给主体、供给方式等做了明确规定。不同性质的公共服务采用不同的服务供给主体，按照"公益性服务政府承担、福利性服务社会承担适度补贴、经营性服务探索市场化供给"的思路，基本形成了"政府主导、市场参与、社会协同"的农村基本公共服务多元供给机制。[②] 农村基本公共服务分类供给机制不仅明确了各项公共服务供给主体的职责，也为建立农村基本公共服务标准和质量评估机制奠定了良好基础。第三，建

---

① 田莉：《成都市推进村级公共服务和社会管理改革的实践》，《成都发展改革研究》2016 年第 3 期。
② 姜晓萍：《统筹城乡发展中基本公共服务均等化研究》，《社会科学研究》2012 年第 6 期，第 33—40 页。

立农村基本公共服务的民主管理机制。为解决农村公共服务供给的监督管理问题,成都市建立了村民议事会和监事会制度,积极推行村级自治事务决策权与执行权分离、社会职能与经济职能分离、政府职能与村民自治职能分离,进行了"民主议事"的监督管理机制,充分发挥村民自治的功能,确保农村基本公共服务在社会化管理的框架内进行治理和监督。农村基本公共服务的民主管理机制不仅能够让农民直接表达对基本公共服务的诉求,实现供给与需求相匹配,也能使农民更好地参与和监督基本公共服务供给过程,从而确保各级政府部门正确履行职责。

成都市村级公共服务和社会管理改革体现了国家推进基本公共服务均等化的政策方针,是统筹城乡一体化发展的创新措施。该项创新获得了第六届(2011—2012)"中国地方政府创新奖"提名奖。与此同时,这项创新还具有很好的持续扩散性。在国家深化社会体制改革和提出五大发展思路的新背景之下,让城乡共享发展,提高全体人民的公共服务获得感已然成为现代政府的重要职责。2015 年,成都市出台了《关于进一步深化村级公共服务和社会管理改革的意见(试行)》,目标是到 2020 年,建立城乡统一的公共服务制度,基本实现城乡基本公共服务均等化。这也表明,这项创新具有很好的实践效果,并得以持续贯彻执行。

(二)"村级公共服务和社会管理改革"的创新动因

成都市"村级公共服务和社会管理改革"创新的主要动因有两方面。

第一,破除城乡二元体制和解决农村公共服务供给的现实困境。四川省成都市是国务院确定的西南地区科技、商贸、金融中心和交通枢纽,辖 9 区 4 市 6 县,其中农村人口占 63%。[①] 根据 2015 年人口统计显示,成都市户籍总人口数为 1228.05 万人,其中城镇人口 698.14 万人,农村人口也达到 43.2%。[②] 由于大城市带大农村的格局,成都市要解决城乡统筹发展难题的任务显得更为艰巨而迫切。农村公共服务供给水平低下不仅影响经济社会可持续发展,长期的城乡公共服务差距也是影响社会和谐稳定的重要因素。要解决城乡二元体制结构的困境,其中非常重要的出路就是提高农村公共服务供给水平,以构建公共服务型政府为理念,逐渐实现城乡基本公共服务均等化。

第二,国家政策导向的推动。随着公共服务型政府建设的发展,推动

---

① 数据参见姜晓萍《统筹城乡发展中基本公共服务均等化研究》,《社会科学研究》2012 年第 6 期,第 33—40 页。

② 数据来源:2017 年 12 月 20 日,成都市政府网站(http://www.chengdu.gov.cn/chengdu/rscd/xzqhyrk.shtml)。

基本公共服务均等化开始成为我国统筹城乡发展和服务型政府建设的重要措施。2005年10月，中共十六届五中全会通过的《中共中央关于制定国民经济和社会发展第十一个五年规划的建议》中首次提出了"公共服务均等化"的概念。此后，国家政策导向均十分重视推动基本公共均等化建设和城乡统筹发展等一系列问题。2007年6月，成都市正式获批全国统筹城乡综合配套改革试验区。试验区的获批对地方政府而言，正是极大的创新鼓励。在国家强调基本公共服务均等化和统筹城乡发展的政策背景下，四川于2009年推出了"村级公共服务和社会管理"的改革创新。在获得第六届"中国地方政府创新奖"提名奖后，这项创新仍在不断探索新思路和新方法。这在很大程度上与国家宏观政策层面的支持与强化有关。2013年11月，党的十八届三中全会报告指出，要紧紧围绕很好保障和改善民生、促进社会公平正义深化社会体制改革，改革收入分配制度，促进共同富裕，加快社会领域制度创新，推进基本公共服务均等化，加快形成科学有效的社会治理体制，确保社会既充满活力又和谐有序。2017年3月，国务院印发了《"十三五"推进基本公共服务均等化规划》，明确提出推进基本公共服务均等化是全面建成小康社会的应有之义，要按照"兜住底线、引导预期、统筹资源、促进均等、政府主责、共享发展、完善制度、改革创新"的基本要求，稳步提高均等化水平。这些宏观政策导向进一步巩固和强化了成都市的这项创新，创新的持续性和激发未来管理创新的可能性也大大增强了。

第三节　其他区域地方政府创新动因的个案分析

根据"中国地方政府创新奖"资料显示，除浙江、四川这些典型省份以外，其他区域创新也有一定的区域特征，比如广东省、山东省、海南省、贵州省等省份。本节选取了广东和贵州的两个中国地方政府创新奖案例进行个案研究。

一　案例1：广东省机构编制委员会办公室的"大部制体制改革"

随着现代政府职能扩张，承担公共职能的政府机构也出现了机构膨胀和人员臃肿的困境。根据帕金森定律，由于官僚主义的影响，行政机构会像金字塔一样不断膨胀，组织效率也会越来越低下。尽管这一定律反映的是官僚制通病，但毋庸置疑的是政府规模过大会影响行政功能的协调性和效率性。因此，机构编制一直是我国行政管理体制改革的重要任务，从根本上决定了政府职能部门能否正确、有效地履行行政职能。2008 年，中央提出了"大部制"改革思路，要求政府部门按照综合管理职能合并政府部门，组成超级大部的政府组织体制。在中央大部制改革推进的背景下，广东省在地方政府层面探索地方政府大部制改革的创新，为解决地方政府编制难题，推进地方政府事务综合管理与协调提供了新的思路与方法。

（一）广东省"大部制体制改革"的创新内容

在中央大部制改革的政策引导下，2009 年 8 月，广东启动省市县政府机构改革，将深圳市、顺德区、广州市和珠海市作为行政管理体制创新试点。其中，以顺德区的大部制改革模式最受关注。按照广东省委、省政府《关于佛山市顺德区开展综合改革试验工作的批复》等文件的要求，顺德区于 2009 年 9 月 16 日正式公布实施《佛山市顺德区党政机构改革方案》。实行大部制改革后，顺德区党政机构从 41 个减为 16 个，精简幅度接近三分之二，被称为中国"最大胆"的"党政大部制"改革。[1] 这项地方政府大部制改革其主要创新价值并不仅仅在于编制改革，更在于党政联动的职能重新调整。因此，其创新内容有以下几个方面：

第一，建立党政部门"联动"的大部门。为解决党政部门分立和职责不清的难题，顺德区按照政务管理、经济调节与市场监管、社会管理与公共服务三大政府职能，将原来 41 个党政机构相同、相近、相关的部门"合并同类项"，精简并整合为 16 个。这就从根本上为大部制改革理顺了思路，明确根据政府职能设立机构，做到机构与职能相匹配，而不是为精简编制而精简。

第二，打破垂直管理部门和地方职能部门的界限，基于职能优化、合并相关部门。实行垂直管理的部门和地方职能部门原先存在职责交叉和地方无从管理的难题，在广东省委、省政府的批复下，顺德区把原来省、市垂直管理的工商、地税、质监、药监、公安、国土、规划、社保、气象局 9 个部门划归顺德地方政府管理，原来省管的工商局、技监局和地税局分别划入市场安全监管局和财税局，原来市管的规划、国土等也划入相关部门。只有国税、海关、检验检疫等仍属于垂直管理。

第三，改革人员编制管理。大部制改革最终落实到实处则体现为人员编制改革。顺德区为减少改革阻力，采取了"公务员编制不变、人员定额

---

[1] 黄冬娅、陈川慜：《地方大部制改革运行成效跟踪调查——来自广东省佛山市顺德区的经验》，《公共行政评论》2012 年第 6 期，第 24—47 页。

不变"的做法，在人员安置上以稳定为主，坚持"机构不升格，整合不扩编，人随事转和人员职级不变"的原则，依据各级政府所辖的面积、人口、经济等因素（包括领导职数与被领导职数，年龄，文化程度的比例等），以此确定编制管理的比例关系，① 从而确保编制管理走向科学化、规范化。

第四，削减行政审批事项。随着大部制改革的推进，机构精简合并的任务已基本完成，顺德区按照精简后机构的职能重新清理行政审批事项，使职能与职责相匹配。从2010年起，顺德区通过清理审批事项和实施审批事项标准化，共清理500多项审批项目，提高了政府职能部门的工作效率，也使大部制改革效益能够真正惠及企业与公众。

大部制改革的"顺德模式"是按照厘清职能、合并精简机构、人员编制、削减审批事项的思路逐步推进的，取得了精简政府职能部门，提高行政办事效率的效果。基于"顺德模式"的成功试点，2010年11月25日，广东省委办公厅、省政府办公厅印发了《关于推广顺德经验在全省部分县（市、区）深化行政管理体制改革的指导意见》，提出在深圳、珠海、东莞、中山以外的所有地级以上市共25个县（市、区）参照佛山市顺德区经验全面铺开地方大部制改革。广东省也因此成为中国地方大部制改革推行得最早和最广泛的地区之一。2012年，广东省大部制体制改革获得了第六届"中国地方政府创新奖"优胜奖。

（二）广东省"大部制体制改革"的创新动因

广东省"大部制体制改革"创新的推出与推广主要跟以下因素密切相关：

第一，中央"大部制"改革的背景与政策推动。与其他地方政府创新的问题导向有所不同，地方政府大部制改革可能会面临体制性障碍，中央大部制改革的全面推行并赋予地方政府大部制改革创新的政策支持，这就成为激发地方政府大部制改革创新的直接推动力。广东省大部制改革推行之初，就以国务院批准的《珠江三角洲地区改革发展规划纲要（2008—2020）》和中央编制委员会办公室批复的《关于同意广东省顺德区为深化行政管理体制改革和机构改革试点单位的函》为要求进行开展。中央对于创新的政策支持对于推动这项涉及体制性改革的创新至关重要，形成了有效的创新动力，也是确保这项创新持续性、扩散性的重要条件。

---

① 王浩：《我国地方行政体制改革控编制度困境及对策——基于顺德大部制改革实践的考察》，《辽宁行政学院学报》2013年第1期，第21—25页。

第二，地方政府领导的推动与支持。早在选择顺德试点之时，广东省委省政府就予以全面政策支持，并为其扫清体制性改革的诸多障碍。一方面出台了《关于佛山市顺德区开展综合改革试验工作的批复》等文件，认可顺德区开展大部制改革的创新；另一方面为顺德区创造宽松的改革创新环境，同意在维持顺德区目前建制不变的前提下，除党委、纪检、监察、法院、检察院系统及需要全市统一协调管理的事务外，其他所有经济、社会、文化等方面的事务，赋予顺德区行使地级市管理权限。上级政府对这项创新的推动与政策支持实际上为激发、推行这项创新提供了良好的环境支持，有助于政府创新取得实践效果。

第三，解决传统行政体制弊端，转变政府职能和服务市场经济转型。广东省市场经济发达，对政府职能转变服务市场经济转型升级提出了迫切需求。地方政府需要由经济建设为主向公共服务的职能转型，而这一转型需要与行政管理机构及其人员的编制改革相匹配。简单地撤机构、裁人员并不是行政管理体制改革的体现，行政管理体制改革要能从根本上实现政府职能转变，体现公共服务职能，服务市场经济进一步发展。广东省作为东部沿海市场经济发达的省份，在解决行政体制障碍以实现公共服务职能的现实需求与问题导向上更为明显，因而推动了这项大部制体制改革创新。

第四，大部制试点的顺德区具有改革创新的良好氛围。广东省大部制体制改革选取顺德区作为试点，而顺德区在政府管理体制改革、机构精简等方面已做了一些尝试，具有一定的创新基础。广东顺德经济发展模式有其特殊性，形成了备受瞩目的"顺德模式"。早在1992年、1999年，顺德就先后被确定为广东省综合改革试验县、基本实现现代化试点市。为满足现代化发展需要，顺德区在1992年就采取了精简党政机构的措施，为后续的大部制体制改革创新奠定了基础。很多地方政府创新经验也都表明，地方政府的创新基因或者说创新的延续性对于激发类似的创新有着积极意义。

二 案例2：海南省的"行政审批'三集中'"

海南省是位于中国最南端的省份，现有27个市、县（区），其中4个地级市、5个县级市、4个县、6个自治区、8个区。由于独特的地理位置和人文面貌，海南形成了有一定特色的经济发展模式。为营造更好的经济社会发展环境和推行"小政府大社会"行政管理体制改革，2008年7月1日，海南省成立了"海南省人民政府政务服务中心"，全面推行行政审批

"三集中",以科学配置行政审批权为创新突破点,改革传统行政审批制度,使行政审批制度运行能更符合地方经济社会可持续发展的需要。

(一)海南省"行政审批'三集中'"的创新内容

相较于其他省份的行政审批制度改革,海南省的行政审批制度改革其创新点突出表现为"三集中",即审批事项集中、审批权力集中、审批人员集中。审批事项集中是在不增加编制的情况下,各厅局设立专门的行政审批办公室,将原来分散在各处室办理的审批事项向行政审批办公室集中,其他处室不再具有审批职能。审批权力集中是由行政首长授权,将分散在各分管领导和业务处室的审批权力向行政审批办公室主任(即"首席代表")相对集中。审批人员集中是指行政审批办公室以及工作人员整建制向中心集中。通过行政审批"三集中",海南市的行政审批逐渐实现了"一个窗口、一站式审批、一条龙服务、一个窗口收费"和"授权到位、机构到位、人员到位、职能到位、监督到位"。"三集中"体现了三个方面的创新:

第一,科学配置地方政府的行政审批权力。审批事项集中的前提和基础是科学配置审批权力和政府职能,厘清政府部门的职能及部门之间的交叉关系,以此作为依据建立相对集中的行政审批服务中心,采用集中管理的方式提高服务效率。行政审批事项的相对集中和一站式窗口管理的基础正是各项行政审批权力事项的明晰化,确定审批权力的归属单位和履行职责,才能建立有效的行政审批权力运行机制。海南省采用行政审批"三集中"做法后,全省34个省直和中央驻琼部门及232名工作人员进驻中心,设窗口107个,有1217项行政审批和行政服务事项集中在中心公开统一办理,占全省全部省级许可审批事项的84.7%。省级部门行政审批事项的集中办理,对于进一步厘清省级政府权力和提高办事效率具有积极意义。

第二,建立决策、执行、监督相互协调制约的运行机制。行政审批"三集中"将审批权力集中于政务服务中心,"首席代表"具有相对集中的执行权限,但决策权仍属于行政首长。因此,政务服务中心具有委托授权代理性质,受到监督制约。这也符合现代政府提高效率、强化责任的发展趋势。海南省政务服务中心为完善决策、执行、监督相互协调制约的运行机制,还采用了企业管理中的标杆管理和流程管理,以简化办事流程和提高效率为目的,引入企业管理手段,辅助行政审批权力运行,确保相对集中后的行政审批权力既可以高效运行,又得以有效的监督和制约。

第三,建立行政审批事项动态管理制度。所谓动态管理,包括了两个方面内容:一是清理行政审批事项由集中清理改为常态管理,改为群众监督、群众参与的清理方式。通过制定《审批人员业务指导书》和《申请人办事指南》，公众可以以此为依据监督行政审批事项的运行流程，并提出改进意见。二是建立网上审批和网上办事平台，逐渐实现数据共享和业务协同，互联网公开办理有助于推动审批事项的动态管理，这也是未来行政审批制度改革的重要发展方向。

海南省行政审批"三集中"是我国在省级政府层面推行一站式服务以减少行政审批环节和提高审批效率的重要创新实践。该项创新获得了第六届中国地方政府创新奖优胜奖，并被评为"中国地方政府创新奖"媒体传播特别奖。

（二）海南省"行政审批'三集中'"的创新动因

第一，国家行政审批制度改革的推动。行政审批制度改革一直是国家行政管理制度改革的一项重点工作。从2007年国务院做出第四批取消和调整行政审批项目的决定，2010年国务院做出第五批取消和下放管理层级行政审批项目的决定，到2012年国务院进一步做出了第六批取消和调整行政审批项目的决定。按照机构职能转变的要求，清理行政审批事项，加强对行政审批权运行监督，推行行政审批制度改革不仅是中央层级政府对自身机构改革的要求，也对地方政府开展行政审批制度改革形成了极大的创新动力和政策支持。

第二，海南省实施行政审批"三集中"改革创新也突出了强大的问题导向，致力于解决"门难找"和"跑断腿"的老大难问题，力求提高行政审批效率，为海南经济社会发展解除障碍。伴随海南市场经济的发展，原有的行政体制弊端也逐渐显现问题。企业和公众办事难，部门职能交叉不清，行政办事效率低下，这些问题不利于为市场经济发展营造良好的管理环境，也影响到公众对政府的满意度。为解决群众和企业办事难的问题，海南省通过"三集中"的方式实现部门间业务协同，缩减办事流程，真正落实限时办结制度，提高行政审批办事效率。

第三，地方政府领导的重视与推进。作为省级政务服务中心，将省级政府职能部门的审批权限得以相对集中，这里涉及各项权力的重新配置问题。海南省能够顺利推行这项创新，也主要来自地方政府领导的全力支持与推动。作为"一把手工程"，海南省行政审批"三集中"创新由省委书记亲自提出，省委书记、省长多次考察和指导省政务服务中心。同时，省级政府部门一把手也对这项创新予以支持和配合，保证了"三集中"运行有效。

同时需要指出的是，海南省行政审批"三集中"从一开始推出创新就获得了较高的关注度,北京、天津、广东、四川、吉林等地都来海南调研"三集中"模式。受到媒体和其他各界广泛关注认可的管理创新,其持续性和扩散性会迅速增强。2012年2月,由中国社科院主办,海南省政务中心承办的法治政府建设与行政审批制度改革研讨会在海口召开,与会专家探讨了海南省行政审批制度改革的经验,并对今后继续推行该项创新和完善行政审批制度改革进行了深入探讨。各界的关注尤其是学术界的理论论证,为这项创新的深入可持续发展也提供了动力支持。

第七章　地方政府创新的动力机制

改革开放40年来取得的伟大成就与中国政府治理变革密切相关。当前，中国治理变革的重点内容逐渐转向生态平衡、社会公正、公共服务、社会和谐、官员廉洁、政府创新、党内民主和基层民主等领域。① 从治理理论和制度变迁理论的视角来看，正是为追求更高行政效率、更优质公共服务的政府创新，不断创新了公共服务体制和政府管理体制，不断推动了治理变革。然而，中国目前的政府创新也面临着诸多困境与挑战：政府创新难以为继，有效的创新实践无法推广扩散，政府创新出现标签化、内卷化的趋势等。② 尤其是政府创新的主要来源——地方政府创新，由于缺乏足够的创新动力，创新的持续性、扩散性都受到显著影响，很多创新无法在后续的管理实践中真正发挥效应。从总体讲，由于体制原因和政府行政文化因素，地方政府创新的动力和能力还严重不足。③

地方政府是当前政府创新的主要发起主体，无论在创新数量还是创新类型上，地方政府创新都当仁不让成为最为活跃的创新主体。因此，要激发、保护和鼓励地方政府创新，最为关键的是要解决地方政府创新的动力问题。通过剖析地方政府创新的动因，可以寻找到解释地方政府创新形成与发展的主要动力因素。然而，发现这些关键动因仍是一个方面，还需要进一步研究地方政府创新各项动因的相互作用机制，这一机制我们也可以称为"动力机制"。明确各项动力因素相互作用的动力机制，才能在新时期推动地方政府创新的形成并保护地方政府创新的持续力。如何建立推动地方政府创新的动力机制，这不仅是激发、推动和保护地方政府创新的需要，也对经济社会转型期政府职能转变和行政管理体制改革至关重要，直接关系到现阶段政府治理能力现代化的实现，是推动政府治理变革的重要路径。

---

① 俞可平：《中国治理变迁30年（1978—2008）》，《吉林大学社会科学学报》2008年第5期。
② 郁建兴、黄亮：《当代中国地方政府创新的动力：基于制度变迁理论的分析框架》，《学术月刊》2017年第2期。
③ 张光雄：《政府创新的动力分析》，《行政与法》2004年第8期。

第一节　地方政府创新的动力机制概述

一　构建地方政府创新动力机制的基本原则与依据

从本源意义来说，动力机制（Dynamical systems）是一个来自机械学的概念，泛指能量或化学能转化成动能的形式。引申到管理学，动力机制经常是指挖掘各类影响管理结果的因素，研究这些因素的相互关系以及怎样形成预期结果的一种作用机制。因此，所谓地方政府创新的动力机制，就是指在明晰地方政府创新动力因素的基础上，就如何控制这些动因以形成和驱动创新的管理机制（Mechanism of Impetus）。研究地方政府创新的动力机制，要符合三项原则：一是明确推动地方政府创新的目标，动机机制设计要有明确的目标导向；二是动力机制遵循一定的规则，要在一定的制度框架内；三是利用各类影响因素的相互关系，使地方政府能迅速做出有益的创新策略。地方政府创新的动力机制设计为何要围绕这三项原则，依据如下：

首先是基于目标控制理论的假设。任何组织创新都有前因后果。创新受到环境、创新本身的特点等诸多条件约束，虽然管理者未必能够完全预测创新的结果，但无论是公共部门管理人员还是一般业务主管，组织领导者在采纳和推行创新时都预先设置了目标，视创新为组织变革、发展和效益的来源。[①] 任何创新不管是危机回应型还是主动创新型，总是带着一定的创新目标。既然创新具有目标导向性，从目标控制的角度看，凡是带有目标或具有目标导向的创新就可以被"控制"或者"引导"。地方政府创新的目标控制为我们研究地方政府创新提供了理论依据。如何正确有效地引导地方政府创新目标，这意味着能够从源头推动地方政府创新的形成，并确保地方政府创新的一定价值导向。

其次，新制度主义的研究支撑了地方政府创新动力机制的建立。新制度经济学的基本命题是制度是经济增长的源泉。诺斯认为，在一个不确定的世界中，制度一直被人类用来使其相互交往具有稳定性，是社会的博弈

[①] Martin Morgan Tuuli, Steve Rowlinson, Tas Yong Koh, "Control Modes and Mechanisms in Construction Project Teams: Drivers and Consequences", *Construction Management and Economics*, Vol. 28, May 2010, pp. 451–465.

规则，并且会提供特定的激励框架，① 是经济绩效的决定性因素。新制度经济学"坚持认为制度是重要的，并且能够进行分析"（马修斯，1986），并将该研究领域逐渐拓展到产业组织、劳动经济学、经济史、比较经济体制等领域，② 现在也在法学、政治学、公共管理学等社会科学中开始应用。近年来，国内也有学者提出，制度变迁理论作为晚近的重要研究范式能够为政府创新研究，尤其是创新动力的讨论提供理论支持。③ 大量的研究指向创新动力因素的挖掘与分析，然而从制度的角度看，即使是"创新"，也应致力于构建推动创新的基础性规则，建立鼓励地方政府创新形成与发展的动力因素分析框架与相互作用机制，为激励创新提供特定的激励方式，从而推动和保护地方政府创新。

最后，从"机制"的本源意义看，机制侧重于对"构造和工作原理、相互关系及变化过程"的阐释。地方政府创新的动力机制不仅需要解释驱动地方政府创新的因素和相互关系，还要构建良好的机制，使地方政府在面对不同的条件变化时能迅速做出创新策略，实现组织发展目标。

因此，地方政府创新动因的挖掘与分析主要是研究地方政府创新形成要素，以此为基础，我们还需要深入研究各项动力因素的相互作用机制，并构建推动地方政府创新的动力机制。运用地方政府创新的动力机制，不仅能够鼓励、激发和推动地方政府创新，也是进一步实现地方政府创新持续性和扩散性的重要管理机制。从这个意义上而言，地方政府创新的动力机制也是管理地方政府创新的运行机制。

二 现阶段中国地方政府创新的动力机制框架

如前文所述，通过地方政府创新动因的实证研究可以发现，现阶段中国地方政府创新的主要驱动因素仍是主观因素，受领导者因素影响颇大。运用结构方程分析动力因素的形成路径，也可以发现地方政府创新动力元素的作用路径是"环境驱使内部需求，继而由内部因素驱动政府创新"。为更清晰地表达推动地方政府创新各项动力因素之间的作用路径，本书绘制了现阶段中国地方政府创新的动力机制框架图（见图7.1）。

---

① 约翰·N. 德勒巴克、约翰·V. 奈：《新制度经济学前沿》，张宇燕等译，经济科学出版社2003年版，第14页。

② 参见欧阳日辉、徐光东《新制度经济学：发展历程、方法论和研究纲领》，《南开经济研究》2014年第6期。

③ 郁建兴、黄亮：《当代中国地方政府创新的动力：基于制度变迁理论的分析框架》，《学术月刊》2017年第2期。

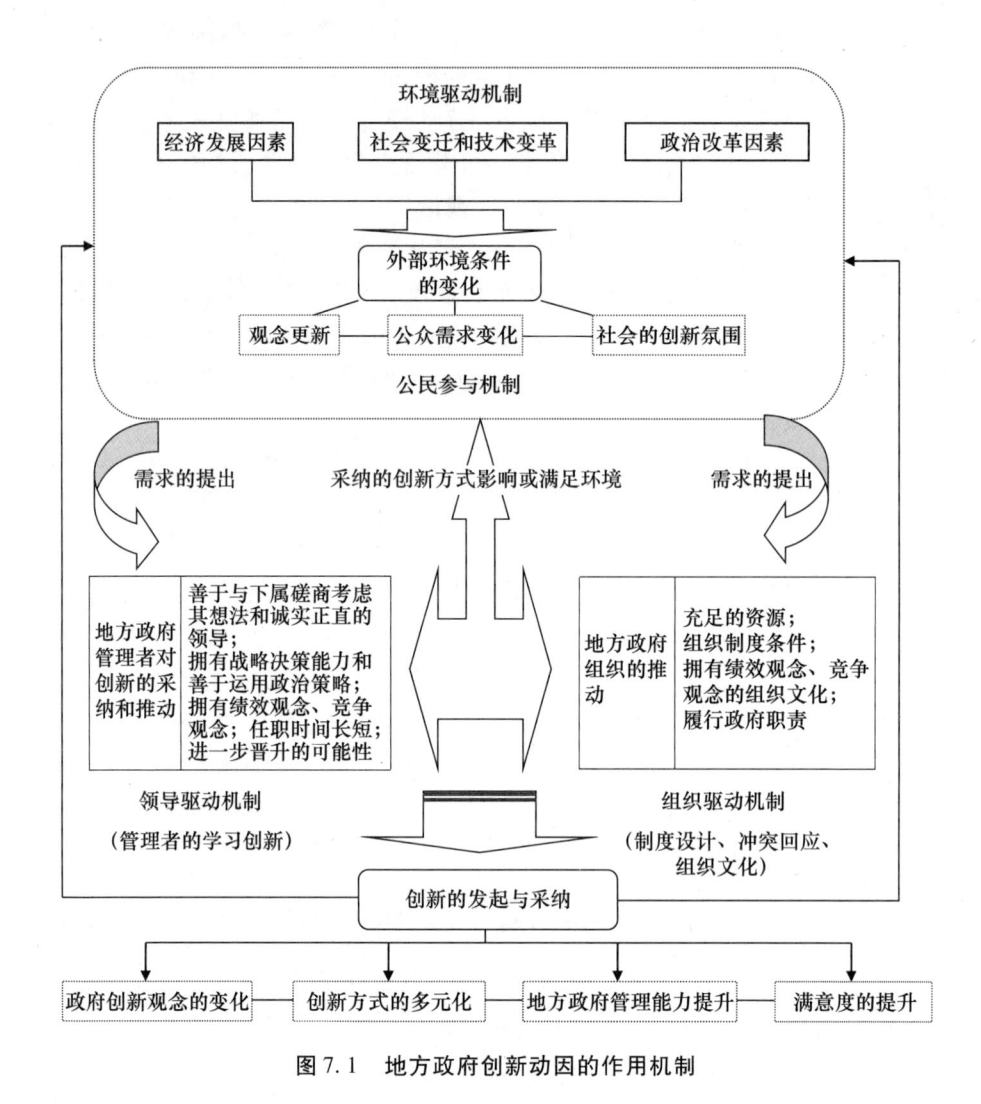

220 地方政府创新的动因及其作用机制研究

图 7.1 地方政府创新动因的作用机制

该地方政府创新的动力机制框架充分显示了发起和采纳地方政府创新的各项动力因素及其相互间的关系，并集中一些重要的因素构建了推动地方政府创新的动力机制。这些动力机制包括：

第一，领导驱动机制。由于地方政府管理者的思维、能力和学习观念对地方政府采纳与形成创新具有重要作用，具有创新意识和较强领导力的地方政府管理者往往能对外部环境对创新的诉求做出及时反应。比如研究发现，善于与下属磋商考虑其想法和诚实正直的领导、拥有战略决策能力和善于运用政治策略、拥有绩效观念与竞争观念、任职时间长短以及进一步晋升的可能性等因素会对地方政府管理者采纳政府创新产生重要影响。那么，与之相应的是，要发挥这些动力因素推动地方政府创新的作用，就需要致力于构建地方政府管理者学习创新的动力机制，培养地方政府管理者拥有这些能够激发创新的能力。实践也证明，学习型组织的学习型领导往往具有创新意识和创新思维，倾向于采用创新的方式解决新问题。

第二，组织驱动机制。实证研究表明，当组织拥有充足的资源、具备激发创新的制度条件以及拥有绩效观念和竞争观念的组织文化时，一方面这样的组织更能回应外部环境提出的创新需求，另一方面组织也更能内在地产生创新观念与创新方法，创新的主动性将显著增强。基于组织驱动机制的构建，本书立足于组织驱动的各类动力因素，提出了三大组织驱动机制。一是地方政府组织的创新推动机制，该机制主要是强调地方政府在激励和推动政府创新方面的制度设计，通过制度保障创新的常态化和持续性。二是地方政府组织对冲突的回应机制，该机制强调问题导向，地方政府为解决危机和冲突应建立有效的回应机制。通过冲突回应机制，能在很大程度上激发地方政府解决冲突的创新动力。三是地方政府组织的文化学习机制。创新可以后天习得，是学习型组织的本质特征。有学者通过政府绩效评估创新的代际基因遗传性探索发现，当前我国政府创新主要还是复制性、模仿型创新。[1] 因此，建立相互学习的组织文化对于衍生新的创新具有重要意义，也是未来突破模仿型创新、激发原发型创新的基础。

第三，公民参与机制。外部环境往往会提出地方政府创新需求，传统的官僚制结构对于外部环境创新诉求反应并不灵活。大量的地方政府创新一方面有赖于领导人的创新精神和判断意识，另一方面则需要借助有效的公民参与机制，能将外部环境对创新的诉求及时反馈到政府系统内部。与此同时，衡量地方政府创新是否成功的标准也应以公民参与和公民满意度为判断准则。地方创新动力机制的内外部动力因素的相互转换实际上正是通过公民参与机制来完成的。无论是经济变革因素、社会变迁和技术变革因素还是政治改革因素，这些外部环境的变化都可能通过公民参与传递到地方政府组织系统中，继而成为激发地方政府创新的动力。

---

[1] 尚虎平：《我国政府创新：复制、周期律与"诺门克拉图拉"阴影——面向我国政府绩效评估创新的代际基因遗传性探索》，《社会科学》2014年第8期。

第二节　地方政府管理者学习创新的动力机制

与中央层级的政府创新或其他领域的创新有所不同，地方政府创新的发起很大程度上是地方政府官员在其中发挥不可或缺的作用。这也是国内外地方政府创新研究的普遍结论之一。Sandford Borins 对美国 1995—1998 年政府创新奖项目进行探索性分析后发现，43% 的发起人是中层管理人员，27% 的发起人是一线工作人员。[①] 具有变革精神和善于学习的领导不仅能够发起管理创新，还能为组织形成创新型、学习型文化。Soonhee Kim，Gyunsoo Yoon 通过对韩国首尔市政府 1576 名公务员调研，研究发现具有变革型特点的地方高级管理人员与公务员对组织创新文化的感知正相关。[②] 换言之，激发创新的组织文化在很大程度上来源于地方政府管理者具备的特质。有不少地方政府创新案例显示，地方政府管理者甚至是发起创新最为关键的因素，比如较为强势、具有强烈创新意愿的地方政府领导者。而地方政府管理者的思维、观念、性格和价值追求也直接影响了地方政府的组织文化，成为塑造地方政府文化的关键环节。Soonhee Kim，Gyunsoo Yoon 将地方政府高级官员对推动创新文化形成的机制称为"驱动创新的文化"（An Innovation-Driven Culture），而这种驱动创新的文化主要来自具备一定变革创新特质的地方政府管理者的引导、影响和强化。

如第五章地方政府创新实证研究所示，地方政府管理者对于推动政府创新的各类动力因素中，按照关联度大小依次为领导者的性格特征（0.95）、领导者的能力因素（0.88）以及职务因素（0.42）（见图 5.6），其中职务因素的负荷较低，而领导者性格特征负荷最高。这也符合很多地方政府创新实践的现实情况，尤其是获得"中国地方政府创新奖"的创新项目，发起和推动这些创新的地方政府领导人在该行政区域往往具有较高的知名度，变革型领导特征非常明显。从地方政府管理者角度推动地方政府创新形成和发展，这就需要建立地方政府管理者学习创新的动力机制，

[①] Sandford Borins, "Public Management Innovation: Toward a Global Perspective", *American Review of Public Administration*, Vol. 31, No. 1, 2001, pp. 5–21.

[②] Soonhee Kim, Gyunsoo Yoon, "An Innovation-Driven Culture in Local Government: Do Senior Manager's Transformational Leadership and the Climate for Creativity Matter?", *Public Personnel Management*, Vol. 44, No. 2, 2015, pp. 147–168.

培养具有变革创新意识和善于倾听的地方政府管理者，提升地方政府管理者对管理创新的认识，能从模型学习创新、诉求回应被动创新逐渐转型为原发型创新、主动发起创新。

根据影响地方政府管理者发起和采纳政府创新的动力因素和相互关系，地方政府管理者学习创新的动力机制可以包括以下几方面内容：

第一，重视领导者个人素质对地方政府创新的驱动作用。地方政府管理者的性格特征与发起地方政府创新关联度甚高。尽管从心理学角度看，性格特征具有先天性，但从管理学角度看，领导者个人素质培养也能对性格的后天发展产生影响。比如，要培养"经常与下属磋商考虑其想法"和"诚实正直"等性格特质的领导就能通过一些管理机制来实现。建立具有创新个人素质的地方政府创新动力机制应注重两个方面。一是发展参与协商型的组织文化，培养善于倾听和采纳下属意见的管理者。善于倾听和愿意与下属共同协商的地方政府管理者能更迅速接收到基层工作人员对管理的看法与提出的改进意见，并能同时让下属感受到组织变革创新的文化。Sandford Borins 研究发现，发起地方政府创新最常见的组合就是中层管理者和一线工作人员。[1] 地方政府组织内部的参与协商型文化不仅是对管理者，也会为整个地方政府部门创造知识共享与推动创新的氛围。二是发展良好的组织伦理，培养诚实正直的地方政府管理者。建立具有一定价值目标导向的地方政府创新动力机制就要使政府创新具备"伦理性"特征，那么，作为发起人的地方政府管理者要处于较好的组织伦理范式之下，并具有诚实正直的品质，以确保所发起的政府创新能够合情、合理、合法。

第二，培养管理者的创新能力以推动地方政府创新。从实证研究看，地方政府管理者的能力要素对于发起地方政府创新的影响主要在于"善于运用政治策略"和"战略决策能力"。这两项动力因素，前者强调政治能力，后者侧重管理决策能力。因此，在构建领导的能力因素与地方政府创新的动力机制方面，可以从两个角度着重发展：一是培养与发展地方政府管理者的战略决策能力。Katz 等人提出管理者应具备 THC 技能，其中 C 就是指判断技能（Conceptional Skills）[2]。越是高层的管理者越要具有足够的决策判断技能，这决定着管理者的决策能力与决策水平。从决策角度看，政府创新就是地方政府管理者做出的管理决策。所以，这就需要领导者有

---

[1] Sandford Borins, "Public Management Innovation: Toward a Global Perspective", *American Review of Public Administration*, Vol. 31, No. 1, 2001, pp. 5 – 21.

[2] Katz, Ralph, "The Effects of Group Longevity on Project Communication and Performance", *Administrire Science Quarterly*, Vol. 27, 1982, pp. 81 – 104.

高瞻远瞩的判断眼光和决策能力。只有将创新意识和创新思维转变为现实决策，才能真正发起创新，使之成为一项管理创新。二是提升管理者的创新意识和政治敏感性及上下级的协调能力，提高领导的政治策略运用能力。地方政府创新个案研究表明，不少地方政府创新的发起与该地方政府管理者及时掌握上级政府政策动态并能获得上级政策支持有关，上级的政策支持不仅强化了地方政府创新，还为其持续性、扩散性创造了条件。因此，地方政府管理者的创新能力应包括合法有效的政治协调能力。

第三，重视管理者职务因素对推动地方政府创新的作用。尽管从结构方程模型看，管理者职务因素的负荷并不高，但从"中国地方政府创新奖"具体个案分析看，一些得以成功推行、迅速扩散和持续性强的创新项目通常是"一把手工程"。足见，管理者职务因素对于推动地方政府创新的作用力。基于管理者的职务因素构建地方政府创新动力机制可从三个方面入手：一是地方政府管理者有进一步升职的可能或有晋升的预期，这对发起地方政府创新有正向的作用力。在经济较为发达或地方政府间竞争较为激烈的地区，升职并获取声望的因素有可能是影响政府创新的重要动力因素。二是利用领导任期不同阶段的态度，建立相应的创新采纳机制。领导任期对地方政府管理者在何时发起创新、是否延续这项创新都会产生一定影响力。"新官上任三把火"就是对这一动力机制的通俗阐释。三是挖掘易创新、创新易持续的工作岗位。不是所有的中层管理或一线岗位都能发起创新，发起创新的岗位往往具有特殊性。比如以提供公共服务为主的部门，以行政审批业务为主的部门等。不同行政部门或不同工作岗位在创新内容、创新方式、创新对象、创新方法等方面都有所不同，建立基于岗位的创新动力机制对于发起和鼓励创新大有裨益，也更能激励基层工作人员探索改进工作的管理创新。

第三节　地方政府组织的创新推动机制

根据第五章创建的"环境因素影响创新绩效"结构方程模型，地方政府组织的创新政策或创新策略是基于外部环境的变化，由外部环境对层级结构的政府组织产生创新需求。地方政府创新既是对外部环境诉求的反应，又试图以政府组织创新适应环境变化，继而达到改变、提升外部环境的目的。从制度经济学和制度变迁的角度看，地方政府创新其实也是一种适应性改良的制度行为。韩国学者 Hahn-Been Lee 指出"公共政策的本质是为了实现公共目标，而政策过程包含在那些会激发诸如权力、结构、资源、程序以及关系等管理要素的事物中。为了最大限度达到政策目标，就需要合理地对这些要素进行连续的重组、修正以及重新排列"，因此，"在政府行政管理中应用新的想法以及想法的新组合"不仅"是个连续且无所不在的过程"，① 也体现政府创新的制度性行为，是行政改革的需要，也是实现公共目标的政策改良的需要。就政府组织自身而言，创新并不是目的。作为一个连续性的无处不在的管理过程，地方政府组织通过管理创新对内外部产生适应性改良的积极影响，其主要目的是运用创新改进组织运行机制以满足组织性能目标和实现发展战略目标。换言之，地方政府创新并非一个自动的过程，应从组织制度设计角度构建相应的激励机制促进政府创新的形成、运用和在地方政府部门中的普及。建立地方政府组织的创新推动机制，可以从三个方面入手：

第一，将政府创新视为地方政府组织的一项基本职责。既然行政改革已然是一种常规状态，我国地方政府也时刻面临着政府职能转变的行政管理体制改革任务；那么，地方政府创新就应被纳入地方政府组织基本职责的范畴，被视为地方政府提升公共服务质量和供给效率，改进行政管理水平的重要制度设计，这也是地方经济社会可持续发展的重要基础。近几年来，我国已经有地方政府绩效考核列入政府创新指标的实践做法，促使地方政府将政府创新视为其基本职责的一部分，客观上推动了地方政府主动发起、采纳和持续创新。

第二，制定支撑政府创新的相关辅助制度。地方政府组织内部的制度设计运行机制对于发起和采纳政府创新、形成变革学习创新的组织文化至关重要。地方政府要鼓励基层工作人员、中层管理人员主动发起创新，就要制定足以支撑政府创新的辅助制度，使这些制度成为推动地方政府创新的动力来源。这就意味着传统科层制政府组织应重组内部各项要素和结构，要素结构应与组织的创新功能相匹配。包括变革传统的人事管理制度和内部流程再造等，打破组织内部结构性或制度性的壁垒，为发起地方政府创新创造良好的制度条件，能够内在地激发、鼓励各级政府部门人员主动学习或发起创新。

第三，提高地方政府组织在人、财、物等资源方面的充足性。过去的研究认为，地方政府在资源匮乏、生存受限的窘迫形势下不得不通过多种

---

① Hahn-Been Lee, "An Application of Innovation Theory to the Strategy of Administrative Reform in Developing Countries", *Policy Sciences*, No. 1, 1970, pp. 177 – 189.

方式的政府创新以寻求新的发展路径。这一研究结论与我国改革开放初期地方政府发展的态势是吻合的。但进入 21 世纪后，地方政府经济社会发展的环境已发生了重大变化。第五章地方政府创新动因实证研究发现，当前的地方政府恰恰在人、财、物等资源充沛的情况下更容易发起、采纳和扩散政府创新。这里涉及诸多原因，比如政府创新不一定会成功的心理预期、政府创新采纳与扩散的经济成本等。面对各个地方政府间资源不均衡的现状，可以从基本公共服务均等化入手解决地方间资源分布不平衡的矛盾，以此提高政府组织人、财、物等资源的充足性，为地方政府发起创新奠定物质基础。

第四节　地方政府组织对冲突的响应机制

现有的研究表明，地方政府创新的发起与地方政府组织想要解决社会危机、社会问题、内外部冲突有着密切关系。Sandford Borins 以一些危机导向的创新为研究对象，提出"危机不是公共部门创新的必要条件"[①]。地方政府组织一般情况下能在内外部问题达到危机程度之前发出响应，这种响应即是政府创新。及早对危机做出响应的地方政府创新，其目的防范危机，也可以利用可能的机会改进管理。因此，我们需要把地方政府创新和应急管理两者加以区分。诚然，很多地方政府创新的发起动因是问题或危机导向，致力于解决现行管理中的难题。尤其在发展中国家，问题或危机导向的地方政府创新占有较大比重，这一现实与 Sandford Borins 的研究结论基本相一致。发展中国家的地方政府还没有建立起较好的冲突响应机制，如何及时发现冲突，通过管理创新预防或解决冲突，这对地方政府组织结构和运行机制也提出了挑战。这里所谓的冲突响应机制与危机应急管理机制不同，前者强调组织结构、人员和制度对内外部冲突的感知，以预控为主；后者则强调发生突发公共事件的应急处置，以应急为主。地方政府组织建立有效的冲突响应机制，能较好地推动地方政府发起冲突响应型创新，也能通过管理创新发现新思路、新方法、新路径解决内外部冲突。利用冲突驱动建立地方政府创新的动力机制，可以从以下三个方面入手：

第一，开展政府职能的结构化整理，释放地方政府主动型创新的空

---

① Sandford Borins, "Public Management Innovation: Toward a Global Perspective", *American Review of Public Administration*, Vol. 31, No. 1, 2001, pp. 5 – 21.

间。实证研究发现,上级政府对下级政府给予充分授权,下一级政府发起和采纳创新的可能性就会响应增加,创新意愿和创新主动性都会显著增强。我国经济较为发达的地区较早地开展了"扩权强县""扩权强镇"等扩权改革,扩权改革的实质将经济社会管理权力下放给下一级政府部门,不仅增强了地方政府部门的经济社会管理权限,也释放了地方政府自我推进创新的空间。在"简政放权、放管结合、优化服务"的改革背景下,简政放权就是进一步梳理和转变政府职能,对政府职能事项进行规范化调整和精细化管理,理顺各级政府和市场、社会的关系。① 厘清哪些事项由哪些层级、哪些部门管理,不仅仅是清理职能事项,更为重要的是实施政府职能事项的结构化管理,掌握对不同层级、不同部门的职能配置、上下对接、相互衔接等情况,使各个层级、各个部门能在清晰的职能结构、职责范围内积极探索与主动发起管理创新。明晰政府职能的结构、内容与范围,可以降低由于职责交叉引起的创新风险,各级政府及其部门也能在相对清晰的职责范围内对内外部冲突进行及时响应。

需要指出的是,无论是扩权改革还是简政放权,都对地方政府应对处理内外部冲突的能力提出了挑战,地方政府主动发起创新以解决问题的动力也会相应增强。

第二,推动内部流程再造,解除政府部门间横向沟通的壁垒。正如 Borins 所说,政府创新很少在单一部门内发生,而是跨部门的跨界创新。尽管中国地方政府管理体制与西方国家有所不同,但部门间信息沟通共享的确能建立更为有效的冲突响应机制。在我国政府管理实践中,部门间职责交叉与权力界限不清难题一直存在。国家开启新一轮行政审批制度改革和权力清单制度推行以来,以打破横向部门沟通壁垒的权力清单建设、政府内部流程再造等措施都相继得以启动。但在地方政府层面,责权利交叉、信息难共享、系统难融合等问题仍普遍存在,也制约了部门间互联互通发起管理创新的积极性。国内学者张定安提出要"以整体政府责任来积极面对民众期盼和经济社会发展需要","以全面深化改革取代过去碎片化的变革创新"。② 整体政府的结构性基础就在于深入实施政府管理流程再造,解除政府部门间横向沟通壁垒,实现信息共享互通,以便及时迅速地识别内外部冲突,有利于组织利用各种机会发起管理创新。

---

① 孟庆国:《简政放权背景下创新政府职能管理的方法路径》,《国家行政学院学报》2015年第4期。
② 张定安:《全面推进地方政府,简政放权和行政审批制度改革的对策建议》,《中国行政管理》2014年第8期。

第三，建立政府间良性动态的竞争机制。地方政府及其部门间的竞争的确为地方政府创新提供了强大的动力支持。在传统行政体制时期，由于财政改革为地方政府创造的逐利空间、地方官员政治晋升的压力以及地方经济发展的需要，"官员晋升锦标赛"式的政府管理创新成为常态，也是地方政府竞争的结果。既要维持地方政府创新的动力，又要防止恶性的竞争，这就需要建立政府间良性动态的竞争机制。这种竞争机制的价值导向是保持辖区竞争优势、增进辖区民众利益，地方政府创新发起和推动创新就是要在地方政府利益、政府官员个人利益与上级政府利益、公民利益诉求之间寻求"平衡点"①。新时代地方政府间竞争机制不是出于地方政府官员政治升迁或政治资本的个人利益，也不是出于地方本位主义的利益角逐，而是在动态平衡的视角下各种利益的综合衡量，满足利益多元化的需求，从而维护地方政府创新正确的价值导向。

第五节 地方政府的组织文化学习机制

无论是管理学视角上的政府创新还是行政改革视角的政府创新，其实都能发现真正原发性的创新并不多见。一是政府管理创新大都来源于启发性的学习创新，创新经验的共享与前后代创新的继承形成了发起地方政府创新的重要因素。二是即使是原发性、开创性的政府创新，也得益于新思想、新方法、新技术的习得。三是一项政府管理创新不管其起源如何，它肯定会以某种形式扩散到其他部门或其他区域，同时对其他区域的创新发起产生影响。地方政府创新动因实证研究表明，组织文化在形成政府创新驱动力方面作用显著。那么，何种组织文化能产生创新驱动力以及作用的路径又是如何呢？本书重点考察了学习型组织的特点，所谓学习型组织是指组织成员能够有意识、系统和持续地不断获取知识、改善自身的行为和优化组织的体系，从而在不断变化的内外部环境中，保持可持续生存和健康和谐发展的组织。②足见，学习型组织的内核就是知识获取与共享，掌握改善与优化的新知识体系，其直接结果是技术、行为与制度的创新。因此，建立起地方政府的组织文化学习机制就是通过建设学习型组织，发展

---

① 胡宁生、戴祥玉：《地方政府治理创新自我推进机制：动力、挑战与重塑》，《中国行政管理》2016年第2期。
② 陈国权：《学习型组织整体系统的构成及其组织系统与学习能力系统之间的关系》，《管理学报》2008年第6期。

学习型和创新型文化，让组织文化成为地方政府创新的基因。

根据地方政府创新动因测量结果，组织文化的动力机制主要包括三个方面：

第一，发展政府组织学习共享的团队系统与合作意识。从目前的地方政府创新发展态势看，政府创新已逐渐超越了"官员晋升锦标赛"或获取政治筹码的阶段，但仍未彻底转变成公共利益导向。如何引导地方政府创新的目标，在组织文化方面首先需要树立系统性的团队意识。Senge 阐释了学习型组织的系统属性（Systems Properties），认为学习型组织中存在一种基于承诺的系统[1]。学习型组织的系统观点意味着组织成员是相互依存的关系，能意识到组织变化的过程，并在系统中形成新的思考与认知。"团队成员有能力共享知识性观点，毫无顾虑地提出新想法，并对彼此表示信任。"[2] 合作型的组织文化（A Collaborative Culture）会强化组织成员知识共享的结果，即在知识共享的合作过程中发起创新，继而形成创新的组织文化。[3] 地方政府组织需要通过团队知识共享、系统合作建立具有承诺与相互依赖性的组织文化。在这样的组织文化中，团队成员出于信任和依存更能激发管理创新策略。或者说，地方政府创新的动力会来自团队的共同承诺与信任。系统性的依存关系有助于启发创新观念和提高成员的创新能力，也有助于创新策略的扩散与传播。

第二，发展具有公共使命感的组织文化。具有公共使命感的组织文化更能超越利益竞争驱动的政府管理创新，激发公共价值导向的管理创新。要使地方政府管理者突破传统行政官僚思维，避免政府创新中"机会主义"或"个人英雄主义"现象，这就需要建立具备公共使命感的组织文化。公共使命感的组织文化不单单要求地方政府管理者具有强烈的公共使命感，还要求政府组织团队能有效识别社会公众的需求，主动发起改进管理或工作方法的政府创新以满足公众诉求。Mijalce Santa[4] 研究学习型组织文化时提出了"参与"属性对培养团体成员公共使命感的重要性，包括所

---

[1] Senge P. M., *The Fifth Discipline: The Art and Practice of the Learning Organization*, New York: Doubleclay, 1990.

[2] Mijalce Santa, "Learning Organization Review-a 'Good' Theory Perspective", *The Learning Organization*, Vol. 22, No. 5, 2015, pp. 242 – 270.

[3] Patricia Yin Yin Lau, Gary N. McLean, Yen-Chen Hsu & Bella Ya-Hui Lien, "Learning Organization, Organizational Culture, and Affective Commitment in Malaysia: A Person-organization Fit Theory", *Human Resource Development International*, Vol. 20, No. 2, 2017, pp. 159 – 179.

[4] Mijalce Santa, "Learning Organization Review-a 'Good' Theory Perspective", *The Learning Organization*, Vol. 22, No. 5, 2015, pp. 242 – 270.

有成员得以公平对待、共同参与工作以及消除部门间水平沟通障碍等。足见，公共使命感亦可以通过学习型组织建设和相应组织文化塑造而被强化，进而激发公共价值导向的地方政府创新。

第三，发展绩效观念和竞争意识为核心的组织文化。和中央层级政府创新的差异性，其中一个就表现为地方政府生存发展环境受限，不管是向上级获取资源还是政府部门间竞争，都需要树立绩效观念和竞争意识。以往的地方政府创新带有一定政绩观，以能否受到表彰或得到上级肯定作为衡量标准。随着地方政府创新演进发展，地方政府管理者与基层工作人员也有转变观念的趋势。例如越来越普及的政府绩效评估，市场经济赋予地方政府的竞争开放意识等。诚然，组织文化并不是组织内循环的产物，它也是科层组织结构与外部环境相互交换、相互作用的结果。绩效观念和良性竞争意识的普及，使地方政府组织管理创新的焦点会聚集在提高政府工作效率、提升公共服务质量、提高公众满意度等方面。而这些焦点恰恰是地方政府创新的重要指向。可以说，绩效观念和竞争意识的组织文化有力引导了公众所期望的政府管理创新。这也有助于打破地方政府创新的"封闭模式"，管理创新与公众期望之间能够搭建起"需求—创新—满足"的开放互动机制。

第六节　地方政府创新的公众参与机制

地方政府创新动因的结构方程解释模型阐释了地方政府创新的形成作用机制是"内外驱嵌入式"的过程。这一结论与我们过去对地方政府及其创新的看法可能有所差别。相对较为封闭的地方科层组织结构在职责功能上呈现出部门间条块分割的碎片化特征，且具有"自我吸收"的属性。于是，传统观点通常认为地方政府持有相对保守、不愿意创新的态度。但无论是结构方程模型解释还是地方政府创新个案研究都显示出地方政府创新的形成是一个复杂的机制，外部环境与政府组织内部的各项管理要素发生相互作用，以内外相互嵌入的方式形成了政府创新。那么，随之而来的关键问题就是：外部环境需求是如何被地方政府组织感知并掌握创新需求的？政府创新的策略及地方政府创新行为又是怎样影响改变并反馈到外部环境的？本书认为回答这两个问题关键在于建立地方政府创新的公众参与机制。公众参与机制有机联结了外部环境与相对封闭保守的地方政府组织，是发起地方政府创新的重要作用机制。根据实证研究结果，地方政府创新的公民参与机制发生作用取决于两个方面内容：

第一，提高公民自治能力。完善公民参与机制首先是公民个人层面完善公民参与的途径，提高公民参与的积极性。这就需要通过完善社会主义民主法治，提高公民自治能力，能准确且有效地表达公民的诉求，使公民诉求得以及时、真实地传递给地方政府组织部门，从而成为地方政府创新真正的诉求来源，使地方政府创新在目标和内容方面上是以满足公民需求为指向的。

第二，发挥社会组织作用。公民参与的主体不但包括公民个体，还包括无组织的群体、民间社团以及网民这样的新兴公共群体。[①] 随着社会组织以及新兴社会团体的发展，尤其在新媒体迅猛发展的新态势下，"微信""博客""论坛"等也都发挥着日益显著的公民参与功能。公民参与越来越多地以社会组织这一中介表达需求与反馈意见，互联网技术和新媒体发展推动建立了更为顺畅的沟通渠道。社会组织也作为诸多公众意见的代言人，有助于将公众需求有效地传递给地方政府。另外，目前地方政府选择合同外包、公私合作伙伴关系作为创新策略的发展趋势较为明显，规模较大和运行良好的社会组织不仅是公民参与的途径，也是地方政府创新的对象。比如宁波市海曙区的政府购买居家养老服务就是地方政府以政府购买的方式建立政府与社会组织的合作伙伴关系，向"星光敬老协会"购买居家养老服务。这样的例子在中国地方政府创新中屡见不鲜。大力发展社会组织，充分发挥社会组织作用，无论是公民参与角度还是政府创新对象角度，都有助于推动地方政府创新的发起与采纳。

另外，如果把地方政府创新的发起视为地方政府制定公共政策的过程，就可以发现地方政府创新的公民参与机制不仅是推动政府创新的作用机制，还是确保政府创新政策民主化、科学化的重要机制。民主化和科学化是制定公共政策的目标。如何实现公共政策民主化、科学化的目标，有学者认为在中国语境下包括三种路径：（1）公共参与（公民和相关社会组织）；（2）专家参与，允许专家表达不同观点并将专家观点传递给公众知晓以获取公共支持；（3）政策制定者之间的协商谈判。[②] 因此，要推动地方政府形成民主化、科学化的创新也离不开公民参与机制的建立。公民参与机制不仅有助于确保地方创新政策的方向，也有助于政府创新与外部环

---

① 杨光斌：《公民参与和当下中国的治道变革》，《社会科学研究》2009 年第 1 期。
② Evan M. Berman, M. Jae Moon, Heungsuk Choi, *Public Administration in East Asia: Mainland China, Japan, South Korea, and Taiwan*, CRC Press, 2010, p. 67.

境之间搭建起信息沟通与创新绩效反馈的渠道。

总之，本书通过地方政府创新动因实证研究所构建的动力机制呈现的是目前内外部驱动因素相互作用的机制。该动力机制显示内驱是我国地方政府创新的主要动力机制。内驱的作用力来源主要是领导驱动和组织驱动，领导驱动的来源因素来自领导价值、领导职位、领导能力等关键因素，组织驱动的来源因素则来自组织职责、组织文化等因素。然而，内部驱动并不能单向地激发地方政府创新，内驱因素必然与外部环境驱动发生相互作用，以此共同推动地方政府创新的形成。这一作用机制表明我国地方政府创新有自身的特点，要推动地方政府创新其核心在于完善地方政府创新的激励机制、加强地方政府管理者创新能力的培养以及完善公共服务需求表达机制，推动内外驱相互作用的政府创新的形成与发展。

第八章　推动地方政府创新的基本思路与政策建议

地方政府创新在政治改革、行政管理改革、公共服务以及社会管理领域不断采纳新思路、新方法、新理念和新技术以解决地方政府治理中的现实问题或可预期的问题，回应了经济社会发展过程中公众诉求的变化，既改变了公共治理的行为方式，也在塑造自身行为和制度构建过程中促进了政府组织自我更新。尽管有文献研究认为"改革与创新"是两个不同的概念，前者通常是改革家"发现缺陷"，然后"着手补救这些缺陷"，带有明显的价值取向，后者则不受传统文化价值或社会对某种行为定义的影响，是通识意义、普遍性的行为；[1] 但实际上，公共管理领域的政府创新总是或多或少带有价值导向的，并且是在一个国家政治体制、经济制度、行政文化、社会价值等综合环境因素下形成的。因此，国内有研究认为，政府改革更侧重体制性、系统性，而政府创新则更侧重于解决中微观层面的机制性问题。[2] 特别是地方政府创新，它试图解决某些区域性、重点性、特点性的问题。从这些意义上说，地方政府创新自然不能替代政府改革，但通识意义上、普遍化、常态性的创新行为又以渐进的方式推动了政府管理体制改革，为实现公共治理转型变革创造了有利条件，也是现阶段全面深化改革、推动国家治理体系和国家治理能力现代化发展的重要路径。

然而，即使地方政府创新是通识、普遍、常规的行为，其产生与发展也并不是盲目的。前文重点分析了地方政府创新的动力因素及相互之间的关系，并从动因作用路径出发阐释了地方创新的动力机制。但动力机制只是阐明了各个动力因素之间的作用路径及对创新的绩效的影响，却不能说明从"管理"的角度如何管理地方政府创新的问题。现阶段我国要提高政

---

[1] Hahn-Been Lee, "An Application of Innovation Theory to the Strategy of Administrative Reform in Developing Countries", *Policy Sciences*, No.1, 1970, pp.177–189.
[2] 曹伟：《政府创新管理的制度建构：基于杭州实践的研究》，《中国行政管理》2014年第10期。

府治理能力，就需要建立推动地方政府创新的体制机制，探索开发、扩散、持续和保护地方政府创新的制度。"创新需要管理""创新需要战略规划"，地方政府创新更需要建立有效的制度框架，这才能真正鼓励地方政府创新的持续性和扩散性。从创新管理和创新战略的角度看，我们研究地方政府创新动因及其作用机制的目的正是在于探讨如何推动地方政府创新发展，并为地方政府创新的形成建立制度机制与战略规划。因此，研究推动地方政府创新的基本思路和政策建议的逻辑起点主要有两个方面：

一是构建推动地方政府创新的体制机制。鼓励地方政府创新和引导地方政府管理者的创新行为，根本上需要运用制度工具来强化和规范。构建较为完备的地方政府创新体制机制，确保地方政府及其管理者能以制度化、法治化的方式发起管理创新。首先是能起到鼓励地方政府发起创新的积极作用，引导地方政府及其管理者主动寻求管理创新的方式；其次，通过制度机制明确地方政府创新的合法性，确保地方政府创新的合法空间，并有效防范地方政府创新的风险。

二是促进地方政府创新的战略性发展。通过建立地方政府创新发展战略，使地方政府能围绕创新的战略框架有计划地推行创新进程，不仅降低了地方政府创新失败的概率，也能提高地方政府对创新结果的预期，增强管理创新的动力。我国现在正处于全面深化改革的重要时期，不仅明确界定了政府在经济调节、市场监管、社会管理和公共服务方面的基本职能，也提出了构建系统完备、科学规范、运行有效的制度体系，实现推进国家治理体系和治理能力现代化的发展目标。因此，地方政府创新也应确立职能导向和目标导向的创新战略规划，以此实现地方政府创新的战略式发展，也能确保地方政府创新是真正有助于实现政府职能转变和地方政府治理能力现代化，这也是现阶段推进国家治理体系与治理能力现代化的重要路径。

第一节 推动地方政府创新的基本思路

围绕中国地方政府创新的动因框架和动力机制的建立，本书认为推动地方政府创新的基本思路应包括四个方面。

一 整体创新的取向：从政府管理创新转向公共治理创新

当前中国地方政府创新在创新主体上的主要特点是以政府为主，以改变政府管理方式的政府组织内部管理创新为主要创新方式。然而，随着市场经济发展和社会组织力量兴起，内部导向或单一部门、单一领域的政府管理创新越来越显现出问题：一是单一部门、单一领域的政府管理创新不能解决跨部门、跨领域的公共治理难题；二是内部导向的政府管理创新在公共回应性以及需求供给相匹配等问题上遭遇困境。为解决这些问题，推动地方政府创新的首要基本思路就是以整体创新为取向，突破传统的内部导向的政府管理创新，让地方政府创新转向公共治理创新。

整体性的公共治理创新包含着三方面含义：一是政府创新的多领域和多方式；二是政府创新主体多元化，目标是多元化的公共治理；三是政府创新结果的整体性，综合考虑各方面的利益。

（一）在创新领域和方式方面应促进创新内容跨领域、创新方式多元化

一方面，我国现阶段地方政府创新内容上侧重在行政改革类方面，这与我国政府管理体制与职能转型所处的阶段密切相关，说明创新内容导向仍是政府组织内部管理的导向，是对政府组织自身的更新与调整。然而，随着市场经济转型升级和全面深化改革的推进，公众对公共服务的需求进一步扩大，也对公共服务和社会管理领域创新提出了新的要求。党的十九大报告指出，中国特色社会主义进入新时代后，社会主要矛盾已经转化为人民日益增长的美好生活需要和不平衡不充分的发展之间的矛盾。这也意味着公共服务和社会管理领域创新将成为今后政府创新多领域发展的方向所在，而政府组织创新也需要突破内部局限性，将创新领域转向政府、社会、公民等多领域、跨领域的范围。

另一方面，在创新方式上也应走出政府组织管理创新的内部视角，转向公私合作伙伴关系、发挥社会组织功能、扩大公民参与等公共治理视角。公共服务和社会管理领域的问题不仅仅是政府部门从自身组织角度发起创新就能解决，更需要基于多元化的公共治理视角去寻求创新的解决方案。发达国家地方政府的创新方式经验就表明，建立公私合作机制和运用第三部门的力量是减少行政干预、政府功能再造和节约财政资源的重要途径。Borins 就认为地方政府创新的许多想法具有跨学科或跨功能的性质，[1]比如一些社会管理类创新既会涉及政府自身转变管理方式和实现"功能解制"的组织创新，也会涉及与社会组织合作治理的创新。即使在政府组织内部，很多管理创新也很有可能是跨部门性质的。如浙江省"最多跑一次"行政审批制度改革就属于典型的跨部门性质。因此，政府创新的整体

---

[1] Sandford Borins, "Public Management Innovation: Toward a Global Perspective", *American Review of Public Administration*, Vol. 31, No. 1, 2001, pp. 5 – 21.

性特征以及创新内容、创新方式的跨领域属性,都要求地方政府创新的发展思路是从整体合作和系统安排的角度出发,不仅要继续深入转变政府管理方式和优化政府管理职能,还要重点转向公共服务和社会管理领域的创新。这既是进一步精简政府机构、转变政府职能和提高政府绩效的要求,也体现了公共服务型政府、创新型政府和责任型政府的变革方向。

(二)从纵向与横向两个方面促进创新主体多元化发展

地方政府是政府创新的主要发起者,从直接原因来看是由于数量庞大的地方政府决定了地方政府创新比重,但从权力关系看,地方政府创新主体并均衡。这里突出表现为两个方面的问题:其一,在纵向权力关系层面,地方政府创新的主体以市(县)为主,省级、区级、乡镇层级的创新较少。近年来省级政府创新有所增加,但区级、乡镇层级创新仍未有明显增加。这说明基层政府管理权限较小,创新空间不大,且往往是上级政府创新的对象。但基层政府在反映公民诉求和提供公共产品与服务方面承担着直接责任,扩大基层政府创新也是从整体创新角度推动地方政府创新的重要内容。其二,在横向关系层面,地方政府创新的主体、对象以及创新内容上均以"政府"为主,其他社会组织、企业组织、公民等参与的创新较少。这说明地方政府创新的关注点在政府内部,而未来公共治理创新发展会要求政府与其他社会主体之间构建规范合作的关系。为解决纵向与横向关系层面的问题,促进创新主体多元化发展的思路也指向了两个方面:

第一,发挥纵向地方政府各个层级创新主体的作用。尽管受制于纵向权力关系的复杂性,各个层级地方政府的管辖事务其实有比较明确的职责功能区分,这也意味着每个层级的地方政府创新主体在创新类型、内容和方式等方面都可能不尽相同。建立鼓励各个层级创新主体发起创新,尤其是基层政府创新应该成为地方政府创新的关键主体。从当前基层政府创新情况来看,基层政府创新集中在民主政治改革领域,创新方式以民主选举、扩大政治参与等为主,其他领域和其他方式的创新相对较少,说明基层政府创新空间受限。基层政府创新是确保发起公民所需要的政府创新的重要来源,纵向地方政府创新主体的多元化发展必然要建立在基层政府创新的基础之上,这样才能从根本上推动地方政府"连环式"创新和"整体性"创新。

第二,社会团体与公民应成为推动地方政府创新的重要力量。国内外地方政府创新的理论和实证研究都表明,社会力量是地方政府创新的持续动力来源。地方政府创新主体多元化一方面是要吸纳社会组织、公民等其他主体参与政府创新,全面参与到界定政策创新的问题、需求解决问题的创新方案、政府创新评估等管理创新过程，使政府创新始终围绕公民为中心和反映公众的诉求；另一方面，政府创新的方式和公共资源配置也可向社会管理领域倾斜，发挥社会组织和公民在公共治理领域的积极作用，实现共同参与治理的公共治理创新。过去，沿袭计划经济管理思维的地方政府过于集中公共资源和强调政府的管制功能，但这也导致了政府管理创新思维的僵化和对公众需求的忽略，从而导致政府创新是"内部定向式"的内部驱动创新。随着公共治理领域的拓展、社会组织与公民社会力量的兴起以及内外部环境的急剧变迁，内部定向式的政府管理创新无法解决诸多社会问题，而是需要社会组织和公民力量的共同参与，以此更好地调整社会结构、制定社会规范、配置公共资源和理顺社会关系。"一个合理有效的政府，应扎根于民意之中，而在表面上又保持与民意的距离，以保持其应有的权威。"① 一些社会组织发展迅速和公民社会培育较为成熟的省份，社会组织和公民参与不仅有效承接了政府管理与公共服务的职能，也拓展了地方政府创新的类型与方式。如浙江省宁波市海曙区的政府购买居家养老服务、天津市和平区行政许可服务中心的引入中介组织参与行政审批服务、广东省深圳市民政局社会工作的民间化专业化等。这些政府创新促进了社会组织和公民的功能向"实体化"、专业化方向发展，推动了地方政府创新方式的多元化发展。但从目前地方政府创新总体情况看，社会组织和公众诉求反应、参与反馈的机制尚未真正建立以来，社会管理类创新数量的缺乏表明多元化公共治理创新还有很长的道路。近年来，我国为推动社会管理类创新也做了很多努力尝试，如中央编译局比较政治与经济研究中心、北京大学政府创新研究中心等学术机构设立了"中国社会创新奖"，专门对社会管理领域的创新实施评估和奖励。随着社会组织和公民社会发展，国家与社会协同治理创新将会成为公共治理的重要议题，也是推动地方政府创新整体性发展的主要动力。

（三）确保政府创新结果的整体性

政府创新的结果与绩效是当前地方政府创新理论与实践中需重点关注的问题，这不仅影响到地方政府创新的综合评价，也直接关系到地方政府创新的持续性和扩散性问题。正如国外很多学者研究地方政府创新时所指出的，政府创新归根结底是以公共政策的形式出现，应从公共政策角度和运用政策评估技术分析政府创新的结果。作为公共政策领域的地方政府创新，在评估创新政策的绩效时，就应建立经济、效率、公平等维度综合的

---

① 童星：《创新社会管理》，中国社会科学出版社2012年版，第34页。

评价创新结果。地方政府创新结果评价不仅要考虑政府效率的改善、行政管理方式的改进，还要考虑到社会公共利益的变化。政治学家罗尔斯认为，"正义是社会制度的首要价值"，"同样，某些法律和制度，不管它们如何有效率和有条理，只要它们不正义，就必须加以改造或废除"。[①] 我国当前在考虑与评价政府创新结果时，存在的主要问题有三个方面：一是尚未建立较为健全的对创新结果的社会评价机制；二是政府创新的绩效评估指标体系不够完善；三是如何保证创新结果的公正性问题，地方政府如何按照社会公共利益最大化原则推行政策创新？围绕这些问题，本书基于公共政策评估和公共利益原则，提出地方政府创新的整体创新应充分注重创新结果的整体性，其制度设计的基本思路如下。

第一，如何保证政府创新政策制定过程透明公开与民主参与。要确保政府创新结果符合公共利益原则，首先应从政府创新政策出台的环节入手。一方面政府创新政策制定过程应吸纳社会组织、企业组织、公民等多元主体的参与，有助于界定和重新界定政策问题，有助于激发地方政府解决问题的创新政策；另一方面政府创新政策的制定过程也应透明公开，树立地方政府的民主意识和公共利益导向。

第二，如何保证地方政府创新结果的公正公平性。作为一项公共政策，地方政府创新的影响必然也是公共的，因此要按照社会整体普遍受益的原则，明确地方政府创新结果的公共利益导向。其一，地方政府创新评估指标体系设计应覆盖经济、效率、公平等维度，综合考虑政府创新产生的所有结果。其二，地方政府创新结果评估应立足于公众满意度评价，使公众成为评估创新结果的重要主体。

第三，如何构建创新结果的监督责任机制。为确保政府创新的整体性和利益普遍受益，应思考建立政府创新的监督责任机制。这并不是说要保证所有的地方政府创新必须是成功的，也不是说要求地方政府管理者承担更多的创新风险以致其不敢或不愿创新，而是建立相应的监督机制防止政府创新成为特殊群体牟利的工具，以保证地方政府创新的合法性。尽管这一规则存在内在的矛盾，因为地方政府创新本身意味着需要冲破禁锢甚至在合法性上很难立足，这就需要建立公正的评价准则。总之，地方政府创新结果的整体性主要考量的是社会公平与正义，目的是防止出现特殊利益导向。

---

① 约翰·罗尔斯：《正义论》，何怀宏、何包钢、廖申白译，中国社会科学出版社1988年版，第3页。

二 社会公正与道德建构：地方政府创新的基本立足点和基本理念

地方政府创新以公共政策为表现形式，这些公共政策的执行以及地方政府的创新实践行为也必然产生了具有"公共性"的创新结果，因此其创新影响是公共的。与此同时，与管理制度和社会政策不同，地方政府的创新政策通常本身就具有"创新性"。所谓的创新性，既是对既定规则、结构与制度的更新，也有可能是"破坏"。一些跨部门、跨功能的政府创新往往是对既定规则与方式的重大突破。诚然，我们需要鼓励地方政府富有冒险和创新精神去突破旧的规制，但同时从法律制度角度看，地方政府也应承担创新所带来的不良后果等创新风险。诚如哈耶克所言，在任何社会组织里，"自由与责任"实不可分。前者是赋予选择机会，后者意味着它必须承担其行动的后果，包括"赞扬或谴责"。[①] 如何在激励创新与承担创新责任之间取得适当的平衡，要回答这个问题就需要从现代政府基本职责角度出发，立足于社会公正与道德建构，使地方政府创新具有社会公平正义导向。特别在政府创新工具与方式选择方面，涉及政府职责解构以及合同外包等利益相关问题，政府在降低行政成本和提高政府与公共服务供给效率的同时，也是社会公正的维护者和社会安全网的提供者，更是社会公平正义的最后底线。因此，推动地方政府创新要坚持社会公正的基本立足点，也要承担相应的社会道德责任。社会公正与道德建构是地方政府创新的基本理念。

（一）地方政府创新的基本立足点：社会正义

整体性的地方政府创新在创新过程、创新方式、创新结果方面都要求地方政府以维护公共价值为导向。如何维护公共价值导向，首先要求地方政府创新的基本立足点是公平正义。维护社会公平正义是中国特色社会主义的重大任务，相应地，政府治理改革也必须以促进和实现社会公平正义为目标。[②] 在国家治理体系和治理能力现代化发展的新背景下，地方政府创新必须以社会正义为基本价值导向，使其作为治理创新的基本理念，从而确保政府创新符合公共价值，符合人民的基本利益。这也是新时期推动地方政府治理能力的重要导向。2017 年，党的十九大报告提出了"坚持以人民为中心"。"以人民为中心"不仅是对现阶段中国如何坚持社会公平正

---

① 弗雷德里希·哈耶克：《自由秩序原理》（上），邓正来译，上海三联书店 1997 年版，第 83 页。
② 麻宝斌：《维护社会公平正义，推进政府治理现代化》，《行政管理改革》2017 年第 3 期。

义导向的进一步阐释,也对政府创新的中心导向做出了明确说明。从总体看,我国要推动地方政府创新社会正义准则实施的基本思路包括三个方面。

第一,推行地方政府创新的程序公正问题。地方政府创新作为一项公共政策,该政策的出台与执行涉及地方政府内部人员能否参与和表达意见,涉及外部的社会团体、企业组织和公民能否参与创新政策的制定,更涉及与该项政策相关的利益者是否获取有效的信息资源。当然,地方政府创新的程序公正本质上是公共政策合法性的问题,从政策制定、政策执行到政策评估的全过程应符合法律制度规范。程序公正应该是地方政府创新维护社会正义的起点,也是保证地方政府创新公共价值导向的根本所在。

第二,推行地方政府创新的机会公平问题。所谓机会公平,指的是除地方政府领导者以外,组织内成员自主思考、表达意见甚至抵制创新的可能性。H. 费茨杰拉德研究发现,变革管理者和实施者经常会犯骄傲自大的毛病。[1] 而地方政府创新的政治性因素也使得创新的业绩往往归功于领导者,这就使得一般公务员在权威面前几乎没有发声的机会。机会公平是要为地方政府创新创造民主参与的氛围,尽量让组织全体成员参与创新过程,领导者要善于倾听意见,仔细思考抵制创新变革的各种因素,从而避免政府创新完全成为领导的创新和强制的创新。

第三,地方政府创新结果的分配公正问题。公共政策属性的地方政府创新通常是对组织内部结构和资源的重新调整、对组织外部公共资源的重新分配,采用公私合作伙伴关系、合同外包、市场化等创新方式进行公共产品与公共服务供给创新的管理创新则更可能在利益重新分配过程中导致利益冲突,至少改变了过去的资源分配和资源使用情况。这时,地方政府创新政策就会面临创新结果是否公平公正的问题,也有可能产生与利益相关的伦理冲突。创新结果的分配公正原则要求地方政府推行创新政策时谨守社会正义的基本原则,履行公共治理的社会责任,而不是仅仅将政府创新视为晋升或获利的政治工具。同时,还应考虑政府创新对不同群体带来的实质性或潜在的利益影响。

(二) 地方政府创新的基本理念:道德责任

大量政府创新理论研究和实践表明,地方政府领导者、管理者、基层公务员是地方政府创新的"英雄",对发现公共危机与问题、积极寻求创

---

[1] 派特里克·E. 康纳、琳达·K. 莱克、理查德·W. 斯坦科曼:《组织变革中的管理》,爱丁译,电子工业出版社2004年版,第283页。

新的解决办法以及创新工具的合理选择等有着决定性影响。国内地方政府创新实践个案也证明了具有远见卓识或果敢性格的地方政府官员对发起政府创新的关键作用。特别是传统观点认为地方政府是"保守"的，不愿冒政治风险去发起创新。在这种情况下，地方政府领导者以及一线的公务员是否善于发现问题和思考解决问题的新方法就成为政府创新的关键所在。无论是政府组织创新还是为解决公共问题的创新，都对地方政府领导者、管理者及一线公务员的创新品德提出了要求。因为按照传统科层官僚制的组织规章制度，行政人员（公务员）的主要任务是执行政策，管理创新并非其工作职责。要推动地方政府领导者、管理者和一线公务员发起与推行创新，就需要构建政府创新所需求的道德责任机制，而这与创新的公共利益导向也是密切相关的关系。个人是组织变革的催化剂，有时候甚至操纵和控制着组织变革与创新，他们的道德准则和价值观对组织变革的策略与结果都有直接影响。康纳等人将这些道德准则概括为：[①]（1）将对国家忠诚作为最高原则，高于个人、团体或政府部门；（2）遵守宪法和法律；（3）对工作做出最真诚的努力和最周全的考虑；（4）寻找效率更高、更经济的方法完成任务；（5）不对任何人施加特别照顾或予以特权；（6）不将公务中所获取的机密信息作为个人谋取利益的手段；（7）一旦发现腐败现象，立即予以揭露；（8）公职源于公众的信任。道德责任构成了地方政府创新的基本理念，关乎地方政府创新的公共利益导向。围绕道德责任的基本理念，推进地方政府创新的思路包括以下三个方面内容。

首先，在发起地方政府创新的目的方面，地方政府领导者、管理者及一线公务员的创新动因应包含其个人的诚信道德品质。无论出于官员个人政治晋升或上级认同的需要还是改进政府管理方式、提高行政效率或推动地方经济社会发展的需要，创新发起人都应了解政府创新可能对政府自身和社会公众带来的影响，因而不仅从组织发展和公共利益角度发起创新，也要明确创新的结果与责任。

其次，在地方政府创新工具（方式）、创新内容选择方面，不同类型的创新工具与不同领域的创新内容可能会导致截然不同的创新结果。因此，这就要求地方政府领导者、管理者及一线公务员受到一定的道德约束，也可以称之为"变革创新的道德"。任何创新的本质都是"破坏"或"强加"给组织结构，如果不给"破坏"或"强加"的过程加以约束，地

[①] 派特里克·E. 康纳、琳达·K. 莱克、理查德·W. 斯坦科曼：《组织变革中的管理》，爱丁译，电子工业出版社2004年版，第292—300页。

方政府创新就有可能成为私人牟利或真正破坏的工具。尤其是当现行法律规定缺乏对一些创新方式约束的时候，就必须规范地方政府领导者的变革创新道德。

最后，在地方政府创新的结果方面，具有公共政策属性的政府创新不仅会对组织内部资源和社会公共资源进行重新分配，也可能涉及既有利益的重新调整。要确保地方政府创新结果的社会公平正义导向，除了法律法规制度的约束外，也要建立对创新结果的道德责任机制，防止地方政府创新发起人滥用权力和不当创新，防止创新结果使特定人群受益的徇私舞弊行为，确保地方政府创新的结果是合乎道德的。

三 地方政府创新的发展取向：从"内部—管理"政策框架转向"外部—治理"政策框架

通过国内外地方政府创新奖获奖项目比较，可以发现发达国家地方政府创新的创新类型以公共服务类为主，即使有些采用公私合作伙伴关系、合同外包方式对政府功能与结构进行重新调整，其创新领域也主要指向公共服务。中国历届地方政府创新奖的类型分析则显示，我国当前最主要的创新领域和创新类型是政治改革类与行政改革类。尽管近几届地方政府创新奖评选中公共服务类和社会管理类创新已有所增加，但整体上地方政府创新仍集中于"内部—管理"的创新视角。换言之，现阶段地方政府创新在创新政策发起动因方面以内部导向为主，在创新类型上也以改变政府管理方式、改善政府组织系统运行和完善民主政治的组织"内部管理"创新为主。地方政府创新动因框架也表明，地方政府动因是内外部相互嵌入的机制，但根本上仍依赖于地方政府内部管理是否愿意采纳创新。地方政府管理者的创新动机和性格追求在很大程度上影响了发起地方政府创新的动因。因此，"精英驱动"和"组织驱动"的内部管理导向成为当前地方政府创新的关键因素。但从公共治理和地方政府治理能力现代化发展的要求来看，内部管理导向的创新政策形成机制对外部环境复杂变化的回应性较低，进而影响到政府组织的灵活性。地方政府只有转向"外部"视角的创新发起机制，才能对外部环境变化需求进行更好的回应，其他社会治理主体也才能共同参与到地方政府创新发起过程中，这也是公共治理发展的必然趋势，同时也反映了政府创新的成熟度和理想化水平。

（一）"内部—管理"政策框架下的地方政府创新

和发达国家政治经济体制背景不同，我国现阶段仍处于政府管理体制改革的关键时期，与政府职能转变相关的政府管理方式、政府组织结构、行政效率等问题是当前地方政府创新的主要关注点。"内部—管理"的地方政府创新符合中国为适应市场经济转型升级发展的政府管理体制改革要求，政府管理方式的改变和行政效率的不断提升，也提升了地方政府的管理能力，推动了中国政府管理体制改革的发展。

在"内部—管理"政策框架下，地方政府创新政策的制定与执行可以被视为政府组织内部的政治过程。因而，在这个政治过程中，地方政府创新的形成与采纳取决于两个方面的因素：一是政治精英的价值观与创新能力。具有创新精神、善于政治沟通、有学习创新追求的地方政府领导者、管理者及一线公务员是发起地方政府组织内部创新的主要来源。这些创新发起人可以说是政治精英，其性格特质和个人能力使之能够及时观察到组织内外部危机，并从组织内部更新的角度出发寻求解决问题或改进工作的创新方式。对政治精英而言，其发起创新的动因也比较复杂，包括了施展个人抱负的价值追求、改善政府管理现状和提高管理规范化水平的需求和性格能力特质等因素。二是地方政府的组织制度、结构、运行机制等内部特点。作为一种政治过程的地方政府创新，创新政策的制定、执行与评估反馈涉及组织内部结构性要素的相互关系、部门间的职责分工情况、权力与用权主体的界定、领导力等各种与地方政府组织相关的政治要素。因此，地方政府的组织内部特征直接影响到政府创新的形成与运行。

"内部—管理"的地方政府创新政策框架特点，也决定了现阶段中国地方政府创新形成的方式与特点：

第一，大量地方政府创新项目由具备创新进取能力和果敢、善于沟通与倾听等性格特征的地方政府领导者发起。地方政府领导者（通常情况下是"一把手"）是地方政府创新及时发起、创新工具选择和创新效果的关键因素。一些较为成功的地方政府创新项目也显示出"一把手工程"的政府创新推行阻力更小，也更容易获得普遍认同。

第二，地方政府组织内部的创新氛围以及"政治精英"的学习创新理念推进了地方政府创新的发起与采纳。"内部—管理"政策框架下的地方政府创新不仅取决于地方政府领导者，也取决于政府组织内部的支持。组织内部支持政府创新的来源则主要来自各个部门的管理者与一线公务员。这些政治精英们在政府管理中能否发现问题并主动尝试解决问题的创新方法，同时为地方政府领导者提供政策建议，这对内部管理创新来说是至关重要的。尤其是基层公务员对外部危机、公众诉求反应可能更为及时与灵敏。

第三，政府的内部管理创新是地方政府创新风险相对较小的创新策略。从政治过程考虑，地方政府领导者出于规避创新风险或政治晋升的需要，倾向于采纳更为安全、保守的策略——政府内部管理创新。对地方政府的组织内部要素和结构的重新调整是创新风险相对较小的策略，同时也是提高行政效率和转变管理方式的重要路径。由此，也就不难解释行政管理类改革为何是地方政府创新的主要类型。当然，现阶段政府管理体制中的诸多弊端也迫切需要地方政府通过创新方式来解决，这也与中国行政管理体制改革的现状密切相关。

第四，地方政府创新政策执行的行政强制性。"内部—管理"政策框架意味着地方政府创新不仅是一个政治过程，也是公共政策的制定与执行过程。创新观念、创新方式、创新工具的贯彻落实方法一般以公共政策方式表现，并促使很多政府内部管理创新的过程成为行政权力推动的政治过程，并带有明显的行政强制特点。

（二）从"内部—管理"向"外部—治理"转型的基本思路

"内部—管理"政策框架从地方政府的组织内部管理和政治过程角度推动地方政府创新，彰显出地方政府管理改革任务的阶段性及其积极意义。而随着地方政府治理环境的变化，内部出发的创新管理显然已无法满足日益复杂的社会变化要求。在"坚持以人民为中心"的新理念指引下，治国理政的全部活动都需深入贯彻人民的利益与诉求，这也是推动公共治理发展的根本动力。因此，我国现阶段以"内部—管理"政策框架为基础，迫切需要向"外部—治理"政策框架转型，这不仅是地方政府创新发展的主要方向，也是实现以人民为中心的地方政府治理能力现代化发展的重要路径，对于完善地方政府创新意义重大。

所谓"外部—治理"政策框架，主要是指地方政府创新应以公民需求为导向，能够适应政府组织以外的外部环境变化需求，推行公共治理的创新方式，实现地方政府治理能力的提升。"外部—治理"政策框架的主要特点是：其一，政府内部管理创新符合社会公众的需求和适应外部环境变化。社会公众对政府创新的诉求应该是政府创新的真正来源，也是扩大地方政府创新扩散性与持续性的基础。地方政府创新的基本落脚点就是推行满足公共需求的公共服务创新和政府管理创新。从这个意义上说，"外部—治理"政策框架就是首先要求推行"以人民为中心"的地方政府创新，明确地方政府创新的公民视角和服务理念。其二，"外部—治理"政策框架强调多中心治理创新和民主参与的重要性。诚然，地方政府是创新的首要主体，公民、社会团体、企业等多主体的参与不仅是一种创新形式，为地方政府创新方式的多元化提供了新的视角，同时也体现了民主政治发展的要求。其三，"外部—治理"政策框架为地方政府创新输入了持续不断的"资源"。地方政府组织内部管理创新总体来说是有限的,而组织外部的经济社会环境要素通常处于各种变化中,如互联网信息技术变革、经济资源条件、社会心理文化变迁等要素。通过地方政府创新动因实证研究发现,尽管外部因素并非地方政府创新的关键动因,但的确是地方政府创新的土壤与生成环境。在少量地方政府创新个案中,外部环境中的危机是地方政府制定"回应型"政府创新政策的重要因素。

我国已进入了国家治理体系和治理能力现代化发展的新时期,在全面深化改革和以人民为中心的思路引领下,地方政府创新也必然要从"内部—管理"政策框架转向"外部—治理"政策框架。这不仅是当前政府创新的发展取向,也是完善地方政府管理、建立地方治理新模式和发展民主政治的需要。如何实现地方政府创新从"内部—管理"政策框架转向"外部—治理"政策框架,其发展转型的基本思路包括以下几个方面。

第一,以政府组织的内部管理创新为基础,进一步完善政府内部管理体制。地方政府创新归根结底要以地方政府为创新发起主体,内部驱动的地方政府创新动因机制决定着创新政策能否制定与执行。因此,在向"外部—治理"政策框架转型过程中,仍要持续地改进政府管理方式、调整政府组织职责结构和提高行政效率,政府组织的内部管理是推动地方政府持续创新的重要基础。与此同时,政府组织的结构、文化、运行机制、领导者的价值观等动力因素的推动,不仅能增加政府创新发起的概率,与其相关的行政改革类创新也可以运用行政权力提升创新的扩散性和持续性。总体来说,"外部—治理"政策框架下的地方政府创新要以完善的政府管理体制为基础,行政改革类创新有助于传统行政管理模式的更新,也在地方政府创新过程中减少了政府创新的障碍。

第二,"外部—治理"政策框架的前提是对"外部"资源要素、环境变化、创新诉求的总体把握。该政策框架要求地方政府必须掌握外部环境的全部特质,从中寻找政府创新的起点。对此,我们应从外部环境与地方政府创新的联结度出发,构建地方政府创新的环境维度框架。一般来说,政府的外部环境可以从技术、法律、政治、经济、人口、生态和文化等要素进行分析。霍尔提出可以构建"环境容量(丰富或贫乏)、环境的同质性(异质性)、环境的稳定性(不稳定性)、环境集中(分散)、领域的一致(相异)、环境混乱"的环境分析维度。[①] 该环境维度框架为我们现阶

---

① 理查德·H. 霍尔:《组织:结构、过程与结果》,张友星等译,上海财经大学出版社2003年版,第237—239页。

段全面分析地方政府创新的外部环境及其相应的地方政府治理创新提供了有益的思路借鉴。地方政府创新应符合外部环境的条件、特质与需求，这才能从根本上构建以人民为中心的地方政府创新机制。

第三，"外部—治理"政策框架下的地方政府创新导向是建立多中心的公共治理机制。"外部"公共事务的复杂化与多样化决定了单一的权威性治理可能会失效，多中心治理正是对公共事务进行公共治理的一种路径。它是在尊重个人决策者都可自由地追求自己利益的基础上，通过竞争合作提高公共服务供给绩效，其表现形式是市场化、公私合营、志愿者服务等。多中心治理体制的成功取决于规则制定和规则实施的各个方面能都在多中心结构中运行。① 因此，"外部—治理"政策框架下建立多中心的公共治理机制还需要构建多中心治理的规则和机制，为公共服务供给机制创新奠定良好的制度基础。

第四，"外部—治理"政策框架内应通过完善公民参与机制以建立"外部"与"治理"之间的良好关系。外部环境变化诉求与公共治理创新的联结点在于公共服务需求表达机制和社会管理创新机制。"外部—治理"的政策框架本质上是将政府创新的视野拓展化，使政府创新的触角伸及现实的公共服务需求，满足社会发展需要。从地方政府角度看，建立完善公民参与渠道，不仅本身是政府创新的一种形式，也有助于政府创新类型和方式的多元化，促进公共服务和社会管理领域创新的进一步发展。

四 地方政府创新的政策定位：建立推动 地方政府创新的政策支持体系

基于政治活动的复杂性，公共部门创新远比私营组织创新复杂。这种复杂性体现为：（1）公共部门创新与变革对于紧迫问题的解决和社会发展更为重要；（2）政府部门管理者更关心创新中的政治问题，创新的政策风险巨大；（3）政府创新往往需要打破部门界限，而这几乎难以实行；（4）地方政府官员任期有限和经常交替，这导致地方政府创新策略可能更迭频繁；（5）地方政府创新也需要来自公民的支持，否则会影响创新的贯彻执行；（6）地方政府固有的保守倾向缺乏一定的主动创新精神。相关案例研究表明，地方政府领导人的驱动在推动地方政府创新过程中起着尤为关键的作用。但从长期和公共管理未来发展趋势看，过于依赖领导者个人

---

① 迈克尔·麦金尼斯：《多中心体制与地方公共经济》，毛寿龙、李梅译，上海三联书店2000年版，第77页。

素质的政府创新存在着很多被动性。比如，正是因为考虑到政治风险，地方政府管理者寻求创新与变革的方式并不是大胆的，登哈特夫妇等人将其称之为"实用的渐进主义"①。因此，从法律政策层面建立推动地方政府创新的政策支持体系不仅有助于地方政府管理者有效地规避创新风险，也有助于推动地方政府创新的形成。"通过一整套惯例、作用、形式和规则，政治制度对潜在的无序政治过程进行规范"②，有助于理解一些政治行为的合理性，也能为变革和创新的政治行为提供检验。实证研究表明，法律政策的建立完善是当前进一步推动和保护地方政府创新的重要路径。地方政府创新的政策定位包括以下几个层面：

第一，提高地方政府创新的积极性，建立推动政府创新的激励机制。从更为成熟和理想的趋势看，地方政府创新的驱动力应逐步由具有创新精神和价值追求的"精英"驱动向民主政治和公民社会发展的外部驱动转型。当前我国地方政府创新的发展现状与经济社会转型期的特征基本吻合，领导者的性格特征、能力因素成为地方政府创新的主要驱动因素。在诸多驱动因素中，领导者政治晋升及相关的政治风险是地方政府官员重点考量的因素。这就导致现行的地方政府创新推动力不仅是"政治利益式"的，也具有非程序性、非规范性的特点。因此，深入推动中国未来地方政府创新发展就需要从制度的角度建立较为完善和规范的创新激励机制，以提高地方政府创新的积极性。

地方政府创新激励机制构建可以重点考虑几个方面：保护和鼓励非领导发起或中层管理人员的创新想法，积极采纳这些管理人员的创新；通过程序规定和制度完善为地方政府创新构建良好的制度环境；重视省级政府创新的地位，对鼓励市、县、乡镇层级创新具有积极意义；完善政府创新奖励机制，而不仅仅是政治晋升；建立地方政府创新网络，开发各个层级、各类管理人员创新的潜能；建立创新学习机制，在政府组织内部形成富有生机的工作方式，从而激励创新的形成；建立宽容失败的组织文化，容纳创新失败，继而合理地推进地方政府创新。

第二，完善地方政府创新过程中的公共权力监督机制。就创新的本义看，创新本身就意味着需要打破常规，运用新理念、新技术和新方法。但与此同时，政府创新在实践创新理念和实施创新管理的过程中，更应遵守

---

① 罗伯特·登哈特、珍妮特·登哈特、玛丽亚·阿里斯蒂格塔：《公共组织行为学》，赵丽江译，中国人民大学出版社2007年版，第397页。
② 詹姆斯·马奇、约翰·奥尔森：《重新发现制度：政治的组织基础》，张伟译，上海三联书店2011年版，第51页。

宪法、法律和道德规范，否则就可能出现 Borins 所说的"松散的大炮和规则的破坏者"现象。[①] 因此，在完善地方政府创新制度的基础上，还应建立创新过程中的公共权力监督机制，维护政府创新的道德责任。

公共权力监督机制应导向三个层面：一是在政府创新策略选择和程序步骤方面，监督是否遵守了基本法律准则和规范，是否存在违规行为与谋取利益的腐败行为。因此政府创新在结果上多有可能引起资源重新分配，权力监督机制的建立和完善要努力避免创新的利益取向，树立公共服务的价值准则，并使之成为最为优先的理念。二是在政府创新发起和执行过程中，监督领导者权力的运行方式，是否存在滥用权力的情况并监督领导者政治责任、法律责任和工作责任的履行。领导者的权威与责任是同时存在的，前者考察权力的合理使用，后者考察责任的实践。三是探索如何建立多主体的公共权力监督体系。基于地方政府创新普遍参与和防止抵制创新的思想，地方政府创新过程中每位成员都具有表达创新意见甚至是抵制创新的权力，这一过程也是监督创新的公共权力运行的过程。确保创新过程公开、透明、公正，提供创新监督的渠道，保证意见表达畅通，不仅有助于为地方政府创新创造民主的氛围，也能提升公共权力监督的绩效和地方政府创新的合法性。

第三，建立确保组织内外部成员广泛参与地方政府创新的机制。如果将地方政府创新视为组织内部的一个政治过程，那么政府创新的过程就是权力、利益、偏好等要素的综合博弈。要更好地迎接未来地方政府创新的挑战，减少"摸索着前进"的由部分领导者决定的政府创新驱动，促进政府工作人员对公共部门发展的愿景展望，实现政府变革与创新的公共承诺，提高公众满意度进而推动地方政府持续创新，这些都有赖于建立一个确保组织内外部成员都广泛参与的机制。地方政府创新建立广泛参与机制的主要意义在于：构建政府变革与创新自由表达意见的宽松氛围，为所有利益相关者提供阐述、提问和建议的渠道；实践地方政府创新的公平正义原则，每位成员或公民都具有平等地表达偏好的权利；参与机制的建立也意味着上级或领导者需要下放权力以获得支持，从而减少创新发起和执行过程对传统权力的依赖，有助于民主政治发展。

确保组织内外部成员广泛参与的机制设计对地方政府领导者而言，本

---

① Stanford Borins, "Loose Cannons and Rule Breakers, or Enterprising Leaders? Some Evidence about Innalative Public Managers", *Public Administration Review*, Vol. 60, No. 6, 2000, pp. 498–507.

身也是公共管理创新的一个重要内容，可以选择诸多方式实现参与的广泛性、公平性和有效性，包括：充分授权，给予中层管理人员或下属自由思考的空间，能在工作中形成创新观念、主动寻找创新的方式方法；扩大广泛参与的渠道，听取组织内外部成员意见；建立学习型组织，通过"过程咨询"① 和团队学习主动寻求政府创新；完善地方政府与社区、社会全体的关系，关注创新主体的多样性和灵活性，吸纳社会主体的想法；充分重视网络信息技术在参与机制构建中的作用，网络信息技术是组织扁平化倾向和减少层级管理的重要辅助工具。如杭州市"开放式决策"就是运用现代网络技术平台，通过网络视频直播、门户网站专题讨论等方式实现决策的公开、参与和互动，在拓宽参与渠道的同时，也有助于减少决策冲突，提高公众对一些政策的认同感和满意度。

第四，建立较为完善的地方政府创新评估机制。地方政府创新需要被鼓励和开发的同时，也应评估其创新过程和创新绩效，从而分析政府创新能否提升政府管理能力、地方治理水平和公共服务绩效。尽管一些地方政府创新的发起内在地蕴含着政治晋升和个人声望的动机，但若这些成就动机能在法制的框架内践行，有助于推动政府内部管理体制改革和提高公共服务水平，仍应激励和引导这些创新。建立地方政府创新评估机制，一是准确地评估政府创新与地方治理能力的关系，评价地方政府创新所带来的结果；二是有效地监督地方政府创新的过程，防止发起和执行过程中的违法行为；三是起到了激励地方政府创新的积极作用，如果是政府内部设置的评估机构，对地方政府创新实践则具有强制性意义；四是推动地方政府创新向科学化、民主化和法治化方向发展。由于创新与一般管理的特殊性，它并不是组织管理者必须要承担的工作内容，很多创新是地方政府及其管理者出于改进管理的现实需要或道德责任的履行，因此评估地方政府创新存在一个"两难"困境：一方面明晰的程序规则制定可能会限制地方政府创新实践，不利于激发更多的自主型创新观念，也不利于形成创新文化；另一方面地方政府自主解决问题过程中衍生的创新观念或创新方式若没有制度规则的限定，也容易发生违法甚至腐败现象，尤其当一些地方政府领导者过于注重政治升迁的时候。

从我国目前地方政府创新的初期发展阶段看，建立地方政府创新评估

---

① 所谓"过程咨询"（process consultation）方法是假定委托人必须学会自己看出问题，并积极采取补救措施。组织中领导者未必知晓过程中的问题，当事人在工作中会主动确认问题、提出解决办法和改进措施。这种方法的前提是保证组织中个人的自主权、领导者下放权力和对组织成员的信任。

机制还是很有必要的，可以从两个方面设计评估机制的构建。一是政府内部设置创新评估，将地方政府创新作为考核地方政府绩效的一个重要指标。在具体实行上，也有两种方式：专门的政府创新评价，如韩国2005年国家行政事务部就发起了"政府创新中的最佳实践"奖励项目，评价成功的中央或地方政府的创新项目并予以奖励；[①] 辅助的政府创新评价，由政府绩效评估部门增加创新评估的指标内容，作为评估政府绩效的其中一项指标。如杭州实施的综合考评中设置了"特色创新"评价指标，是对地方政府绩效考核的附加项目，按照"自愿申报、绩效评估"的原则实施检验考核，并对地方政府主动设立的创新目标的实施难度、效度、广度等进行评估。[②] 这种做法兼顾了地方政府创新的自主性和对创新的有效规制。二是引入第三方评估。现有的第三方评估以地方政府自愿申报和创新奖励为主。地方政府在申报时会考虑第三方评估的权威性，是否能扩大地方政府影响力等因素。如美国哈佛大学肯尼迪学院的政府创新奖、加拿大公共行政研究院的政府创新奖、中国中央编译局比较政治与经济研究中心发起的"中国地方政府创新奖"评选等。第三方评估以奖励性质为主，没有行政约束能力，但对激励和推动地方政府创新发展起到了极为关键的作用。

第二节　推动地方政府创新的政策建议

无论从全球比较研究的视角还是中国区域比较研究的视角，地方政府创新实践确实能够提高公民对公共管理的信任和满意度，提升公共部门的形象。实证研究表明，反应能力、领导才能以及政治远见，是公共部门创新的重要前因。但从长远看，要推动地方政府创新发展仍需要谨慎规划和政策支持。将地方政府创新置于一定的法制框架内，充分运用动力机制的驱动力，既能充分激发地方政府创新，又能确保地方政府创新的基本发展轨道。当然，中国现阶段最重要的问题仍是地方政府创新动力不足，表现为过于依赖领导者主观判断和上级权威，政府创新具有典型的内驱式，对公民和社会的回应较少。根据中国地方政府创新的发展阶段和驱动因素分析，各级政府在推动地方政府创新方面都具有不可推卸的责任。进一步激

---

① Kim Hunmin, *Innovation for Metropolitan Governance*, Ewha Womans Univernsity Press, 2006, p. 71.
② 《杭州市综合考核评价实施方案》，2017年10月15日，杭州市综合考评办公室官网（http://kpb.hz.gov.cn/showpage.aspx? id = 203）。

发和推动地方政府创新,还需要从很多方面努力,以适应经济社会转型期发展的需求,推动政府创新的蓬勃发展和维护政府创新的基本价值,从而实现中国政府管理体制的改革与发展。

一 重视提升地方政府管理者的创新意识和创新能力

国内外地方政府创新的实践普遍支持了一个观点,即地方政府领导者是推动地方政府创新最为关键的因素。Damanpour、Schneider 构建了一个创新采纳模型,研究了组织领导者的特点、创新本身的特点与创新采纳之间的关系,得出的结论是领导者的年龄、任期、教育、性别、创新态度和政治态度导向都不同程度地与发起创新和采纳创新有关。[1] 即存在不同类型的创新及创新自身的特点,领导者的创新意识、态度和能力对创新采纳具有直接的影响。浙江省地方政府创新实证研究进一步论证了地方政府领导者出于上级认可、政治升迁、个人威望、价值追求等综合因素而积极推动政府创新的趋势。作为一个决定性因素,要推动、保护和发展地方政府创新,就需要塑造领导者的创新价值观,提升地方政府领导者的创新意识和创新能力。在这方面可能给出的政策建议是:

第一,建立内部创新团队,提高政府创新发起的参与度。由于政治和权威因素,地方政府领导人常在政府创新发起和采纳中扮演最重要的角色,中层管理人员和基层人员发起创新的可能性较低。这就导致领导者素质和个人能力对政府创新具有决定性影响。而在实践中,自我诊断是领导者经常犯的错误。同时,领导者个体发起的创新对"个体安全性"尤其是政治风险影响较大,这使得一些地方政府领导者不敢冒险发起创新,也不愿采纳极具风险的创新方法。要克服创新"个体性"的缺陷,应在地方政府内部建立一个创新团队,吸纳中层或基层公务员参与,将个体融入到组织变革与创新过程中,可以定期采用头脑风暴法的方式表达对政府管理运行的意见与想法,营造创新性思维的气氛,激发领导者创新意识和想法,也有助于培养中层管理者的创新能力。

第二,实施定期的能力培训,培养管理者的创新意识。在诸多创新意识与创新能力中,重点培养地方政府领导者自我超越、学会放权、共同参与创新的意识与能力。首先在意识上,地方政府领导者需要不断改变仅将

---

[1] Damanpour, Schneider, "Characteristics of Innovation and Innovation Adoption in Public Organizations: Assessing the Role of Managers", *Journal of Public Administration Research and Theory*, Vol. 19, No. 3, 2009, pp. 495 – 522.

政府创新视为个人政治升迁和提高个人威望之工具的想法，而是要把组织变革与创新视为组织发展和效益的源泉，甚至也是个人能力提升的一个路径。政府创新对地方政府领导者而言，也是一个自我超越和能力提升的过程，换言之，他们自己必须接受这些创新方式方法，并具有能力说服他人实践创新。其次在能力上，领导者学会适度授权和共同参与的能力，不仅能激发下属工作积极性和创新产生的可能性，也能在倾听的过程中产生创新的想法、了解政府创新的需求并减少政府创新的实施阻力，以此形成有效的创新型领导。

第三，培养创新的个性特质，提升领导者的创新主动性。能够主持变革与创新的领导必须具备独特的个性特质与创新能力。实证研究论证了这个基本观点，而与一般组织创新不同的是，公共管理领导者的性格特质具有更为复杂矛盾的因素。首先，地方政府领导者应具有以公共责任为导向的伦理道德，政府创新的发起是其责任心和道德性的体现，而不是寻求各个回报的最大化。培养地方政府领导者的责任心要将其内化为伦理道德，愿意承担一定的行为后果，从而实践政府创新的伦理性。其次，高度重视培养地方政府领导者进取心精神。变革者往往处于风暴中心，加之政治风险的考量，领导者应具有更大的雄心和施展抱负的追求，对政府组织的未来发展具有前瞻性的意识，积极实施创新。当然，领导者创新特质的培养还需要组织文化的塑造、组织结构的变革和政治制度的完善等外部条件支持。

二 完善地方政府创新的激励保障机制

根据较为典型的浙江省地方政府创新动因的实证研究看，部分案例的发起创新部门领导者的访谈显示，尽管不乏一些领导者是出于完善政府内部管理和提高公民满意度的考虑积极主动实施了地方政府创新策略，但在"政治风险"与"管理风险"之间，地方政府领导者着重考量的仍是政治风险。以浙江省为例，地方政府创新或是本行政区域领导大力推动或是上级领导积极支持或是符合上级新推行政策的原则。这也表明了，地方政府创新的发起、形成与推动需要建立和完善激励机制与保障机制，在解除政治风险后顾之忧的同时，更大程度上激励领导者积极主动实施政府创新，以提升政府管理效率和公共服务质量。在这方面可能给出的政策建议是：

第一，上级政府的无差别政策支持与认可。中国地方政府的创新区域和创新层级差异表明，不同区域和不同层级的地方政府创新存在严重差异，东中西部不均衡，市、县级创新较多，省、乡镇级创新较少。主要原因是市、县更容易获得上级的政策支持，乡镇的创新空间则非常狭窄。因此，上级政府都需要重视政府创新与变革的重要性，给予行政区域内政府一定的创新空间，制定无差别的支持性政策，鼓励各级政府创新实践与推广，为地方政府创新注入新的活力源，这也将是继续深化政府职能转变、实现政府管理高效化、改进政府工作作风和提升政府组织形象的重要途径。

第二，将政府创新纳入地方政府绩效评估的范畴。国内一些地方政府已尝试将创新工作作为考核政府绩效其中一个指标，如杭州市综合考评中的"特色创新项目"评价。这种措施极大地激励了地方政府创新的形成与发展。与通过政府创新获得政治升迁机会不同，在地方政府绩效评估体制中设置政府创新的指标，不管是地方政府领导人还是基层公务员都需将政府创新作为一项本职工作去履行，从而有效实践普遍范围的、共同参与的地方政府创新。以杭州市为例，政府创新评价实施后地方政府积极推动创新，如2011年上城区政府的"政府管理与公共服务标准化体系建设"、下城区政府的"楼宇社区化服务模式"、西湖区政府的"构建以需求为导向的城乡一体化社会养老服务综合体"等很多创新实践都颇具价值，进一步提升了地方治理能力和公众满意度。这种做法也具有推广价值。

第三，上级政府自身应做好政府创新的表率与示范。与较为活跃的地方政府创新相比（如市、县级），中央层级的创新较少，地方政府中省和乡镇级创新也不够显著。这固然有政府数量的原因，但也凸显出现阶段中国整体性政府创新的薄弱。适应转型期经济发展方式变革的需求，政府职能及其管理体制改革是必然趋势。政府创新在来源上可能是自下而上的，但在合法性和政治激励方面应是自上而下的。所以，上级政府应积极转变观念，推动自身组织的创新。尤其是政治改革类、行政改革类创新，比如完善决策机制、人民民主、司法改革等，中央政府或省政府承担着更为重要的创新责任，而不是在少数乡镇的小范围创新。这些创新类型与内容对未来国家发展和政府管理体制改革具有更为深远的意义。

三 提高地方政府组织的创新适应性

地方政府创新是与"组织"自身要素紧密相关的一个过程。因此，地方政府为转变职能、解决资源困境、树立组织形象都会衍生创新的需求。地方政府组织的内部结构、制度设计、资源能力和关系状况影响地方政府创新的形成与创新能力。组织本身的复杂性也使得政府创新与组织内部要素之间呈现极其复杂和彼此约束的关系。实证研究表明，政府组织在具备一些条件下能有效地激励地方政府发起和采纳创新。Pettigrew、Woodman、Cameron认为组织变革是时间、历史、过程和行为等变量的产物。[①] 相应地，作为影响变革与创新其中一个重要因素，要提高地方政府组织的创新适应性，也需要综合考虑地方政府组织的背景、历史和特定行为等因素的影响。当前，地方政府机构变革也是我国行政管理体制改革的一项内容，从激励、保护和推动地方政府创新角度看，笔者在提高地方政府组织的创新适应性方面给出以下建议。

第一，设计较为"扁平化"的组织结构。地方政府创新具有明显的自上而下和"集权"倾向，这导致政府创新的主要发起人必须拥有充足的政治资源和政治技能，个人素质能力等主观因素对政府创新的形成影响过大。从组织的角度改变政府创新的集中性，可以考虑设计较为扁平化的组织结构，上级政府或部门主管通过放权或授权管理释放创新空间，提升组织的创新能力。组织结构的扁平化有助于增强组织内部自主权，真正使下级政府部门拥有创新权限，激发政府各个层级和各个部门的创新热情。但在允许部门自主创新的同时，也应注意"扁平化"的限度，保持机构精练、人员高效和运行规范。

第二，建立政府组织对内外部需求的回应机制。当前中国地方政府创新的发起更多是内驱式，往往由地方政府内部管理需求出发，且主要来源于领导人的思考，以寻找改进工作和完善管理的创新方法。立足于建立外驱式的地方政府创新一方面要实现组织内部广泛的创新参与，将组织成员的意见融入政府创新的过程；另一方面则要扩大公民参与的渠道，改善地方政府与公众、社会团体、企业及社区的关系，使政府创新具有高度的回应性，体现公众的需求，从而有助于公共服务型政府和责任型政府的构建。回应机制的建立还有赖于扩大信息技术在地方政府创新中的应用空间。

四 建立地方政府创新评估制度

对地方政府创新的评估是激励地方政府的重要手段，尤其将政府创新纳入地方政府绩效考核的内容能在很大程度上督促和鞭笞地方政府领导人主动开展创新。开展地方政府创新评估是许多发达国家推动地方政府创新的一个经验，在一些国家地方政府创新的兴起与评估是同步的。正是因为地方政府创新评估的开展与导向，激发了更多的地方政府创新。实践证

---

① Pettigrew、Woodman、Cameron：《组织变革与发展：对未来研究的挑战》，《管理世界》2010年第11期。

明，建立地方政府创新评估制度对于激励创新和保护创新都具有积极意义。我国目前尚未建立完善的地方政府创新评估制度，尽管社会层面开展了影响力颇大的中国地方政府创新奖评选，但在政府内部还需要从以下几方面入手以建立和完善相应的创新评估制度。

第一，建立并落实地方政府创新评估的相关制度。对地方政府创新评估首先是政府的责任，应致力于构建自上而下的政府创新评估制度，从法律法规保障层面确保地方政府创新的合法性和有效推动。对此，首先应制定严格而健全的规定，制定过程要公开公正透明；其次设定科学的地方政府创新评估标准和评价体系，国外较为成熟的评价标准可供我们经验借鉴；再次，构建公民参与和监督的多元评估监督体系，确保评估过程公正和评估结果有效；复之，培养具有政府创新素质能力和评估技能的专业管理人员，熟悉评估流程、指标设计和评估公正性等问题；最后，建立创新评估结果的责任制度。尽管创新未必带来良好的结果，但对政府而言，在创新之前更要谨慎评估创新后果，目的是提醒地方政府创新措施的推出不仅仅是提高政府绩效，根本目的是提升公共服务质量和获得公民满意。

第二，深入完善第三方的政府创新评估机制。第三方评估在发达国家政府创新评估中做出了巨大贡献，也是推动其地方政府创新活跃发展的重要力量。如美国哈佛大学肯尼迪学院、加拿大公共行政研究所、中国比较政治与经济研究中心等非官方学术性机构都通过设置政府创新奖评估地方政府创新绩效，是较为成功的实践。但第三方政府创新评估也面临着权威性、资金来源等问题，因此深入完善第三方评估机制给出以下建议：（1）建立对第三方评估机构的监督制约机制，确保第三方评估机构的非营利性和公正性；（2）明确筛选过程与创新的评估标准，评估程序公正公开；（3）招募权威性和专业性的专家人员作为第三方评估的主体，加强评估的科学性；（4）完善第三方评估的多元化资金渠道，确保第三方机构评估的独立性，保证评估过程不受到其他因素的干扰；（5）政府应重视那些信誉良好和专家团队力量强大的第三方评估机构，并鼓励其积极开展政府创新评估。如菲律宾的 Galing Pook 地方政府奖都是由其总统授予，地方政府也会高度重视该奖项。政府重视与承认评估结果的同时不能损害第三方过程评估的独立性与公正性。

五　发展学习型和创新型的组织文化

组织文化是组织管理的一个关键变量。组织变革与创新的过程，也是组织文化不断创新发展的过程。以行为规范、道德准则、群体意识、风俗习惯等为核心的组织文化引导着组织价值观和群体认同感，可以激励组织成员为实现自我价值和组织发展不断进取创新，以适应内外部环境的变化。① 蓝志勇、刘洋也提出了建立学习型组织来推动组织学习，进而发起可持续性的组织创新的发展路径。② 地方政府创新动因的实证研究表明，组织文化作为一个内生变量在驱动地方政府创新方面有显著作用，同时地方政府创新的形成与发展也有助于进一步促进政府管理文化的更新。对地方政府而言，构建何种类型的组织文化以促进政府创新形成发展也有着更为复杂的内容。Cameron 和 Quinu（1999）将组织文化分成四大类：宗族型文化、创新型文化、层级型文化和市场型文化。③ 与组织变革和创新相关，Armenakis、Bendian 提出有一种引入变革的渐进办法，有一种连续的复杂的技能的逐步积累。④ 通过渐进学习，可以使组织成员对变革与创新的压力降到最小，能逐步探索创新方式，也可以降低创新导致意外结果的损害。因此，发展渐进的学习型组织文化和拓展的创新型组织文化是推动地方政府创新的重要举措。

第一，人力资源管理的对策。组织文化最终归结为个人的道德观念、价值准则和行为导向，在公共部门人力资源管理方面应着重体现学习型和创新型组织文化的方向，以便从管理角度培养学习型和创新型人才，塑造激励创新的地方政府文化。这方面的对策建议有：公职人员的选拔机制应体现地方政府组织对学习和创新的要求；建立学习和创新方面的培训机制，发展公职人员的学习和创新能力；重视对公职人员学习和创新能力的评估，将学习与创新视为公务员个人绩效的组成部分；绩效评估和薪酬制度设计体现学习和创新的内容。

第二，地方政府领导人的对策。领导在引导地方政府组织价值观方面作用显著，领导者自身应是学习型、创新型和变革型领导，善于倾听、交流和鼓励下属以创造组织开放、民主和创新的氛围。在推动学习型和创新型组织文化建设方面，对地方政府领导者的建议包括：开放信息交流，鼓励部门成员、下级政府部门和社会公众参与，及时获取变化的信息；领导

---

① 汪大海、唐德龙、王生卫：《变革管理》，中国人民大学出版社 2004 年版，第 314—315 页。
② 蓝志勇、刘洋：《建设"学习型组织"推动"组织学习"与制度创新》，《学海》2012 年第 3 期。
③ 参见简传红、任玉珑、罗艳蓓《组织文化、知识管理战略与创新方式选择的关系研究》，《管理世界》2010 年第 2 期。
④ Armenakis、Bendian：《组织变革：20 世纪 90 年代的理论与研究综述》，《管理世界》2010 年第 10 期。

人经常分享政府组织中的共同价值，如职业道道、公共服务与质量、诚信等；主动开展与社会团体（高校科研机构、专业研究机构）的合作交流，研究地方政府面临的问题；开展政府内部的最佳工作实践或最佳创新实践活动，鼓励学习与选择最有效的方式改进工作管理；推动政府决策参与；制定定期的常规性学习制度，创造政府浓厚的学习氛围。

第三，个人方面的对策。地方政府学习型和创新型文化的建立更多地注重公共使命和价值的承诺，如公共道德、公共服务、公民满意和社会公正等。而这些使命目标的践行者正是地方政府的公职人员，如何将公共使命和价值内化为个人信仰和行为准则，以此推动个人积极主动学习与创新，则需要以个人为分析单位思考实现的途径。彼得·圣吉在《第五项修炼》中提出五项个人层面的修炼可以促进学习型组织的建立：自我超越、改善心智模式、共同愿景、团队学习和系统思考。[1] 致力于学习型和创新型组织文化的建立，笔者提出以下建议：树立团队意识和与外部合作的意识；注重职业道德、公共服务和公共责任等价值观念的培养；对地方政府组织的发展目标存在共同的愿景，理解公共服务的属性，并将其视为工作的准则；发展"感应式学习"以增强个人的学习能力，关注外部环境变化，树立竞争意识。

建立学习型和创新型地方政府组织文化本质上是以"强文化"为导向，充分强调政府部门的公共服务和公共责任，建立组织内部一种共享价值观体系，以此决定地方政府公职人员的行为，制约领导者创新的采纳，也可能影响地方政府创新方式的选择（如行政改革类或公共服务类），从而有助于实现政府管理改革的长远目标。

六 完善地方政府创新过程中的公权力监督机制

地方政府创新是运用公共权力以提高政府工作效率和改善公共服务的创造性改良。无论地方政府创新是否内含"善意"，在发起、执行、推动和评估地方政府创新的过程中都存在公共权力的运行。同时，地方政府创新的灵活性相对较大，这也就意味着地方政府创新更需要在法治框架内规定地方政府权力的作用范围和运行程序，以保证公共权力的合理使用，并确保地方政府创新的合法性。国内学者俞可平认为，应当积极鼓励、正确引导改革创新举措，并且及时地通过法律、法规和政策等形式，使之转变

---

[1] Senge P. M. , *The Fifth Discipline*: *The Art and Practice of the Learning Organization*, New York: Doubleday, 1990.

成党和国家的制度，逐渐在全国范围内推广。不进行制度性的改革，不从制度上保障地方政府的创新，甚至一些成熟的政治改革，也会裹足不前。① 合法性是地方政府领导人发起或采纳创新的一个重要考量，攸关政治风险。所以，从法治视角完善对地方政府创新的公权力监督机制是奠定政府创新宪政理念和推动政治民主化的路径。政府创新的宪政理念包括有限政府理念、法治政府理念、服务政府理念和责任政府理念等几个方面，② 从宪政理念和法治政府的角度，提出完善地方政府创新的公权力监督机制构建的建议如下。

第一，明确地方政府创新的程序规则。尽管政府创新鼓励开放、自由的创新思维，但政府创新的过程也有一般程序，包括创新议程设定阶段（绩效差距或危机、界定问题、寻求解决问题的途径）、创新匹配阶段（计划、立法支持、公民咨询、公共部门参与、企业参与等）、重组阶段（创新所需的知识、可能面临的问题分析、组织资源）、明晰阶段（边际影响、障碍、可能受到影响的对象分析等）、执行阶段（规则化、继续执行或终止、扩散到其他组织）5个阶段。③ 创新观念的形成可以是开放、民主和自由的，但在地方政府创新过程方面应明确具体的程序规则和流程，在出台创新政策前做好谨慎的创新预测与评估，防止盲目创新和积极性下降创新可能带来的不良后果，以实现地方政府创新的科学化和民主化。

第二，制定地方政府创新的用权规范。地方政府创新在一些涉及资源重新分配比如公私合作、市场化、民营化、合同外包等创新方式选择方面要制定严格的用权规范，以保证政府创新遵守基本法律准则和规范和避免违规行为与谋取私人利益等腐败行为。Phillip Cooper 认为，21 世纪的治理正在由权力治理走向合同式治理。越来越多的公共产品和公共服务出现了公私共同合作生产，强制性管制和以权威为基础的活动正在被合同治理所取代。④ 这种治理方式的出现，首先考验的就是地方政府的用权限度和权力规范，比如选择外包对象、制定服务流程、监督服务质量等。制定地方政府创新的用权规范，一是要明确创新的用权限度，二是要明晰用权的流

---

① 俞可平：《没有制度保证的地方政府创新会裹足不前》，《21 世纪经济报道》2008 年 1 月 22 日。
② 方晓琳：《政府管理模式创新的宪政理念基础》，《理论导刊》2012 年第 6 期。
③ Kim Hunmin, *Innovation for Metropolitan Governance*, Ewha Womans Univernsity Press, 2006, p. 40.
④ Phillip Cooper：《合同制治理：公共管理者面临的挑战与机遇》，竺乾威等译，复旦大学出版社 2007 年版，第 50 页。

程，以便更好地监督地方政府创新的权力运行过程和结果。

第三，建立地方政府创新的责任机制。责任机制包括三个方面，一是发起或采纳创新的责任，二是政府创新方式选择的责任，三是创新结果的责任。因此，要构建地方政府创新责任机制提出的措施建议如下：明确地方政府及其领导人的创新责任，将政府创新作为考核地方政府的一个指标；地方政府有责任和义务推动公共服务领域的创新，满足公众的服务需求和提升公共质量；建立政府的公众需求回应与反馈机制，了解创新需求，选择有效的创新方式；谨慎评估地方政府创新结果，明确创新结果的政治责任、法律责任和工作责任。

第四，构建多元化的地方政府创新监督体系。首先要建立畅通的社会监督渠道，保证政府创新过程公开、透明、公正，使社会公众的需求能真正反映到政府创新中，也是监督公权力运行的主要环节。其次，发挥社会团体等中介组织机构的力量，使之得以影响地方政府创新的形成，尤其是专业绩效评估机构对地方政府创新的评价在监督方面作用显著。最后，上一级政府在鼓励政府创新的同时应明确监督职责，出台相关政策为地方政府创新提供合法依据，实施有效的监督。这也有助于为地方政府创新减少政治风险和提供法律保障，能从另一个侧面激励地方政府创新的形成与发展。

第三节 总结与展望

地方政府创新是中国政府管理体制改革的重要内容，以丰富的创新类型、接近公众的创新方式为推进政府治理现代化贡献了大量的治理经验与创新理论，也推动了中国政治体制的演进发展。当前，我国正处于全面深化改革、实现国家治理体系和治理能力现代化的重要时期，也是决胜全面建成小康社会和开启全面建设社会主义现代化国家新征程的重要阶段。在这关键时期，地方政府创新的发展方向、创新工具的选择、创新的绩效等不仅关系到地方政府治理能力现代化发展，也关系到政府管理体制改革的总体推进。

动因和动力机制是我国当前地方政府创新发展中的关键问题，直接影响到地方政府创新持续力和扩散性。学者俞可平说，"任何改革都需要动力，政府改革尤其如此。地方政府不时有一些为群众带来实际利益，因而深受群众欢迎的创新举措；但另一方面又十分遗憾地发现，不少这样的创新举措慢慢因动力不足而最终偃旗息鼓了……"①。本着回答如何鼓励、开发和保护地方政府创新这一问题，本书通过国内外地方政府创新相关理论文献回顾和国内外地方政府创新实践演进的分析，构建了解释地方政府创新动因的基本分析框架。同时，运用了结构方程模型方法、以浙江省地方政府创新为样本来检验该分析框架，研究在中国经济社会文化条件下地方政府创新的动因及其作用机制，最后得出了由 45 个解释因素共同构成的地方政府创新动因作用机制。通过该动因的作用机制进一步在中国典型区域的地方政府创新个案中进行验证，并探讨推动地方政府创新可持续发展的基本思路与政策建议。通过综合的研究，至少得出了以下结论。

第一，地方政府创新是中国政治体制改革的重要内容，也是实现政府治理能力现代化的重要路径。作为切合公民需要的公共服务直接提供者，地方政府职能转变、组织结构科学合理化、管理运行机制高效化直接关系到政府管理体制改革的推进。改革开放以来，政府管理体制改革一直是我国政治体制改革的重点，地方行政管理体制改革也相应地经历了多次变革，总体上在逐渐向诱致性制度变迁和建设服务型政府转变，分权化趋势也日益明显。② 地方政府创新以"适应性改良"与"调整更新"的机制，其自主性、灵活性、多样性的特点赋予地方政府采用渐进探索、绩效显著、风险较小的管理创新，以此逐渐实现地方政府管理职责的科学配置，提高地方政府的公共服务供给能力，提升地方政府绩效水平。发起、采纳、推行地方政府创新的过程体现了当前行政体制改革的内在要求，更通过各种创新实践推动了政府治理能力现代化发展，为中国政治体制改革进一步发展注入了源源不断的动力。

第二，中国地方政府创新演进的阶段性特征明显，正朝着制度化方向演进。中国地方政府创新及其动因的演进特点与其社会主义市场经济体制转型和政府管理制度改革进程高度接轨。这一方面表明中国地方政府创新是在行政管理体制改革的背景下围绕政府职能转变和行政效能提升，以管理与行政为中心，实现政府管理观念、技术、方法和机制创新。另一方面也表明了中国地方政府创新的阶段性演进与发展方向，反映出地方政府对地方经济社会可持续发展与提高地方公共服务供给能力的治理动机。以"中国地方政府创新奖"为典型的地方政府创新评估与奖励机制，通过较

---

① 俞可平：《没有制度保证的地方政府创新会裹足不前》，《21 世纪经济报道》2008 年 1 月 22 日。
② 高抗、顾金喜、雷晓东：《建国后我国地方行政体制变革及其演变趋势》，《中共浙江省委党校学报》2012 年第 3 期。

高层次的奖励评估在很大程度上激发了近十几年来中国地方政府创新的兴起与发展，也为中国地方政府创新的发展做出了重大贡献。尽管近几届中国地方政府创新奖申报项目呈显著递减趋势，但地方政府创新的观念已然得到强化，并被很多地方政府纳入了政府绩效考核指标体系，标志着地方政府创新正朝着制度化的方向演进。

第三，地方政府创新应以社会正义为基本价值准则，坚持公共利益导向。具有公共政策属性的地方政府创新，其创新的对象、创新工具、创新方式和创新结果都必然涉及社会公共事务。因此，地方政府创新就要以公共利益为价值导向，以社会正义为基本准则，确保地方政府创新合乎基本道德准则。在新时期，中国地方政府创新如何围绕社会正义的基本价值准则，其实现机制包括两个方面。其一，"内部—管理"的地方政府创新要积极转向以满足公民诉求和公共服务需求的"外部—治理"创新。地方政府创新要围绕回应公众需求的目标，提高政府绩效和提供高质量的公共服务的地方政府创新动力来源从根本上来自公众的需求。地方政府的主要职责正是在于通过管理创新和服务创新满足公众需求，以解决需求不平衡这一根本矛盾。其二，在地方政府创新工具与方式选择以及创新绩效评估方面，地方政府应坚持社会公平正义原则，以人民的利益作为根本标准。无论是政府组织的内部管理创新还是公共服务、社会管理创新都要以如何履行公共行政责任和满足公众需求作为衡量准则，这也是增加地方政府创新的持续力与扩散性的根本准则，直接影响到公众对地方政府的满意度和信任度。

第四，地方政府创新的根本动力来自社会公众，应推动以人民为中心的地方政府创新。正如托马斯·海贝勒所说，中国还处在国家和制度建设的过程当中，治理民众共同生活、为未来希望奠定信心的制度正处在逐步演进当中。[1] 尽管我国当前地方政府创新的动因是"内外相互嵌入式"的作用机制，但无论从公共治理角度、经济社会发展演进以及国家治理体系和治理能力现代化发展的角度看，还是从政府创新的社会正义价值导向看，地方政府创新的根本出发点应该是社会公众。在中国现阶段政治体制改革背景下，人民的利益诉求的表达与参与是地方政府创新的根本动力来源。发达国家地方政府创新自下而上的特点也表明，地方政府对公众诉求的回应和让社会组织、公民参与共同治理的创新方式，极大地推动了公民

---

[1] 托马斯·海贝勒：《自上而下建立公民社会结构?》，《经济社会体制比较》2010年第6期。

导向的政府管理创新与公共服务创新。公民社会作为发起地方政府创新最关键的动力来源，反映了民主政治发展与公民社会成熟的程度，反映了市场经济的发达程度，也对公共治理能力提出了新的挑战。我国当前地方政府创新的动力还比较薄弱，因此需要从根本上推进以人民为中心的地方政府创新，使地方政府创新的发起动因、创新方式、创新绩效都以人民为中心，真正反映人民的利益诉求，从而增强地方政府创新的原始动力。

第五，解决地方政府创新动力问题应建立工具途径和制度途径两种路径。推动地方政府创新发展，关键在于解决动力机制问题。地方政府创新的根本动力来自社会公众，围绕这一动力来源解决地方政府创新动力问题重点在于建立两种路径：一是工具路径。从技术创新和组织创新角度看，地方政府创新显然需要各种创新工具。发达国家地方政府创新的经验也表明，政府创新的工具设计与技术更新对政府管理绩效与公共服务质量产生了重要影响，也是推动地方政府创新发展的重要路径，且具有创新风险小的特点。中国互联网+与大数据技术的迅速发展，为地方政府创新奠定了良好的技术条件基础，工具路径的地方政府创新会成为未来地方公共治理创新的重要形式。二是制度路径。中国地方政府创新阶段性演进的趋势表明，地方政府创新正朝着制度化方向发展。因此，要进一步推动地方政府创新发展需要探讨鼓励地方政府创新的激励机制以及规范行政权力运行的体制机制，引导地方政府创新在法律制度框架内的创新。

第六，注重地方政府领导者这一关键要素对地方政府创新动力机制的影响。在"内部—管理"或"外部—治理"政策框架之下，在政府管理创新或公共服务、社会管理创新中，"精英驱动"的地方政府创新动因机制都起到了不可忽视的重要作用。中国地方政府创新实践与实证研究表明，地方政府官员（尤其是"一把手"）对采纳政府创新、创新工具选择和创新的持续扩散发展有着重要影响。在一些地方政府创新个案中，还出现了因领导更换而引起原先的创新政策中止的现象。Damanpour，Schneider 构建的创新采纳模型也表明影响创新的首先是组织领导者自身的特点，其次才是创新本身的特点。[1] 地方政府领导者最终会依据创新成本、风险、成就等各种因素而决定是否要发起创新，这其实也是由行政首长负责制的制度特点决定的。因此，要推动地方政府创新的持续发展，就要从地方政府

---

[1] Damanpour, Schneider, "Characteristics of Innovation and Innovation Adoption in Public Organizations: Assessing the Role of Managers", *Journal of Public Administration Research and Theory*, Vol. 19, No. 3, 2008, pp. 495 – 522.

第八章　推动地方政府创新的基本思路与政策建议

领导者这一关键要素考虑如何推动地方政府创新。其重点在于提高地方政府领导者的创新积极性，发展学习创新型的领导以及建立普遍参与的地方政府创新机制。

中国地方政府创新是行政管理体制改革与创新发展的实践基地，也是当前公共管理领域研究的重要议题。地方政府创新以渐进的适应性改良不断改变地方政府管理方式、提高政府绩效水平和改善公共服务质量，使公民通过这些地方政府创新不断提高"获得感"，增加了公民对政府的信任度和满意度。本书在重点分析中国地方政府创新动力因素及其作用机制的基础上，构建了一个包括理论性解释和经验型验证交叉的地方政府创新动因解释模型，以浙江省这一最为典型的地方政府创新为实证研究对象，进一步建立了由 45 个动力因素构成的动因分析框架。在研究地方政府创新动因及浙江省地方政府创新实证研究过程中，笔者有幸参加了"杭州开放式决策绩效评估"课题、"杭州上城区行政管理与公共服务标准化创新"课题的研究，这两个项目均获得了"中国地方政府创新奖"，也为本书提供了大量的实践素材。通过这两个课题的深入研究，包括与地方政府官员的个人访谈、面向公众的问卷调研等，笔者对发起与推动地方政府创新形成了两个认知：一是地方政府官员和基层公务员的创新价值观、创新能力和愿意积极主动创新的魄力与责任。地方政府创新活跃的区域往往具备这一显著特征。二是对公众需求回应的及时性与灵敏程度。地方政府官员发起创新要解决问题的出发点是公众。具有责任心与进取精神的地方政府领导者更愿意发起有助于维护公共利益的创新。由于研究样本的局限性、缺乏对政府创新政策具体过程的观察和笔者的水平限制，本书还存在许多不足。一是对地方政府创新的过程缺乏过程视角的研究，这与政府创新政策具体过程无法参与也有很大关系。二是浙江省的实证研究能否说明中国现阶段地方政府创新的动因，这还需要通过与其他省份的比较研究来进行进一步检验。三是地方政府创新动因及其作用机制在典型个案的验证研究还不够深入，未来可用民族志、访谈法、绩效评估方法等方法对地方政府创新个案进行深入细致的观察与剖析。四是本书提出地方政府创新的根本动力来源在于公众，并提出了推动"以人民为中心"的地方政府创新。但公众（人民）的创新需求是什么？以及创新需求如何影响地方政府创新？两者之间如何实现平衡机制？这些问题，本书还未深入涉及，这也是今后本项研究继续发展的方向。

附录1 "中国地方政府创新的动因研究"调研问卷

您好！感谢您在百忙之中抽出时间来填答这份问卷！

这是课题"地方政府创新的动因及作用机制研究"项目设计的影响因素分析表，请您对以下85个地方政府创新影响因素的重要性做出判断，然后在相应的位置打√。（分值说明：5——非常重要/非常同意；4——比较重要/比较同意；3——不确定；2——不太重要/不太同意；1——非常不重要/非常不同意）。您的意见对我们至关重要，再次向您表示感谢！

一 基本信息

性别	□男　　□女
年龄	□18—25岁　□26—35岁　□36—45岁　□46—55岁　□56岁及以上
文化程度	□高中　□大专　□本科　□研究生　□其他（请注明）_____
单位	□政府机关　□科研机构　□高等院校　□企业　□新闻媒体　□其他（请注明）
职务	□厅级（教授）□处级（副教授）□科级（讲师）□一般工作人员（助教）□其他（请注明）_____
单位层级	□省级　□市级　□县级　□区级　□乡镇　□其他（请注明）_____
地区	□浙江　□广东　□四川　□山东　□其他（请注明）_____
对地方政府创新是否了解	□非常了解　□比较了解　□一般了解　□不是很了解　□不了解

附录1 "中国地方政府创新的动因研究"调研问卷 265

二 请对影响中国地方政府创新的一般动因及创新绩效进行评价

评价内容		影响因素的评价	5	4	3	2	1
领导追求	领导的性格特征	你认为认真完成工作任务的领导对政府创新重要吗？					
		你认为人际关系活跃的领导对政府创新重要吗？					
		你认为经常与下属磋商考虑其想法的领导对政府创新重要吗？					
		你认为有成功决心的领导对政府创新重要吗？					
		你认为诚实正直的领导对政府创新重要吗？					
	领导的价值追求	你觉得领导的责任心对政府创新重要吗？					
		你觉得领导推行创新是为了上级认同吗？					
		你觉得领导推行创新是为了提高社会声望吗？					
		你觉得领导推行创新是为了施展个人抱负吗？					
	领导的能力因素	你认为创新意识强的领导有助于推动政府创新吗？					
		你认为领导战略决策能力强对推动政府创新重要吗？					
		你认为善于运用政治策略的领导对推动政府创新重要吗？					
		你认为领导具有协调能力对推动政府创新重要吗？					
		你认为专业知识技能高的领导对推动政府创新重要吗？					
	领导的职务因素	你认为领导有进一步升职的可能对推动政府创新重要吗？					
		你认为领导任职时间长影响其开展创新的意愿吗？					
		你认为当领导担任的工作内容变复杂时会主动实施创新吗？					
		你认为领导拥有权力较大的特殊职位更容易实施创新吗？					

续表

评价内容		影响因素的评价	5	4	3	2	1
组织驱动	组织的职责因素	你认为政府创新是出于政府职能转变的需要吗？					
		你认为地方政府创新是为促进地方经济发展吗？					
		你认为政府创新是出于增强政府市场监管能力的需要吗？					
		你认为政府创新是出于增强政府社会管理能力的需要吗？					
		你认为政府创新是出于提升公共服务水平的需要吗？					
		你认为政府创新是出于提升政府管理效率的需要吗？					
		你认为政府创新是出于提升政府合法性的需要吗？					
		你认为政府创新是出于建立政府良好形象的需要吗？					
	组织的制度因素	你认为制定推动政府创新的相关制度对推动政府创新重要吗？					
		你认为制定鼓励政府创新的激励政策对推动政府创新重要吗？					
		你认为人事管理制度变革对推动政府创新重要吗？					
		你认为政府内部流程再造对推动政府创新重要吗？					
	组织的资源因素	你认为人、财、物等资源的充足性对推动政府创新重要吗？					
		如果财政资源紧缺，地方政府会考虑变革创新吗？					
		如果人力资源减少，地方政府会考虑变革创新吗？					
		信息资源的充足程度影响地方政府推动政府创新吗？					
		良好的社会关系资源状况影响地方政府实施政府创新吗？					

续表

评价内容		影响因素的评价	5	4	3	2	1
环境驱动	组织内部冲突因素	你认为上级政府放权对下级政府实施管理创新重要吗?					
		你认为实行政府创新是为了解决政府间横向沟通障碍吗?					
		你认为地方政府创新是出于应对内部危机的需要吗?					
		你认为地方政府创新是出于部门间竞争的需要吗?					
	组织文化因素	你认为良好的创新氛围对推动政府创新重要吗?					
		你认为团队意识强对推动政府创新重要吗?					
		你认为公共使命感强对推动政府创新重要吗?					
		你认为绩效观念强对推动政府创新重要吗?					
		你认为竞争意识强对推动政府创新重要吗?					
	政治改革因素	你认为上级领导的支持对推动政府创新重要吗?					
		你认为民主政治发展对推动地方政府创新重要吗?					
		你认为公民权利意识觉醒对推动地方政府创新重要吗?					
		你认为防范与应对政治危机对推动地方政府创新重要吗?					
	经济发展因素	你认为应对经济危机是地方政府创新的重要原因吗?					
		你认为经济结构转型升级是地方政府创新的重要原因吗?					
		你认为经济发展水平高对地方政府推动创新重要吗?					
		你认为区域间竞争激烈是地方政府创新的重要原因吗?					
		你认为比较发达的民营经济对地方政府创新有影响吗?					

续表

评价内容		影响因素的评价	5	4	3	2	1
	社会变迁因素	你认为公民自治能力提高对地方政府创新有影响吗?					
		你认为社会的创新氛围对地方政府创新有影响吗?					
		你认为社会组织发展是地方政府创新的重要原因吗?					
		你认为社会文化的发展对地方政府创新有影响吗?					
		你认为社会舆论评价对地方政府创新有影响吗?					
		你认为社会对政府要求的扩大对地方政府创新有影响吗?					
	技术变革因素	你认为技术进步对地方政府创新有影响吗?					
		你认为对创新成功经验的学习对推动地方政府创新重要吗?					
		你认为创新活动中专家的参与对推动地方政府创新重要吗?					
		你认为电子政务发展对推动地方政府创新重要吗?					
创新绩效	创新观念	你认为地方政府创新促进了主动学习的观念吗?					
		你认为地方政府创新促进了政府的效率观念吗?					
		你认为地方政府创新促进了政府的市场化观念吗?					
		你认为地方政府创新促进了政府以人为本的民生观念吗?					
		你认为地方政府创新促进了政府民主、开放的观念吗?					

续表

评价内容		影响因素的评价	5	4	3	2	1
	创新方式	你认为地方政府通过改善政府组织结构来进行创新吗？					
		你认为地方政府通过简化行政审批等工作流程来进行创新吗？					
		你认为地方政府通过提升危机管理能力来进行创新吗？					
		你认为地方政府通过改善公共服务的能力来进行创新吗？					
		你认为地方政府通过拓宽监督公共权力的渠道来进行创新吗？					
		你认为地方政府通过采用信息技术等管理手段来进行创新吗？					
	创新结果	你认为地方政府创新提升了地方政府管理能力吗？					
		你认为地方政府创新提升了地方政府公共服务能力吗？					
		你认为地方政府创新节约了管理成本吗？					
		你认为地方政府创新提高了地方政府竞争能力吗？					
		你认为地方政府创新扩大了公民参与吗？					
		你认为地方政府创新维护了社会和谐稳定吗？					
		你认为地方政府创新维护了公平正义的基本价值准则吗？					
	创新满意	你认为地方政府创新提高了公民满意度吗？					
		你认为地方政府创新提高了企业满意度吗？					
		你认为地方政府创新提高了上级部门满意度吗？					
		你认为地方政府创新提高了政府工作人员满意度吗？					

再次感谢您的合作！

附录2 2017年度杭州市市直单位首批创新创优目标

(15个A1类创新创优目标的单位)

序号	申报单位	目标名称	主要创新点(创优点、突破点)
1	市纪委、市监察委机关	推进国家监察体制改革试点工作（A1）	1. 反腐力量再整合。组建监察委员会，构建形成集中统一、权威高效的反腐败体制和法治监督体系。2. 监督范围全覆盖。将原有监察的对象范围扩大为所有行使公权力的公职人员，与党纪监督互为补充，实现对党员身份的国家公职人员和非党员身份的国家公职人员的全覆盖监督。3. 运行机制更规范。建立执纪监督、执纪审查、案件审理既协调又制约的机制，推进执纪和监察权有序规范运行，在全省率先实施首例留置措施案件和首例非党公职人员函询工作。
2	市委组织部	构建城市基层党建协同发展新格局（A1）	1. 强化区域统领，制定《关于进一步加强城市基层党建工作的意见》等文件，完善工作、组织、网格体系，把条块交织的重心落在街道社区。2. 强化行业引领，制定实施《关于深入推进行业系统党建工作的指导意见》等，紧抓重点行业系统强支撑。3. 强化工作支撑，抓责任落实、技术支持、服务品牌，创新"双领联动"的推进机制、方法手段和保障措施，携手为群众办实事、解难事、做好事。
3	市科委（市知识产权局、市地震局）	海外科技孵化器引领创新创业的杭州实践（A1）	1. 在国外实施"科技孵化器＋跨境引导基金"模式，孵化器通过创业投资市场化方式海外培育高科技项目和招引高层次人才，为在杭企业科技研发提供定制、外包服务。2. 国内国际两只基金引智引项目，市创投引导基金与硅谷引导基金互为补充，通过市场化实现财政资金"四两拨千斤"。3. 孵化器在海外设立专业服务平台，在杭设立"海创驿站"和"海投联盟"，以项目对接带人才、人才招引促项目。4. 科技人才项目引进从传统的国内报名选拔转变为国外直接对接筛选，从传统的国内专家评选转变为市场化投资为主导的资本选择，从传统的政府人才引进转变为产业化资源与人才政策深度对接引进。

续表

序号	申报单位	目标名称	主要创新点（创优点、突破点）
4	杭州检验检疫局	建设全省首家出入境特殊物品集中监管和公共服务平台（A1）	1. 监管模式创新，将平台建设成为全省首家进出境特殊物品报关、报检、集中查验、后续监管服务、保税、代理进出境一站式服务的窗口，优化、简化申报、监控查验，缩短高风险生物制品进出境时效，提升企业、科研机构核心原材料的需求保障能力。2. 服务地方产业模式创新，通过专业冷链储运技术，解决生物制品全程冷链断链的核心风控问题；通过平台公共配套实验室的建设，提升区域生物产业的基础孵化能力；通过信息平台大数据技术，加快业务流转，提升企业市场竞争力；出台相应扶持政策，促进生物医药领域产业链的集聚化。
5	大江东产业集聚区管委会	推行综合行政执法改革创新模式（A1）	1. 增强基层管理能力，实现由"看到管不到"向"看到管得到"的转变。改变以往部门管理、执法管理、街道管理"三张皮"现象，实现权责一致。2. 整合工作力量，实现由"单纯执法"向"综合执法"转变。3. 提升工作效能，实现由"多头执法"向"职责明晰"转变。4. 规范执法行为，实现由"自批自管"向"相互监督"转变。改变原来由一个行政机关"自批、自管、自查、自罚"的管理模式，实现管理权、审批权与监罚权、处罚权的适当分离，提高执法的透明度和执法效率。5. 促使执法下移，实现矛盾问题由"上交处理"向"基层解决"转变。
6	市财政局（市地税局）、市国税局	打造杭州电子税务局，开启智能税务新模式（A1）	1. 在全国税务系统率先导入客户管理理念，依托全国首个集财政、国税、地税为一体的12366热线，对各类数据进行挖掘，为纳税人提供精准服务。2. 以国家税务总局试点为契机，由杭州市国地税联合打造杭州电子税务局，依托热线、网线、无线三大门户统一接入，通过线上、线下协同，打造成"三线互通、上下融合"的税收综合服务平台，实现"一次登录、集成服务"。3. 整合国地税办税服务厅、24小时自助办税服务机、热线语音服务、智能机器人、丁税宝APP各类服务端，形成"随手缴、随身学、随时办"的智能服务体系。4. 建立税收数据中心，聚合国地税数据，与公安、民政等部门数据互联共享，利用互联数据存证技术，实现自动资格认证、刷脸缴税、电子发票、税易贷、跨部门联办等，"让数据多跑路、让群众少跑路"。

续表

序号	申报单位	目标名称	主要创新点（创优点、突破点）
7	市人力社保局	探索完善医保智能监管服务模式（A1）	1. 探索形成以医疗费用总额预算管理为抓手，以定点医院、药店协议管理为路径，以智能审核做尖兵的医保智能监管服务模式。2. 全国首创医保智能监管信息系统。由临床专家、医保管理专家共同制定38大类7万余条审核规则。开发医保监管系统，实现医疗费由人工抽样审核向系统自动全数据审核的实质性转变。3. 建立标准信息库采集医疗服务核心数据，形成对"两定机构"的信息管理优势，推动两定自我管理，并支撑医疗费实时结算、诊间结算和移动支付，优化再造就医流程。4. 推进全国首批医疗服务实时监控系统试点，发挥国家人社部医保智能监管课题牵头单位作用，提升杭州医保事业在全国的影响力。
8	市城管委（市城管执法局）	创新长效治理模式，全面提升城市河道水环境（A1）	1. 全面落实"河长制"，建立健全跨部门跨区域联合治水机制，推进监管、执法、养护三位一体，市、区、街、社四级联动管理模式。在全国率先出台城市河道建设和管理条例。2. 以水质改善为目标，推行区域连片治理、上下游协同治理、水岸同步治理。围绕"清水治污"和"剿灭劣V类水体"，实施"拆、截、清、配、管、治"措施，形成全流域、全过程系统治理模式。3. 开展规范标准体系顶层设计和关键技术攻关，固化形成一批实用技术规范，凝练形成一批新型科技成果，打造省、市河道治理示范样本。4. 发挥"两代表一委员"作用，提出"民间河长制"，发挥媒体宣传监督作用，形成社会共治、共建共享良好局面。
9	市城投集团	打造文明公交的杭州样板（A1）	1. 率先推出礼让斑马线，在全国首先推出公交斑马线礼让，并写入《杭州市文明行为促进条例》，成为杭城响亮的金名片。2. 率先推出文化进车厢，推出让座星期一、礼让每一天、博爱专座、无饮食车厢举措，倡导文明出行。启动"中国文化进车厢"活动，彰显城市文化气息。3. 率先推广文明排队，营造站点文明。4. 率先推行低碳公交，实现全国首个绿色公交全覆盖的公交系统，响应生态文明。5. 率先应用互联网+，实现主城区公交移动支付全覆盖，推出杭州公交APP，实时发布路线车辆信息，实现便民惠民。

续表

序号	申报单位	目标名称	主要创新点（创优点、突破点）
10	杭州西湖风景名胜区管委会（市园文局、市运河综保委）	杭州园林绿化增绿添彩的实践和创新（A1）	1. 率先提出"尊重自然格局、坚持生态优先、彰显园林特色"的园林绿化建设理念，实施美化家园工程、立体绿化工程等，营造融"山水林园城"为一体，集"点线面"成一网的杭州特色城市绿地系统。2. 修订颁布《杭州市城市绿化管理条例》等，构筑系统完善的园林绿化法律法规体系，走在全国前列。制定实施国内名胜区首例植物彩化提升专项规划。3. 将园林绿化工作提升至政府"为民办实事"的高度，纳入区（县）政府年度考评，通过公园、绿地末位淘汰等反向激励机制，推进绿化养护质量提升和行业发展。4. 园林技术创新获得多项国家专利，参与和主持制定多项国家、省级园林绿化行业标准。
11	市市场监管局（市工商局、市食品药品监管局）	新形势下网络市场治理的杭州实践（A1）	1. 树立网监共治理念，建立"内部协同、部门联动、政企合作、区域协作、消费者监督"监管机制，推动阿里巴巴等大型电商平台、网络订餐平台、异地市场监管部门以及消费维权义工等参与治理。2. 首创红盾云桥通道，破解数据孤岛困境。实现网监平台与市局、省局、总局以及大型网络交易平台的数据互联互通共享。开发网络违法行为查处异地协作子系统，实现与外地工商部门网络违法行为移送及案件协查的网上流转，并逐步异地推广，形成全国一张网的监管格局。3. 探索信用联动监管，实现平台主体数据、许可证数据与市市场监管局登记数据的自动化实时校验，帮助平台更好履行主体审核责任。共同建立信用联动评价体系，实现信用惩戒和约束。4. 依托大数据、云计算，实现信用监管、精准监管和精细服务。
12	市体育局（市体育总会）	创新排舞运动推广方式，打造全民运动杭州样板（A1）	设立全国排舞运动推广中心。结合运动特点，探索建立排舞运动项目标准化管理体系。依托排舞运动项目，研究制定一整套排舞运动曲目、推广规范和评价标准，审定排舞国际规则解析，形成"杭州标准"向"国家标准"的转变。参加国际排舞大赛，举办排舞各类活动，打造杭州排舞运动赛事品牌，使全国排舞运动推广中心成为中国排舞运动对外交流的主要途径，将杭州元素融合排舞运动当中，依托赛事和推广活动，带动广大人民群众参与全民健身，提升杭州城市国际知名度和影响力。

续表

序号	申报单位	目标名称	主要创新点（创优点、突破点）
13	杭州文广集团（杭州广播电视台）	打造"开吧"城市台联盟，开创新媒体交互式应用"杭州模式"（A1）	1. 以广播互动为基础，把"开吧"定义为电台节目互动、新闻发布、线上线下活动组织的工具，实现用户高速度增长。2. 借助电台独有的节目内容、新闻资讯生产优势和当地广播特色节目、著名主持人的影响力，在"开吧"上汇聚大量吸引用户互动的服务内容，聚集关注引爆热点，带来超高的产品日活和互动黏性。3. 以媒体公信为核心，满足用户汽车维权诉求，并将原来孤立的投诉维权案例，变成可被分析的服务大数据。4. 以统一运维为特色，打造快速批量复制模式。
14	市委政法委（市综治办）、市法院、市检察院、市公安局、市司法局	打造杭州"刑事案件认罪认罚从宽制度"工作新模式（A1）	1. 司法理念创新。通过认罪认罚，取得多方共赢的效果，形成利益兼顾、平衡保护，惩罚为辅、教育挽救为主的刑事司法新理念。2. 工作机制创新。研究出台认罪认罚表现等级评定、量刑指引、审查起诉规则、庭审规范、认罪认罚案件律师辩护全覆盖、法律援助快速办理、简化法律文书等工作机制，以及支持政法部门推进试点的六大保障机制。3. 工作载体创新。发挥互联网科技技术优势，以江干、滨江、余杭为试点，推动建立"一体化办案系统"，将人工智能在司法领域广泛运用，全面提升办案质量和效率。
15	市检察院	打造标准化和信息化相融合的智慧办案辅助系统（A1）	1. 司法理念创新：探索司法标准化建设与信息技术、人工智能的叠加应用。在全省率先制定刑事案件审证、采证规范，对占全市公诉案件总量70%的16个罪名，采用菜单模式规范采证、审证内容、范围、重点环节和标准。在全省率先建立刑事案件"杭标规范"。2. 办案模式创新：将证据审查、办案流程、法律适用等标准编程转化，以信息技术实现证据自动识别比对、流程实时监控。3. 办案手段创新：探索建立智能办案平台，实现提审开庭、阅卷摘录、文字录入、文书制作、量刑建议等办案活动智能办理，提升办案质效。全省率先建成远程办案系统，实现远程提审、远程开庭、远程送达，国内率先研发应用智能语音识别系统，实现案件信息自动提取、证据关联比对、智能量刑建议、法律文书自动生成与校对、办案风险提示等功能，提升办案质效。

参考文献

Andea Duit Victor Galaz, "Governance and Complexity—Emerging Issues for Governance Theory", *Governance: An International Journal of Policy, Administration, and Institutions*, Vol. 21, No. 3, July 2008.

Alasdair Roberts, "The Rise and Fall of Discipline: Economic Globalization, Administrative Reform, and The Financial Crisis", *Public Administration Review*, December 2010, Special Issue.

Amahile, T. M., "A Model of Creativity and Innovation in Organizations", *Research in Organizational Behavior*, Vol. 10, 1988.

Andrew Massy, "Managing The Public Sector: A Comparative Analysis of The United Kingdom and the United States", *Edward Elgar Publishing Limited*, 1993.

Adam, Grydehj, "Challenges to Local Government Innovation: Legal and Institutional Impediments to the Exercise of Economic Development Policy by Subnational Jurisdictions", *European Journal of Spatial Development*, Vol. 4, No. 50, 2013.

Alfred Tat-Kei Ho, "Reinventing Local Governments and the E-Government Initiative", *Public Administration Review*, Vol. 62, No. 4, July/August 2002.

Bessant, J., "Enabling Continuous and Discontinuous Innovation: Learning From the Private Sector", *Public Money and Management*, Vol. 25, 2005.

Caroline Tolbert, Karen Mossberger, Ramona McNeal, "Institutions, Policy Innovation, and E-Government in the American States", *Public Administration Review*, June 2008.

Christopher Pollitt, Sandra van Thiel, Vincent Homburg, *New Public Management in Europe Adaptation and Alternatives*, Palgrave Macmillan Press, 2007.

Celebrating 20 years of government innovation. 20th anniversary survey report of the innovations in American government Award winners, Harvard university,

2009, http://www.ash.harvard.edu/Home/Programs/Innovations - in - Government/Awards.

Damanpour, Schneider, "Characteristics of Innovation and Innovation Adoption in Public Organizations: Assessing the Role of Managers", *Journal of Public Administration Research and Theory*, Vol. 19, No. 3, 2009.

Devendra D. Potnis, "Measuring E-Governance as an Innovation in the Public Sector", *Government Information Quarterly*, Vol. 27, 2010.

Damanpour F. Organizational Innovation, "A Meta—analysis of Effects of Determinants and Moderators", *Academy of Management Journal*, Vol. 34, 1991.

Damanpour F., William M. Evan, "Organizational Innovation and Performance: The Problem of 'Organizational Lag'", *Administrative Science Quarterly*, Vol. 29, 1984.

Elaine Kamarck, Innovation around the world, Ash Institute for Democratic Governance and Innovation John F. Kennedy School of Government, Harvard University, 2003.

Eran Vigoda-Gadot, Aviv Shoham, Nitza Schwabsky, Ayalla Ruvio, "Public Sector Innovation for Europe: A Multinational Eight-country Exploration of Citizens' Perspectives", *Public Administration*, Vol. 86, No. 2, 2008.

Erwin A. Blackstone, Michael L. Bognanno, Simon Hakim, *Innovation in E-Government*, Rowan & Littlefield Publishing Group, 2005.

Evan M. Berman, M. Jae Moon, Heungsuk Choi, *Public Administration in East Asia: Mainland China, Japan, South Korea, and Taiwan*, CRC Press, 2010.

E-Government for Better Government, OECD Publishing, 2005.

Frances Stokes Berry, "Innovation in Public Management: The Adoption of Strategic Planning", *Public Administration Review*, Vol. 54, No. 4, Jul. - Aug. 1994.

Geoff Plimmer, Jane Berson, Bill Ryan, Stephen Blumenfeld, Noelle Donnelly, Jessie Willson, "The Legacy of New Public Management (NPM) on Workers, Management Capabilities, and Organisations", *New Zealand Journal of Employment Relations*, Vol. 42, No. 1, 2017.

Goodsell Charles T., "Reinvent Government or Rediscover It?", *Public Administration Review*, Vol. 53, No. 1, 1993.

Gawthrop, Louis C., "Public Entrepreneurship in the Lands of Oz and Uz",

Public Integrity, Vol. 1, 1999.

Geoff Plimmer, Jane Berson, Bill Ryan, Stephen Blumenfeld, Noelle Donnelly, Jessie Willson, "The Legacy of New Public Management (NPM) on Workers, Management Capabilities, and Organisations", *New Zealand Journal of Employment Relations*, Vol. 42, No. 1, 2017.

George A. Boyne, Oliver James, Peter John, Nicolai Petrovsky, "Democracy and Government Performance: Holding Incumbents Accountable in English Local Governments", *The Journal of Politics*, Vol. 71, October 2009.

Gérard Fillion, Vivi Koffi, Booto Ekionea, "Peter Senge's Learning Organization: A Critical View and The Addition of Some Concepts to Actualize Theory and Practice", *Journal of Organizational Culture, Communications and Conflict*, Vol. 19, No. 3, 2015.

Helena O. Stensota. Political Influence on Street-Level Bureaucratic Outcome: Testing the Interaction between Bureaucratic Ideology and Local Community Political Orientation, Journal of Public Administration Research and Theory, JPART 22.

Horton, Sylvia, *New Public Management*, Bradford: Emerald Group Publishing, 2006.

Hahn-Been Lee, "An Application of Innovation Theory to the Strategy of Administrative Reform in Developing Countries", *Policy Sciences*, No. 1, 1970.

Ishtiaq P. Mahmood, Rufin, "Government's Dilemma: The Role of Government in Imitation and Innovation", *Academy of Management Review*, Vol. 30, No. 2, 2005.

Joshua M. Franzel, "Urban Government Innovation Identifying Current Innovations and Factors That Contribute to Their Adoption", *Review of Policy Research*, Vol. 25, No. 3, 2008.

Jonathan Walters, "Understanding Innovation: What Inspires It? What Makes It Successful?", http://www.innovations.harvard.edu/cache/documents/8065.pdf.

Julian Birkinshaw, Gary Hamel, Michael J. Mol., "Management Innovation", *Academy of Management Review*, Vol. 33, No. 4, 2008.

Jöreskog, K. G. & Sörbom, D., *LISREL8: Structural Equation Modeling with the SIMPLIS Command Language*, Chicago: Scientific Software, 1993.

Janet Newman, John Raine and Chris Skecher, "Transforming Local Government: Innovation and Modernization", *Public Money & Management*, April – June 2001.

Janet V. Denhardt, Robert B. Denhardt, "The New Public Service Revisited", *Public Administration Review*, Vol. 75, Iss. 5, 2015.

Jos C. N. Raadscheders Kwang-hong Lee, "Trends in The Study of Public Administration: Empirical and Qualitative Observations from Public Administration Review, 2000 – 2009", *Public Administration Review*, January/February 2011.

Kim Hunmin, *Innovation for Metropolitan Governance*, Ewha Women Univernsity Press, 2006.

Lemuria Cater and France Belanger, The Utilization of E-government Service: Citizen Trust, Innovation and Acceptance Factors, Info Systems J, 2005.

Michael Gibbons, "The Evaluation of Government Politics for Innovation", *Policy Studies Review*, Vol. 3, No. 3 – 4, May 1984.

Mark Moore, *Creating Public Value: Strategic Management in Government*, 清华大学出版社 2003 年版。

Marcel Veenswijk, *Organization Innovation: New Approaches to Cultural Change and Intervention in Public Sector Organizations*, IOS Press, 2005.

Mark Moore, Jean Harley, "Innovation in Governance", *Public Management Review*, Vol. 10, No. 3, 2008.

Martin Morgan Tuuli, Steve Rowlinson, Tas Yong Koh, "Control Modes and Mechanisms in Construction Project Teams: Drivers and Consequences", *Construction Management and Economics*, Vol. 28, May 2010.

Mark Zachary Taylor, "Political Decentralization and Technological Innovation: Testing the Innovative Advantages of Decentralized States", *Review of Policy Research*, Vol. 24, No. 3, 2007.

Mohr, L. B., "Determinants of Innovation in Organizations", *American Political Science Review*, Vol. 63, 1969.

Manuel P. Teodoro, "Bureaucratic Job Mobility and the Diffusion of Innovations", *American Journal of Political Science*, Vol. 53, No. 1, January 2009.

Michael Barzelay, Anne Sofie Jacobsen, "Theorizing Implementation of Public Management Policy Reforms: A Case Study of Strategic Planning and Programming in the European Commission", *Governance: An International Journal of Policy, Administration, and Institutions*, Vol. 22, No. 2, April 2009.

Mijalce Santa, "Learning Organization Review—a 'Good' Theory Perspective", *The Learning Organization*, Vol. 22, No. 5, 2015.

Patricia Yin Yin Lau, Gary N. McLean, Yen-Chen Hsu & Bella Ya-Hui Lien, "Learning Organization, Organizational Culture, and Affective Commitment in Malaysia: A Person-organization Fit Theory", *Human Resource Development International*, Vol. 20, No. 2, 2017.

Nissim Cohen, "Forgoing New Public Management and Adopting Post-New Public Management Principles", *Public Administration and Development*, Vol. 36, 2016.

Obstfeld, D., "Social networks, the Tertius Iungens. Orientation, and Involvement in Innovation", *Administrative Science Quarterly*, Vol. 50, 2005.

Paul Macmillan, Kalindi Jog. Innovative Government: Shaping Long Success, http://www.deloitte.com/assets/Dcom-Canada/Local.

Richard M. Walker, "Innovation Type and Diffusion: An Empirical Analysis of Local Government", *Public Administration*, Vol. 84, No. 2, 2006.

Richard M. Walker, Fariborz Damanpour, Claudian N. Avellaneda, "Combinative Effects of Innovation Types on Performance: A Longitudinal Study of Public Services", *Journal of Management Studies*, Vol. 46, 2009.

Richard D. Bingham, "Innovation, Bureaucracy, and Public Policy: A Study of Innovation Adoption by Local Government", *The Western Political Quarterly*, Vol. 31, No. 2, 1978.

Richard T., LaPiere, *Social Change*, New York: McGraw-Hill, 1965.

Robin A. Johnson, Norman Walzer, "Local Government Innovation: Issues and Trends in Privatization and Managed Competition", *Greenwood Publishing Group*, ABC-CLIO, LLC, 2000.

Robert Drazin, "Community, Population and Organization Effects on Innovation: A Multilevel Perspective", *Academy of Management Journal*, Vol. 39, No. 5, 1996.

Robert B. Denhardt, Janet V. Denhardt, "The New Public Service: Serving Rather Steering", *Public Administration Review*, Vol. 60, Iss. 6, Nov. 2000.

Robert B. Denhardt, Janet V. Denhardt, "The New Public Service: Putting Democracy First", *National Civic Review*, Vol. 90, Iss. 4, Winter 2001.

Robert Denhardt, Janet, Terry, Larry, Delacruz, Edgar Ramirez, Andonoska, Ljubinka, "Barriers to Citizen Engagement in Developing Countries", *International Journal of Public Administration*, Vol. 32, Iss. 14, Dec. 2009.

Roy Rothwell, Walter Zegveld, "An Assessment of Government Innovation Policy", *Policy Studies Review*, Vol. 3, No. 3 – 4, May 1984.

Sandford Borins, "Public Management Innovation: Toward a Global Perspective", *American Review of Public Administration*, Vol. 31, No. 1, 2001.

Sandford Borins, "Loose Cannons And Rule Breakers, or Enterprising Leaders? Some Evidence about Innovative Public Managers", *Public Administration Review*, Vol. 60, Iss. 6, Nov./Dec. 2000.

Sandford Borins, Innovations in Government Research, Recognition, and Replication, Brookings Institution Press and Ash Institute For Democratic Governance And Innovation 2008 c.

Sandford Borins, "What Border? Public Management Innovation in the United States and Canada", *Journal of Policy Analysis and Management*, Vol. 19, No. 1, 2000.

Sandford Borins, Innovating with Integrity: How Local Heroes are Transforming American Government, Georgetown, 1998.

Savoie, D., Reforming Civil Service Reform, Policy Options, April 1994.

Scott Gates and Jeffrey Hill, "Democratic Accountability and Government Innovation in the Use of Nonprofit Organization", *Policy Studies Review*, Vol. 14, No. 1/2, Spring/Summer 1995.

Steven C. Michael and John A. Pearce, "The Need for Innovation as a Rational for Government in Entrepreneurship", *Entrepreneurship & Regional Development*, Vol. 21, No. 3, May 2009.

Stacey Swearingen White and Michael R. Boswell, "Stormwater Quality and Local Government Innovation", *Journal of the American Planning Association*, Vol. 73, No. 2, Spring 2007.

Svenja Falk, Andrea Rommele, Michael Silverman, "Digital Government Leveraging Innovation to Improve Public Sector Performance and Outcomes for Citizens", *Springer International Publishing Switzerland*, 2017.

Soo Hee Lee and Taeyoung Yoo, "Government Policy and Trajectories of Radical Innovation in Dirigiste States: A Comparative Analysis of National Innovation Systems in France and Korea", *Technology Analysis & Strategic Management*, Vol. 19, No. 4, July 2007.

Steven Kelman, *Unleashing Change a Study of Organizational Renewal in Government*, Brookings Institution Press, 2005.

Soonhee Kim, Gyunsoo Yoon, "An Innovation-Driven Culture in Local Government: Do Senior Manager's Transformational Leadership and the Climate for Creativity Matter?", *Public Personnel Management*, Vol. 44, No. 2, 2015.

Thomas Diefenbach, "New Public Management in Public Sector Organizations: The Dark Sides of Managerialistic Enlightenment", *Public Administration*, Vol. 87, No. 4, 2009.

Torsten Oliver Salge, Antonio Vera, "Benefiting From Public Sector Innovation: The Moderating Role of Customer and Learning Orientation", *Public Administration Review*, Vol. 72, Iss. 4, 2012.

Vanessa Bouche, Craig Volden, "Privatization and the Diffusion of Innovations", *The Journal of Politics*, Vol. 73, No. 2, April 2011.

Wolfes, R. A., "Organizational Innovation: Review, Critique and Suggested Research Directions", *Journal of Management Studies*, Vol. 31, 1994.

William J. Mciver, Ahmed K. Elmagarmid, "Advances in Digital Government: Technology, Human factors, and Policy", *Kluwer Academic Publishers*, 2002.

Yu-Che Chen, Jun-Yi Hsieh, "Advancing E-Governance: Comparing Taiwan and the United States", *Public Administration Review*, December 2009, Special Issue.

Yoon-Jeongwon, Korea's E-Government: G4C, Improving Public Service Delivery Experiences and Challenges, OECD/KOREA Policy Centre.

约翰·罗尔斯：《正义论》，何怀宏、何包钢、廖申白译，中国社会科学出版社1988年版。

弗雷德里希·哈耶克：《自由秩序原理》（上），邓正来译，上海三联书店1997年版。

约翰·N. 德勒巴克、约翰·V. 奈：《新制度经济学前沿》，张宇燕等译，经济科学出版社2003年版。

理查德·H. 霍尔：《组织：结构、过程与结果》，张友星等译，上海财经大学出版社2003年版。

戴维·威尔逊、克里斯·盖姆：《英国地方政府》，张勇等译，北京大学出版社2009年版。

丹尼尔·里夫等：《内容分析法：媒介信息量化研究技巧》，嵇美云译，清华大学出版社2010年版。

约瑟夫·熊彼特：《经济发展理论》，何畏、易家详等译，商务印书馆 1990 年版。

欧文·休斯：《公共管理导论》，张成福、王学栋等译，中国人民大学出版社 2007 年版。

R. 科斯、A. 阿尔钦、D. 诺斯：《财产权利与制度变迁——产权学派与新制度学派译文集》，刘守英译，上海人民出版社 1994 年版。

詹姆斯·W. 菲斯勒、唐纳德·F. 凯特尔：《行政过程的政治——公共行政学新论》，陈振明、朱芳芳译，中国人民大学出版社 2002 年版。

加里斯·摩根：《驾御变革的浪潮：开发动荡时代的管理潜能》，刘霞、孙晓莉译，中国人民大学出版社 2002 年版。

科斯、诺思、威廉姆森：《制度、契约与组织——从新制度经济学角度的透视》，刘刚、冯健等译，经济科学出版社 2003 年版。

Everett M. Rogers：《创新的扩散》，辛欣译，中央编译出版社 2002 年版。

苏米特拉·杜塔、让-弗朗索瓦·曼佐尼：《过程再造、组织变革与绩效改进》，焦叔斌译，中国人民大学出版社 2001 年版。

弗莱蒙特·E. 卡斯特、詹姆斯·E. 罗森茨韦克：《组织与管理：系统方法与权变方法》，傅严等译，中国社会科学出版社 2000 年版。

罗伯特·B. 登哈特：《公共组织理论》，扶松茂、丁力译，中国人民大学出版社 2003 年版。

派特里克·E. 康纳、琳达·K. 莱克、理查德·W. 斯坦科曼：《组织变革中的管理》，爱丁译，电子工业出版社 2004 年版。

戴维·奥斯本、特德·盖布勒：《改革政府》，上海译文出版社 1996 年版。

乔治·弗雷德里克森：《公共行政的精神》，张成福译，中国人民大学出版社 2003 年版。

《哈耶克文选》，张成福、冯克利译，江苏人民出版社 2007 年版。

凯斯·R. 孙斯坦：《自由市场与社会正义》，金朝武等译，中国政法大学出版社 2002 年版。

詹姆斯·麦格雷戈·伯恩斯：《民治政府——美国政府与政治》，吴爱明等译，中国人民大学出版社 2007 年版。

马克斯·韦伯：《经济与社会》，林荣远译，商务印书馆 1997 年版。

戴维·奥斯本、彼德·普拉斯特里克：《摒弃官僚制——政府再造的五项战略》，谭功荣、刘霞译，中国人民大学出版社 2002 年版。

罗伯特·L. 比什、埃里克·G. 克莱蒙斯：《加拿大不列颠哥伦比亚省地方政府》，孙广厦等译，北京大学出版社 2006 年版。

赫尔穆特·沃尔曼：《比较英德公共部门改革——主要传统与现代化的趋势》，王锋等译，北京大学出版社 2004 年版。

文森特·奥斯特洛姆、罗伯特·比什、埃莉诺·奥斯特洛姆：《美国地方政府》，井敏、陈幽泓译，北京大学出版社 2004 年版。

斯蒂芬·罗宾斯：《管理学（第四版）》，黄卫伟等译，中国人民大学出版社 1997 年版。

Phillip Cooper：《合同制治理：公共管理者面临的挑战与机遇》，竺乾威等译，复旦大学出版社 2007 年版。

Robert Denhart、Janet Denhart，Maria Aristigueta：《公共组织行为学》，赵丽江译，中国人民大学出版社 2007 年版。

Richard L. Daft：《领导学原理与实践》，杨斌译，电子工业出版社 2008 年版。

赫尔雷格尔、斯洛克姆、伍德曼：《组织行为学》，俞文钊译，华东师范大学出版社 2001 年版。

迈克尔·麦金尼斯：《多中心体制与地方公共经济》，毛寿龙、李梅译，上海三联书店 2000 年版。

罗伯特·登哈特、珍妮特·登哈特、玛丽亚·阿里斯蒂格塔：《公共组织行为学》，赵丽江译，中国人民大学出版社 2007 年版。

詹姆斯·马奇、约翰·奥尔森：《重新发现制度——政治的组织基础》，张伟译，上海三联书店 2011 年版。

何包钢：《协商民主：理论、方法和实践》，中国社会科学出版社 2008 年版。

苏东水：《管理心理学》，复旦大学出版社 2002 年版。

蓝志勇、孙春霞：《实践中的美国公共政策》，中国人民大学出版社 2007 年版。

范祥伟：《英国公共管理与文官制度改革新论》，2008 年版。

张国庆：《公共行政学》，北京大学出版社 2007 年版。

梁文松、曾玉凤：《动态治理：新加坡政府的经验》，中信出版社 2010 年版。

俞可平：《国家治理评估——中国与世界》，中央编译出版社 2009 年版。

刘靖华：《政府创新》，中国社会科学出版社 2002 年版。

周志忍：《当代国外行政改革比较研究》，国家行政学院出版社 1999 年版。

陈振明：《政府再造——西方"新公共管理运动"述评》，中国人民大学出版社 2003 年版。

谢庆奎、佟福玲:《传统文化与公共管理》,社会科学文献出版社 2011 年版。

俞可平:《政府创新的中国经验》,中央编译出版社 2011 年版。

余潇枫、陈劲:《浙江模式与地方政府创新》,浙江大学出版社 2007 年版。

何显明:《浙江地方政府创新实践的演进逻辑》,浙江大学出版社 2008 年版。

史晋川、金祥荣、赵伟等:《制度变迁与经济发展:温州模式研究》,浙江大学出版社 2004 年版。

陈立旭:《浙江社会发展的引擎——文化的力量》,浙江大学出版社 2008 年版。

柴松岳:《政府改革——地方政府职能和运行机制转变研究》,浙江人民出版社 2002 年版。

胡税根、余潇枫、许法根等:《扩权强镇与权力规制创新研究——以绍兴市为例》,浙江大学出版社 2011 年版。

韩福国:《新型产业工人与中国工会》,上海人民出版社 2008 年版。

童星:《创新社会管理》,中国社会科学出版社 2012 年版。

汪大海、唐德龙、王生卫:《变革管理》,中国人民大学出版社 2004 年版。

吴明隆:《结构方程模型——AMOS 的操作与应用》,重庆大学出版社 2010 年版。

左学金:《创新型国家与创新型城市战略——上海的选择》,上海三联书店 2008 年版。

Armenakis、Bendian:《组织变革:20 世纪 90 年代的理论与研究综述》,《管理世界》2010 年第 10 期。

托马斯·海贝勒:《自上而下建立公民社会结构?》,《经济社会体制比较》2010 年第 6 期。

Nam-Joon Chung:《韩国政府正在改变——绩效与下一步的政府创新》,载《绩效评估与政府创新国际研讨会论文集》,2007 年。

赫尔穆特·沃尔曼:《四国地方政府改革比较研究》,《经济社会体制比较》2007 年第 1 期。

道格拉斯·艾赫克:《美国地方政府创新的影响因素分析》,《经济社会体制比较》2006 年第 2 期。

阿兰·阿舒勒:《公共创新与政治激励》,陈雪莲译,《经济社会体制比较》2003 年第 4 期。

高和·里兹维:《美国政府创新:观察和经验》,陈雪莲译,《经济社会体制比较》2009 年第 6 期。

薄贵利：《积极推行行政问责　促进政府管理创新——行政问责制的理论与实践研讨会综述》，《国家行政学院学报》2007 年第 1 期。

陈立旭：《区域工商文化传统与当代经济发展——对传统浙商晋商徽商的一种比较分析》，《浙江社会科学》2005 年第 3 期。

曹伟：《政府创新管理的制度建构：基于杭州实践的研究》，《中国行政管理》2014 年第 10 期。

曹龙虎、段然：《地方政府创新扩散过程中的利益契合度问题——基于 H 省 X 市 2 个综合行政执法改革案例的比较分析》，《江苏社会科学》2017 年第 5 期。

迟福林：《全面理解"服务型政府"的基本含义》，《人民论坛》2006 年第 3 期。

陈剩勇、张丙宣：《建国 60 年来中国地方行政区划和府际关系的变革与展望》，《浙江工商大学学报》2009 年第 5 期。

陈国权、黄振威：《地方政府创新研究的热点主题与理论前瞻》，《浙江大学学报》2010 年第 6 期。

陈国权：《学习型组织整体系统的构成及其组织系统与学习能力系统之间的关系》，《管理学报》2008 年第 6 期。

陈永杰、曹伟：《从政府创新到政府创新管理：一个分析框架》，《中国行政管理》2016 年第 2 期。

陈天祥：《中国地方政府制度创新的动因》，《管理世界》2000 年第 6 期。

陈家刚：《地方政府创新与治理变迁——中国地方政府创新案例的比较研究》，《公共管理学报》2004 年第 4 期。

陈家刚：《政府创新与民主》，《中国信息报》2006 年 2 月 27 日第 7 版。

陈家刚：《政治体制改革需要顶层设计》，《学习日报》2012 年 4 月 30 日。

陈劲：《动力之变：内需为基，创新为力》，《浙江经济》2011 年第 5 期。

陈劲、黄衡：《回溯创新：一类新的创新模式》，《科技进步与对策》2011 年第 8 期。

陈劲、阳银娟：《协同创新的驱动机理》，《技术经济》2012 年第 8 期。

陈劲、陈钰芬、王鹏飞：《国家创新能力的测度与比较研究》，《技术经济》2009 年第 8 期。

陈劲：《完善浙江区域创新体系的政策思路》，《浙江经济》2010 年第 3 期。

陈红太、李严昌：《中国服务型政府的四种模式》，《中国行政管理》2007

年第 7 期。

陈雪莲：《国外政府创新的研究与实践》，《国家行政学院学报》2010 年第 1 期。

陈雪莲、杨雪冬：《地方政府创新的驱动模式——地方政府干部视角的考察》，《公共管理学报》2009 年第 6 期。

程同顺、张国军：《温岭民主恳谈对中国政治学意义》，《中共天津市委党校学报》2011 年第 4 期。

崔卓兰、刘福元：《社会管理创新中的行政机关及其行为》，《社会科学辑刊》2012 年第 3 期。

方晓琳：《政府管理模式创新的宪政理念基础》，《理论导刊》2012 年第 6 期。

高小平：《创新行政管理体制和机制建设服务型政府》，《中国行政管理》2008 年公务创新专刊。

高小平：《行政管理体制创新的逻辑和重点》，《中国行政管理》2012 年第 3 期。

高抗、顾金喜、雷晓东：《建国后我国地方行政体制变革及其演变趋势》，《中共浙江省委党校学报》2012 年第 3 期。

郭小聪：《中国地方政府制度创新的理论：作用与地位》，《政治学研究》2000 年第 1 期。

郭济：《坚持行政管理体制改革，推进行政服务机构创新》，《中国行政管理》2007 年第 12 期。

胡伟、杨安华：《西方国家公共服务转向的最新进展与趋势——基于美国地方政府民营化发展的纵向考察》，《政治学研究》2009 年第 3 期。

韩福国、瞿帅伟、吕晓健：《中国地方政府创新持续力研究》，《公共行政评论》2009 年第 2 期。

韩福国：《地方政府创新与区域经济增长的关联性》，《浙江大学学报》2012 年第 2 期。

胡鞍钢：《新的全球贫富差距：日益扩大的"数字鸿沟"》，《中国社会科学》2002 年第 3 期。

胡鞍钢：《中国国家治理现代化的特征与方向》，《国家行政学院学报》2014 年第 3 期。

何增科：《地方政府创新与政治正当性：中美之间的比较研究》，《湖北社会科学》2015 年第 4 期。

胡税根、盛禹正、胡旭：《公共生产力的界定、分析框架及改进》，《浙江大学学报》2012年第2期。

胡税根、翁列恩：《构建政府权力规制的公共治理模式》，《中国社会科学》2017年第11期。

胡税根：《杭州市人民政府"开放式决策"研究报告》，2009年。

胡税根、王汇宇：《智慧政府治理的概念、性质与功能分析》，《厦门大学学报》（哲学社会科学版）2017年第3期。

胡宁生：《地方政府创新的配套、认同与扩展》，《江海学刊》2012年第3期。

胡宁生、戴祥玉：《地方政府治理创新：基于自我推进机制的优势与设计》，《江海学刊》2016年第3期。

何艳玲、李妮：《为创新而竞争：一种新的地方政府竞争机制》，《武汉大学学报》（哲学社会科学版）2017年第1期。

黄健荣、梁莹：《建构问责型政府：我国政府创新必由之路》，《社会科学》2004年第9期。

黄河涛、赵健杰：《论工会"维权"的发展趋势与对策》，《中国劳动关系学院学报》2005年第3期。

黄冬娅、陈川慜：《地方大部制改革运行成效跟踪调查——来自广东省佛山市顺德区的经验》，《公共行政评论》2012年第6期。

金太军：《政府创新能力影响因素分析》，《政治学研究》2008年第2期。

金太军、王建润、汪波：《寻求公共管理创新与经济发展的良性互动——中新苏州工业园区的成功探索及启示》，《中国行政管理》2003年第3期。

姜晓萍：《统筹城乡发展中基本公共服务均等化研究》，《社会科学研究》2012年第6期。

联合课题组：《政府履行职能方式的改革和创新》，《中国行政管理》2012年第7期。

蓝志勇：《给分权划底线，为创新设边界——地方政府创新的法律环境探讨》，《浙江大学学报》（人文社会科学版）2007年第6期。

蓝志勇：《政府管理创新的瓶颈因素及其分析》，《学术研究》2006年第7期。

蓝志勇、刘洋：《建设"学习型组织"推动"组织学习"与制度创新》，《学海》2012年第3期。

蓝志勇：《创新与中国公共管理》，《中国行政管理》2006年第5期。

蓝志勇：《地方政府的治理创新战略——美国凤凰城的案例及经验》，《东南学术》2005年第1期。

蓝志勇:《公共管理中的公共性问题》,《中国行政管理》2006年第7期。

吕芳:《地方行政体制改革的路径与模式选择》,《北京行政学院学报》2012年第3期。

梁涌:《异端、博洽、经世——越地学术传统的特征解读》,《浙江社会科学》2011年第2期。

何增科:《国家和社会的协同治理——以地方政府创新为视角》,《经济社会体制比较》2013年第3期。

何增科:《政治合法性与中国地方政府创新:一项初步的经验性研究》,《云南行政学院学报》2007年第2期。

何增科:《中国政府创新的趋势分析》,载俞可平《政府创新的中国经验》,中央编译出版社2011年版。

何增科、王海、舒耕德:《中国地方治理改革、政治参与和政治合法性初探》,《经济社会体制比较》2007年第4期。

黄景贵:《论创新理论的产生及其发展》,《青岛海洋大学学报》2000年第2期。

黄栋、胡晓:《低碳经济背景下的政府管理创新路径研究》,《华中科技大学学报》(社会科学版)2010年第4期。

黄雷、叶勇:《公共管理创新的研究》,《现代管理科学》2004年第5期。

简传红、任玉珑、罗艳蓓:《组织文化、知识管理战略与创新方式选择的关系研究》,《管理世界》2010年第2期。

贾凌民:《21世纪的公共管理:政府管理理念转变与创新》,《中国行政管理》2004年第6期。

李景鹏:《地方政府创新与政府体制改革》,《北京行政学院学报》2007年第3期。

陆珉峰、张慧:《关于包容性增长的内容辨析与实现要点研究》,《长春市委党校学报》2010年第6期。

李京文:《制度创新与管理创新:意义、趋势和任务》,《中国社会科学院研究生院学报》2001年第6期。

李习彬:《中国政府管理体系研究》,《国家行政学院学报》2002年第6期。

李习彬:《学习型政府建设与政府管理创新》,《甘肃行政学院学报》2006年第1期。

刘景江:《地方政府创新:概念框架与两个向度》,《浙江大学学报》(人文社会科学版）2009 年第 4 期。

刘伟、毛寿龙：《地方政府创新与有限政府》，《学术界》2014 年第 4 期。

林尚立：《论职能转变基础之上的政府再造》，《社会科学》1993 年第 1 期。

刘汉屏、刘锡田：《地方政府竞争：分权、公共物品与制度创新》，《改革》2003 年第 6 期。

刘耘：《论我国公共管理创新平台构建的动力、模式与策略》，《中国行政管理》2008 年第 3 期。

郎友兴：《公民文化与民主治理机制的巩固和可持续性——以温岭民主恳谈会为例》，《中共浙江省委党校学报》2012 年第 2 期。

骆小骏、周松强：《在政府和农民工之间：市场经济下工会双重身份的平衡——以义乌市总工会"社会化维权"制度为例》，《理论探索》2009 年第 6 期。

毛寿龙：《公共管理与治道变革——政府公共管理创新的治道变革意义》，《中国特色社会主义研究》2004 年第 1 期。

麻宝斌：《维护社会公平正义，推进政府治理现代化》，《行政管理改革》2017 年第 3 期。

孟庆国：《简政放权背景下创新政府职能管理的方法路径》，《国家行政学院学报》2015 年第 4 期。

欧阳坚：《深化行政管理体制改革是政府自身建设的首要任务》，《中国行政管理》2012 年第 2 期。

欧阳日辉、徐光东：《新制度经济学：发展历程、方法论和研究纲领》，《南开经济研究》2014 年第 6 期。

潘小娟、白少飞：《中国地方政府社会管理创新的理论思考》，《政治学研究》2009 年第 2 期。

潘小娟：《中央与地方关系的若干思考》，《政治学研究》1997 年第 3 期。

庞明礼：《"市管县"的悖论与"省管县"的可行性研究》，《北京行政学院学报》2007 年第 4 期。

乔耀章、芮国强：《政府创新与政府自觉》，《学术界》2002 年第 4 期。

冉冉：《参与式透明治理：从第六届全球政府创新论坛透视全球政府创新的主要趋势》，《马克思主义与现实》2000 年第 4 期。

单鑫：《政府创新与地方治理：一个分析框架》，《武汉理工大学学报》（社会科学版）2009 年第 1 期。

史云贵：《当前我国政府职能转变中的问题与路径创新》，《理论与改革》

2016 年第 3 期。

尚虎平：《我国政府创新：复制、周期律与"诺门克拉图拉"阴影——面向我国政府绩效评估创新的代际基因遗传性探索》，《社会科学》2014 年第 8 期。

宋迎法、苗红娜：《国外政府创新的动因、内容和模式探析》，《江苏社会科学》2006 年第 4 期。

童星：《从科层制管理走向网络型治理——社会治理创新的关键路径》，《学术月刊》2015 年第 4 期。

陶建武：《地方政府创新的动力与过程》，《重庆社会科学》2015 年第 9 期。

田莉：《成都市推进村级公共服务和社会管理改革的实践》，《成都发展改革研究》2016 年第 3 期。

文魁、徐则荣：《制度创新理论的生成与发展》，《当代经济研究》2013 年第 7 期。

吴江：《政府创新：深化行政管理体制改革的新思路》，《人民论坛》2003 年第 4 期。

吴建南、马亮、杨宇谦：《中国地方政府创新的动因、特征与绩效——基于中国地方政府创新奖的多案例文本分析》，《管理世界》2007 年第 8 期。

吴建南、李贵宁、侯一麟：《财政管理、角色定位与组织绩效》，《管理世界》2008 年第 12 期。

吴玉霞：《政府购买居家养老服务的政策研究——以宁波市海曙区为例》，《中共浙江省委党校学报》2007 年第 2 期。

吴太胜：《民主恳谈是基层民主 政治建设的创新与发展——以浙江温岭的实践为例》，《理论探索》2009 年第 6 期。

王沪宁：《西方地方政府职能的扩大及其相关对策》，《政治学研究》1986 年第 4 期。

王乐夫、倪星：《我国经济社会转型期的政府管理创新研究》，《学术研究》2005 年第 11 期。

王一程、贠杰：《中国行政管理体制的进展与面临的挑战》，《政治学研究》2006 年第 3 期。

王伟：《中国地方政府制度创新研究综述》，载俞可平《政府创新的中国经验》，中央编译出版社 2011 年版。

王玲、申恒胜：《乡镇人大制度的现实困境与改革路向》，《中国特色社主义研究》2013年第6期。

王玉明：《论政府制度创新——从新制度经济学的视角分析》，《国家行政学院学报》2000年第6期。

王焕祥、黄美花：《东西部地方政府创新制度化能力及其可持续性的实证比较》，《社会科学辑刊》2008年第1期。

王丽平、韩艺：《创新政府管理和服务方式的原则和领域》，《中国行政管理》2008年第1期。

翁列恩：《地方政府创新的考察与测度研究》，《探索》2017年第1期。

马得勇、王正绪：《民主、公正还是绩效？——中国地方政府合法性及其来源分析》，《经济社会体制比较》2012年第3期。

谢庆奎：《职能转变与政府创新》，《新视野》2003年第2期。

谢庆奎：《论政府创新》，《吉林大学社会科学学报》2005年第1期。

谢庆奎：《服务型政府建设的基本路径：政府创新》，《北京大学学报》（哲学社会科学版）2006年第1期。

许庆瑞、郑刚、陈劲：《全面创新管理：创新管理新范式初探——理论溯源与框架》，《管理学报》2006年第2期。

谢治菊：《西部地区政府创新的动力、困境与出路》，《改革与战略》2008年第6期。

谢晓波：《经济转型中的地方政府竞争与区域经济协调发展》，《浙江社会科学》2004年第3期。

肖文涛：《全球化背景下的地方政府管理创新》，《中国行政管理》2004年第1期。

徐继敏：《地方行政体制改革：实践、问题与路径》，《理论与改革》2012年第4期。

徐操志、完颜绍华、许庆瑞：《组织创新的生命周期管理》，《科研管理》2001年第6期。

徐竹青：《省管县建制模式研究——以浙江为例》，《中共浙江省委党校学报》2004年第6期。

杨瑞龙：《我国制度变迁方式转换的三阶段论——兼论地方政府的制度创新行为》，《经济研究》1998年第1期。

杨龙、彭彦强：《理解中国地方政府合作——行政管辖权让渡的视角》，《政治学研究》2009年第4期。

俞可平：《大力建设创新型政府》，《探索与争鸣》2013年第2期。

俞可平：《改革开放30年政府创新的若干经验教训》，《国家行政学院学报》2008 年第 3 期。

俞可平：《中国地方政府的改革与创新》，《经济社会体制比较》2003 年第 4 期。

俞可平：《论政府创新的主要趋势》，《理论参考》2005 年第 9 期。

俞可平：《中美两国政府创新之比较——基于中国与美国政府创新奖的分析》，《学术月刊》2012 年第 3 期。

俞可平：《没有制度保证的地方政府创新会裹足不前》，《21 世纪经济报道》2008 年 1 月 2 日。

俞可平：《中国治理变迁 30 年（1978—2008）》，《吉林大学社会科学学报》2008 年第 5 期。

俞可平：《大力建设创新型政府》，《探索与争鸣》2013 年第 5 期。

郁建兴：《治理与国家建构的张力》，《马克思主义与现实》2008 年第 2 期。

郁建兴、高翔：《中国服务型政府建设的基本经验与未来》，《中国行政管理》2012 年第 8 期。

郁建兴、黄亮：《当代中国地方政府创新的动力：基于制度变迁理论的分析框架》，《学术月刊》2017 年第 2 期。

郁建兴、黄飚：《地方政府创新扩散的适用性》，《经济社会体制比较》2015 年第 1 期。

郁建兴、瞿志远：《公私合作伙伴中的主体间关系——基于两个居家养老服务案例的研究》，《经济社会体制比较》2011 年第 4 期。

杨雪冬：《中国地方政府创新：特点与问题》，《甘肃行政学院学报》2007 年第 4 期。

杨雪冬：《地方政府创新形式与特点》，《学习时报》2008 年 1 月 28 日。

杨雪冬：《简论中国地方政府创新研究的十个问题》，《公共管理学报》2008 年第 1 期。

杨雪冬：《后市场化改革与公共管理创新——过去十多年来中国的经验》，《管理世界》2008 年第 12 期。

杨天兵：《论城镇化进程中的制度创新》，《政治学研究》2004 年第 4 期。

杨腾飞：《回应性政治视阈下中国地方政府创新行动研究》，《江汉大学学报》（社会科学版）2016 年第 3 期。

颜德如、岳强：《中国府际关系的现状与发展趋势》，《学习与探索》2012 年第 4 期。

燕继荣：《政府创新的不同版本》，《人民论坛》2010 年第 9 期。

燕继荣：《政府创新与政府改革——关于中国政治发展目标与路径的思考》，《中国行政管理》2006年第11期。

燕继荣：《服务型政府的研究路向——近十年来国内服务型政府研究综述》，《学海》2009年第1期。

杨明、丁德光：《国外政府创新研究综述》，《成都行政学院学报》2011年第2期。

赵会：《论政府创新与服务型政府的构建》，《前进》2006年第1期。

赵恒权：《城市政府职能转变最佳目标模式构想》，《政治学研究》1989年第1期。

周黎安：《中国地方官员的晋升锦标赛模式研究》，《经济研究》2007年第7期。

周达、宋俊良：《政府创新、公务创新、社会创新的内涵及比较研究》，《中国行政管理》2008年公务创新专刊。

周鲁耀、陈科霖：《地方政府创新常态化：空间、问题与走向》，《内蒙古大学学报》（哲学社会科学版）2016年第3期。

章荣君：《政府制度创新的支持性要素分析》，《云南行政学院学报》2006年第3期。

卓越：《政府职能转变的若干层面分析——论新一轮地方政府机构改革》，《厦门大学学报》（哲学社会科学版）1993年第2期。

张定安：《全面推进地方政府 简政放权和行政审批制度改革的对策建议》，《中国行政管理》2014年第8期。

郑言：《中国政治体制改革的成就与基本经验》，《学术前沿》2012年第3期。

张玮：《政策创新扩散的动力机制与路径模式——20世纪60年代以来的国内外研究探索》，《福建江夏学院学报》2016年第1期。

张紧跟：《治理体系现代化：地方政府创新的趋向》，《天津行政学院学报》2016年第3期。

张玉：《地方政府创新的基本动因及其角色定位》，《云南社会科学》2004年第3期。

张滨辉、李坚：《基层民主制度创新比较研究》，《云南行政学院学报》2011年第1期。

张光雄：《政府创新的动力分析》，《行政与法》2004年第8期。

2017年12月15日，美国政府创新奖数据库网站（http://www.ash.harvard.edu/Home/Programs/Innovations-in-Government/Awards）。

2013 年 5 月 12 日，菲律宾政府创新数据库（http：//www. galingpook. org/）。

2018 年 1 月 5 日，加拿大政府创新数据库（http：//www. ipac. ca/IM – Database）。

2013 年 7 月 10 日，美国统计局网站（www. census. gov）。

2018 年 10 月 30 日，国家统计局网站（http：//www. stats. gov. cn/）。

后　　记

　　终于完成了书稿。写后记之时，居然没有预想中的如释重负，而是些许的惴惴不安，总觉尚有许多研究不足。对地方政府创新及其动因的研究，始于读博士期间的兴趣和持续，在导师蓝志勇教授的悉心指导下完成了博士论文。本书以博士论文为基础，又进一步开展了对地方政府创新动因的国际比较以及国内地方政府创新案例等内容的研究，几经反复修改后得以完成，并得到了国家社科基金后期资助项目的支持。回顾自己从本科、硕士到博士研究生，再到如今的工作岗位，最想要感谢的是家人对我学习和工作的支持，感谢他们对我始终如一的奉献。

　　行政管理专业是我报浙大时的第一志愿，怀着对它的热爱，迈入了求是校园。求是园承载了我从本科到博士阶段的十几载青春岁月，存有我最美好的记忆。在这里既遇到了许多学高八斗、睿智善良的老师，也结识了很多同学和知己好友，并已成为人生中最珍贵的财富。一路走来，心中对每一位老师都深怀感激之情。

　　在此，我首先要感谢的是我的博士生导师蓝志勇教授。他学贯中西的学术造诣、严谨的治学态度和宽厚的待人接物，都令我敬仰。直到现在，蓝老师回杭州开会，还会在百忙之中抽隙指导我这个永远的学生。每每想起此情此景，都倍感温暖。同时，我也有一个和蔼可亲的师母，时时给予我关心。何其有幸能够成为蓝老师的学生！

　　我还要特别感谢硕士导师余逊达教授长期以来对我学业的指导和关心，余老师深邃的思想和平易近人的作风一直感召着我。写博士毕业论文期间有个问题百般无解，于是觍颜去请教余老师。那时他担任浙江大学社科院院长，工作非常繁忙，但他毫无吝啬，耐心细致地讲解分析学术的来龙去脉，至今历历在目。还要特别感谢罗卫东教授、姚先国教授、郁建兴教授、陈国权教授、余潇枫教授、何文炯教授、陈剩勇教授、郭夏娟教授、郎友兴教授、张国清教授、范柏乃教授、陈丽君教授、王诗宗教授、张雅丽副教授、许法根副教授和徐力副教授等老师，在我求学过程中孜孜不倦的教诲。

自 2006 年 7 月进入中国计量大学人文与外语学院公共事务系工作以来，也常为自己成为一个计量人而感到骄傲。时光荏苒，校园春华秋实伴着我的成长。十多年的教学科研工作中，得到许许多多领导与同事的关心和帮助，已成为我前行的动力，永志难忘。

在书稿完成之际，有幸得到中国行政管理学会执行副会长鲍静研究员和清华大学蓝志勇教授的厚爱，欣然为本书做序，同时，在本书出版的过程中也得到了中国社会科学出版社赵剑英社长、王茵总编辑助理和喻苗编辑的大力支持，特此表达诚挚的谢意。

在本书的写作过程中还参考了国内外大量专家学者的研究成果和文献，在此一并致以谢忱。

最后，再次感谢家人对我的无私和包容。

翁列恩
2019 年 5 月于浙江杭州